Christian Gotzel

MRP zur Materialplanung für Kreislaufprozesse

GABLER RESEARCH

Produktion und Logistik

Kontakt: Professor Dr. Hans-Otto Günther, Technische Universität Berlin,
H 95, Straße des 17. Juni 135, 10623 Berlin

Diese Reihe dient der Veröffentlichung neuer Forschungsergebnisse auf den Gebieten der Produktion und Logistik. Aufgenommen werden vor allem herausragende quantitativ orientierte Dissertationen und Habilitationsschriften. Die Publikationen vermitteln innovative Beiträge zur Lösung praktischer Anwendungsprobleme der Produktion und Logistik unter Einsatz quantitativer Methoden und moderner Informationstechnologie.

Christian Gotzel

MRP zur Materialplanung für Kreislaufprozesse

Optimierung von Absicherungsstrategien gegen Bedarfs- und Versorgungsrisiken

Mit einem Geleitwort von Prof. Dr. Karl Inderfurth

GABLER

RESEARCH

Bibliografische Information der Deutschen Nationalbibliothek
Die Deutsche Nationalbibliothek verzeichnet diese Publikation in der Deutschen Nationalbibliografie; detaillierte bibliografische Daten sind im Internet über <http://dnb.d-nb.de> abrufbar.

Dissertation Universität Magdeburg, 2008

Zugleich: an der Fakultät für Wirtschaftswissenschaft der Otto-von-Guericke-Universität Magdeburg unter dem Titel »Optimierung von Absicherungsstrategien gegen Bedarfs- und Versorgungsrisiken beim Einsatz von MRP zur Materialplanung unter Einbeziehung von Recycling« vorgelegte und angenommene Inauguraldissertation.

Datum der Disputation: 28.10.2008

1. Auflage 2010

Lektorat: Ute Wrasmann | Nicole Schweitzer

Gabler ist Teil der Fachverlagsgruppe Springer Science+Business Media.
www.gabler.de

Umschlaggestaltung: KünkelLopka Medienentwicklung, Heidelberg

Printed in Germany

ISBN 978-3-8349-1805-5

Für Ruth Gotzel

Geleitwort

Standardkonzepte der Materialplanung in mehrstufigen Fertigungssystemen wie das MRP-Konzept sind nicht auf kreislaufwirtschaftliche Materialprozesse ausgelegt und bedürfen einer Ergänzung um Regeln zur Steuerung von Aufarbeitungs- und eventuell auch von Beseitigungsentscheidungen für Recyclinggüter. Diese Entscheidungen zur Integration von Materialrückflüssen stellen sich in einem sehr unterschiedlichen Kontext dar, je nachdem, ob es sich beim Materialrücklauf um interne Rückflüsse von fehlerhaften Produkten aus dem Fertigungsprozess handelt oder ob ein externer Rücklauf von Altprodukten zu einem Rückfluss an wiederverwendbaren Teilen und Komponenten führt. Eine zusätzliche Herausforderung für die planerische Integration von vorwärts- und rückwärtsgerichteten Materialströmen besteht darin, dass neben den klassischen Unsicherheiten auf der Bedarfsseite nunmehr auch Unsicherheiten auf der Zugangsseite von Materialrückflüssen berücksichtigt werden müssen, weil der zeitliche und mengenmäßige Zugang an aufarbeitbaren Recyclinggütern in aller Regel starken und schwer prognostizierbaren Schwankungen unterliegt.

Mit dieser Problembeschreibung ist im Wesentlichen der Rahmen gespannt, innerhalb dessen die Materialkoordination in Kreislaufprozessen mit produkt- oder prozessbedingten Materialrückflüssen zu erfolgen hat. In dem vorliegenden Buch wird in einem innovativen Ansatz untersucht, inwieweit einfache MRP-Verfahren zu erweitern sind, um diese komplexe Koordinationsaufgabe bei externen wie bei internen Rückflüssen zu bewältigen. Damit wird eine Thematik aus dem Bereich der Produktionsplanung angeschnitten, die aufgrund der zunehmenden Bedeutung von Recyclingaktivitäten und ihrer Integration in die regulären Produktionsprozesse neue Herausforderungen an betriebliche Planungskonzepte stellt. Hierbei wird besonders intensiv der Frage nachgegangen, wie in diesem Rahmen auf die gemeinsam auftretenden Unsicherheiten auf der Bedarfs- und Zugangsseite durch einen problemadäquaten Einsatz von Sicherheitsbeständen bzw. anderen Absicherungsmaßnahmen reagiert werden kann. Die Untersuchung konzentriert sich auf die Analyse des MRP-Schemas für solche Materialien in einer Fertigungsstruktur, bei denen aufgrund von Produktrückflüssen die Integration von Neuproduktions- und Aufarbeitungsentscheidung unmittelbar erforderlich ist. Damit wird die Betrachtung auf einstufige stochastische Probleme der Materialkoordination unter Einbeziehung von Materialrückflüssen eingegrenzt, für die nach (näherungsweise) optimalen Entscheidungsregeln gesucht wird, um auf deren Grundlage möglichst wirksame erweiterte MRP-Kalküle unter Verwendung problemadäquater Sicherheitsbestände zu entwickeln. Auf dieser Basis werden sehr effektive Heuristiken entworfen, mit denen einfache Erweiterungen MRP-bezogener Rechenkalküle unter Einsatz spezifischer Sicherheitsbestandsparameter möglich sind. Dabei wird die Bedeutung der Prozessdurchlaufzeiten sowohl für die Komplexität der Politikstrukturen als auch für Vorgehensweise bei der Parameterermittlung sehr klar herausgearbeitet. In umfassenden Simulationsstudien wird die hohe Lösungsgüte der innovativ konzipierten Heuristiken zur Parameterfestlegung nachgewiesen. Insgesamt werden also neue, erfolgversprechende Wege aufgezeigt, wie das schwierige Problem der koordinierten Materialplanung bei Produktrückflüssen auch mit dem traditionellen MRP-Ansatz im Rahmen vergleichsweise einfacher Erweiterungen äußerst wirkungsvoll gelöst werden kann.

Insgesamt leistet dieses Buch einen sehr bedeutsamen Forschungsbeitrag, der ein immer wichtiger werdendes Planungsproblem der industriellen Recyclingplanung aufgreift, das bisher unter Einschluss seiner stochastischen Aspekte wissenschaftlich so gut wie gar nicht behandelt wurde. Es wird demonstriert, wie sich mit einer theoretisch fundierten Analyse auch für komplexe Probleme der Materialkoordination bei Kreislaufprozessen einfach konzipierte MRP-Regeln mit problemspezifischen Dispositionsparametern entwickeln lassen, die eine sehr hohe Problemlösungsgüte aufweisen. Damit wird erstmals gezeigt, dass und wie einfache, praxistaugliche Konzepte zur Materialplanung auch dem wesentlich höheren Komplexitätsgrad einer Integration von Materialrecycling gerecht werden können.

Karl Inderfurth

Vorwort

An dieser Stelle möchte ich meinen Dank all jenen aussprechen, die mich während der Arbeit der vergangenen Jahre begleitet und unterstützt haben. Mein besonderer Dank gebührt meinem Doktorvater, Prof. Dr. Karl Inderfurth, der mein Interesse am Forschungsgegenstand dieser Arbeit geweckt und mich in den lehrreichen Jahren ihrer Verwirklichung in großartiger Weise betreut hat. Seine stete Bereitschaft zur fachlichen Diskussion aber auch seine Geduld und Nachsicht haben mir die Bewältigung dieser Aufgabe erst möglich gemacht.
Danken möchte ich weiterhin Prof. Dr. Gerhard Wäscher für die freundliche Bereitschaft zur Übernahme des Zweitgutachtens und die wertvollen Hinweise, die ich aus der Diskussion meiner Arbeit mitnehmen konnte.
Als Doktorand war ich zeitweilig auch wissenschaftlicher Mitarbeiter am Lehrstuhl für Produktion und Logistik meines Betreuers. Gern erinnere ich mich an diese Zeit, die gute Zusammenarbeit und die vielen heiteren Momente im Kreis meiner Kollegen. Stellvertretend möchte ich hier Dr. Ian Langella nennen, mit dem ich neben gemeinsam bewältigten Projektarbeiten auch meine Begeisterung für die Fliegerei teile.
Undenkbar wäre die Entstehung dieser Arbeit ohne den Rückhalt meiner Familie. Vor allem danke ich meiner lieben Oma, Ruth Gotzel, für ihre liebevolle und großzügige Unterstützung. Aufopfernd hat sie ihr ganzes Leben für ihre Familie gesorgt.
Ihr widme ich diese Arbeit in tiefer Dankbarkeit.

Christian Gotzel

Inhaltsverzeichnis

Abkürzungsverzeichnis

ERP	Enterprise Resource Planning
et al.	et alii
FT	Fertigteile
ggf.	gegebenenfalls
Hrsg.	Herausgeber
i.d.R.	in der Regel
i.i.d.	independent and identically distributed
LCG	Linear Congruential Generator
LRP	Line Requirements Planning
MPS	Master Production Schedule
MRP	Material Requirements Planning
MRP II	Manufacturing Resource Planning
MRRP	Material Requirements and Recovery Planning
PMMLCG	Prime Modulus Linear Congruential Generator
PPS	Produktionsplanungs- und Steuerungssystem
PRPS	Produktions- und Recyclingplanungs- und Steuerungssystem
RT	Rücklaufteile
SIC	Stochastic Inventory Control

Symbolverzeichnis

t	Zeitindex
T	Planungshorizont
i,j,k,l	allg. Indizes
λ	Durchlaufzeit
λ_P	Durchlaufzeit der Produktion
λ_R	Durchlaufzeit der Aufarbeitung
τ	kritische Reichweite
κ	Rückführungsquote
ς	Lagerkostenkoeffizient
α	α-Servicegrad

Stochastische Größen

D_t	Bedarf in Periode t
R_t	Rückfluss in Periode t
z_t	Ausbeuteanteil des Produktionsauftrages in Periode t
y_t, ζ_t, ξ_t	Bestand an Fertigteilen zum Ende von Periode t
η_t	um das Ausbeuterisiko erweiterte Bedarfszufallsgröße
μ_x, $E[x]$	Erwartungswert der Zufallsvariablen x
σ_x, $S[x]$	Standardabweichung der Zufallsvariablen x
σ_x^2, $V[x]$	Varianz der Zufallsvariablen x
ρ_x	Variationskoeffizient der Zufallsvariablen x
$P\{E\}$	Eintrittswahrscheinlichkeit des Ereignisses E
$f_x(.)$	Dichtefunktion der Zufallsvariablen x
$F_x(.)$	Verteilungsfunktion der Zufallsvariablen x
$\varphi(.)$	Dichtefunktion der Standardnormalverteilung
$\Phi(.)$	Verteilungsfunktion der Standardnormalverteilung
$\Gamma(\alpha)$	Gammafunktion
$B(\alpha_1,\alpha_2)$	Betafunktion

$L(.)$	erwartete Lager- und Fehlmengenkosten
C	erwartete Kosten
C_S	standardisierte mittlere Periodenkosten einer heuristischen Lösung

Kostenparameter

c^+	overage-Kosten
c^-	underage-Kosten
c_P	Stückkosten der Produktion
c_R	Stückkosten der Aufarbeitung
c_D	Stückkosten der Beseitigung
h_S	Lagerkosten für Fertigteile pro Mengeneinheit und Periode
h_R	Lagerkosten für Rücklaufteile pro Mengeneinheit und Periode
v	Fehlmengenkosten für Fertigteile pro Mengeneinheit und Periode

MRP-Notation

POP_t	geplante Produktionsmenge in Periode t
OPO_t	überplante Produktionsmenge in Periode t im Ausbeutefall
POR_t	geplante Aufarbeitungsmenge in Periode t
POD_t	geplante Beseitigungsmenge in Periode t
GR_t	Bruttobedarf in Periode t
NR_t^P	produktionsbezogener Nettobedarf in Periode t
NR_t^R	aufarbeitungsbezogener Nettobedarf in Periode t
SRP_t	offener Produktionsauftrag mit Bestandszugang in Periode t
RP_t	in Periode t realisierte Produktionsausbeute
SRR_t	offener Aufarbeitungsauftrag mit Bestandszugang in Periode t
PRP_t	für Periode t eingeplanter Bestandszugang aus Produktion
PRR_t	für Periode t eingeplanter Bestandszugang aus Aufarbeitung
PR_t	geplante Rücklaufmenge zum Ende von Periode t
SOH_t	Planbestand an Fertigteilen am Ende von Periode t
ROH_t	Planbestand an Rücklaufteilen am Ende von Periode t
SST_P	produktionsbezogener Sicherheitsbestand
SST_R	aufarbeitungsbezogener Sicherheitsbestand

DST_t Höchstbestand für Rücklaufteile (nach Aufarbeitung)

$RMAX_t$ Höchstbestand für Rücklaufteile zu Beginn von Periode t

SIC-Notation

p_t Produktionsmenge in Periode t

r_t Aufarbeitungsmenge in Periode t

x, $x_{S,t}$ physischer Bestand an Fertigteilen abzüglich Fehlmenge zu Beginn von Periode t

$x_{R,t}$ physischer Bestand an Rücklaufteilen zu Beginn von Periode t

$x_{E,t}$ systemweiter Bestand

$x_{S,t}^{P}$ produktionsbezogener disponibler Bestand

$x_{S,t}^{R}$ aufarbeitungsbezogener disponibler Bestand

S_t Produktionsparameter

M_t Aufarbeitungsparameter

U_t Beseitigungsparameter

k_P, γ_1 Sicherheitsfaktor Produktion

β, γ_2 Inflationsparameter

k_R, γ_3 Sicherheitsfaktor Aufarbeitung

Simulation

a Multiplikator

m Modulus

c Inkrement

z_i i-te Realisation eines Zufallszahlenstroms

z_0 Startwert eines Zufallszahlenstroms

u_i (0/1)-verteilte Pseudozufallszahl

X^2 Teststatistik des X^2-Tests

$R_{(n)}$ Teststatistik des Runs-Tests

n_g Gesamtzahl der Perioden eines Simulationslaufs

n_a Anzahl der ausgewerteten Perioden eines Simulationslaufs

n_e Anzahl der Anlaufperioden eines Simulationslaufs

m_a	Anzahl der Replikationen eines Simulationslaufs
m_0	Anzahl der Basisreplikationen eines Simulationslaufs
α_K	Vertrauensniveau
γ	relativer Fehler
$\hat{\gamma}$	korrigierter relativer Fehler

Abbildungsverzeichnis

Tabellenverzeichnis

1 Einführung

1.1 Kreislaufwirtschaft als Herausforderung an die Produktionsplanung

Die Verknappung der natürlichen Ressourcen ist in den vergangenen zwei Dekaden stärker in das öffentliche Bewusstsein gerückt. Die Gewinnung von Rohstoffen für die Produktion von Konsum- und Investitionsgütern belastet die natürlichen Ressourcen. In der Vergangenheit endete der Weg eines großen Teils dieser Güter nach der Gebrauchsphase auf der Deponie oder in der thermischen Verwertung. Vor dem Hintergrund beschränkter Rohstoffquellen und Deponiekapazitäten ergibt sich damit ein Problem für das langfristige Wachstum der Industriegesellschaft. Umweltpolitische Bestrebungen haben daher unter dem Leitbild einer nachhaltigen Entwicklung die Reduzierung von Abfällen und den Ersatz primärer durch sekundäre Rohstoffe zum Ziel. So hat der Gesetzgeber mit dem im Jahre 1994 verabschiedeten Kreislaufwirtschafts- und Abfallgesetz (KrW-/AbfG) den Wirtschaftsunternehmen eine erweiterte Verantwortung für die von ihnen erzeugten Produkte übertragen. Der im Gesetz verankerte Grundsatz der „Vermeidung vor Verwertung vor Beseitigung" von Abfällen folgt der Zielsetzung, den Ressourceneinsatz für neu produzierte Erzeugnisse zu minimieren. Das KrW-/AbfG wird durch eine Reihe von Rechtsverordnungen konkretisiert, welche die Produktverantwortung für die Erzeuger bestimmter Wirtschaftsgüter näher definieren[1]. In den Bereich dieser Verantwortung fällt unter anderem die Verpflichtung zur Rücknahme von Altprodukten.

Neben dem Zwang der gesetzlichen Rahmenbedingungen trägt jedoch zunehmend eine ökonomische Motivation zur Gestaltung von geschlossenen Wirtschaftskreisläufen („Closed-Loop Supply Chains") bei, denn durch Rückgewinnung wertvoller Rohstoffe, Komponenten oder ganzer Produkte können erhebliche Materialkosten eingespart werden. Mit der Integration von Recyclingprozessen ergibt sich zudem ein Anreiz zu der (ebenfalls im KrW-/AbfG geforderten) Entwicklung recyclingfreundlicher Produkte. Nicht zuletzt ist ein „grünes Image" vor dem Hintergrund eines zunehmend für ökologische Aspekte sensibilisierten Verbraucherverhaltens ein wichtiges Element umweltorientierter Marketingstrategien.

[1] Beispiele hierfür sind die Verpackungsverordnung, Altautoverordnung, Batterieverordnung oder die Gewerbeabfallverordnung. Die EU-Richtlinien über Elektro- und Elektronik-Altgeräte (WEEE) und die Verwendung bestimmter gefährlicher Stoffe in Elektro- und Elektronikgeräten (RoHS) wurden mit dem Elektro- und Elektronikgerätegesetz (ElektroG) bis Ende 2006 schrittweise in deutsches Recht umgesetzt.

Das Management kreislauflogistischer Aktivitäten stellt angesichts der gegenüber linearen Wertschöpfungsketten höheren Komplexität des Logistiksystems eine Herausforderung dar. Die Bewältigung dieser Aufgabe ist innerhalb des vergangenen Jahrzehnts zunehmend in das Interesse der internationalen Forschung gerückt. Gegenstand des Forschungsgebiets *Reverse Logistics* ist nach der Definition der *European Working Group on Reverse Logistics* (REVLOG) „der Prozess der Planung, Implementierung und Steuerung von Materialrückflüssen, Prozessbeständen, Verpackungen und Fertigwaren von der Produktion, Distribution oder dem Gebrauch bis hin zur Wiedergewinnung oder sachgerechten Entsorgung.“[2]

Das *Recyclingmanagement* (Product Recovery Management) übernimmt die Aufgabe der Koordination der in den Verantwortungsbereich des erzeugenden Unternehmens fallenden gebrauchten bzw. Altprodukte sowie deren Komponenten und Materialien mit dem Ziel, einen möglichst hohen ökonomischen (und ökologischen) Wert aus diesen Produkten zurückzugewinnen[3]. Wirtschaftliche, technische, organisatorische sowie Planungs- und Umweltaspekte des praktischen Recyclingmanagements werden bei FLAPPER ET AL. anhand zahlreicher Fallstudien besprochen[4].

THIERRY ET AL. geben einen Überblick über die strategischen Aspekte des Recyclingmanagements und differenzieren hinsichtlich der Art der Wiedergewinnung in einem Spektrum zwischen der unmittelbaren Wiederverwendung und der Entsorgung (bzw. thermischen Verwertung) zwischen fünf Recyclingoptionen[5]. Das *Materialrecycling* bezeichnet die Rückgewinnung von Materialien auf stofflicher Ebene, wobei die Gestalt und Funktion des Ausgangsprodukts aufgelöst wird. Beim *Ausschlachten* werden dem Altprodukt gezielt Teile entnommen, die entsprechend ihrer Qualität im Rahmen einer anderen Recyclingoption wieder verwendet oder andernfalls stofflich verwertet werden. Bei der *Reparatur* wird das Produkt teilweise zerlegt und durch Austausch oder Instandsetzung von Teilen in einen funktionalen Zustand versetzt. Die *Überholung* (Refurbishing) hat das Erreichen bestimmter Qualitätsanforderungen zum Ziel und umfasst typischerweise das Zerlegen des Produkts in Baugruppen sowie den Austausch bzw. die Instandsetzung kritischer Baugruppen mit der Möglichkeit der technischen Aktualisierung (Upgrade). Tritt das recycelte Produkt unter Beibehaltung seiner Gestalt in eine erneute Gebrauchsphase ein, so spricht man von *Produktrecycling*.

[2] Vgl. de Brito und Flapper (2004)
[3] In Anlehnung an Thierry et al. (1995)
[4] Vgl. Flapper et al. (2005)
[5] Vgl. Thierry et al. (1995)

Den bisher genannten Recyclingoptionen ist gemeinsam, dass das im Ergebnis der Behandlung vorliegende Produkt nicht den Qualitätsanforderungen an ein Neuprodukt gerecht wird. Gerade bei technisch komplexen oder werthaltigen Produkten wird aber eine Rückgewinnung auf möglichst hoher Wertschöpfungsstufe angestrebt. Die *Aufarbeitung* (Remanufacturing) von Produkten, in deren Ergebnis das Qualitätsniveau von Neuprodukten erreicht wird, spielt daher inzwischen für die verschiedensten Produktkategorien eine wichtige Rolle. Im Aufarbeitungsprozess wird das Produkt vollständig zerlegt, gereinigt und gründlich geprüft. Verschlissene oder veraltete Teile werden ersetzt, wobei ggf. technisch aktualisierte Komponenten zum Einsatz kommen. Unkritische Komponenten können nach eventueller Behandlung und anschließender Qualitätskontrolle wieder verbaut werden. Ein typisches Beispiel ist die Motorenaufarbeitung, die von allen deutschen Automobilherstellern betrieben wird[6]. Andere Beispiele sind im Bereich Photokopierer[7], Einwegkameras[8] und Mobiltelefone[9] zu finden. Die Produktaufarbeitung ermöglicht als (bezüglich der Wertschöpfungsstufe) höchste Form des Recycling die Substitution von Neuprodukten und kann neben der regulären Produktion als zusätzliche Versorgungsquelle genutzt werden. Diese Form des Recycling wird bei den im Rahmen dieser Arbeit besprochenen Modellen unterstellt.

Die oben genannten Fälle beziehen sich auf die Aufarbeitung von Altprodukten, die nach Gebrauch vom Markt in den Verantwortungsbereich des Produzenten zurückgeführt werden, also einer externen Quelle zuzuordnen sind. Ein anderes Szenario liegt vor, wenn die Quelle der Rückflüsse im Produktionsprozess selbst zu finden ist. Dieser Fall einer unvollständigen Produktionsausbeute ist in nahezu jedem praktischen Produktionsprozess anzutreffen. Die Aufarbeitung erfolgt hierbei durch Nacharbeit (Rework) der nicht qualitätsgerechten Produkte, beispielsweise durch Nachlackieren von Karosserien im Automobilbau[10]. Eine Vielzahl komplexer Fertigungsschritte bei hoher Sensibilität gegenüber Umweltbedingungen führt bei der Herstellung von Halbleiterchips zu erheblichen Ausbeuteverlusten[11]. Typischerweise sind Produktionsprozesse mit Ausbeuteverlusten auch in der Prozessindustrie anzutreffen. Die Ursachen hierfür sind vielfältig und können beispielsweise in einer inhomogenen Qualität der

[6] Vgl. Driesch et al. (2005) zur Motorenaufarbeitung bei Mercedes-Benz.
[7] Vgl. Thierry et al. (1995)
[8] Vgl. Toktay et al. (2000)
[9] Vgl. Franke et al. (2006)
[10] Vgl. Li et al. (2007)
[11] Vgl. Leachman und Hodges (1996)

Ausgangsstoffe oder in der Unvollkommenheit der Prozessbeherrschung liegen. Charakteristisch ist dabei ein Aufkommen von Rückständen oder Reststoffen, die nach Reinigung oder sonstiger Behandlung erneut im Produktionsprozess verwendbar sind. Beispiele hierfür sind die Aufbereitung von Lösungsmitteln in der pharmazeutischen Industrie[12] oder die Wiedergewinnung von Photochemikalien[13].

Neben den eher strategischen Aufgaben des *Reverse Logistics*, zu denen die Wahl der optimalen Recyclingoption oder die Unterstützung von Standortentscheidungen bei der Gestaltung des Logistiksystems zählen, bestehen zahlreiche operative Aufgaben der Steuerung dieses Systems, für die eine Reihe quantitativer Modellierungsansätze entwickelt wurden. Wichtige Ergebnisse dieser Forschung sind bei DEKKER ET AL. zu finden[14].

In den Bereich des operativen Recyclingmanagements fällt die Planung und Steuerung von Produktions- und Recyclingprozessen. Die integrative Berücksichtigung von Aufgaben der traditionellen Produktionsplanung und –steuerung (PPS) und recycling-spezifischer Planungsaufgaben wird mit dem Entwurf von Produktions- und Recyclingplanungssystemen[15] (PRPS) verfolgt.

Die konzeptionelle Erweiterung der PPS ist mit der Bewältigung verschiedener Teilaufgaben verknüpft. Dazu gehören die Planung des Produktions- und Recycling-programms, die Bereitstellungsplanung für Sekundärprodukte bzw. aufbereitete Materialien und die Steuerung und Abstimmung der Produktions- und Recyclingsysteme auf sich kurzfristig verändernde Einflussgrößen[16]. In diesen Problem-kreis fällt beispielsweise die Aufgabe der Verzahnung von Montageprozessen mit Demontage- bzw. Aufarbeitungsprozessen. INDERFURTH ET AL. geben einen Überblick über die diesen Problemstellungen gewidmete Forschungsarbeit[17].

---

[12] Vgl. Teunter et al. (2005)

[13] Vgl. hierzu die Studie zum Recycling von Filmen und Photochemikalien in Dasappa und Maggioni (1993), S. 225-254.

[14] Vgl. Dekker et al. (2004)

[15] Vgl. z.B. das Fachkonzept von Rautenstrauch (1997)

[16] Zu den Anforderungen an recyclingintegrierende PPS-Systeme vgl. Schultmann (2003), S.51 sowie Hilty und Rautenstrauch (1997).

[17] Vgl. Inderfurt et al. (2004)

1.2 Materialplanung bei kreislaufgeführter Produktion

Eine wichtige zu lösende Aufgabe innerhalb der Produktions- und Recyclingplanung besteht in der Materialdisposition, die eine Mengenplanung bei Koordination von Materialien mit verschiedener Flussrichtung ermöglichen soll. Eine besondere Komplexität erfährt diese Aufgabe dadurch, dass Produktrückflüsse als Materialquelle mit einem hohen Maß an Unsicherheit bezüglich der auftretenden Mengen, der zeitlichen Verfügbarkeit und der Qualität behaftet sind. Die stochastische Bestandsdisposition im *Reverse Logistics* ist Gegenstand zahlreicher Forschungsbeiträge. Eine Übersicht über Aspekte der Modellierung und wichtige Ergebnisse sind bei VAN DER LAAN ET AL. zu finden[18].
Einen weiteren Ansatzpunkt für die Materialdisposition unter Berücksichtigung von Produktrückflüssen bietet die Erweiterung des traditionellen und weit verbreiteten MRP-Konzepts[19]. Dieses programmorientierte Planungsinstrument generiert Produktionspläne für ein festgelegtes Planungszeitfenster, das bei periodischer Aktualisierung der Datenbasis schrittweise in die Zukunft verschoben wird (rollierende Planung). Der Einsatz MRP-basierter Planungsansätze ist in der Recyclingwirtschaft häufig anzutreffen[20]. Die Integration des rückwärtigen Materialflusses in das Planungskonzept macht es jedoch erforderlich, innerhalb des Planungshorizonts eintreffende Rückflüsse planerisch zu erfassen und Entscheidungsregeln zur Losgrößenbildung für den Produktions- und Recyclingprozess festzulegen. Ein wichtiger Aspekt ist dabei die sachgemäße Berücksichtigung produktions- bzw. recyclingspezifischer Durchlaufzeiten.

Im Rahmen dieser Arbeit werden Verfahren der MRP-basierten Materialplanung sowohl für den externen als auch den internen Typ des Produktkreislaufs entwickelt. Durch Analyse der für die Materialkoordination verwendeten Entscheidungsregeln soll die Beziehung der MRP-Verfahren zu Kontrollpolitiken der verbrauchsgesteuerten Materialdisposition untersucht werden.
Da das deterministische MRP-Konzept auf der Verarbeitung von Prognosedaten für unsichere Einflussgrößen basiert, muss den verschiedenen Risiken durch geeigneten Einsatz von Absicherungsmechanismen begegnet werden. Solche Mechanismen beruhen auf dem expliziten oder impliziten Gebrauch von Bestandspuffern. Für die

[18] Vgl. van der Laan et al. (2004)
[19] Vgl. Guide und Srivastava (1997) sowie Inderfurth und Jensen (1999) und Ferrer und Whybark (2001).
[20] Vgl. Thierry (1997)

Materialplanung in Kreislaufprozessen wird häufig die Verwendung von (expliziten) Sicherheitsbeständen vorgeschlagen[21], welche die gemeinsame Absicherung aller relevanten Risiken übernehmen können. Neben dem Bedarfsrisiko betrifft dies bei dem externen Fall des Materialkreislaufs die Mengenunsicherheit des Materialrückflusses. Beim internen Fall des Materialkreislaufs führen dagegen qualitäts- oder prozessgetriebene Ausbeuteunsicherheiten zu Materialrückflüssen. Das hierin enthaltene Teilproblem stochastischer Produktionsausbeute ist bereits durch eine hohe Komplexität geprägt. Im Zusammenhang mit der Aufarbeitung von Ausbeuteverlusten ergibt sich als zusätzlicher Aspekt, dass das Ausbeuterisiko über die Erfüllbarkeit des Bedarfs hinaus auch die Versorgung des Aufarbeitungsprozesses betrifft. Für diesen Fall liegen bisher keine theoretisch untermauerten Ansätze zur Bemessung von Sicherheitsbeständen vor.

In der vorliegenden Arbeit wird die Festlegung von Sicherheitsbeständen bzw. Dispositionsparametern, die für die Materialdisposition sowohl im Rahmen der erweiterten MRP-Verfahren als auch innerhalb der verbrauchsgesteuerten Disposition einsetzbar sind, für die verschiedenen Typen des Produktkreislaufs besprochen. Der Gebrauch dieser Parameter im Zusammenhang mit den vorgestellten Dispositionsregeln wird mit Hilfe der stochastischen Simulation untersucht. Dabei sollen Anhaltspunkte für die Güte der Heuristiken gewonnen und kritische Einflussgrößen identifiziert werden.

1.3 Gliederung der Arbeit

In Kapitel 2 werden grundlegende Konzepte der konventionellen Materialplanung besprochen. Es folgt eine Darstellung der auf die Planungsumgebung einwirkenden Unsicherheiten sowie eine Diskussion der für die Berücksichtigung dieser Risiken vorgeschlagenen Absicherungsmechanismen. Darüber hinaus wird auf die speziellen Anforderungen an eine Materialplanung bei kreislaufgeführter Produktion eingegangen. Kapitel 3 behandelt das Problem der Materialplanung für den externen Typ des Produktkreislaufs. Hier wird zunächst ein formales Modell aufgestellt und auf bekannte Lösungseigenschaften sowie die Komplexität des Problems eingegangen. Daraufhin wird cin erweiterter MRP-Ansatz für das Planungsproblem entwickelt, wobei Varianten mit und ohne Beseitigungsoption berücksichtigt werden. Die Struktur der MRP-basierten Entscheidungsregeln wird unter den Bedingungen rollierender Planung

[21] Vgl. Ferrer und Whybark (2001) sowie Guide und Srivastava (1997).

analysiert und auf ihre Äquivalenz bzw. Ähnlichkeit zu einfachen stochastischen Lagerdispositionsregeln untersucht. Im nächsten Schritt wird die Gewinnung einfacher Ausdrücke zur Berechnung der Kontrollparameter besprochen. Die Ergebnisse einer Simulationsuntersuchung zur Performance der Heuristik beschließen das Kapitel.

Das Problem der Materialplanung im Fall interner Produktkreisläufe ist Gegenstand von Kapitel 4. Zunächst wird das grundlegende Problem stochastischer Produktionsausbeute betrachtet. Nach formaler Modellierung wird die Berücksichtigung des Ausbeutefalls im MRP-Kontext dargestellt und eine hierzu äquivalente lineare Entscheidungsregel gezeigt. Für die Gewinnung des Dispositionsparameters wird ein heuristischer Ansatz um die Berücksichtigung von Durchlaufzeiten erweitert. Zur Bewertung der gewonnenen Heuristiken werden die Ergebnisse einer Simulationsuntersuchung herangezogen.
Im zweiten Schritt wird das Modell um die Aufarbeitung der Ausbeuteverluste erweitert. Der Formulierung und Diskussion des Optimierungsmodells folgt eine MRP-Erweiterung zur Materialplanung, die in eine einfache stochastische Dispositionspolitik überführt wird. Anschließend werden Ausdrücke zur Bestimmung der Kontrollparameter entwickelt. Nach der Diskussion dieses Ansatzes werden vor dem Hintergrund zweier Grenzfälle des Koordinationsproblems weitere Heuristiken für die stochastische Disposition vorgestellt. Aussagen zur Performance und Vorschläge zum Einsatz dieser Heuristiken werden aus einer Simulationsuntersuchung gewonnen.

Kapitel 5 fasst die Ergebnisse dieser Arbeit zusammen und gibt einen Ausblick auf mögliche Erweiterungen und zusätzliche Aspekte des Materialplanungsproblems bei kreislaufgeführter Produktion.

2 Materialplanung bei konventioneller und kreislaufgeführter Produktion

Dieses Kapitel beschäftigt sich mit wesentlichen Konzepten der Materialplanung, die sich im Bereich der traditionellen Produktionsplanung und -steuerung (PPS) etabliert haben. In diesem Zusammenhang wird auf typische Unsicherheiten im Planungsumfeld und Möglichkeiten zu ihrer Bewältigung eingegangen. Im letzten Abschnitt des Kapitels werden die besonderen Anforderungen an eine Materialplanung in Gegenwart von Materialkreisläufen besprochen. Es werden zwei Typen von Produktkreisläufen unterschieden, die den Rahmen für die in den weiteren Kapiteln zu entwickelnden Planungsansätze bilden werden.

2.1 Konzepte der Materialbedarfsplanung bei konventioneller Produktion

Zunächst werden klassische Ansätze der Materialplanung besprochen, die als Instrumente der Produktionsplanung ohne Berücksichtigung kreislaufwirtschaftlicher Aspekte entwickelt wurden. Innerhalb der PPS hat die Materialbedarfsplanung die Aufgabe, die Bedarfe an Baugruppen, Teilen und Rohstoffen, die in bestimmten strukturellen Verknüpfungen die Erzeugnisstruktur mehrstufig zu produzierender Endprodukte bilden, nach Art, Menge und Zeitpunkt zu ermitteln[22]. Den Ausgangspunkt hierfür bildet das in der vorgelagerten Planungsstufe der kapazitierten Hauptproduktionsplanung festgelegte Produktionsprogramm, welches die Produktionsmengen und -termine der wichtigsten Endprodukte umfasst. Der Bedarf an absatzbestimmten Produkten, die neben den Endprodukten auch Ersatzteile einschließen, wird als Primärbedarf bezeichnet, während der daraus generierte Bedarf an Baugruppen, Teilen und Rohstoffen den Sekundärbedarf bildet[23]. Bei der Bedarfsplanung ist zwischen einem verbrauchsorientierten und einem programmorientierten Konzept zu unterscheiden, die nachfolgend näher charakterisiert werden[24]. Ergänzend werden weitere Konzepte der Materialplanung angesprochen.

[22] Vgl. z.B. Günther und Tempelmeier (1995), S. 176
[23] Vgl. Tempelmeier (2003), S. 118
[24] Vgl. Günther und Tempelmeier (1995), S. 177 ff.

2.1.1 Verbrauchsorientiertes Konzept

Verbrauchsorientierte Verfahren der Materialbedarfsplanung stützen sich bei der Ermittlung des Bedarfs der einzelnen Produktionsstufen (einer mehrstufigen Produktion) auf die Anwendung von Prognoseverfahren. Den Ausgangspunkt für die Bedarfsermittlung bilden empirische Daten des in der Vergangenheit beobachteten Bedarfs.

Im Rahmen des Konzepts der verbrauchsorientierten Bedarfsermittlung, das auch als stochastische Bedarfsrechnung bezeichnet wird, werden die einzelnen Stufen einer Produktionsstruktur voneinander abgegrenzt betrachtet. Die auf der jeweiligen Stufe ausgelösten Produktionsaufträge basieren auf der Bedarfsprognose für diese Produktionsstufe, wobei das Vorgehen den Bedarf, der aus den Produktionsaufträgen übergeordneter Stufen folgt, nicht im Kontext der Produktstruktur sondern als unabhängig betrachtet. Mit Hilfe einfach strukturierter Lagerdispositionsregeln werden auf der Grundlage produktionsstufenbezogener Daten Produktionsaufträge generiert. Zur Steuerung der Dispositionsentscheidungen verfügen stochastische Lagerdispositionsregeln über einen oder mehrere Kontrollparameter, für deren Ermittlung ebenfalls produktionsstufenbezogene Informationen benötigt werden[25]. Im Rahmen einer mehrstufigen Produktionsstruktur erfolgt die Disposition in einer stufenweisen sequentiellen Abfolge von einstufigen Dispositionsregeln. Die Vorteile dieser Herangehensweise bestehen in der geringen Komplexität und einfachen Handhabbarkeit der einstufigen Dispositionsregeln sowie in dem auf die Bereitstellung allein stufenbezogener Informationen beschränkten Datenbedarf für ihre Anwendung. Aus der isolierten Betrachtung der Produktionsstufen und der fehlenden Koordination der Bedarfe unter Berücksichtigung ihrer zeitlichen und mengenmäßigen Verknüpfungen über die Produktionsstruktur resultieren jedoch Nachteile dieses Verfahrens. Beispielsweise können bei großen Losgrößen und entsprechend großen Losreichweiten Verzögerungen in der Anpassung an veränderte Bedarfsniveaus auf übergeordneten Stufen auftreten. Auch können Informationen über zukünftige Entwicklung der Bedarfe auf diesen Stufen nicht für die Disposition der untergeordneten Stufen genutzt werden[26]. Weiterhin ist die Qualität der verbrauchsorientierten Bedarfsermittlung von der Anpassungsgüte des ihr zugrunde liegenden Prognosemodells abhängig, so dass die

---

[25] Für den Gebrauch stochastischer Lagerdispositionsregeln wird in der englischsprachigen Literatur der Begriff Stochastic Inventory Control bzw. Statistical Inventory Control (SIC) verwendet.

[26] Vgl. van Donselaar (1989), S. 49-51

Vorgehensweise der verbrauchsorientierten Bedarfsermittlung nur eingeschränkt eingesetzt wird. Anwendungsfälle sind beispielsweise die Disposition geringwertiger Teile und Baugruppen (C-Güter), die den Aufwand komplexer Verfahren der Bedarfsermittlung nicht rechtfertigen, weiterhin Komponenten, deren Bedarfe sich aufgrund ihres regelmäßigen Verbrauchs hinreichend genau prognostizieren lassen, sowie solche, bei denen eine programmgesteuerte Disposition aufgrund des Mangels hierfür benötigter Informationen nicht möglich ist[27].

2.1.2 Programmorientiertes Konzept - MRP

Im Gegensatz zur stufenweise isolierten Disposition der verbrauchsorientierten ‚stochastischen' Bedarfsermittlung basiert der programmorientierte Ansatz auf einer zentral koordinierten, stufenübergreifenden Planung der Bedarfe.
Das in der englischsprachigen Literatur als Material Requirements Planning (MRP) bezeichnete Verfahren wurde in der Arbeit von ORLICKY erstmals umfassend dokumentiert[28]. Das MRP-Konzept stützt die Bedarfsplanung auf das Hauptproduktionsprogramm (MPS[29]), das als Ergebnis des vorgelagerten Planungsschritts der Produktionsprogrammplanung vorliegt. Ausgehend von der obersten Ebene der Produktionsstruktur, den Endstufen, erfolgt eine stufenweise Ableitung des Bedarfs an untergeordneten Baugruppen und Teilen. Über die Produktionsmengen und -termine als Plandaten des Hauptproduktionsprogramms hinaus stützt sich das MRP-Vorgehen auf Strukturinformationen des Produktzusammenhangs, die Durchlauf- bzw. Beschaffungszeiten für alle Produkte der Produktstruktur sowie Aufzeichnungen der Lagerhaltung über Lagerbestände, ausstehende Produktions- bzw. Beschaffungszugänge, Sicherheitsbestände und Losgrößen[30]. Die Strukturinformationen der Produktions- bzw. Produktstruktur erlauben eine Abbildung in verschiedenster Form, wobei zwischen der graphischen Darstellung, der tabellarischen Darstellung und der Repräsentation als Matrix zu unterscheiden ist[31]. Die graphische Darstellung als Erzeugnisbaum oder Gozintograph bildet die Produktstruktur als einen aus Knoten und Pfeilen bestehenden gerichteten Graphen ab, wobei die Knoten die einzelnen Produkte und die mit den

[27] Vgl. Tempelmeier (2003), S. 37
[28] Vgl. Orlicky (1975)
[29] Master Production Schedule. Das Hauptproduktionsprogramm wird auf der Grundlage kurzfristiger Bedarfsprognosen, aktueller Informationen über eingegangene Aufträge und die Entwicklung von Lagerbeständen geplant. Vgl. Günther und Tempelmeier (1995), S. 144
[30] Vgl. Tersine (1994), S. 338 ff.
[31] Vgl. Tempelmeier (2003), 105 ff.

Mengenbeziehungen (Produktionskoeffizienten) bewerteten Pfeile die Zuordnung von Produkten zu übergeordneten Produkten wiedergeben. In Abbildung 2.1 ist eine aus drei Einzelteilen, einer Baugruppe und einem Endprodukt bestehende Produktstruktur als Gozintograph dargestellt. Bei der tabellarischen Form der Darstellung als Stückliste oder Teileverwendungsnachweis kann hinsichtlich der Einbeziehung der Produktstrukturinformationen zwischen unstrukturierten Stücklisten (Mengenübersichtsstückliste) und strukturierten Stücklisten (Baukastenstückliste, Strukturstückliste) differenziert werden. Die Input-Output-Beziehungen der einzelnen Knoten der Gozinto-Darstellung lassen sich ebenfalls mit Hilfe linearer Gleichungen beschreiben. Die in der Matrixdarstellung des so generierten Gleichungssystems enthaltene Koeffizientenmatrix enthält die Produktionskoeffizienten.

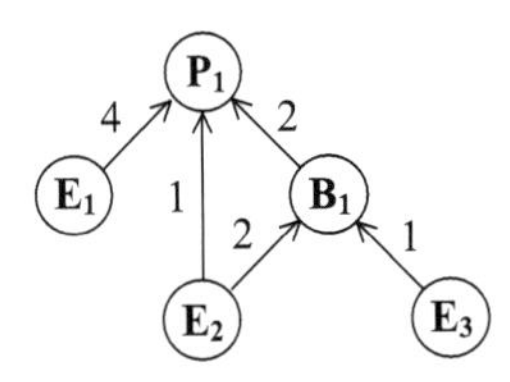

Abb. 2.1: Graphische Darstellung einer dreistufigen Erzeugnisstruktur (Gozintograph) mit Direktbedarfskoeffizienten

Die Vorgehensweise des MRP-Verfahrens umfasst im Einzelnen folgende Schritte, die entlang der den verschiedenen Dispositionsstufen[32] zugeordneten Produkte der Produktionsstruktur sukzessive ausgeführt werden[33]:

1) Im ersten Schritt der Bruttobedarfsrechnung werden die periodenbezogenen Bedarfe aller Produkte der betrachteten Dispositionsstufe für alle Perioden eines definierten Planungshorizonts ermittelt, wobei zu den absatzbestimmten Primärbedarfen, die auch selbständig absatzfähige Komponenten und Ersatzteile einschließen, die aus der Disposition übergeordneter Stufen abgeleiteten Sekundärbedarfe addiert werden[34]. Für die Dispositionsstufe 0 werden die Bedarfe dem MPS

[32] Die Dispositionsstufe eines Produktes (in der englischsprachigen Literatur als Low Level Code bezeichnet) gibt dabei, ausgehend von einem Endprodukt, den längsten Weg durch die Produktstruktur bis hin zu dem betrachteten Produkt an.
[33] Vgl. Tempelmeier (2003), 119 ff. sowie Tersine (1994), S. 347.
[34] Die als Tertiärbedarfe bezeichneten Bedarfe an Betriebsstoffen, Verschleißwerkzeugen u.ä. werden an dieser Stelle nicht betrachtet, da diese in der Praxis aufgrund ihrer wertmäßigen Bedeutung als C-Teile verbrauchsgesteuert, d.h. über Bedarfsprognosen disponiert werden.

entnommen. Unter Hinzurechnung von ggf. zu berücksichtigenden Prognosen für verbrauchsorientiert ermittelte Bedarfe sowie Zusatzbedarfe, beispielsweise Zuschläge zur Berücksichtigung von Ausschuss, erhält man den Bruttobedarf an Produkten der jeweiligen Stufe. Der Bruttobedarf ist dabei auf den frühesten Zeitpunkt terminiert, zu dem mit der Produktion eines in der Struktur übergeordneten Produkts begonnen werden soll.

2) In dem darauf folgenden Schritt der Nettobedarfsrechnung werden für alle Perioden des Planungshorizonts die Nettobedarfe als positive Differenz der terminierten Bruttobedarfe und der geplanten disponiblen Bestände ermittelt. Der disponible Bestand umfasst neben dem geplanten physischen Bestand auch die ausstehenden Zugänge aus noch offenen Beschaffungs- bzw. Produktionsaufträgen, vermindert sowohl um die bereits zur Verwendung in übergeordneten Produkten eingeplante Menge des Produkts als auch um ggf. angesetzte Sicherheitsbestände.

3) Da die Bereitstellung der ermittelten Nettobedarfsmengen eine bestimmte, produktionsstufenbezogene Zeitdauer beansprucht, muss diese zur Gewährleistung der termingerechten Verfügbarkeit Berücksichtigung finden. Die Terminierung der Nettobedarfsmengen wird daher um die stufenbezogene Vorlaufzeit, ggf. ergänzt um einen Sicherheitszuschlag, vorgezogen. Die damit bestimmten terminierten Produktionsmengen werden entsprechend den durch stufenbezogene Bedarfskoeffizienten beschriebenen mengenmäßigen Verknüpfungen der Produktionsstruktur an die untergeordneten Produktionsstufen weitergegeben, um dort in den Bruttobedarf dieser Stufen einzufließen. Zuvor können die vorterminierten Nettobedarfe im Rahmen der Losbildung zu wirtschaftlichen Losgrößen aggregiert werden.

Aufgrund des Vorgehens der sukzessiven Ableitung von Stufenbedarfen mit dem MPS als Ausgangspunkt wird das programmorientierte MRP-Konzept auch als deterministisches Konzept der Materialplanung bezeichnet[35]. Zur Reaktion auf Unsicherheiten

[35] Seiner Natur nach ist es ein Push-Konzept, da die Produktionsaufträge unter Berücksichtigung der mengenmäßigen und zeitlichen Strukturinformationen vor dem Hintergrund eines festgelegten übergeordneten Produktionsplans ausgelöst werden. Im Gegensatz hierzu koppelt das Pull-Konzept, wie es etwa in der Kanban-Steuerung oder dem CONWIP-System verwirklicht ist, die Produktionsmengen einer Stufe an den Verbrauch der direkt nachfolgenden Stufe. Eine Gegenüberstellung von Push- und Pull-Systemen findet sich bei Spearman und Zazanis (1992).

im Planungsumfeld, die als Störungen des deterministischen Planungskalküls auftreten, werden Revisions- und Absicherungsmechanismen in Form zeit- oder mengenbezogener Sicherheitspuffer eingesetzt.

2.1.3 Weitere Konzepte der Materialplanung

Die beschriebenen Ansätze der Materialplanung sind Ausgangspunkt einer Reihe weiterer Entwicklungen im Bereich der PPS-Systeme. Traditionell werden die Teilprobleme der PPS (Hauptproduktionsprogrammplanung, Mengenplanung, Terminplanung, Produktionssteuerung, Auftragsfreigabe, Kapazitäts- und Auftragsüberwachung) sukzessive gelöst (Sukzessivplanung)[36]. Mit dem oben beschriebenen Dispositionsstufenverfahren setzt sich das Sukzessivplanungskonzept innerhalb der Mengenplanung fort, wobei die Bedarfsrechnung der Losgrößenbildung übergeordnet wird. Die in der unkapazitierten Bedarfs- und Mengenplanung gewonnenen Produktionspläne können sich jedoch in der anschließenden Terminplanung als unzulässig erweisen. Damit wird ein wesentlicher konzeptioneller Mangel des sukzessiven Planungskonzepts deutlich, ein weiterer besteht in der statischen Behandlung der (von der Kapazitätsauslastung abhängigen) Durchlaufzeiten. Zur Gewinnung von zulässigen Plänen müssen Kapazitätsrestriktionen bereits in der Bedarfs- und Losgrößenplanung berücksichtigt werden (Simultanplanung). Für die kapazitätsorientierte Mengenplanung besteht damit ein mehrstufiges Mehrprodukt-Losgrößenproblem mit Kapazitätsrestriktion, dynamischem Bedarf und genereller Erzeugnisstruktur. Zur Lösung dieses Problems liegen für verschiedene Erzeugnisstrukturtypen heuristische Ansätze vor.[37]

Angesichts der Problematik, die sich aus der unkapazitierten Vorgehensweise des MRP-Verfahrens für die Zulässigkeit der Produktionspläne ergibt, wurde das ursprüngliche MRP-Konzept im Rahmen des *Manufacturing Resource Planning* (MRP II) um die Prüfung des Kapazitätsbedarfs in der nachgelagerten Terminplanung erweitert, wobei über eine Rückkopplungsschleife ggf. Plankorrekturen ausgelöst werden.
Enterprise Resource Planning-Systeme (ERP) erweitern dieses Konzept zu einer umfassenden unternehmensweiten Ressourcenplanung, basieren jedoch im Bereich der

---

[36] Vgl. Tempelmeier (2003), S. 282.
[37] Vgl. Tempelmeier (2003), S. 290 ff.

Produktionsplanung weiterhin auf dem MRP II-Ansatz[38]. In *Advanced Planning Systemen* (APS), mit denen sich ERP-Systeme in verschiedenen Modulen ergänzen lassen, wird der Versuch unternommen, unter Einsatz heuristischer Optimierungsverfahren den Schwächen des MRP-Konzepts entgegenzuwirken und eine kapazitätsorientierte Planung zu unterstützen.

Als Erweiterung der lokalen verbrauchsgesteuerten Disposition mit *Base Stock*-Kontrolle[39] um die stufenübergreifende Koordination von Beständen führten Clark und Scarf das *Echelon Stock*-Konzept[40] ein, bei dem die Planung einer Produktionsstufe auf Basis stochastischer Dispositionsregeln unter Berücksichtigung eines stufenbezogenen systemweiten disponiblen Bestands erfolgt. Da dieser Echelon Stock die Bestände aller übergeordneten Stufen einbezieht, wird eine verzögerungsfreie Weitergabe von Bestandsinformationen erreicht. Das Base Stock- bzw. Echelon Stock-Konzept ist Grundlage für den von VAN DONSELAAR vorgestellten Ansatz des *Line Requirements Planning* (LRP) [41]. Als Alternativvorschlag zum Einsatz von MRP unter stochastischen Bedingungen zielt dieser Planungsansatz auf eine verbesserte Abstimmung von Bedarfen einer Stufe und der Verfügbarkeit von Komponenten ab. Das Verfahren generiert unter Gebrauch einer dynamischen Bestellgrenzenregel und der Definition eines stufenbezogenen Echelon Stock Aufträge innerhalb eines Planungszeitfensters. Komponentenbedarfe werden direkt von den Bedarfen der Endstufe abgeleitet. Da im Gegensatz zum MRP-Verfahren separat zu den Mengen und Zeitpunkten der Bedarfe auch Informationen über Bestände weitergegeben werden, wird die Planungstransparenz erhöht. Als nachteilig erweist sich, dass das Vorgehen Losgrößeninflexibilitäten ignoriert und fest geplante Aufträge („firm planned orders") nicht berücksichtigt werden können.

Weiterhin entwickelt VAN DONSELAAR aus der Verknüpfung von Elementen von MRP und LRP das Materialplanungskonzept FiRST (Flexible integral Requirements planning STrategy), das sich ebenfalls auf das Prinzip des systemweiten Bestands stützt und die oben genannten Nachteile zu vermeiden sucht[42]. Dabei wird ein produktspezifischer Losgrößeninflexibilitätsfaktor eingeführt, mit dem die Charakteristik der Auftrags-

[38] Vgl. Koh et al. (2002)
[39] Zum Base Stock Konzept vgl. Magee (1958)
[40] Vgl. Clark und Scarf (1960)
[41] Eine Beschreibung des LRP-Konzepts findet man bei van Donselaar (1989), S. 55-65.
[42] Vgl. van Donselaar (1989), S. 82 ff.

ermittlung zwischen den Grenzfällen der beiden zugrunde liegenden Planungskonzepte festgelegt wird.
Eine Variante der bedarfsgesteuerten Mengenplanung wird von SEGERSTEDT als *Cover-Time Planning* vorgestellt[43]. Bei diesem Konzept wird der Erzeugniszusammenhang für die Prognose von Komponentenbedarfen genutzt. Die Disposition stützt sich jedoch nicht auf die Ermittlung eines Bestellpunkts, sondern basiert auf dem zeitorientierten Konzept der *Cover Time*, die (in Abgrenzung zu dem sonst üblichen Reichweitenbegriff) als Reichweite einer disponiblen Bestandsgröße ermittelt wird.

2.2 Unsicherheiten und Absicherungsstrategien

2.2.1 Unsicherheiten im Rahmen der Bedarfsplanung

Im folgenden Abschnitt sollen Unsicherheiten, die auf das Umfeld der Produktionsplanung einwirken, charakterisiert und Maßnahmen zur Berücksichtigung dieser Unsicherheiten besprochen werden[44]. Im Rahmen der Produktionsplanung kann, durch eine Reihe möglicher Störgrößen veranlasst, der in der ursprünglichen Planungssituation erfasste Systemzustand verändert werden. Klassen derartiger Störgrößen lassen sich hinsichtlich verschiedener Aspekte des Produktions- und Planungsproblems identifizieren. Unsicherheiten können beispielsweise in den realisierten Bedarfsgrößen, in der Zulieferung oder im Produktionsprozess auftreten und weiterhin im Planungsablauf selbst. Bedarfsunsicherheiten sind Unsicherheiten hinsichtlich der Nachfrage nach Produkten mit unmittelbarem Einfluss auf den Materialbedarf und mittelbarem Einfluss auf den Kapazitätsbedarf. Versorgungsunsicherheit bezeichnet die Risiken bei der Zulieferung von Material zur Versorgung von Produktionsprozessen bezüglich terminlicher, mengenmäßiger, qualitativer und anderer Erfordernisse. Prozessunsicherheit beschreibt das Auftreten von Störgrößen im Produktionsprozess, etwa Störungen im Ablauf durch den Ausfall oder Verschleiß von Produktionsmitteln, Stauungen infolge unzureichend verfügbarer Kapazitäten oder Produktion von Ausschussteilen, deren Ursache auch in den Qualitätsmerkmalen der eingesetzten Rohstoffe und Zwischenprodukte liegen kann. Planungsunsicherheiten können hinsichtlich der für die Planung benötigten mengen- und terminbezogenen Informationen, beispielsweise über

---

[43] Vgl. Segerstedt (1995)

[44] Als Unsicherheit soll hier die Möglichkeit des Abweichens einer realisierten Größe von ihrer erwarteten Ausprägung angesehen werden.

Bestände, den Status offener Aufträge, Produktzusammenhänge oder Kapazitätsbedarfe bestehen und somit aus Unzulänglichkeiten des Informationssystems resultieren. Den Planungsunsicherheiten infolge defizitärer Informationsstrukturen lassen sich darüber hinaus Risiken bei der Adaption von Planänderungen sowie der Kommunikation von Planungsdaten außerhalb des PPS-Systems zuordnen.
Hinsichtlich der Dimension der Störgröße lassen sich Unsicherheiten in solche, die in der mengenmäßigen Dimension einer Größe liegen und in Unsicherheiten hinsichtlich der zeitlichen Dimension einer Größe einteilen[45]. Unsicherheitsquellen können dabei sowohl auf der Bedarfsseite als auch bei der Versorgung bestehen. Hinsichtlich der beiden letztgenannten Aspekte lassen sich vier Kategorien bilden:

a) Mengenmäßige Unsicherheiten auf der Bedarfsseite durch Korrektur des geplanten Hauptproduktionsprogramms (Änderung des MPS als Reaktion auf Veränderungen in der Auftragslage oder Bedarfsprognosen)
b) Mengenmäßige Unsicherheiten auf der Versorgungsseite durch von der Auftragsgröße abweichende Liefermengen (Materialengpässe, Ausschuss, Ausbeuteverlust)
c) Zeitliche Unsicherheiten auf der Bedarfsseite aufgrund terminlicher Verschiebungen von Aufträgen (Änderung des vereinbarten Liefertermins, Verschiebung eines geplanten Auftrags auf einer höheren Stufe)
d) Zeitliche Unsicherheiten auf der Versorgungsseite durch unplanmäßige Weitergabetermine (Variationen in den Durchlaufzeiten, z.B. durch Kapazitätsauslastung oder Maschinenausfall, unsichere Lieferzeiten des Zulieferers)

2.2.2 Absicherungsstrategien im Rahmen der Bedarfsplanung

Die auf ein Produktionssystem einwirkenden Unsicherheiten stellen unerwünschte Störgrößen dar, deren grundsätzliche Vermeidung in aller Regel anzustreben ist. Eine vollständige Vermeidung der oben charakterisierten Risiken ist jedoch vielfach nicht möglich. Im Zusammenhang mit der Bekämpfung von Unsicherheiten wird die Forderung nach einer hohen Zuverlässigkeit und Flexibilität genannt[46]. Die Zuverlässigkeit des Produktionsumfelds kann durch eine verbesserte Verlässlichkeit der Versorgung, der Produktionsprozesse, Bedarfsprognosen und der Qualität des Planungs- und Informationssystems im Allgemeinen gefördert werden. Flexibilität wird hier als

[45] Vgl. Whybark und Williams (1976)
[46] Vgl. van Donselaar (1989), S. 9-12

Fähigkeit zur bestmöglichen Anpassung an unvorhergesehene Veränderungen verstanden[47]. Das Erreichen einer möglichst hohen Flexibilität bedarf der flexiblen Ausgestaltung sämtlicher Ressourcen des Produktionssystems, da sich Inflexibilitäten einzelner personeller oder materieller Ressourcen wie auch solche des Informationssystems systemweit auswirken können. Das erreichbare Maß an Flexibilität hängt entscheidend davon ab, wie effizient das Planungssystem die vorhandene Flexibilität der Ressourcen nutzt und wie schnell und häufig Informationen für die Planung bereitgestellt werden. Das Vorhalten von Lagerbeständen kann in gewissem Maße Flexibilität generieren, beispielsweise bei der Reaktion auf Änderungen im Bedarf für ein bestimmtes Produkt. Dem PPS-System kommt dabei die Aufgabe zu, durch eine sinnvolle Steuerung dieser Bestände deren Flexibilität vollständig nutzbar zu machen. Bestimmte Faktoren erlauben gleichermaßen die Flexibilität wie die Zuverlässigkeit des Produktionsumfelds zu beeinflussen. Beispielsweise ermöglicht die Reduktion von Durchlaufzeiten eine schnellere Reaktion auf Bedarfsschwankungen und erhöht damit die Flexibilität, während gleichzeitig der Risikozeitraum reduziert und eine höhere Zuverlässigkeit erreicht wird[48].

Es sollen hier Mechanismen aufgeführt werden, welche Unsicherheiten in der allgemeinen Gestaltung des Planungsablaufs, wie auch in der spezifischen Anwendung von Sicherheitspuffern innerhalb des MRP-Verfahrens berücksichtigen.

Rollierende Planung

Ein Ansatzpunkt für die Berücksichtigung von Unsicherheiten liegt in der fortlaufenden Planrevision unter Verwendung der nach Realisation der unsicheren Einflussgrößen aktualisierten Informationsbasis (revidierende Planung). Hinsichtlich der Form der Vorausplanung von Plananpassungen ist hierbei zwischen einer flexiblen und starren Planung zu unterscheiden.[49] Bei der *starren Planung* wird zum Planungszeitpunkt auf der Grundlage aller bis dahin verfügbaren Informationen ein Plan für die Teilperioden des Planungszeitraums festgelegt. Dieser wird nachträglich verändert, wenn es die Umweltentwicklung erfordert. Demgegenüber basiert die *flexible Planung* auf Eventualplänen für alle zukünftigen Umweltentwicklungen, die zum Planungszeitpunkt vollständig erfasst werden. Zukünftige Entscheidungen werden dabei über

[47] Zum Begriff der Flexibilität vgl. Schneeweiß (1992), S. 141 ff.
[48] Vgl. van Donselaar (1989), S. 10
[49] Vgl. Inderfurth (1982), S. 41 ff.

Entscheidungsregeln von der Umweltentwicklung abhängig gemacht, so dass auch der Einfluss späterer Plananpassungsmaßnahmen auf die Entscheidung zu Planungsbeginn berücksichtigt werden kann.
Ein im Bereich der Materialplanung weit verbreitetes Konzept zur Berücksichtigung von Unsicherheiten ist die rollierende Planung als Form der starren revidierenden Planung. Die Planung beschränkt sich dabei auf ein vorgegebenes Planungszeitfenster, welches in einem festgelegten Planungsabstand schrittweise in die Zukunft verschoben wird. Dabei erfolgt eine periodenweise Revision der Planung auf der Grundlage der um die realisierten Störgrößen und Prognosen über stochastische Einflussgrößen aktualisierten Informationsbasis[50].
Zur Berücksichtigung der Unsicherheit im Rahmen der Materialplanung werden in der Literatur verschiedene Puffermechanismen vorgeschlagen[51]:

- Sicherheitsbestände
- Sicherheitsvorlaufzeiten
- Überschätzung der Bedarfsmenge
- Unterschätzung der Ausbringungsmenge einer Produktionsstufe

In den folgenden Ausführungen sollen diese Absicherungsmechanismen überblickartig charakterisiert werden.

a) Sicherheitsbestände

Das Vorhalten von Sicherheitsbeständen ist die in der Materialbedarfsplanung am weitesten verbreitete Strategie zur Absicherung von Unsicherheiten. Der Ansatz eines Sicherheitsbestandes erfolgt derart, dass ein bestimmter Teil des Bestandes, wie er unter deterministischen Bedingungen verfügbar wäre, der deterministischen Planung entzogen wird[52]. Auf den Zeitpunkt der Auftragsauslösung bezogen ergibt sich der Sicherheitsbestand einer Produktionsstufe als Differenz zwischen dem disponiblen Bestand und den für den Risikozeitraum[53] erwarteten Nachfragemengen.

---

[50] Eine formale Beschreibung des Vorgehens findet sich bei Schneeweiß (1981), S. 83ff.
[51] Vgl. hierzu die Beiträge von New (1975) sowie Wijngaard und Wortmann (1985).
[52] Vgl. Tempelmeier (2003), S. 442 f.
[53] Bei periodischer Bestandskontrolle ergibt sich der Risikozeitraum als Summe aus der stufenbezogenen Durchlaufzeit und der Länge des Kontrollintervalls.

Innerhalb mehrstufiger Produktionssysteme werden Sicherheitsbestände bei Produktion auf Lager (make-to-stock) hauptsächlich auf den Produktionsendstufen und bei auftragsorientierter Montage (assemble-to-order) auf den höchsten Vormontagestufen installiert. Sicherheitsbestände auf den unteren Produktionsstufen werden für Teile und Komponenten mit unabhängigem Bedarf, beispielsweise Ersatzteile, sowie zur Berücksichtigung von Unsicherheiten in der externen Beschaffung vorgesehen[54]. Sicherheitsbestände auf den unteren Stufen verursachen überdies eine geringere Kapitalbindung und bieten Vorteile, wenn identische Materialien in verschiedene Baugruppen einfließen (Commonality), beispielsweise bei divergierenden Produktionsstrukturen[55].

Zur Ermittlung der Höhe von Sicherheitsbeständen werden im allgemeinen die relevanten Zufallsgrößen (wie z.B. Nachfrage, Lieferzeiten, Ausbeute) mit Hilfe von Wahrscheinlichkeitsverteilungen beschrieben und gestützt auf Methoden der stochastischen Lagerhaltungstheorie Lösungen ermittelt. Unter den Bedingungen dynamischer bzw. stochastischer Bedarfe, der Losbildung sowie des Einflusses von Unsicherheiten in der Materialbereitstellung auf die Durchlaufzeit wird die modellgestützte Analyse dieses Problems erschwert. Darüber hinaus müssen Interdependenzen zwischen den verschiedenen Produkten zugeordneten Sicherheitsbeständen sowie deren optimale Verteilung auf die Produktionsstruktur Berücksichtigung finden[56].

Die Wirkungsweise des Sicherheitsbestands wird in dem in Abb. 2.2 dargestellten Bestandsverlauf einer Produktionsstufe sichtbar. Der Produktionsauftrag wird so gewählt, dass der Lagerbestand nach Abgang des für eine Periode τ erwarteten Bedarfs auf das Niveau des Sicherheitsbestands SST gebracht wird. Übersteigt der realisierte Bedarf D_τ den geplanten Wert, so kann die Bedarfsanforderung erfüllt werden, sofern die Höhe des Sicherheitspuffers dafür ausreichend ist. Bei der Bemessung des Sicherheitsbestandes ist zu berücksichtigen, dass das auszugleichende Risiko nicht nur über die Dauer der Durchlaufzeit des Produktionsprozesses besteht, sondern ebenfalls von der Länge des Kontrollintervalls abhängt, welche die Reaktionsfähigkeit auf Zustandsänderungen des Systems beeinflusst.

---

[54] Vgl. Wijngaard und Wortmann (1985)
[55] Vgl. Wijngaard und Wortmann (1985)
[56] Vgl. Tempelmeier (2003), S. 451

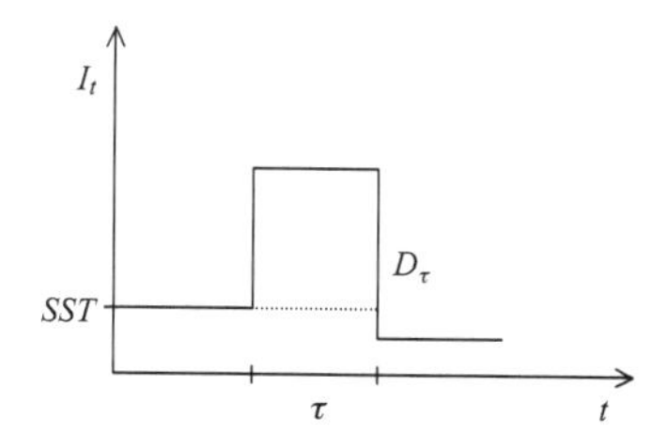

Abb. 2.2: Wirkung des Sicherheitsbestandes bei mengenmäßigem Risiko

Das Vorgehen generiert einen dauerhaften Bestand, der im Zeitverlauf unter dem Einfluss der stochastischen Störgrößen um das vorgegebene Niveau *SST* schwankt.

b) Sicherheitsvorlaufzeiten

Ein weiteres Konzept zur Absicherung von Risiken besteht im Ansatz von Sicherheitsvorlaufzeiten. Bei diesem Vorgehen wird der Termin eines Produktionsauftrags um eine bestimmte Zeit früher eingeplant, als dies aufgrund der Produktionsdurchlaufzeit erforderlich wäre. Damit wird ein Sicherheitsbestand generiert, der jedoch im Gegensatz zu dem oben dargestellten Typ nicht permanent vorliegt, sondern an den individuellen Produktionsauftrag gebunden ist. In Abb. 2.3 ist die Wirkung der Sicherheitsvorlaufzeit dargestellt. Zur Deckung eines Bedarfs, der für Periode τ geplant ist, wird bei der Terminierung des Produktionsauftrags zusätzlich zur Durchlaufzeit des Produktionsprozesses eine Sicherheitszeit (im Beispiel eine Periode) berücksichtigt, so dass das Produktionslos bereits in Periode τ-1 im Lager vorliegt. Wenn nun als Folge terminlicher Unsicherheiten die für τ geplante Bedarfsanforderung bereits eine Periode früher realisiert wird, kann diese unmittelbar aus dem bereits vorliegenden Bestand erfüllt werden. In der Tatsache, dass Sicherheitsbestände nur in Anknüpfung an die Erwartung realer Bedarfe generiert werden, ist ein Vorteil dieses Konzepts zu sehen[57]. Allerdings kann sich die Anwendung dieser Strategie auf die Gesamtdurchlaufzeit eines mehrstufigen Produktionsprozesses auswirken und Anpassungen des Planungshorizonts erforderlich machen[58].

[57] Vgl. Wijngaard und Wortmann (1985)
[58] Vgl. New (1975)

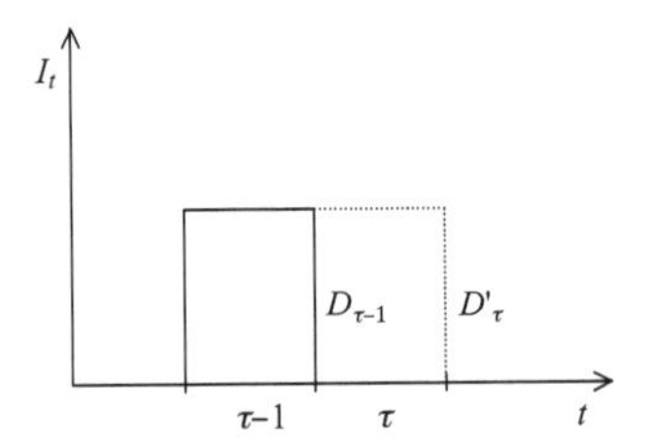

Abb. 2.3: Wirkung der Sicherheitsvorlaufzeit bei zeitlichem Risiko

Weiterhin bleibt zu beachten, dass die allein auf den Zeitpunkt der Materialbereitstellung abzielende Steuerung des Sicherheitsbestandes für die Absicherung mengenmäßiger Unsicherheiten ungünstige Voraussetzungen bietet.

c) Hedging

Eine weitere Möglichkeit zum Aufbau von Sicherheitsbeständen wird unter der Bezeichnung Hedging geführt. Dabei werden die prognostizierten Bedarfe systematisch überschätzt, wobei die Zulagen auf die Bedarfsprognose (Hedges) unter Berücksichtigung des Prognosefehlers ermittelt werden[59].

d) Option Overplanning

Beim Option Overplanning wird durch Überschätzung der Mengenbeziehungen (Produktionskoeffizienten) des Produktionszusammenhangs ebenfalls ein Sicherheitsbestand induziert. Ursprünglich war diese Art des Puffermechanismus dafür vorgesehen, Unsicherheiten in der Verteilung eines Bedarfes auf verschiedene Varianten eines Produkts zu begegnen[60]. Eine Überschätzung von Produktionskoeffizienten kann jedoch auch zur Berücksichtigung von Ausschussrisiken vorgenommen werden.

---

[59] Vgl. Miller (1979)
[60] Vgl. van Donselaar (1989), S. 175 ff.

e) Weitere Maßnahmen im Zusammenhang mit Bestandspuffern

TEMPELMEIER ordnet den Puffermechanismen weiterhin die *Bestandsrationierung* sowie die *Produktsubstitution und Kannibalisierung* zu. Bestandsrationierung (vor allem im Zusammenhang mit mehrstufigen Lieferketten bei zentraler bzw. systemweiter Bestandskontrolle) bezieht sich dabei auf ein Vorgehen, das bei Erreichen einer bestimmten Bestandshöhe, die absolut oder relativ zum prognostizierten Nettobedarf definiert werden kann, alle eingehenden Aufträge nur zu einem bestimmten Anteil sofort erfüllt, während der verbleibende Anteil zu einem späteren Zeitpunkt bedient wird. Prinzipiell wird damit eine kurzfristige Schonung der Pufferreserve erreicht, die jedoch Folgekosten des Lieferverzuges verursacht. Die Antizipation einer solchen Strategie mit entsprechender Anpassung der Bestellmenge kann sich problematisch auswirken[61].

Besteht ein Produkt, dessen unvorhergesehen hohe Nachfrage nach einem Bestandspuffer verlangt, aus Komponenten, die in ähnlicher Form auch in anderen Produkten eingesetzt werden, so eröffnet sich hier eine weitere Möglichkeit. Kann beispielsweise eine Komponente mit einem bestimmten Leistungsmerkmal nicht in ausreichender Menge beschafft werden, so können (bei Standardisierung dieser Komponenten, etwa im Bereich von Computerhardware) ersatzweise Komponenten mit höherem Leistungsniveau verbaut werden. Diese Form der Produktsubstitution lässt bei hohem Nachfragerisiko aufgrund von Ausgleichseffekten zwischen den substituierbaren Produkten eine Verringerung des Sicherheitsbestandes erwarten. Im Zusammenhang mit sporadischer (Ersatzteil-)Nachfrage kann der Ausbau einer Komponente aus einem bereits auf Lager produzierten Produkt (Kannibalisierung) relevant werden, wenn die langfristigen Kosten des Sicherheitsbestands die Kosten einer gelegentlichen Demontage und späteren Remontage übersteigen.

[61] Vgl. Tempelmeier (2005), S. 239

2.2.3 Diskussion verschiedener Absicherungskonzepte

Den besprochenen Absicherungskonzepten ist der Aufbau von Beständen als Puffer gegen stochastische Einwirkungen gemeinsam, wobei ein Sicherheitsbestand sowohl explizit als auch infolge der Implementation von Sicherheitszeiten, Überschätzung von Bedarfsprognosen oder Produktionskoeffizienten implizit generiert werden kann.

Spezifika der Anwendung dieser verschiedenen Absicherungsstrategien und ihre Vor- und Nachteile im Rahmen der Materialbedarfsplanung werden in einer Reihe von Literaturbeiträgen diskutiert. Die frühe Phase der MRP-gestützten Materialplanung war von dem Bestreben geprägt, im Rahmen des deterministischen Planungskonzepts möglichst vollständig auf bestandswirksame Absicherungsstrategien zu verzichten und die auf die Produktionsprogrammplanung einwirkenden Unsicherheiten zu eliminieren. Sicherheitsbestände sind nach diesem Verständnis bestenfalls durch eine Überschätzung der Bedarfsprognosen des MPS zulässig[62]. NEW schlägt den Gebrauch von Sicherheitszeiten bei externer Beschaffung auf der Rohmaterialebene vor, sowie für spezielle Materialien, die bei der Fertigung nur sporadisch aufgelegter Produkte benötigt werden[63]. WHYBARK UND WILLIAMS untersuchen in einer Simulationsstudie systematisch die Anwendung von Sicherheitsbeständen und Sicherheitsvorlaufzeiten im Rahmen einer MRP-Planungsstufe für die Kategorien bedarfs- und versorgungsseitiger zeitlicher und mengenmäßiger Unsicherheit[64]. Im Ergebnis der Untersuchung werden Richtlinien aufgestellt, welche die Anwendung der Sicherheitsvorlaufzeit bei zeitlicher und den Gebrauch des Sicherheitsbestands bei mengenmäßiger Unsicherheit empfehlen. Diese Präferenz ist von der Quelle der Unsicherheit (Bedarf oder Versorgung) unabhängig und gewinnt mit zunehmender Ausprägung der Unsicherheit an Gewicht. MELNYK UND PIPER analysieren die Rolle von Sicherheitszeiten in einer komplexen Simulation eines mehrstufigen Mehrproduktszenarios[65]. Im Vergleich zu einem (s,q)-Dispositionsmodell wird die Performance eines MRP-Systems bei kapazitätsbedingten Durchlaufzeitrisiken in einem vollständig deterministischen Problem untersucht. Das Ergebnis dieser Studie zeigt die Wirksamkeit von Sicherheitszeiten in der MRP-Planung, wobei deren Implementation, bedingt durch Kapitalbindungs- und Commonality-Effekte, insbesondere auf den unteren Stufen der Produktionsstruktur

[62] Vgl. Plossl (1995), S. 144-148
[63] Vgl. New (1975)
[64] Vgl. Whybark und Williams (1976)
[65] Vgl. Melnyk und Piper (1981)

vorteilhaft erscheint. In einer weiteren Simulationsuntersuchung betrachten GRASSO UND TAYLOR die Zusammenhänge zwischen dem Ausmaß der zeitlichen Versorgungsunsicherheit, dem Umfang der Absicherung mittels Sicherheitsbestand bzw. Sicherheitsvorlaufzeit, verschiedenen Losgrößenregeln und dem Niveau von Lagerhaltungs- und Fehlmengenkosten hinsichtlich der MRP-Kostenperformance in einem mehrstufigen Mehrproduktfall[66]. In Gegensatz zu den Ergebnissen von WHYBARK UND WILLIAMS wurde unter den betrachteten Szenarien in keinem Fall die Sicherheitszeit gegenüber dem Ansatz von Sicherheitsbeständen als vorteilhaft ausgewiesen. WIJNGAARD UND WORTMANN besprechen den Gebrauch von Beständen im Rahmen von MRP zur Absicherung insbesondere von Bedarfsunsicherheiten in mehrstufigen Produktionssystemen. Im Rahmen der Optimierung von Planvorlaufzeiten für ein zweistufiges Fertigungssystem ermittelt YANO die Relevanz erheblicher Sicherheitszeiten auf der Montagestufe. GUPTA UND BRENNAN modellieren ein MRP-Produktionssystem zur Untersuchung des Einflusses von Versorgungs- und Prozessunsicherheiten und ermitteln einen starken Einfluss der Höhe dieses Risikos auf die Kostenperformance[67]. BUZACOTT UND SHANTHIKUMAR betrachten ein kapazitiertes zeitkontinuierliches einstufiges MRP-Modell mit stochastischen und über einen bestimmten Zeithorizont sicher bekannten Bedarfen (advance demand information) und endogener Durchlaufzeit. Sie gelangen zu dem Ergebnis, dass der Gebrauch von Sicherheitszeiten nur dann vorzuziehen ist, wenn genaue Bedarfsprognosen möglich sind, wohingegen Sicherheitsbestände bei der Bewältigung von Veränderungen der Bedarfsstruktur oder Prognosefehlern eine höhere Robustheit aufweisen[68]. MOLINDER untersucht in einer Simulationsstudie optimale Absicherungsstrategien hinsichtlich des Einflusses von Bedarfs- und Durchlaufzeitrisiken. Die Ergebnisse ergänzen die von WHYBARK UND WILLIAMS vorgeschlagenen Richtlinien um einen weiteren Aspekt. In der Untersuchung wurde gezeigt, dass die Konstellation der Fehlmengen- und Lagerhaltungskosten die Präferenz zwischen den beiden Pufferalternativen beeinflusst[69].

In zahlreichen Beiträgen im MRP-Kontext werden Unsicherheiten im Zusammenhang mit der Anwendung verschiedener Losgrößenregeln besprochen. HO UND LAU untersuchen in einer Simulationsstudie den Einfluss von verschiedenen Losgrößenregeln auf

[66] Vgl. Grasso und Taylor (1984)
[67] Vgl. Gupta und Brennan (1995)
[68] Vgl. Buzacott und Shanthikumar (1994)
[69] Vgl. Molinder (1997)

die Wirkung der Durchlaufzeitvariabilität und ermitteln eine gute Performance der Silver-Meal-Losgrößenheuristik[70]. Durch eine Simulationsuntersuchung für ein zweistufiges MRP-Produktionssystem mit Bedarfsunsicherheit gelangen FILDES UND KINGSMAN zu dem Ergebnis, dass die Wahl zwischen verschiedenen betrachteten Losgrößenregeln unter Bedarfsrisiko im Vergleich zur Qualität der Bedarfsprognose relativ unkritisch ist[71]. Die Simulationsuntersuchung von HO UND IRELAND kommt zu dem Ergebnis, dass die Auswirkungen des Prognosefehlers mit der Wahl einer geeigneten Losgrößenheuristik gemildert werden können.[72] PLENERT schlägt den primären Einsatz von Kapazitätspuffern anstelle von Sicherheitsbeständen und den Gebrauch der „lot-for-lot"- Disposition für A- und B-Teile vor[73].

Der Einsatz alternativer Pufferstrategien und Losgrößenregeln im Zusammenhang mit der Bewältigung von Unsicherheiten und der daraus resultierenden Planungsnervosität der MRP-Umgebung ist Gegenstand einer Reihe weiterer Veröffentlichungen. GUIDE UND SRIVASTAVA geben einen Überblick über die in der Literatur vorgeschlagenen Ansätze zum Einsatz von Sicherheitsbeständen und Sicherheitsvorlaufzeiten gegen verschiedene Formen der Unsicherheit in MRP-Systemen[74]. KOH ET AL. nehmen eine systemtheoretisch motivierte Kategorisierung der Unsicherheiten in Input- und Prozessunsicherheiten vor[75]. Den Input-Unsicherheiten werden Risiken mit externer Quelle zugeordnet (z.B. verspätete Zulieferung oder Verschiebung des Bedarfstermins), wobei weiterhin zwischen Versorgungs- und Bedarfsrisiken differenziert wird. Als Prozessunsicherheiten werden Unsicherheiten mit interner Quelle angesehen (z.B. Maschinenausfälle oder Ausbeuteverluste), die ebenfalls in Bedarfs- und Versorgungsrisiken untergliedert werden. Die anhand dieser Kategorien strukturierte Auswertung einer Vielzahl von Forschungsbeiträgen führt KOH ET AL. zu dem Ergebnis, dass hinsichtlich der Wirkung mehrerer Unsicherheitsquellen in realistischen Produktionssystemen Sicherheitsbestände, die Wahl geeigneter Losgrößenheuristiken und Rescheduling die am besten geeigneten Absicherungsmaßnahmen darstellen, während Hedging- und Overplanning-Strategien für die isolierte Absicherung von Prozessrisiken geeignet sind.

[70] Vgl. Ho und Lau (1994)
[71] Vgl. Fildes und Kingsman (1997)
[72] Vgl. Ho und Ireland (1998)
[73] Vgl. Plenert (1999)
[74] Vgl. Guide und Srivastava (2000)
[75] Vgl. Koh et al. (2002)

Für generelle mehrstufige Systeme mit den zu berücksichtigenden Interdependenzen zwischen den Bestandspuffern mehrerer Stufen und der Losgrößenbildung gestaltet sich die Problemstellung der Auswahl, Bemessung und Verteilung von Bestandspuffern sehr komplex. Grundlegend sind hier die Arbeiten von CLARK UND SCARF sowie SIMPSON[76]. Hinsichtlich der Frage, ob eine interne Lieferunfähigkeit direkte Auswirkung auf die Weitergabe des Materials hat, ist zwischen Ansätzen zu unterscheiden, die lagerbedingte Lieferzeiten zulassen (full delay) oder ausschließen (no delay). Lagerbedingte Lieferzeiten können ausgeschlossen werden, indem angenommen wird, dass Sicherheitsbestände bis zu einem bestimmten Maß die Bewältigung von Bedarfsrisiken übernehmen, während darüber hinaus die Flexibilität des Produktionssystems (Neueinplanung von Aufträgen, interne Beschleunigung von Prozessen oder externe Beschaffung) greift. Als Entscheidungsvariable wird die deterministische *Servicezeit* gebraucht, welche die maximale Zeitspanne beschreibt, in der eine Lagerstufe ihren Nachfolger versorgt. Unter dieser Voraussetzung zeigt SIMPSON für den Fall des seriellen Systems mit Base Stock-Kontrolle, dass die optimale Strategie die Sicherheitsbestände der einzelnen Stufen so verteilt, dass entweder ein Bestandspuffer für die gesamte Lieferzeit oder kein Bestandspuffer installiert wird ("Alles oder nichts"-Politik)[77].

Der Ansatz von SIMPSON wird von INDERFURTH auf die Betrachtung divergierender Systeme erweitert. Sofern für jedes Stufenlager und seine unmittelbaren Nachfolger eine identische Servicezeit gilt, erhält das Optimierungsmodell die gleiche Struktur wie im seriellen Fall. Auch hier wird die Charakteristik einer "Alles oder nichts"-Politik nachgewiesen[78].

Ausgehend von der Formulierung des komplexen nicht-linearen Optimierungsproblems des generellen Falls leiten INDERFURTH UND MINNER Lösungseigenschaften für spezielle Strukturen ab[79]. Im Fall konvergierender Systeme zeigt sich, dass der Sicherheitsbestand einer Stufe die Deckung eines Zeitraumes übernimmt, der sich aus der Differenz zwischen kumulierten Durchlaufzeiten vorgelagerter Stufen und bereits durch Bestände auf nachfolgenden Stufen abgesicherten Zeiträumen ergibt. Gegenüber den in der Literatur verbreiteten Vorschlägen zur Beschränkung von Sicherheitsbeständen auf die oberste oder unterste Ebene der Produktionsstruktur zeigen die

[76] Vgl. Clark und Scarf (1960) und Simpson (1958).
[77] Vgl. Simpson (1958)
[78] Vgl. Inderfurth (1991), (1992)
[79] Vgl. Inderfurth und Minner (1998)

Ergebnisse der Arbeiten von INDERFURTH und MINNER, dass eine solche Strategie tatsächlich nur in speziellen Fällen optimal ist. Vielmehr können Bestandspuffer auf allen Stufen sinnvoll sein, wobei deren optimale Allokation von verschiedenen Parametern, wie dem Bedarfsrisiko, Lagerkostensätzen, und Durchlaufzeiten abhängig ist[80]. Durch Ausnutzung der spezifischen Problemstruktur lassen sich optimale Allokationspolitiken für Sicherheitsbestände mit Hilfe von DP-Lösungsverfahren effizient berechnen[81]. Bei MINNER finden sich ebenso heuristische Lösungsverfahren für den Fall genereller Produktionssysteme sowie verschiedene Erweiterungen einschließlich des Falls zyklischer Strukturen[82].

2.3 Materialplanung unter den Bedingungen kreislaufgeführter Produktion

Bei der Integration von Produktrückführung in traditionelle Produktionsstrukturen hat das Rückflussmanagement auf der operativen Planungsebene die Aufgabe der Koordination der verschiedenen vorwärts und rückwärts gerichteten Materialflüsse[83]. Das Koordinationsproblem entsteht dadurch, dass auf einer Stufe eines Produktionsprozesses Produktrückflüsse auftreten, die einem Bearbeitungsprozess unterzogen und danach wieder in bestimmtem Umfang im Produktionsprozess verwendet werden können, so dass eine zusätzliche Versorgungsquelle zur regulären Produktion besteht. Im Rahmen dieser Arbeit werden Aufarbeitungsprozesse betrachtet. Hierfür ist charakteristisch, dass die aufgearbeiteten Rücklaufteile das Qualitätsniveau neu gefertigter Produkte erreichen und somit uneingeschränkt zur Bedarfsdeckung verwendbar sind. Für die Produktrückflüsse ist allgemein auch die Möglichkeit der Lagerung und Entsorgung gegeben. Die Integration von Materialrückflüssen in das MRP-Konzept ist mit folgenden Problemstellungen verknüpft[84]:

1) Zukünftige Materialrückflüsse müssen innerhalb eines festgelegten Planungshorizonts mengenmäßig und terminlich geplant werden.

[80] Vgl. Inderfurth (1991), (1992)
[81] Vgl. Minner (1997)
[82] Vgl. Minner (2000)
[83] Vgl. Fleischmann et al. (1997)
[84] Vgl. Inderfurth und Jensen (1999)

2) Die Losgrößen der Produktions-, Aufarbeitungs- und Entsorgungsaufträge sind mit Hilfe von Entscheidungsregeln auf der Grundlage von Kostenkriterien zu ermitteln.

3) Neben bedarfsseitigen Unsicherheiten sind auch Risiken im Zusammenhang mit der Produktrückführung zu bewältigen.

Risiken im Rahmen von Produktions- und Aufarbeitungsproblemen treten insbesondere in Form unsicherer Bedarfe, Rücklaufmengen, Produktionsausbeuten und Durchlaufzeiten auf. Das Dispositionsproblem besteht in der Abstimmung der Produktions- und Aufarbeitungsaktivitäten sowie der Entsorgung unter der Zielsetzung, die erwarteten Kosten der Produktion, Aufarbeitung und Entsorgung, sowie der Lagerbestände und Fehlmengen zu minimieren. Da sich das Integrationsproblem für den Materialfluss auf den Stufen der Produktionsstruktur ergibt, welche die aufgearbeiteten Rücklaufprodukte mit dem regulären Materialfluss vereinigen, sind diese Stufen unter Anwendung eines erweiterten Planungskonzepts zu planen, während auf die übrigen Stufen das traditionelle MRP-Verfahren anwendbar ist. Die folgenden Betrachtungen beziehen sich daher auf eine Stufe eines Produktionssystems, für die das Problem der Koordination aufgearbeiteter und neu produzierter Produkte besteht.

Externe und interne Materialkreisläufe

Produktrückflüsse können ihren Ursprung sowohl außerhalb des Produktionssystems als auch im Produktionssystem selbst haben. Externe Rückflüsse entstehen, wenn gebrauchte Investitions- oder Konsumgüter am Ende ihrer Lebensdauer oder nach einer vertraglich vereinbarten Frist vom Verbraucher zum Hersteller zurückgeführt werden (z.B. Automobile, Photokopierer, IT-Geräte)[85]. Das Entscheidungsproblem für diese Situation ist in Abb. 2.4 graphisch dargestellt.
Die Produktrückflüsse treffen in einem Rücklaufteillager ein und stehen damit als Materialquelle für den Aufarbeitungsprozess zur Verfügung. Neben der sofortigen Aufarbeitung besteht die Möglichkeit, Rücklaufteile temporär im Lager vorzuhalten. Die beiden Knoten symbolisieren die Entscheidungen hinsichtlich der Produktions- und Aufarbeitungsmengen. Produzierte und aufgearbeitete Teile werden nach der jeweiligen Durchlaufzeit einem Fertigteillager zugeführt, aus dem der Bedarf der betrachteten

[85] Fallstudien hierzu finden sich bei Flapper et al. (2005).

Produktionsstufe gedeckt wird. Optional kann eine Entsorgung von Rücklaufteilen zulässig sein.

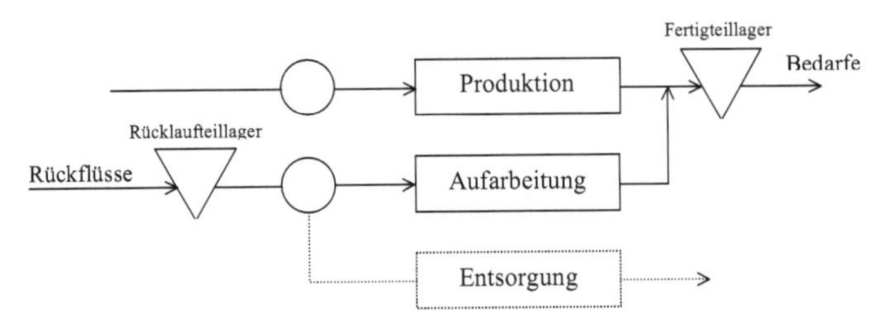

Abb. 2.4: Produktions-/Aufarbeitungssystem mit externen Rückflüssen

Interne Produktrückflüsse entstehen im Produktionsprozess selbst und können ihre Ursache in der Unzuverlässigkeit oder nicht vollständigen Beherrschbarkeit des Produktionsprozesses haben. Dabei ist das Ergebnis des Produktionsprozesses nur zu einem gewissen Mengenanteil als Fertigprodukt brauchbar. Diese Situation ist charakteristisch für Produktionsprozesse der chemischen und pharmazeutischen Industrie. Ein weiteres Beispiel ist die Herstellung von Mikroprozessoren, bei der aufgrund unvollständiger Kontrollierbarkeit des Fertigungsprozesses erhebliche Ausbeuteverluste auftreten. Abb. 2.5 illustriert das vorliegende Entscheidungsproblem.

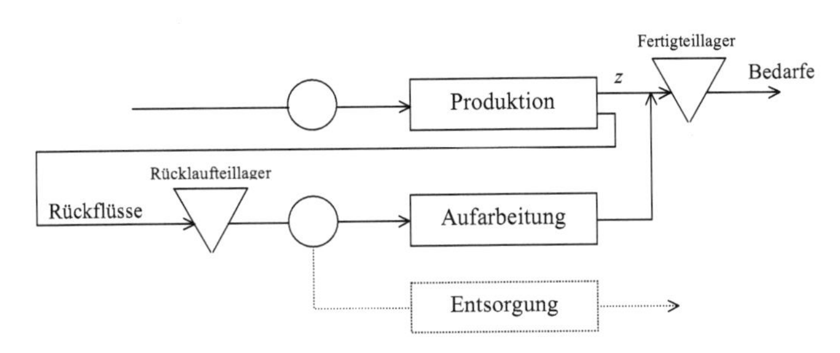

Abb. 2.5: Produktions-/Aufarbeitungssystem mit internen Rückflüssen

Wird eine Materialeinheit in den Produktionsprozess geführt, so liegt nach der Durchlaufzeit des Prozesses ein Anteil von z Mengeneinheiten des Endproduktes als brauchbare Fertigteile vor und darüber hinaus ein Anteil von $(1\text{-}z)$ Mengeneinheiten als fehlerhafte Teile, die in ein Rücklaufteillager fließen. Im Vergleich zum Fall externer Rückflüsse besteht hier die Besonderheit, dass das Aufkommen an Rücklaufteilen keine exogene Größe ist, sondern durch die Höhe des Produktionsauftrages beeinflusst wird.

Aus dem Rücklaufteilelager wird ein Recyclingprozess gespeist. Das Ergebnis dieses Prozesses und dessen Verwendung kann in verschiedenster Form modelliert werden. Beispielsweise kann für den Recyclingprozess wiederum ein Ausbeuteproblem bestehen, dessen Verlustfraktion entweder erneut behandelt werden kann oder beseitigt werden muss. In praktischen Problemstellungen kann der Qualitätsverlust des Materials im Recyclingprozess die Anzahl der möglichen Aufarbeitungszyklen einschränken ("Downcycling")[86]. Andererseits kann der Wiedereinsatz des recycelten Produkts in der betrachteten Produktionsstufe, einer nachfolgenden Stufe oder einer anderen Stufe des Produktionssystems möglich sein[87]. Im Rahmen dieser Arbeit wird von der Aufarbeitung des Ausbeuteverlusts ausgegangen. Der Aufarbeitungsprozess soll als zuverlässig angenommen werden und nur Teile generieren, die dem Qualitätsniveau der regulär produzierten Produkte entsprechen. Neben der Möglichkeit, Rücklaufteile vor der Aufarbeitung temporär zu lagern, ist auch hier die Einbeziehung einer Entsorgungsoption denkbar. Die Frage nach der grundsätzlichen Relevanz einer Entsorgungsmöglichkeit wird für beide Modellszenarien noch zu klären sein.

Die Materialplanung für den Fall externer Produktkreisläufe wird in Kapitel 3 besprochen. In Kapitel 4 folgt die Behandlung des Falls interner Produktkreisläufe.

In praktischen Problemstellungen können Durchlaufzeiten von Produktion und Aufarbeitung in verschiedener Konstellation auftreten. Muss etwa ein Neuprodukt in zahlreichen zeitintensiven Fertigungsprozessen hergestellt werden, die im Aufarbeitungsprozess teilweise eingespart werden, so kann die Aufarbeitung von Altprodukten mit einem Zeitvorteil verbunden sein. Der umgekehrte Fall tritt ein, wenn die Aufarbeitung von Altprodukten vielfältige Bearbeitungsschritte und umfangreiche Qualitätssicherungsmaßnahmen erforderlich macht. Für beide Prozesse werden daher jeweils spezifische Durchlaufzeiten angenommen. Um eine sinnvolle zeitliche Koordination von Produktions- und Aufarbeitungsaufträgen zu erreichen, muss die Konstellation dieser Durchlaufzeiten in der Planungslogik besonders berücksichtigt werden, weshalb bei der Entwicklung des Planungskalküls zwischen verschiedenen Durchlaufzeitrelationen unterschieden wird.

[86] Solche Probleme treten beispielsweise auf, wenn im Recyclingprozess Fasern oder langkettige Moleküle gespalten werden, Material geschwächt wird oder durch Verunreinigung schwer trennbare Stoffgemische entstehen. In anderen Fällen, wie z.B. im Fall von Weißblech, kann der Prozess beliebig oft verlustfrei durchlaufen werden.

[87] Vgl. die Fallstudie zur Aufbereitung von Lösungsmitteln in der pharmazeutischen Industrie bei Teunter et al. (2005).

3 Materialplanung bei externen Produktkreisläufen

Gegenstand dieses Kapitels ist ein Ansatz zur Materialplanung im Fall externer Produktkreisläufe. Zunächst wird das Modell formuliert und die hierfür bekannte optimale Politikstruktur besprochen. Es wird ein erweiterter MRP-Ansatz zur Materialplanung vorgestellt, der im folgenden Schritt zur Berücksichtigung beliebiger Durchlaufzeitkonstellationen verallgemeinert wird. Nach einer Analyse der vorliegenden Politikstruktur soll die Frage nach der optimalen bzw. heuristischen Bestimmung der Parameter dieser Dispositionspolitik beantwortet werden.

3.1 Annahmen

Im Folgenden wird ein einstufiges Materialplanungsproblem bei periodischer Kontrolle betrachtet. Zum Ende jeder Periode t treffen stochastische Produktrückflüsse $\tilde{R}_t$ im Rücklaufteillager ein, die dem Aufarbeitungsprozess zugeführt, beseitigt oder temporär in einem Rücklaufteillager vorgehalten werden können. Aufgearbeitete Rückflüsse sind nach einer Durchlaufzeit von λ_R Perioden im Fertigteillager verfügbar. Darüber hinaus besteht die Möglichkeit, Fertigteile in einem Produktionsprozess mit einer Durchlaufzeit von λ_P Perioden zu produzieren. Beide Durchlaufzeiten sind deterministisch. Aus dem Fertigteillager sollen die in jeder Periode auftretenden stochastischen Bedarfe $\tilde{D}_t$ gedeckt werden. Bedarfe und Rückflüsse sind unabhängige stochastische Größen. Für die Produktion einer Einheit Fertigteile fallen Kosten von c_P an, für die Aufarbeitung einer Einheit Rücklaufteile c_R und für die Entsorgung einer Einheit Rücklaufteile c_D. Am Periodenende vorliegende Lagerbestände im Fertigteillager werden mit Kosten h_S, Bestände an Rücklaufteilen mit Kosten h_R und vorgemerkte Fehlmengen mit Kosten v, jeweils pro Mengen- und Zeiteinheit bewertet. Alle Kosten sind streng proportional, es werden keine Fixkostenkomponenten berücksichtigt. Weiterhin werden für Produktion, Aufarbeitung und Entsorgung unbeschränkte Kapazitäten angenommen.

3.2 Modell und optimale Dispositionspolitik

Das Entscheidungsproblem besteht in der Bestimmung der Produktions-, Aufarbeitungs- und Beseitigungsmengen mit dem Ziel der Minimierung der erwarteten Gesamtkosten je Periode. Aussagen über die Struktur der optimalen Entscheidungsregel für das oben beschriebene Problem lassen sich vor dem Hintergrund der komplexen Problemstruktur nur unter speziellen Annahmen treffen. Zunächst wird der Fall ohne Durchlaufzeit betrachtet.

Fall $\lambda_P=\lambda_R=0$

Zur Beschreibung des Problems wird die folgende Notation verwendet. Sei $x_{S,t}$ der Nettobestand an Fertigteilen (als physischer Bestand abzüglich vorgemerkter Fehlmengen) und $x_{R,t}$ der physische Bestand an Rücklaufteilen jeweils zu Beginn von Periode t. Die Produktionsmenge in Periode t sei mit p_t bezeichnet, die Aufarbeitungsmenge mit r_t und die Beseitigungsmenge mit d_t. Weiterhin bezeichne f_D die Dichtefunktion der Bedarfe und f_R die Dichtefunktion der Rückflüsse. Die dynamischen Beziehungen der Bestandsgrößen lassen sich durch die Lagerbilanzgleichungen $x_{S,t+1} = x_{S,t} + p_t + r_t - D_t$ und $x_{R,t+1} = x_{R,t} - r_t - d_t + R_t$ beschreiben. Die erwarteten Lagerhaltungs- und Fehlmengenkosten einer Periode bezüglich der Bedarfsdeckung aus dem Fertigteillager werden durch die konvexe Funktion

$$L(y_S) = \begin{cases} h_S \cdot \int_0^{y_S} (y_S - D) \cdot f_D \cdot dD + v \cdot \int_{y_S}^{\infty} (D - y_S) \cdot f_D(D) \cdot dD & \text{für } y_S \geq 0 \\ v \cdot \int_0^{\infty} (D - y_S) \cdot f_D(D) \cdot dD & \text{für } y_S < 0 \end{cases} \tag{3.2.1}$$

ausgedrückt, wobei y_S den Bestand an Fertigteilen nach Zugang der Produktions- und Aufarbeitungsmengen mit $y_S = x_S + p_t + r_t$ bezeichnet[88]. Für die Kosten der Lagerhaltung von Rückflüssen gilt

[88] Zugunsten der Übersichtlichkeit wird in den Funktionsbeschreibungen der Zeitindex unterdrückt.

$$H(y_R) = h_R \cdot \int_0^{\infty} (y_R + R) \cdot f_R(R) \cdot dR = h_R \cdot (y_R + \underset{R}{E}[R]) \tag{3.2.2}$$

mit $y_R = x_R - r_t - d_t$ als physischer Bestand an Rücklaufteilen nach Abgang der Aufarbeitungs- und Beseitigungsmengen. Weiterhin bezeichnet $E[...]$ den Erwartungswert einer Zufallsgröße, in diesem Fall den erwarteten Rückfluss. Für die minimalen erwarteten Kosten eines n-Perioden-Problems gilt die rekursive Beziehung

$$\begin{aligned} C_n(x_S, x_R) = \min_{\substack{p \geq 0, r \geq 0, d \geq 0, \\ r + d \leq x_R}} \Big\{ & c_P \cdot p + c_R \cdot r + c_D \cdot d + L(x_S + p + r) \\ & + H(x_R - r - d) + \underset{D,R}{E}\left[C_{n-1}(x_S + p + r - D, x_R - r - d + R)\right] \Big\}. \end{aligned} \tag{3.2.3}$$

Gestützt auf eine äquivalente Formulierung, jedoch ohne explizite Berücksichtigung von Entsorgungskosten, weist SIMPSON die Optimalität einer Politikstruktur mit drei Dispositionsparametern S_t, M_t und U_t nach, die zu der folgenden Entscheidungsregel vereinfacht werden kann[89]:

$$\begin{aligned} p_t &= \max\left\{S_t - x_{S,t} - x_{R,t}, 0\right\} \\ r_t &= \min\left\{x_{R,t}, \max\left\{M_t - x_{S,t}, 0\right\}\right\} \\ d_t &= \max\left\{x_{R,t} - \max\left\{U_t - x_{S,t}, 0\right\}, 0\right\} \end{aligned} \tag{3.2.4}$$

Die Politik basiert auf dem Abgleich von Beständen mit bestimmten kritischen Bestandsniveaus. Mit der Entscheidung über die Aufarbeitung wird der Bestand im Fertigteillager bis auf das Niveau der Aufarbeitungsgrenze M angehoben, sofern diese nicht bereits überschritten ist bzw. genügend Material im Rücklaufteillager vorliegt. Falls der Bestand an Fertigteilen nach Aufarbeitung die Produktionsgrenze S unterschreitet, wird er durch Produktion auf das Niveau S angehoben. Weiterhin wird der resultierende systemweite Bestand an Rücklauf- und Fertigteilen ggf. durch Entsorgung bis auf eine Beseitigungsgrenze U reduziert. Für die Dispositionsparameter gilt

[89] Vgl. Simpson (1978)

$S_t \leq M_t \leq U_t$. Da die optimalen Politikparameter nicht mit einfachen geschlossenen Ausdrücken zu beschreiben sind, bleibt ihre Bestimmung dem Einsatz numerischer Verfahren überlassen. So können die Parameter beispielsweise mit Hilfe der Lösungsverfahren für Markov-Entscheidungsprozesse berechnet werden. KIESMÜLLER UND SCHERER entwickeln zwei Heuristiken, die (für den Fall identischer Durchlaufzeiten von Produktion und Aufarbeitung sowie allgemein nicht-stationärer Bedarfe und Rückflüsse) eine approximative Berechnung der Dispositionsparameter ermöglichen und als Alternative zur zeitaufwendigeren optimalen Lösung des dynamischen Programms nutzbar sind[90]. Dabei wird einerseits ein Algorithmus gezeigt, der eine stückweise Approximation der Wertfunktion des DP-Problems nutzt, zum anderen wird die Lösung eines als LP-Modell formulierten deterministischen Problems unter Berücksichtigung von Sicherheitsbeständen vorgeschlagen.
Eine weitere Möglichkeit, auf die sich die numerische Untersuchung im Rahmen dieser Arbeit stützt, ist die Gewinnung der Parameter auf dem Wege der stochastischen Simulation.

Fall $\lambda_R=\lambda_P>0$

INDERFURTH erweitert das Modell für den Fall positiver identischer deterministischer Durchlaufzeiten ($\lambda=\lambda_P=\lambda_R$)[91]. Unter Einbeziehung der Durchlaufzeit wird die Reihenfolge der Ereignisse und Entscheidungen wie folgt modelliert. Zu Beginn einer Periode t werden die Bestände im Fertigteillager (FT-Bestand) und im Rücklaufteillager (RT-Bestand) ermittelt und anschließend die Entscheidungen über die Produktions-, Aufarbeitungs- und Beseitigungsmengen getroffen. Während für $\lambda=0$ die Produktions- bzw. Aufarbeitungsmengen unmittelbar dem FT-Bestand zugehen, sind diese Auftragsmengen für $\lambda>0$ zu Beginn von Periode $t+\lambda$ verfügbar. Der Bestand $x_{S,t}$ enthält in diesem Fall die Zugänge aus den Produktions- und Aufarbeitungsmengen $p_{t-\lambda}$ und $r_{t-\lambda}$. Im Anschluss an die Entscheidungen wird der Periodenbedarf D_t realisiert. Die Rückflüsse R_t gehen zum Periodenende dem RT-Bestand zu.
Unter den Bedingungen der Durchlaufzeit tritt an die Stelle der Zustandsvariablen $x_{S,t}$ der disponible Bestand $x'_{S,t}$ mit

[90] Vgl. Kiesmüller und Scherer (2003)
[91] Vgl. Inderfurth (1997)

$$x'_{S,t} = x_{S,t} + \sum_{i=1}^{\lambda-1} p_{t-i} + \sum_{i=1}^{\lambda-1} r_{t-i}, \tag{3.2.5}$$

welcher neben dem physischen, ggf. um vorgemerkte Fehlmengen verminderten Bestand im Fertigteillager auch den Prozessbestand an bereits ausgelösten Produktions- und Aufarbeitungslosen der Perioden t-1 bis t-λ+1 berücksichtigt. Die Funktionalgleichung der dynamischen Programmierung mit den Zustandsvariablen x'_S und x_R lässt sich nun ausdrücken als:

$$\begin{aligned} f_t(x'_S, x_R) = \min_{\substack{p\geq 0, r\geq 0, d\geq 0,\\ r+d\leq x_R}} \Big\{ & c_P \cdot p + c_R \cdot r + c_D \cdot d + L_{\lambda+1}(x'_S + p + r) + \\ & + H(x_R - r - d) + \underset{D,R}{E}\left[f_{t-1}(x'_S + p + r - D, x_R - r - d + R) \right] \Big\}. \end{aligned} \tag{3.2.6}$$

Mit dieser Formulierung, die mit der von SIMPSON analysierten Funktionalgleichung identisch ist, weist INDERFURTH nach, dass im Fall λ>0 die optimale Politik mit der oben angegebenen Politikstruktur (3.2.4) identisch ist. Das Optimierungsproblem soll nun für die Fälle nichtidentischer Durchlaufzeiten formuliert werden.

Fall λ_R<λ_P

Im Fall einer geringeren Durchlaufzeit der Aufarbeitung werden in der disponiblen Bestandsgröße

$$x'_{S,t} = x_{S,t} + \sum_{i=1}^{\lambda_R} p_{t-\lambda_P+i} + \sum_{i=1}^{\lambda_R-1} r_{t-i} \tag{3.2.7}$$

alle Bestandsinformationen zusammengefasst, die zur Berechnung des Bestandes der ersten durch Entscheidung in t beeinflussbaren Periode benötigt werden. Der Einfluss der Produktionsaufträge innerhalb der Zeitspanne t-λ_P+λ_R+1 bis t-1 muss durch zusätzliche λ_P-λ_R-1 Zustandsvariablen berücksichtigt werden, so dass insgesamt 1+λ_P-λ_R Zustandsvariablen vorliegen. Die entsprechende DP-Funktionalgleichung lässt sich formulieren als

$$f_t(x'_S, x_R, p_{-1}, \ldots, p_{-\lambda_P+\lambda_R+1}) = \min_{\substack{p\geq 0, r\geq 0, d\geq 0,\\ r+d\leq x_R}} \Big\{ c_P \cdot p + c_R \cdot r + c_D \cdot d + L_{\lambda_{R+1}}(x'_S + r) + H(x_R - r - d) + \underset{D,R}{E}\Big[f_{t+1}(x'_S + p_{-\lambda_P+\lambda_R+1} + r - D, p, p_{-1}, \ldots, p_{-\lambda_P+\lambda_R+2}, x_R - r - d + R)\Big]\Big\}. \tag{3.2.8}$$

Fall $\lambda_R > \lambda_P$

Unter dieser Konstellation der Durchlaufzeiten werden alle Informationen, die zur Berechnung des Bestandes in Periode $t+\lambda_P$ benötigt werden, in der Zustandsvariablen x'_S zusammengefasst, d.h. neben dem verfügbaren und ggf. um Fehlmengen verminderten Fertigteilbestand werden alle offenen Produktionsaufträge sowie die bis Periode $t+\lambda_P$ diesem Bestand zugehenden Aufarbeitungsaufträge aggregiert, so dass

$$x'_{S,t} = x_{S,t} + \sum_{i=1}^{\lambda_P-1} p_{t-i} + \sum_{i=1}^{\lambda_P} r_{t-\lambda_R+i}. \tag{3.2.9}$$

Aufarbeitungsaufträge in der Zeitspanne $t-\lambda_R+\lambda_P+1$ bis $t-1$ müssen durch weitere $\lambda_R-\lambda_P-1$ Zustandsvariablen berücksichtigt werden. Die Anzahl der Zustandsvariablen beträgt somit $1+\lambda_R-\lambda_P$. Damit lässt sich die Rekursionsbeziehung formulieren als:

$$f_t(x'_S, x_R, r_{-1}, \ldots, r_{-\lambda_R+\lambda_P+1}) = \min_{\substack{p\geq 0, r\geq 0, d\geq 0,\\ r+d\leq x_R}} \Big\{ c_P \cdot p + c_R \cdot r + c_D \cdot d + L_{\lambda_{P+1}}(x'_S + p) + H(x_R - r - d) + \underset{D,R}{E}\Big[f_{t+1}(x'_S + p + r_{-\lambda_R+\lambda_P+1} - D, x_R - r - d + R, r, r_{-1}, \ldots, r_{-\lambda_R+\lambda_P+2})\Big]\Big\} \tag{3.2.10}$$

In den Fällen nichtidentischer Durchlaufzeit erhöht sich die Komplexität des Problems aufgrund der mit der Durchlaufzeitdifferenz wachsenden Anzahl von Zustandsvariablen, so dass der Analyse der optimalen Politikstruktur ein Dimensionalitätsproblem entgegensteht. Eine einfache Struktur der optimalen Politik - wie etwa die in (3.2.4) angegebene - ist damit nicht zu erwarten.

Wegfall der Beseitigungsoption

Fall λ_R=λ_P

Wird das Problem unter Ausschluss der Beseitigung betrachtet, so lässt sich für den Fall identischer Durchlaufzeiten die DP-Funktionalgleichung in den Zustandsvariablen $x'_{S,t}$ aus (3.2.5) und $x_{R,t}$ formulieren als

$$\begin{aligned} f_t(x'_S, x_R) = \min_{p \geq 0, r \geq 0, r \leq x_R} \Big\{ & c_P \cdot p + c_R \cdot r + L_{\lambda+1}(x'_S + p + r) + H(x_R - r) + \\ & + \underset{D,R}{E}\left[f_{t-1}(x'_S + p + r - D, x_R - r + R) \right] \Big\}. \end{aligned} \tag{3.2.11}$$

Die optimale Entscheidungsregel[92] besitzt nun die folgende Gestalt mit zwei Parametern, die sich von (3.2.4) allein durch das Fehlen der Entsorgungsvorschrift unterscheidet:

$$\begin{aligned} p_t &= \max\left\{ S_t - x_{S,t} - x_{R,t}, 0 \right\} \\ r_t &= \min\left\{ x_{R,t}, \max\left\{ M_t - x_{S,t}, 0 \right\} \right\} \end{aligned} \tag{3.2.12}$$

Fall λ_R<λ_P

Hier sind neben $x'_{S,t}$ aus (3.2.7) und $x_{R,t}$ weitere λ_P-λ_R-1 Zustandsvariablen einzuführen, die wiederum den Einfluss der im Anschluss an Periode t+λ_R eintreffenden Produktionsaufträge beschreiben, so dass die entsprechende Funktionalgleichung lautet

$$\begin{aligned} & f_t(x'_S, x_R, p_{-1}, \ldots, p_{-\lambda_P+\lambda_R+1}) = \\ & \min_{p \geq 0, r \geq 0, r \leq x_R} \Big\{ c_P \cdot p + c_R \cdot r + L_{\lambda_{R+1}}(x'_S + r) + H(x_R - r) + \\ & + \underset{D,R}{E}\left[f_{t+1}(x'_S + p_{-\lambda_P+\lambda_R+1} + r - D, p, p_{-1}, \ldots, p_{-\lambda_P+\lambda_R+2}, x_R - r + R) \right] \Big\}. \end{aligned} \tag{3.2.13}$$

[92] Vgl. hierzu die Analyse von Inderfurth (1997)

Fall $\lambda_R > \lambda_P$

Unter Berücksichtigung der Definition des disponiblen Bestands (3.2.9) lautet die Rekursionsbeziehung mit insgesamt $1+\lambda_R-\lambda_P$ Zustandsvariablen

$$\begin{aligned} & f_t(x'_S, x_R, r_{-1}, \dots, r_{-\lambda_R+\lambda_P+1}) = \\ & \min_{p\geq 0, r\geq 0, r\leq x_R} \Big\{ c_P \cdot p + c_R \cdot r + L_{\lambda_{P+1}}(x'_S + p) + H(x_R - r) + \\ & + \mathop{E}_{D,R}\Big[f_{t+1}(x'_S + p + r_{-\lambda_R+\lambda_P+1} - D, x_R - r + R, r, r_{t-1}, \dots, r_{-\lambda_R+\lambda_P+2}) \Big] \Big\}. \end{aligned} \tag{3.2.14}$$

Es wird deutlich, dass auch bei Fehlen der Entsorgungsoption das Optimierungsproblem im Falle nichtidentischer Durchlaufzeiten durch Hinzunahme zusätzlicher Zustandsvariablen gleichermaßen an Komplexität gewinnt.
Somit bleibt festzuhalten, dass Ergebnisse zur Struktur der optimalen Dispositionsregel in den Fällen $\lambda_P < \lambda_R$ bzw. $\lambda_P > \lambda_R$, derzeit nicht vorliegen, bzw. hier eine einfache optimale Politikstruktur nicht zu erwarten ist.
Ein Ergebnis liegt jedoch für den Spezialfall des betrachteten Problems mit Entsorgungsoption und ohne die Möglichkeit der Lagerung von Rückflüssen vor. Es lässt sich zeigen, dass unter diesen Voraussetzungen und für $\lambda_R = \lambda_P - 1$ eine Politik mit drei Parametern optimal ist. Weiterhin kann im Fall ohne Lagerung von Rückflüssen für $\lambda_P = \lambda_R$ eine einfache Politikstruktur mit zwei Parametern ermittelt werden[93].

Angesichts der Hindernisse für eine optimale Entscheidungsunterstützung stellt sich die Frage nach der praktischen Behandlung des Dispositionsproblems. Ein nahe liegender Ansatz besteht darin, die jeweils im Fall $\lambda_R = \lambda_P$ optimale Regel (3.2.4) bzw. (3.2.12) unter den Bedingungen allgemeiner Durchlaufzeitkonstellation als heuristische Entscheidungsregel zu nutzen.

[93] Zur Analyse dieser Fälle vgl. Inderfurth (1997).

3.3 MRP zur Materialplanung bei externen Produktkreisläufen

Nachdem die Struktur der für spezielle Modellannahmen bekannten optimalen Entscheidungsregeln charakterisiert wurde, soll nun ein Planungsverfahren entwickelt werden, welches das Problem der Materialkoordination bei externen Produktrückflüssen in das traditionelle MRP-Konzept integriert. Ein von INDERFURTH UND JENSEN entwickelter Ansatz zur Materialbedarfs- und Recyclingplanung[94] soll für den Fall allgemeiner Konstellation der Produktions- und Aufarbeitungsdurchlaufzeiten erweitert werden. Nach der Beschreibung der notwendigen Modifikationen an dem zugrunde gelegten MRP-Verfahren und einer formalen Darstellung der entsprechenden Planungslogik wird gezeigt, dass der MRRP-Ansatz[95] bestimmte Politikstrukturen generiert, die einer näheren Betrachtung unterzogen und deren Dispositionsparameter heuristisch bestimmt werden sollen. Es werden zwei Problemvarianten betrachtet, die sich hinsichtlich der Verfügbarkeit der Beseitigungsoption unterscheiden.

3.3.1 MRP mit Beseitigungsoption

Für die Erweiterung des MRP-Verfahrens sind einige Vorüberlegungen anzustellen. Zunächst ist eine Prioritätsregel zur Steuerung der Produktions- und Aufarbeitungsentscheidungen erforderlich. Hinsichtlich der Annahmen unbeschränkter Kapazitäten sowie eines streng proportionalen Kostenmodells für die Produktion und Aufarbeitung erscheint eine Zusammenfassung von Bedarfen zu Losgrößen nicht sinnvoll, so dass von einer Lot-for-Lot- Politik ausgegangen wird. Die Prioritätsregel stützt sich auf einen deterministischen Kostenvergleich: Da jedes nicht aufgearbeitete Rücklaufteil mit Kosten c_D beseitigt werden muss, ist die Wirtschaftlichkeit der Aufarbeitung nur dann nicht gegeben, wenn die Kosten der Aufarbeitung einer Einheit c_R die Stückkosten der Beseitigung eines Rücklaufteils zuzüglich der Stückkosten der Neuproduktion übersteigen, d.h. für $c_R > c_P + c_D$. In diesem Fall ist es wirtschaftlich sinnvoll, sämtliche Rückflüsse unmittelbar zu entsorgen und die Materialbereitstellung allein auf die Neuproduktion zu stützen, wobei die Materialplanung dem traditionellen MRP-Verfahren überlassen ist. Im Fall $c_R \leq c_P + c_D$ ist die Aufarbeitung stets wirtschaftlich, so dass zur Erfüllung der Bedarfe die Aufarbeitung von Rückflüssen vorrangig gegenüber der Neuproduktion genutzt wird.

[94] Vgl. Inderfurth und Jensen (1999)

[95] Material Requirements and Recovery Planning

Weiterhin ist zu klären, unter welchen Bedingungen eine Beseitigung von Rückflüssen erfolgen soll. Die Beseitigung ist sinnvoll, wenn der Bestand an Rücklaufteilen derart hoch ist, dass die Lagerkosten den Kostenvorteil der Aufarbeitung $c_P+c_D-c_R$ kompensieren. Unter der Voraussetzung, dass die Rücklaufteile, die im Zuge der Aufarbeitung einen Wertschöpfungsprozess durchlaufen, eine geringere Kapitalbindung aufweisen als Fertigteile, ist im allgemeinen anzunehmen, dass $h_R<h_S$. Unter dieser Bedingung ist es sinnvoll, Rücklaufteile erst dann aufzuarbeiten, wenn ein Bedarf besteht und überschüssige Rücklaufteile, sofern diese nicht beseitigt werden, im RT-Bestand zwischenzulagern. Im deterministischen MRP-Kontext lässt sich aus diesen Überlegungen als kritische Reichweite für überschüssige Rückflüsse angeben

$$\tau = \left\lfloor \frac{c_P + c_D - c_R}{h_R} \right\rfloor \tag{3.3.1}$$

mit $\lfloor x \rfloor$ als größte ganze Zahl kleiner oder gleich x. Auf der Grundlage dieses Reichweitenkalküls lässt sich nun ein kritischer Höchstbestand für Rücklaufteile ermitteln, der nach Abzug des Aufarbeitungsloses in Periode t im RT-Lager verbleiben kann, während ein überschüssiger Bestand zu beseitigen ist.

Erweiterte MRP-Logik

Bevor die Erweiterung der MRP-Planungslogik formal dargestellt wird, soll die dabei verwendete Notation zusammengefasst werden.

POP_t	geplante Produktionsmenge in Periode t
POR_t	geplante Aufarbeitungsmenge in Periode t
POD_t	geplante Beseitigungsmenge in Periode t
GR_t	Bruttobedarf in Periode t
NR_t^P	produktionsbezogener Nettobedarf in Periode t
NR_t^R	aufarbeitungsbezogener Nettobedarf in Periode t
SRP_t	offener Produktionsauftrag mit Bestandszugang in Periode t
SRR_t	offener Aufarbeitungsauftrag mit Bestandszugang in Periode t
PRP_t	für Periode t eingeplanter Bestandszugang aus Produktion
PRR_t	für Periode t eingeplanter Bestandszugang aus Aufarbeitung

PR_t	geplante Rücklaufmenge zum Ende von Periode t
SOH_t	Planbestand an Fertigteilen am Ende von Periode t
ROH_t	Planbestand an Rücklaufteilen am Ende von Periode t
SST_P	produktionsbezogener Sicherheitsbestand
SST_R	aufarbeitungsbezogener Sicherheitsbestand
DST_t	Höchstbestand für Rücklaufteile (nach Aufarbeitung)
$RMAX_t$	Höchstbestand für Rücklaufteile zu Beginn von Periode t

Es sind hinsichtlich der Durchlaufzeiten λ_P und λ_R drei Fälle zu unterscheiden, für die der Planungsansatz nachfolgend ausführlich beschrieben wird, beginnend mit dem Fall identischer Durchlaufzeiten von Produktion und Aufarbeitung. Bei der Beschreibung wird als Startpunkt der Planung der Beginn von Periode t=1 gewählt.

3.3.1.1 Identische Durchlaufzeiten

In dem ersten zu betrachtenden Fall besitzen Produktions- und Aufarbeitungsprozess eine identische Durchlaufzeit $\lambda=\lambda_R=\lambda_P$. Ein zu Beginn von Periode t ausgelöster Produktions- bzw. Aufarbeitungsauftrag führt nach λ Perioden zu einem Lagerzugang im FT-Bestand, aus dem die Bedarfsanforderung in Periode $t+\lambda$ erfüllt werden soll.

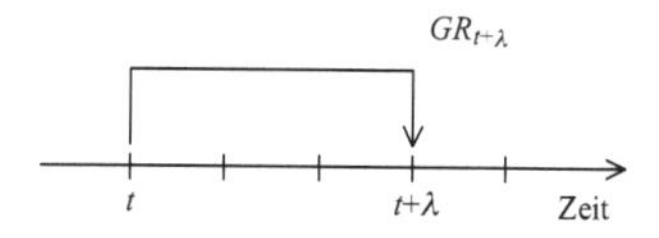

Abb. 3.1: Steuerung des Bestandes nach Bedarfsrealisation in Periode $t+\lambda$

Unter den getroffenen Annahmen wird (vorrangig) die Aufarbeitung der im RT-Bestand verfügbaren Rücklaufteile derart gesteuert, dass nach Abzug des geplanten Bedarfes $GR_{t+\lambda}$ der FT-Bestand auf das Niveau des Sicherheitsbestandes SST_R gebracht wird. Soweit dies aufgrund der Restriktion nur beschränkt verfügbarer Rückflüsse nicht möglich ist, wird ein Produktionsauftrag generiert, der den FT-Bestand zum Ende von Periode $t+\lambda$ mit dem Niveau SST_P abgleicht[96]. Sofern ein RT-Bestand nach Abzug des

[96] Für die optimalen Sicherheitsbestände muss gelten $SST_P \leq SST_R$.

Aufarbeitungsloses verbleibt, wird dessen Höhe entsprechend einem weiter unten beschriebenen Kalkül beschränkt.

Die Differenzierung zwischen zwei Sicherheitsbestandsgrößen als Parameter der MRP-Disposition erweitert die Möglichkeiten zur Steuerung der Systembestände gegenüber dem von INDERFURTH UND JENSEN entwickelten Ansatz. Obwohl der Zielbestand für die Aufarbeitung von Rücklaufteilen zum Ende von Periode $t+\lambda$ auf das Niveau SST_R fixiert ist, kann dieses Bestandsniveau nur dann erreicht werden, wenn eine hinreichende Menge an Rücklaufteilen im RT-Bestand vorliegt, während der Produktionsprozess hinsichtlich der Materialquelle unbeschränkt ist. Durch Wahl des aufarbeitungsbezogenen Parameters SST_R kann unter diesen Voraussetzungen die Vorratshaltung im RT-Bestand gesteuert werden. Nicht unmittelbar zur Bedarfserfüllung benötigte Rücklaufteile werden im RT-Bestand vorgehalten, mit der Beschränkung auf einen maximalen Bestand $RMAX_t$. Die Festlegung von $SST_R>SST_P$ führt dazu, dass mehr Rückflüsse unmittelbar zur Versorgung des FT-Bestandes aufgearbeitet werden, wodurch der RT-Bestand tendenziell reduziert wird. Eine hinreichend große Wahl dieses Parameters führt zur sofortigen Aufarbeitung aller Rückflüsse. Mit der Festlegung der Parameter SST_P und SST_R sowie dem kritischen Niveau $RMAX_t$ ist es möglich, in beiden Lagern Sicherheitsbestände zu generieren und zugleich den RT-Bestand nach oben zu begrenzen.

Die im Folgenden aufgeführten Rechenschritte zur formalen Beschreibung des Planungsablaufs werden für alle Perioden innerhalb des Planungshorizonts T ausgeführt. Den Ausgangspunkt bildet die Entscheidung über die Aufarbeitung. Aufgrund der Konstellation der Lagerkosten mit $h_R<h_S$ werden in Periode t maximal soviel Rückflüsse aufgearbeitet, wie zur Deckung des aufarbeitungsbezogenen Nettobedarfs in Periode $t+\lambda$ benötigt werden. Die Entscheidungsregel lautet daher

$$POR_t = \min\left\{ROH_{t-1}, NR^R_{t+\lambda}\right\}. \tag{3.3.2}$$

Anschließend wird durch die Produktionsentscheidung der Teil des produktionsbezogenen Nettobedarfs ergänzt, der nicht bereits durch die Aufarbeitung erfüllt worden ist.

$$POP_t = NR^P_{t+\lambda} \tag{3.3.3}$$

Beseitigt werden Rückflüsse, wenn der RT-Bestand einen kritischen Wert $RMAX_t$ übersteigt:

$$POD_t = \max\left\{ROH_{t-1} - RMAX_t, 0\right\} \tag{3.3.4}$$

Neben den Entscheidungsregeln sind die dynamischen Zusammenhänge der Bestandsgrößen zu beschreiben. Als Nettobedarf für die Aufarbeitung wird die Menge an Teilen ermittelt, die ggf. benötigt wird, um den Lagerbestand am Ende von Periode t unter Berücksichtigung der noch ausstehenden Lagerzugänge aus den in Periode t-λ ausgelösten Produktions- und Aufarbeitungsaufträgen (SRP_t und SRR_t) und des geplanten Bedarfs auf das Niveau des aufarbeitungsbezogenen Sicherheitsbestandes SST_R zu bringen. Relevant sind solche Nettobedarfe, die mit den Entscheidungen der aktuellen oder einer späteren Periode t=1,...,T erfüllt werden können.

$$NR_t^R = \max\left\{GR_t + SST_R - SOH_{t-1} - SRP_t - SRR_t, 0\right\} \qquad \text{für } t > \lambda \tag{3.3.5}$$

Der entsprechende Ausdruck für den Produktionsnettobedarf

$$NR_t^P = \max\left\{GR_t + SST_P - SOH_{t-1} - SRP_t - PRR_t, 0\right\} \qquad \text{für } t > \lambda \tag{3.3.6}$$

unterscheidet sich von (3.3.5) in dem spezifischen Sicherheitsbestand und berücksichtigt weiterhin die Höhe des geplanten Zugangs aus Aufarbeitung mit $PRR_t = POR_{t-\lambda}$. Die Lagerbilanzgleichung für den FT-Bestand ist gegeben durch

$$SOH_t = SOH_{t-1} + PRP_t + PRR_t - GR_t \tag{3.3.7}$$

$$\text{mit} \quad PRP_t = \begin{cases} POP_{t-\lambda} & \text{für } t > \lambda \\ SRP_t & \text{für } t \le \lambda \end{cases} \tag{3.3.8}$$

$$\text{und} \quad PRR_t = \begin{cases} POR_{t-\lambda} & \text{für } t > \lambda \\ SRR_t & \text{für } t \le \lambda \end{cases} \tag{3.3.9}$$

während für den RT-Bestand gilt

$$ROH_t = ROH_{t-1} - POR_t - POD_t + PR_t \,. \tag{3.3.10}$$

Die Anfangsbestände im FT- und RT-Lager sind durch die Werte SOH_0 und ROH_0 gegeben und entsprechen den jeweiligen Endbeständen der Vorperiode.

Zu klären bleibt noch die kritische Höhe des RT-Bestandes, über welche hinaus Rückflüsse entsprechend der Entscheidungsregel (3.3.4) zu beseitigen sind. Mit der Entscheidung über die Produktions- und Aufarbeitungsmenge in Periode t wird der FT-Bestand in Periode $t+\lambda$ beeinflusst, aus dem der Bedarf $GR_{t+\lambda}$ gedeckt werden soll. Aufgrund des Kostenvorteils der Aufarbeitung kann es sinnvoll sein, für die Erfüllung weiter in der Zukunft liegender Bedarfe, die nicht aus den geplanten Rücklaufmengen gedeckt werden können und somit zu produzieren wären, in einem gewissen Umfang Rücklaufteile vorzuhalten. In Periode t eintreffende Rückflüsse können in $t+1$ aufgearbeitet und zur Deckung von Bedarfen in Periode $t+\lambda+1$ genutzt werden. In Periode $t+\lambda+j$ verbleibt ein Nettobedarf, sofern die Summe der Bedarfe in den Perioden $t+\lambda+1$ bis $t+\lambda+j$ die geplanten Rückflüsse in Periode t bis $t+j$ übersteigt, so dass

$$\sum_{i=1}^{j} GR_{t+\lambda+i} > \sum_{i=1}^{j} PR_{t+i-1} \,.$$

Die in (3.3.1) definierte kritische Reichweite τ gibt den maximalen Zeitraum an, über den das Vorhalten von Rückflüssen im RT-Bestand zur späteren Aufarbeitung für die Erfüllung von Nettobedarfen, die nach Periode $t+\lambda$ auftreten, ökonomisch vorteilhaft ist.

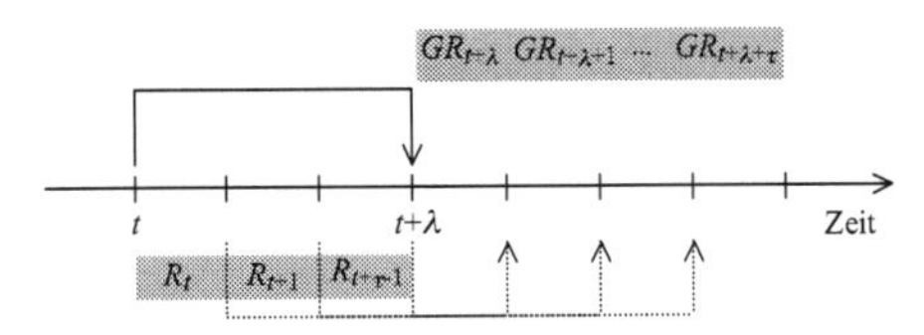

Abb. 3.2: Beschränkter Aufbau eines RT-Bestands zur Nutzung des Kostenvorteils der Aufarbeitungsoption

Für den geplanten Nettobedarf über die Zeitspanne von $t+\lambda+1$ bis $t+\lambda+\tau$ erhält man den Ausdruck

$$DST_t^{\tau} = \max\left\{ \max_{1 \le j \le \tau} \left\{ \sum_{i=1}^{j} GR_{t+\lambda+i} - \sum_{i=1}^{j} PR_{t+i-1} \right\}, 0 \right\}. \tag{3.3.11}$$

Unter der Voraussetzung, dass die geplanten Rückflüsse einer Periode k den Bedarf in Periode $k+\lambda$ nicht übersteigen, vereinfacht sich (3.3.11) zu

$$DST_t^{\tau} = \sum_{i=1}^{\tau} GR_{t+\lambda+i} - \sum_{i=1}^{\tau} PR_{t+i-1} . \qquad (3.3.12)$$

Als kritischer RT-Bestand zu Beginn von Periode t ist nun der aufarbeitungsbezogene Nettobedarf für Periode $t+\lambda$, ergänzt um den geplanten Nettobedarf aus (3.3.11) bzw. (3.3.12) anzusetzen, so dass

$$RMAX_t = \max\left\{DST_t^{\tau} + GR_{t+\lambda} + SST_R - SOH_{t+\lambda-1}, 0\right\} \qquad (3.3.13)$$

Damit wird der RT-Bestand auf ein Niveau beschränkt, das der in Periode t zur Aufarbeitung benötigten Menge zuzüglich der für spätere Aufarbeitung maximal zulässigen Menge DST_t^{τ} entspricht.

Beispiel:

Tab. 3.1 zeigt das um mehrere Zeilen erweiterte MRP-Planungsschema für den Fall, dass der Produktions- und der Aufarbeitungsprozess eine identische Durchlaufzeit von $\lambda=2$ Perioden besitzen. Dem Beispieltableau liegt ein Planungshorizont von $T=8$ Perioden zugrunde. In der dargestellten Planungssituation wurden Sicherheitsbestände von $SST_P=12$ und $SST_R=13$ Mengeneinheiten angesetzt. Die kritische Reichweite beträgt $\tau=2$ Perioden. Für die Bedarfe und Rückflüsse wird von einer über den Planungshorizont konstanten Plangröße ausgegangen[97]. Die hervorgehobenen Zahlen bilden als gegebene Daten den Ausgangspunkt der Berechnungen, die der weiter oben formal dargestellten erweiterten MRP-Logik folgen.

Während sich die angegebenen Bestandsgrößen (SOH_t und ROH_t) jeweils auf das Periodenende beziehen, sind die geplanten Auftragsgrößen, sowie die ausstehenden und geplanten Zugänge auf den Periodenanfang bezogen. Ausgangspunkt der Berechnungen sind die Anfangsbestände zu Beginn der ersten Periode, die im MRP-Schema als Endbestand der Vorperiode (Periode 0) dargestellt sind. Unter Berücksichtigung der

[97] Diese Vereinfachung soll allein der Übersichtlichkeit des Zahlenbeispiels dienen.

ausstehenden Lagerzugänge infolge der in den Vorperioden getroffenen Entscheidungen (SRP_t, SRR_t) wird der FT-Bestand entsprechend den Lagerbilanzbeziehungen (3.3.7) bis (3.3.9) schrittweise fortgeschrieben und hinsichtlich des für Periode 3 ermittelten Bestands unter Beachtung des vorgegebenen Sicherheitsbestands SST_R=13 ein Nettobedarf von 10 Einheiten ermittelt, der durch Aufarbeitung des vorhandenen Bestands ROH_0=6 nicht vollständig gedeckt werden kann.

Periode *t*		0	1	2	3	4	5	6	7	8
GR_t	Bruttobedarf		10	10	10	10	10	10	10	10
SRP_t	offene Produktionsaufträge		9	6						
SRR_t	offene Aufarbeitungsaufträge		3	7						
SOH_t	Planbestand an Fertigteilen	8	10	13	12	12	12	12	12	
NR_t^R	Nettobedarf Aufarbeitung				10	11	11	11	11	
NR_t^P	Nettobedarf Produktion				3	5	5	5	5	
PR_t	geplante Rücklaufmenge		5	5	5	5	5	5	5	5
ROH_t	Planbestand an Rücklaufteilen	6	5	5	5	5				
PRR_t	vorgeplanter Zugang aus Aufarbeitung				6	5	5	5	5	
POR_t	geplante Aufarbeitungsmenge		6	5	5	5	5			
POD_t	geplante Beseitigungsmenge		0	0	0	0				
PRP_t	vorgeplanter Zugang aus Produktion				3	5	5	5	5	
POP_t	geplante Produktionsmenge		3	5	5	5	5			
DST_t	erwarteter Nettobedarf		10	10	10	10				
$RMAX_t$	kritischer RT-Bestand		20	21	21	21				

Tab. 3.1: Erweitertes MRP-Tableau für $\lambda=\lambda_P=\lambda_R=2$ sowie SST_P=12, SST_R=13 und τ=2

Die verfügbaren Rücklaufteile werden vollständig aufgearbeitet (POR_1=6). Da für die Produktion unter Berücksichtigung von SST_P=12 ein Restbedarf nach Aufarbeitung von 3 Einheiten verbleibt, folgt für den Produktionsauftrag POP_1=3. Diesem Vorgehen entsprechend werden die Nettobedarfe bis zum Erreichen des Planungshorizonts vorgeplant und die jeweiligen Produktions- und Aufarbeitungsmengen für die Folgeperioden 2 bis 4 ermittelt. Im Beispiel bleibt der Planbestand an Fertigteilen ab Periode 3 auf dem Niveau des produktionsbezogenen Sicherheitsbestands SST_P=12. Obwohl mit der Aufarbeitung das Erreichen eines höheren Sicherheitsbestands von

SST_R=13 Einheiten angestrebt wird, greift in diesem Fall die Beschränkung der Rückflussmenge, so dass dieses Bestandsniveau nicht erreichbar ist. Bei hinreichend großen Rückflüssen ($ROH_{t-1} \geq NR^R_{t+\lambda}$) wäre jedoch in Periode $t+\lambda$ ein Planbestand von 13 Einheiten zu erreichen.

Der Nettobedarf innerhalb der kritischen Reichweite entsprechend (3.3.12) beträgt für die Perioden t=1,...,4 jeweils $DST_t^2 = \sum_{i=1}^{2} GR_{t+2+i} - \sum_{i=1}^{2} PR_{t+i-1} = 10$ Einheiten. Für den Aufbau von bis zu dieser Obergrenze zulässigen RT-Beständen sind jedoch nicht genügend Rückflüsse verfügbar, so dass für diese Perioden keine Beseitigung geplant wird. Zur Bestimmung der Bestandsobergrenze in Periode 5 und allen weiteren Perioden werden Planungswerte für den Bedarf benötigt, die außerhalb des Planungshorizonts liegen.

Für das oben beschriebene Planungskalkül, jedoch unter Beschränkung auf eine gemeinsame Sicherheitsbestandsgröße $SST=SST_P=SST_R$, zeigen INDERFURTH UND JENSEN eine unter den Bedingungen rollierender Planung äquivalente Entscheidungsregel, die auf dem Abgleich disponibler Bestandsgrößen mit festen kritischen Bestandsniveaus beruht und folgende Struktur besitzt[98]:

$$
\begin{aligned}
POP_t &= \max\left\{S_t - x^P_{S,t}, 0\right\} \\
POR_t &= \min\left\{x_{R,t}, \max\left\{S_t - x^R_{S,t}, 0\right\}\right\} \\
POD_t &= \max\left\{x_{R,t} - \max\left\{U_t - x^R_{S,t}, 0\right\}, 0\right\}
\end{aligned}
\qquad (3.3.14)
$$

Zur Beschreibung der Entscheidungsregel werden verschiedene Bestandsgrößen verwendet, die wie folgt definiert werden:

$x_{R,t}$ Bestand an Rücklaufteilen zu Beginn von Periode t mit $x_{R,t}=ROH_{t-1}$

$x^R_{S,t}$ disponibler Bestand an Fertigteilen zu Beginn von Periode t mit

$x^R_{S,t} = SOH_{t-1} + \sum_{i=1}^{\lambda} POP_{t-i} + \sum_{i=1}^{\lambda} POR_{t-i}$ mit $POP_j=SRP_{j+\lambda}$ und $POR_j=SRR_{j+\lambda}$ für $j\leq 0$

[98] bezogen auf den hier betrachteten Fall mit $h_R<h_S$, vgl. Inderfurth und Jensen (1999).

$x^P_{S,t}$ systemweiter disponibler Bestand mit $x^P_{S,t} = x^R_{S,t} + x_{R,t}$

Ein Vergleich mit der in (3.2.4) angegebenen optimalen Politikstruktur zeigt, dass bei der in (3.3.14) beschriebenen (*S*,*S*,*U*)-Politik Produktion und Aufarbeitung mit einem Parameter *S* gesteuert werden, während die optimale Entscheidungsregel über einen dedizierten Dispositionsparameter für die Aufarbeitung verfügt.

Es soll nun die Struktur der Dispositionsentscheidungen in dem oben aufgeführten MRP-Ansatz betrachtet werden. Zunächst werden als kritische Bestandsniveaus mit $S_t \leq M_t \leq D_t$ eingeführt:

$$S_t = SST_P + \sum_{i=0}^{\lambda} GR_{t+i} \quad (3.3.15)$$

$$M_t = SST_R + \sum_{i=0}^{\lambda} GR_{t+i} \quad (3.3.16)$$

$$U_t = M_t + DST_t^{\tau} \quad (3.3.17)$$

Der Parameter S_t entspricht dem zur Deckung aller Bedarfe während der Durchlaufzeit erforderlichen disponiblen Bestand zuzüglich des produktionsbezogenen Sicherheitsbestands SST_P, während der Aufarbeitungsparameter M_t den aufarbeitungsbezogenen Sicherheitsbestand SST_R berücksichtigt. Der Parameter U_t ergänzt M_t um die durch (3.3.12) gegebenen zukünftigen Nettobedarfe und repräsentiert damit einen systemweiten disponiblen Bestand, dessen Höhe entsprechend den weiter oben dargestellten Überlegungen nicht zu überschreiten ist. Für das Beispiel in Tab. 3.1 würden sich die Parameter S=42, M=43 und U=53 ergeben. Diese Werte sind allein aufgrund der im Beispiel gewählten unveränderlichen Bruttobedarfe konstant und können im dynamischen Fall periodenweise variieren.

Im Anhang B.1 wird gezeigt, dass das in (3.3.2) bis (3.3.13) beschriebene MRP-Verfahren eine Politik generiert, die sich wie folgt darstellen lässt:

$$POP_t = \max\left\{S_t - x_{S,t}^P, 0\right\} \tag{3.3.18}$$

$$POR_t = \min\left\{x_{R,t}, \max\left\{M_t - x_{S,t}^R, 0\right\}\right\} \tag{3.3.19}$$

$$POD_t = \max\left\{x_{R,t} - \max\left\{U_t - x_{S,t}^R, 0\right\}, 0\right\} \tag{3.3.20}$$

Die gewonnene Politikstruktur besitzt drei Parameter und entspricht exakt der optimalen (S,M,U)-Entscheidungsregel.

3.3.1.2 Nichtidentische Durchlaufzeiten

Im Fall nichtidentischer Durchlaufzeiten werden zwei Durchlaufzeitkonstellationen separat betrachtet, beginnend mit der Situation einer relativ geringen Durchlaufzeit der Aufarbeitung.

a) Fall $\lambda_R < \lambda_P$

Wenn der Produktionsprozess aufgrund längerer Beschaffungszeiten, etwa im Falle langer Transportwege, eine relativ große Vorlaufzeit beansprucht oder die Aufarbeitung nur wenige Prozessschritte erfordert, kann eine Konstellation der Durchlaufzeiten mit $\lambda_P - \lambda_R > 0$ vorliegen. In diesem Fall muss die Planungslogik der veränderten zeitlichen Struktur des Entscheidungsproblems angepasst werden. Eine in Periode t getroffene Entscheidung bezüglich der Aufarbeitungsmenge beeinflusst den Lagerbestand bereits in Periode $t+\lambda_R$, während die Produktionsentscheidung erst nach weiteren $\lambda_P - \lambda_R$ Perioden zu einem Lagerzugang führt.

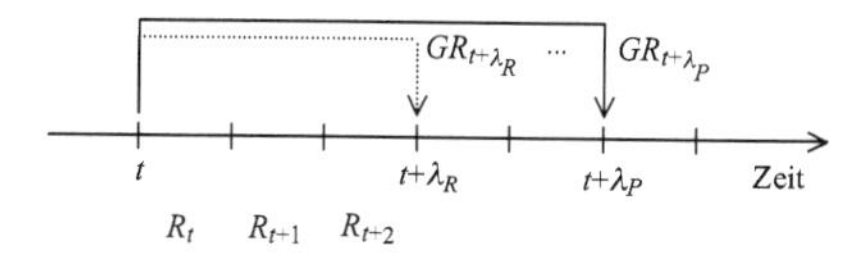

Abb. 3.3: Wirkung der Entscheidungen in Periode t auf die Bestände in den Perioden $t+\lambda_R$ und $t+\lambda_P$

Die Planungsrechnung muss zunächst Aufarbeitungsmengen für die Perioden 1 bis $1+\lambda_P-\lambda_R$ planen, bevor die in Periode 1 zu produzierende Menge ermittelt wird. Für die Aufarbeitung in Periode t gilt die Entscheidungsregel

$$POR_t = \min\left\{ROH_{t-1}, NR^R_{t+\lambda_R}\right\} \tag{3.3.21}$$

bezogen auf den für Periode $t+\lambda_R$ zu ermittelnden Nettobedarf $NR^R_{t+\lambda_R}$. Die Nettobedarfe

$$NR^R_{t+i} = \begin{cases} \max\left\{GR_t + SST_R - SOH_{t-1} - SRP_t - SRR_t, 0\right\} & \text{für } \lambda_R < i \leq \lambda_P \\ \max\left\{GR_t + SST_P - SOH_{t-1}, 0\right\} & \text{für } i > \lambda_P \end{cases} \tag{3.3.22}$$

für die Aufarbeitung in Periode 1 bis λ_R+1 werden unter Berücksichtigung des Sicherheitsbestands SST_R bestimmt, für die weiteren Perioden λ_R+2 bis T kommt der produktionsbezogene Sicherheitsbestand SST_P zum Ansatz. Dies stellt sicher, dass auch im Fall $SST_P<SST_R$ der geplante FT-Bestand am Ende von Periode λ_P+1 den aus der Produktionsperspektive relevanten Sicherheitsbestand SST_P nicht bereits überschreitet. Dabei wird jedoch nicht ausgeschlossen, dass bei hinreichender Verfügbarkeit und Aufarbeitung von Rückflüssen ein höherer Sicherheitsbestand SST_R erreicht werden kann. Das gewählte Vorgehen folgt der Maßgabe, beide Entscheidungen unabhängig voneinander an dem Erreichen eines spezifischen Sicherheitsbestandes zum Ende des jeweiligen Entscheidungshorizonts zu orientieren. Für die Produktionsregel unter Berücksichtigung der Produktionsdurchlaufzeit gilt

$$POP_t = NR^P_{t+\lambda_P}, \tag{3.3.23}$$

wobei der produktionsbezogene Nettobedarf in Periode $t+\lambda_P$, zu ermitteln nach

$$NR^P_t = \max\left\{GR_t + SST_P - SOH_{t-1} - SRP_t - PRR_t, 0\right\} \quad \text{für } t>\lambda_P, \tag{3.3.24}$$

die zuvor für die Perioden t bis $t+\lambda_P-\lambda_R$ geplanten Aufarbeitungsmengen berücksichtigt. Die Entscheidungsregel für die Beseitigung ist identisch mit (3.3.4):

$$POD_t = \max\left\{ROH_{t-1} - RMAX_t, 0\right\} \tag{3.3.25}$$

Bei der Festlegung des kritischen Bestandes $RMAX_t$ werden im Rahmen des Reichweitenkalküls Bestände zugelassen, die nach der Aufarbeitung genutzt werden können, um im Anschluss an Periode $t+\lambda_P$ nicht durch Rückflüsse gedeckte Bedarfe zu erfüllen und somit die Kosten der Materialbereitstellung zu reduzieren.

$$RMAX_t = \max\left\{DST_t^{\tau} + GR_{t+\lambda_R} + SST_R - SRP_{t+\lambda_R} - SOH_{t+\lambda_R-1}, 0\right\} \tag{3.3.26}$$

Rückflüsse können für die Dauer einer kritischen Reichweite von τ Perioden im RT-Bestand vorgehalten und zur Erfüllung der ansonsten durch Produktion zu deckenden Nettobedarfe des Zeitraums $t+\lambda_R+1$ bis $t+\lambda_R+\tau$ aufgearbeitet werden. Für die Summe dieser Nettobedarfe über τ Perioden erhält man

$$DST_t^{\tau} = \max\left\{\max_{1\le j\le\tau}\left\{\sum_{i=1}^{j} GR_{t+\lambda_R+i} - \sum_{i=1}^{j} PR_{t+i-1}\right\}, 0\right\}. \tag{3.3.27}$$

Das dynamische Verhalten der Bestandsgrößen wird beschrieben durch die Lagerbilanzgleichungen für den FT-Bestand

$$SOH_t = SOH_{t-1} + PRP_t + PRR_t - GR_t \tag{3.3.28}$$

$$PRP_t = \begin{cases} POP_{t-\lambda_P} & \text{für } t > \lambda_P \\ SRP_t & \text{für } t \le \lambda_P \end{cases} \tag{3.3.29}$$

$$PRR_t = \begin{cases} POR_{t-\lambda_R} & \text{für } t > \lambda_R \\ SRP_t & \text{für } t \le \lambda_R \end{cases} \tag{3.3.30}$$

sowie für den RT-Bestand durch

$$ROH_t = ROH_{t-1} - POR_t - POD_t + PR_t. \tag{3.3.31}$$

Tab. 3.2 zeigt in einem Beispieltableau die Anwendung der MRP-Logik für Durchlaufzeiten λ_R=2 und λ_P=4 sowie Sicherheitsbestände SST_R=13 und SST_P=15. Darüber hinaus wird eine kritische Reichweite von τ=1 Periode zugrunde gelegt.[99] Weiterhin ist die Entscheidung über die eventuelle Beseitigung von Rückflüssen zu treffen. In dem Beispielszenario mit τ=1 wird entsprechend (3.3.27) ein erwarteter Nettobedarf von $DST_1^1 = GR_4 - PR_1 = 5$ ermittelt, so dass sich nach (3.3.26) ein kritischer Bestand von $RMAX_1$=8 ergibt.

t	0	1	2	3	4	5	6	7	8
GR_t		10	10	10	10	10	10	10	10
SRP_t		9	6	7	4				
SRR_t		3	7						
SOH_t	8	10	13	13	13	15	15	15	15
NR_t^R				3	6	12	10	10	10
NR_t^P						3	5	5	5
PR_t		5	5	5	5	5	5	5	5
ROH_t	10	10	9	5	5	5	5		
PRR_t				3	6	9	5	5	5
POR_t		3	6	9	5	5	5		
POD_t		2	0	0	0				
PRP_t						3	5	10	5
POP_t		3	5	10	5				
DST_t		5	5	5	5				
$RMAX_t$		8	11	15	13				

Tab. 3.2: Erweitertes MRP-Tableau für λ_P=4, λ_R=2 sowie SST_P=15 und SST_R=13 und τ=1

Unter Anwendung der Entscheidungsregel (3.3.25) folgt die Beseitigung von POD_1=2 Einheiten. Anschließend werden unter Berücksichtigung der für die Folgeperioden geplanten Rückflüsse schrittweise die Aufarbeitungs- und Beseitigungsmengen für die Perioden 2 und 3 geplant. Daraufhin kann der verbleibende Produktionsnettobedarf in

[99] Im Unterschied zum Fall identischer Durchlaufzeiten lässt sich für $\lambda_R<\lambda_P$ keine feste Größenbeziehung der Sicherheitsbestände SST_R und SST_P angeben. Diese hängt vielmehr von verschiedenen Parametern ab, auf die im Zusammenhang mit der Berechnung der Sicherheitsbestände näher eingegangen wird.

Periode 5 mit NR_5^P=3 bestimmt und der Produktionsauftrag POP_1 generiert werden. Zum Ende von Periode 5 liegt ein Planbestand von SST_P=15 Einheiten vor. Die Rechnung wird nun nach Fortschreiben beider Bestände mit der Bestimmung von POR_4, POD_4 und POP_2 fortgesetzt und periodenweise bis zum Ende des Planungshorizonts weitergeführt.

Die Untersuchung der MRP-Disposition nach den oben dargestellten Regeln in Anhang B.2 zeigt, dass sich im Gegensatz zu dem weiter oben betrachteten Fall $\lambda_R=\lambda_P$ keine einfache MRP-äquivalente Politikstruktur ableiten lässt. Aufgrund der in dem MRP-Verfahren implementierten sukzessiven Planung der Aufarbeitungs- und Beseitigungsmengen und anschließender Bestimmung der Produktionsmenge wird berücksichtigt, dass Rückflüsse, die in den Perioden t bis $t+\lambda_P-\lambda_R-1$ den kritischen Bestand $RMAX$ übersteigen und demnach das System unmittelbar verlassen, nicht mehr für die Erfüllung von Bedarfen verfügbar und demzufolge durch Produktion bereitzustellen sind. Aus der Analyse der Entscheidungen im Anhang B.2 lassen sich die folgenden Aussagen über die Politikstruktur und ihre Parameter zusammenfassen. Für die Aufarbeitung gilt die Entscheidungsregel (3.3.19) in Verbindung mit dem disponiblen Bestand

$$x_{S,t}^R = SOH_{t-1} + \sum_{i=0}^{\lambda_R} POP_{t-\lambda_P+i} + \sum_{i=1}^{\lambda_R} POR_{t-i} \tag{3.3.32}$$

und für den Aufarbeitungsparameter

$$M_t = SST_R + \sum_{i=0}^{\lambda_R} GR_{t+i}\,. \tag{3.3.33}$$

Für die Entscheidung über die Beseitigung nach (3.3.25) erhält man U_t als

$$U_t = M_t + DST_t^{\tau} \tag{3.3.34}$$

Für die Produktionsentscheidung (3.3.18) ist der disponible Bestand festzulegen als

$$x_{S,t}^P = SOH_{t-1} + ROH_{t-1} + \sum_{i=1}^{\lambda_P} POP_{t-i} + \sum_{i=1}^{\lambda_R} POR_{t-i} - POD_t\,. \tag{3.3.35}$$

Weiterhin werden Informationen über die Aufarbeitung und Beseitigung der in t bis $t+\lambda_P-\lambda_R-1$ zu erwartenden Rückflüsse benötigt. Diese fließen in die Definition des Produktionsparameters ein:

$$S_t = SST_P + \sum_{i=0}^{\lambda_P} GR_{t+i} - \sum_{i=0}^{\lambda_P-\lambda_R-1} PR_{t+i} + \Delta S \qquad (3.3.36)$$

Der Term $\Delta S = \sum_{i=1}^{\lambda_P-\lambda_R-1} POD_{t+i}$ beschreibt die Menge an Rücklaufteilen, die das System in den nächsten Perioden verlässt und damit den Mehrbedarf für die Neuproduktion. Dieser Ausdruck enthält jedoch die Komplexität des periodisch durch Abgleich des RT-Bestands mit der kritischen Obergrenze $RMAX_t$ ablaufenden Entscheidungsprozesses, so dass die Politik eine komplexere Struktur als die im Fall $\lambda_R=\lambda_P$ gewonnene aufweist. Die Bemessung des Produktionsmehrbedarfs bei Anwendung der stochastischen Dispositionsregel wird weiter unten im Zusammenhang mit der Bestimmung der Dispositionsparameter besprochen.
Unter Gebrauch der obigen Definitionen für die Dispositionsparameter und mit ΔS=0 erhält man für das in Tab. 3.2 gegebene Beispiel die Werte S=55, M= 43 und U=48.

b) Fall $\lambda_R>\lambda_P$

Eine veränderte Situation liegt vor, wenn die Aufarbeitung eine längere Durchlaufzeit besitzt als der Produktionsprozess. Dieser Fall kann eintreten, wenn die Rücklaufteile vor ihrer Verwendung Qualitätskontrollen durchlaufen oder in einer Reihe von Teilprozessen aufgearbeitet werden müssen. Während die Rückflüsse über einen längeren Zeitraum im Prozessbestand der Aufarbeitung verbleiben, kann mit der schnelleren und versorgungsseitig unbeschränkten Produktion kurzfristig auf unzureichende Bestände reagiert werden.

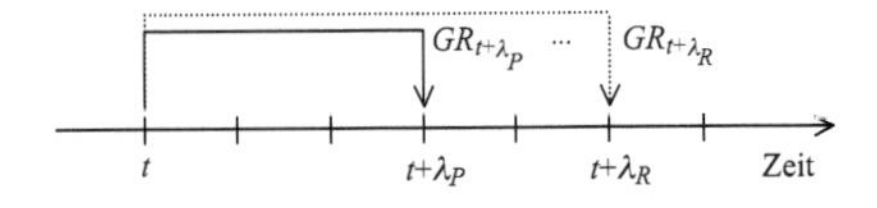

Abb. 3.4: Bestandswirkungen der Entscheidungen im Fall $\lambda_R>\lambda_P$

Für die Entscheidung über die Produktionsmenge in Periode t entsprechend (3.3.23) ist der produktionsbezogene Nettobedarf $NR^{P}_{t+\lambda_P}$ zu ermitteln als

$$NR_t^P = \max\left\{GR_t + SST_P - SOH_{t-1} - SRP_t - PRR_t, 0\right\} \qquad \text{für } t>\lambda_P. \qquad (3.3.37)$$

Auf dieser Basis werden für die Perioden 1 bis λ_R-λ_P des Planungszeitfensters Produktionsmengen eingeplant. Für die Aufarbeitung nach (3.3.21) ergibt sich der Nettobedarf aus

$$NR_t^R = \max\left\{GR_t + SST_R - SOH_{t-1} - SRP_t - SRR_t, 0\right\} \qquad \text{für } t>\lambda_R, \qquad (3.3.38)$$

wobei die Aufarbeitung bei Erfüllung des Nettobedarfs in Periode $t+\lambda_R$ Priorität besitzt und ein verbleibender entsprechend (3.3.37) ermittelter Nettobedarf durch Neuproduktion zu erfüllen ist. Unter Beachtung dieser Vorrangbeziehung gilt für den kritischen Bestand $RMAX_t$

$$RMAX_t = \max\left\{DST_t^{\tau} + GR_{t+\lambda_R} + SST_R - SOH_{t+\lambda_R-1}, 0\right\}. \qquad (3.3.39)$$

Für die Höhe des zur Erfüllung zukünftiger Nettobedarfe der Perioden $t+\lambda_R+1$ bis $t+\lambda_R+\tau$ zulässigen RT-Bestands gilt auch hier der Ausdruck

$$DST_t^{\tau} = \max\left\{\max_{1\le j\le\tau}\left\{\sum_{i=1}^{j} GR_{t+\lambda_R+i} - \sum_{i=1}^{j} PR_{t+i-1}\right\}, 0\right\}. \qquad (3.3.40)$$

Die Lagerbilanzgleichungen sind mit den Gleichungen (3.3.28) bis (3.3.31) identisch. Tab. 3.3 soll die Planungsrechnung an einem Beispiel mit Durchlaufzeiten λ_R=4 und λ_P=2 und Sicherheitsbeständen SST_P=12 und SST_R=15 veranschaulichen. In dem Beispiel wird unterstellt, dass der durch Aufarbeitung erzielbare Kostenvorteil gering ist, so dass die kritische Reichweite für Rücklaufteile den Wert τ=0 annimmt und somit Rückflüsse, die nicht unmittelbar dem Aufarbeitungsprozess zugeführt werden, zu beseitigen sind.

t	0	1	2	3	4	5	6	7	8
GR_t		10	10	10	10	10	10	10	10
SRP_t		8	6						
SRR_t		3	7	5	12				
SOH_t	8	9	12	12	14	15	12	12	12
NR_t^R						11	10	13	13
NR_t^P				5	0	0	2	5	5
PR_t		5	5	5	5	5	5	5	5
ROH_t	13	5	5	5	5	10	15		
PRR_t						11	5	5	5
POR_t		11	5	5	5				
POD_t		2	0	0	0				
PRP_t				5	0	0	2	5	5
POP_t		5	0	0	2	5	5		
DST_t		0	0	0	0				
$RMAX_t$		11	10	13	13				

Tab. 3.3: Erweitertes MRP-Tableau für $\lambda_P=2$, $\lambda_R=4$ sowie $SST_P=12$, $SST_R=15$ und $\tau=0$

Im Ablauf der Planungsschritte werden zunächst die für Perioden 3 und 4 verbleibenden Produktionsnettobedarfe ermittelt und die resultierenden Produktionsaufträge der Perioden 1 und 2 geplant. Der Nettobedarf von 11 Einheiten in Periode 5 kann vollständig durch Aufarbeitung erfüllt werden, da 13 Einheiten im RT-Bestand vorliegen. Bei dem zugrunde gelegten produktionsbezogenen Sicherheitsbestand $SST_P=12$ verbleibt in dieser Periode kein Produktionsnettobedarf. Wegen $\tau=0$ ist die kritische Bestandsgrenze $RMAX_1$ auf den Nettobedarf $NR_5^R=11$ beschränkt, so dass in Periode 1 zwei Einheiten beseitigt werden. Die Rücklaufmengen der folgenden Perioden werden in vollem Umfang zur Aufarbeitung eingeplant. Zum Ende der Perioden 3 und 4 liegt ein Planbestand von 12 bzw. 14 Fertigteilen vor. Auf Grund des hohen Anfangsbestandes an Rückflüssen wird zum Ende von Periode 5 der aufarbeitungsbezogene Sicherheitsbestand $SST_R=15$ erreicht, bei tatsächlicher Realisation der geplanten Bedarfs- und Rücklaufmengen würde sich in den Folgeperioden ein Bestand auf dem produktionsbezogenen Niveau SST_P ergeben.

Die Untersuchung zur Struktur der MRP-Entscheidungsregeln bei rollierender Planung in Anhang B.3 zeigt, dass die Informationsstruktur einer MRP-äquivalenten 'stochastischen' Entscheidungsregel für die Aufarbeitung sich nicht in einer Variablen (etwa als Summe des FT-Bestands zuzüglich aller offenen Aufträge) zusammenfassen lässt. Vielmehr werden auch die Produktionsmengen $POP_1,...,POP_{\lambda_R-\lambda_P}$ berücksichtigt. Unter der Voraussetzung SST_R>SST_P kann bei hoher Verfügbarkeit und Aufarbeitung von Rückflüssen der FT-Bestand das Niveau SST_P überschreiten, so dass in diesem Fall keine Produktion erfolgt. Die MRP-Logik folgt bei der iterativen Ermittlung der Produktionsnettobedarfe der Perioden 1 bis λ_R-λ_P der zeitlichen Struktur der offenen Aufarbeitungsaufträge. Ein summarischer Abgleich von Bedarfen und offenen Auftragsmengen ist hierzu nicht identisch.

3.3.2 MRP ohne Beseitigungsoption

Das betrachtete Modell soll nun dahingehend modifiziert werden, dass eine Beseitigungsoption nicht verfügbar ist und daher alle eintreffenden Rückflüsse aufgearbeitet werden müssen. Eine Beseitigungsoption kann in der Situation dynamischer Bedarfe und Rückflüsse sinnvoll sein. Sind die Rückflüsse in den jeweiligen Perioden jedoch deutlich kleiner als die Bedarfe, so ist auch hier eine Beseitigung irrelevant. Für stationäre Bedingungen zeigen die Ergebnisse numerischer Untersuchungen für eine Vielzahl von Modellszenarien bei identischen Durchlaufzeiten, dass die Beseitigungsoption nur in solchen Fällen Relevanz besitzt, in denen das Aufkommen von Rückflüssen relativ zum Bedarfsaufkommen sehr hoch oder der Kostenvorteil der Aufarbeitung sehr gering ist[100].

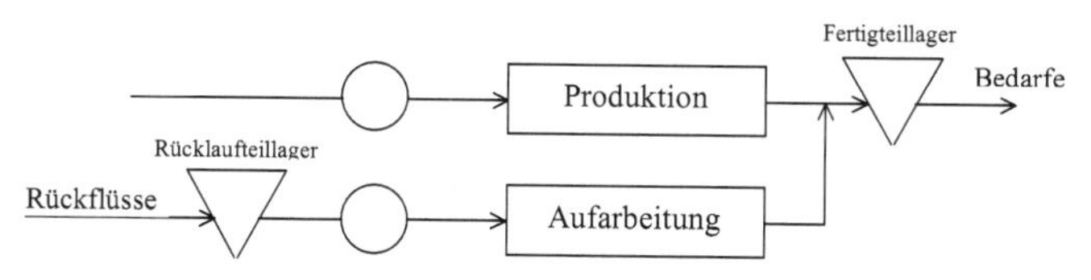

Abb. 3.5: Produktions-/Aufarbeitungssystem mit externen Rückflüssen ohne Beseitigung

[100] Ergebnisse einer Simulationsuntersuchung zur Frage der Relevanz einer Beseitigungsoption unter den Bedingungen identischer Durchlaufzeiten finden sich bei Teunter und Vlachos (2002).

Zunächst wird der Planungsansatz unter den veränderten Bedingungen formal dargestellt, wobei zwischen den verschiedenen Durchlaufzeitrelationen differenziert wird. Anschließend wird die Struktur der durch das MRP-Verfahren generierten Entscheidungen untersucht.

3.3.2.1 Identische Durchlaufzeiten

Der einfachste Fall liegt mit der Situation identischer Durchlaufzeiten vor. Gegenüber der weiter oben formal dargestellten MRP-Logik entfallen die Entscheidungsregel für die Beseitigung in (3.3.4) und die Gleichungen zur Bestimmung des kritischen Bestands $RMAX_t$ in (3.3.11) bis (3.3.13). Um dem Umstand Rechnung zu tragen, dass Abgänge aus dem RT-Bestand nur infolge von Aufarbeitungsaktivitäten möglich sind, wird die Lagerbilanzgleichung (3.3.10) ersetzt durch

$$ROH_t = ROH_{t-1} - POR_t + PR_t. \qquad (3.3.41)$$

In Tab. 3.4 ist ein Beispiel für den Ablauf des Planungsalgorithmus gegeben.

t	0	1	2	3	4	5	6	7	8
GR_t		10	10	10	10	10	10	10	10
SRP_t		9	6						
SRR_t		3	7						
SOH_t	8	10	13	12	12	12	12	12	12
NR_t^R				10	11	11	11	11	11
NR_t^P				3	5	5	5	5	5
PR_t		5	5	5	5	5	5	5	5
ROH_t	6	5	5	5	5	5	5		
PRR_t				6	5	5	5	5	5
POR_t		6	5	5	5	5	5		
PRP_t				3	5	5	5	5	5
POP_t		3	5	5	5	5	5		

Tab. 3.4: Erweitertes MRP-Tableau für $\lambda=\lambda_P=\lambda_R=2$ sowie $SST_P=12$ und $SST_R=13$

Im Vergleich zu dem in Tab. 3.1 dargestellten MRP-Schema fehlen die Zeilen für die geplanten Beseitigungsmengen POD_t, sowie die Bestandsobergrenze $RMAX_t$ und die erwarteten Nettobedarfe DST_t. Die Planung der Aufarbeitungs- und Produktionsaufträge ist jedoch identisch. Abweichungen entstehen dann, wenn durch den Gebrauch der Beseitigungsoption Rückflüsse das System verlassen. Die Analyse der Entscheidungsregeln – hier sind die Betrachtungen in Anhang B.1 unter Ausschluss der Beseitigungsregel direkt anwendbar – führt zu einer Politik der Form:

$$POP_t = \max\left\{S_t - x^P_{S,t}, 0\right\} \tag{3.3.42}$$

$$POR_t = \min\left\{x_{R,t}, \max\left\{M_t - x^R_{S,t}, 0\right\}\right\} \tag{3.3.43}$$

Diese im folgenden als (S,M)-Politik bezeichnete Politikstruktur ist eine Teilmenge der in Abschnitt 3.3.1.1 besprochenen und in den Gleichungen (3.3.18) bis (3.3.20) formulierten (S,M,U)-Politik. Für die Parameter S_t und M_t gelten die Ausdrücke (3.3.15) und (3.3.16), für die Bestandsgrößen $x_{R,t}$, $x^P_{S,t}$ und $x^R_{S,t}$ ebenfalls die Definitionen aus Abschnitt 3.3.1.1.

Für das in Tab. 3.4 angegebene Beispiel würde man die Parameterwerte S=42 und M=43 erhalten. Abgesehen von der Vereinfachung des verwendeten Zahlenbeispiels sind im Fall dynamischer Bedarfe auch die Dispositionsparameter im Zeitablauf veränderlich.

3.3.2.2 Nichtidentische Durchlaufzeiten

Im Fall nichtidentischer Durchlaufzeiten werden wiederum zwei Fälle unterschieden.

a) Fall $\lambda_R<\lambda_P$

Unter dieser Konstellation der Durchlaufzeiten gelten die MRP-Entscheidungsregeln (3.3.21) und (3.3.23) in Verbindung mit den Vorschriften für die Ermittlung der Nettobedarfe (3.3.22) und (3.3.24) sowie den Lagerbilanzbeziehungen (3.3.28) bis (3.3.30) und (3.3.41). Das in Tab. 3.5 dargestellte MRP-Tableau greift das Beispiel aus Tab. 3.2 auf. Für die Planungsperioden 1 und 2 resultieren identische Aufarbeitungslose, jedoch führt der Verzicht auf die Beseitigung in Periode 1 zu einem um zwei Einheiten höheren RT-Bestand in den Perioden 1 und 2, der für die Erfüllung des Nettobedarfs in Periode 5 verfügbar ist. In der Folge fällt der verbleibende Produktionsnettobedarf um zwei Einheiten niedriger aus, so dass sich ein Produktionsauftrag POP_1=1 ergibt.

t	0	1	2	3	4	5	6	7	8
GR_t		10	10	10	10	10	10	10	10
SRP_t		9	6	7	4				
SRR_t		3	7						
SOH_t	8	10	13	13	13	15	15	15	15
NR_t^R				3	6	12	10	10	10
NR_t^P						1	5	5	5
PR_t		5	5	5	5	5	5	5	5
ROH_t	10	12	11	5	5	5	5		
PRR_t				3	6	11	5	5	5
POR_t		3	6	11	5	5	5		
PRP_t						1	5	5	5
POP_t		1	5	5	5				

Tab. 3.5: Erweitertes MRP-Tableau für λ_P=4, λ_R=2 sowie SST_P=15 und SST_R=13

Die Analyse der MRP-Entscheidungsregeln in Anhang B.4 zeigt, dass die MRP-Disposition wiederum einfache strukturierte Dispositionsregeln in Gestalt einer (S,M)-Politik generiert:

$$POP_t = \max\left\{S_t - x_{S,t}^P, 0\right\} \tag{3.3.44}$$

$$POR_t = \min\left\{x_{R,t}, \max\left\{M_t - x_{S,t}^R, 0\right\}\right\} \tag{3.3.45}$$

Der mit der Produktionsgrenze S abzugleichende systemweite disponible Bestand zu Beginn von Periode t ergibt sich als Summe aus physischem RT-Bestand, FT-Bestand und allen offenen Aufträgen

$$x_{S,t}^{P} = SOH_{t-1} + ROH_{t-1} + \sum_{i=1}^{\lambda_P} POP_{t-i} + \sum_{i=1}^{\lambda_R} POR_{t-i} \tag{3.3.46}$$

und besitzt damit eine von (3.3.35) abweichende Struktur. Für den aufarbeitungsbezogenen disponiblen Bestand gilt

$$x_{S,t}^{R} = SOH_{t-1} + \sum_{i=0}^{\lambda_R} POP_{t-\lambda_P+i} + \sum_{i=1}^{\lambda_R} POR_{t-i} \,. \tag{3.3.47}$$

Die Produktions- und Aufarbeitungsparameter sind (für den durch ΔS=0 beschriebenen Fall, dass keine Entsorgung erfolgt) mit (3.3.36) und (3.3.33) identisch. Die Produktionsgrenze in (3.3.48) umfasst den Sicherheitsbestand zuzüglich der geplanten Bedarfe der Perioden t bis $t+\lambda_P$ abzüglich der für die Perioden t bis $t+\lambda_P-\lambda_R-1$ zu erwartenden Rückflüsse. Für die Produktionsentscheidung ist die zeitliche Struktur dieser Rückflüsse nicht relevant, da sie bis zur Periode $t+\lambda_P$ aufgearbeitet und dem FT-Bestand zugeführt werden können.

$$S_t = SST_P + \sum_{i=0}^{\lambda_P} GR_{t+i} - \sum_{i=0}^{\lambda_P-\lambda_R-1} PR_{t+i} \tag{3.3.48}$$

$$M_t = SST_R + \sum_{i=0}^{\lambda_R} GR_{t+i} \tag{3.3.49}$$

Für das Zahlenbeispiel in Tab. 3.5 können die Parameter (wie bereits im Beispiel mit Beseitigungsoption in Tab. 3.2) mit den Werten S=55 und M=43 angegeben werden.

b) Fall $\lambda_R>\lambda_P$

Die MRP-Logik folgt hier den Entscheidungsregeln (3.3.21) und (3.3.23) im Zusammenhang mit der Nettobedarfsermittlung entsprechend (3.3.37) und (3.3.38) mit den Lagerbilanzgleichungen (3.3.28) bis (3.3.30) und (3.3.41). Das Beispieltableau in Tab. 3.6 zeigt das Planungsverfahren für die bereits im Tab. 3.3 verwendeten Beispieldaten mit SST_P=12 und SST_R=15. Für Periode 1 generiert das MRP-Verfahren die gleichen Entscheidungen über die Produktions- und Aufarbeitungsmengen wie im vorgenannten Beispiel. Allerdings verbleiben die den Nettobedarf in Periode 5 übersteigenden 2 Mengeneinheiten im RT-Bestand und werden in Periode 2 zur Aufarbeitung vorgesehen. Damit entfällt im Vergleich mit Tab. 3.3 der für Periode 4 geplante Produktionsauftrag.

Auch im Fall ohne Beseitigungsoption lässt sich die MRP-Disposition hinsichtlich der Aufarbeitungsentscheidung nicht mit einer einfach strukturierten Entscheidungsregel beschreiben, da die Bestimmung der Aufarbeitungsmengen im Rahmen des MRP-Verfahrens die zeitliche Struktur der offenen Aufträge in einer Form berücksichtigt, die sich nicht durch eine einfache Bestellgrenzenregel beschreiben lässt. Die Komplexität der MRP-äquivalenten Politik steigt mit zunehmender Differenz der Durchlaufzeiten an[101].

t	0	1	2	3	4	5	6	7	8
GR_t		10	10	10	10	10	10	10	10
SRP_t		8	6						
SRR_t		3	7	5	12				
SOH_t	8	9	12	12	14	15	12	12	12
NR_t^R						11	10	13	13
NR_t^P				5	0	0	0	5	5
PR_t		5	5	5	5	5	5	5	5
ROH_t	13	7	5	5	5	10	15		
PRR_t						11	7	5	5
POR_t		11	7	5	5				
PRP_t				5	0	0	0	5	5
POP_t		5	0	0	0	5	5		

Tab. 3.6: Erweitertes MRP-Tableau für λ_P=2, λ_R=4 sowie SST_P=12 und SST_R=15

3.4 Stochastische Kontrollpolitiken

In den vorausgehenden Abschnitten wurde der Planungsansatz für verschiedene Durchlaufzeitrelationen formal dargestellt und die Struktur der MRP-Entscheidungen bei

[101] Die Analyse der MRP-Politik im Anhang B.3 ist bezüglich der Entscheidungen über Produktion und Aufarbeitung auch auf den Fall ohne Beseitigung anzuwenden.

Anwendung des Konzepts rollierender Planung untersucht. Für verschiedene der betrachteten Fälle konnte dabei die Äquivalenz der MRP-Entscheidungsregeln zu einer erweiterten Bestellgrenzenpolitik gezeigt werden. Diese Kontrollpolitiken sollen nun zusammengefasst werden, wobei auch Entscheidungsregeln für die Fälle vorgeschlagen werden, in denen der MRP-Ansatz eine komplexere Entscheidungsstruktur generiert. Es ist zu beachten, dass es sich bei diesen Politiken mit Ausnahme des Falls identischer Durchlaufzeiten um heuristische Entscheidungsregeln handelt.

Im Ergebnis der im letzten Abschnitt vorgenommenen Auswertung des MRP-Verfahrens lässt sich die MRP-Politik im Fall ohne Beseitigung durch eine *(S,M)*-Kontrollpolitik wiedergeben, die durch folgende Entscheidungsregeln bestimmt ist:

$$POP_t = \max\left\{S_t - x_{S,t}^P, 0\right\} \tag{3.4.1}$$

$$POR_t = \min\left\{x_{R,t}, \max\left\{M_t - x_{S,t}^R, 0\right\}\right\} \tag{3.4.2}$$

Bei Einbeziehung der Beseitigungsoption ergänzt die Beseitigungsvorschrift (3.4.3) die Entscheidungsregel zu einer *(S,M,U)*-Politik.

$$POD_t = \max\left\{x_{R,t} - \max\left\{U_t - x_{S,t}^R, 0\right\}, 0\right\} \tag{3.4.3}$$

Wie die Analyse der MRP-Politiken zeigte, ist bei der Definition der disponiblen Bestandsgrößen hinsichtlich verschiedener Durchlaufzeit-Relationen zu differenzieren.

3.4.1 Identische Durchlaufzeiten

Der aufarbeitungsbezogene disponible Bestand aggregiert den physischen FT-Bestand abzüglich vorgemerkter Fehlmengen sowie alle noch offenen Produktions- und Aufarbeitungsaufträge

$$x_{S,t}^R = SOH_{t-1} + \sum_{i=1}^{\lambda} POP_{t-i} + \sum_{i=1}^{\lambda} POR_{t-i}, \tag{3.4.4}$$

während der produktionsbezogene disponible Bestand zusätzlich den physischen RT-Bestand einbezieht und somit den systemweiten disponiblen Bestand

$$x_{S,t}^{P} = x_{R,t} + SOH_{t-1} + \sum_{i=1}^{\lambda} POP_{t-i} + \sum_{i=1}^{\lambda} POR_{t-i} \tag{3.4.5}$$

wiedergibt mit $x_{S,t}^{P} \geq x_{S,t}^{R}$ wegen $x_{R,t} \geq 0$.

3.4.2 Nichtidentische Durchlaufzeiten

a) Fall $\lambda_R < \lambda_P$

Bei der Analyse der MRP-Politikstrukturen bei geringerer Durchlaufzeit der Aufarbeitung mit $\lambda_P - \lambda_R > 0$ konnte im Fall ohne Beseitigung eine MRP-äquivalente einfache Dispositionspolitik mit zwei Parametern gezeigt werden. Die Größe des aufarbeitungsbezogenen disponiblen Bestandes in (3.3.47)

$$x_{S,t}^{R} = SOH_{t-1} + \sum_{i=0}^{\lambda_R} POP_{t-\lambda_P+i} + \sum_{i=1}^{\lambda_R} POR_{t-i} \tag{3.4.6}$$

aggregiert dabei den verfügbaren FT-Bestand und alle offenen Aufträge, die bis zum Lagerzugang des Aufarbeitungsauftrages POR_t in Periode $t+\lambda_R$ verfügbar werden. Im Fall *ohne Beseitigung* ist der produktionsbezogene disponible Bestand in (3.3.46)

$$x_{S,t}^{P} = x_{R,t} + SOH_{t-1} + \sum_{i=1}^{\lambda_P} POP_{t-i} + \sum_{i=1}^{\lambda_R} POR_{t-i} \tag{3.4.7}$$

als Summe aus dem systemweiten physischen Bestand und allen offenen Produktions- und Aufarbeitungsaufträgen definiert. Dabei ist für die Entscheidung über die Produktionsmenge in Periode t nach der MRP-Politik nicht relevant, welche zukünftigen Aufarbeitungsentscheidungen den Bestand in Periode $t+\lambda_P$ beeinflussen.

Für den Fall *mit Beseitigung* wurde gezeigt, dass die für die Ableitung der Produktionsentscheidung benötigten Informationen weiterhin die Beseitigungsmengen der zukünftigen Perioden t bis $t+\lambda_P-\lambda_R-1$ einschließt, die den disponiblen Bestand reduzieren. Sofern der durch Aufarbeitung erzielbare marginale Kostenvorteil durch die Bestandskosten der Rücklaufteile vollständig kompensiert wird, ist eine solche Beseitigung sinnvoll. Daher berücksichtigt die Produktionsentscheidung des MRP-Verfahrens einen möglichen Mehrbedarf in der aktuellen Planungsperiode und den Folgeperioden. Auf der Grundlage der in Anhang B.2 untersuchten Informationsstruktur für die Produktionsentscheidung lässt sich der disponible Bestand unter Verwendung aller aktuell verfügbaren Bestands- und Auftragsdaten wie folgt definieren:

$$x_{S,t}^{P} = x_{R,t} + SOH_{t-1} + \sum_{i=1}^{\lambda_P} POP_{t-i} + \sum_{i=1}^{\lambda_R} POR_{t-i} - POD_t \qquad (3.4.8)$$

Unter diesen Bedingungen wird zunächst über die Beseitigung entschieden und die Beseitigungsmenge im disponiblen Bestand $x_{S,t}^{P}$ berücksichtigt, so dass ein entsprechend höherer Produktionsauftrag generiert wird.

b) Fall $\lambda_R > \lambda_P$

Der produktionsbezogene disponible Bestand umfasst neben dem verfügbaren FT-Bestand alle offenen Produktionsaufträge sowie alle offenen Aufarbeitungsaufträge, die bis zur Periode $t+\lambda_P$ im FT-Bestand verfügbar werden.

$$x_{S,t}^{P} = SOH_{t-1} + \sum_{i=1}^{\lambda_P} POP_{t-i} + \sum_{i=0}^{\lambda_P} POR_{t-\lambda_R+i} \qquad (3.4.9)$$

Der aufarbeitungsbezogene disponible Bestand berücksichtigt neben dem FT-Bestand alle offenen Produktions- und Aufarbeitungsaufträge, einschließlich der Produktionsmenge POP_t

$$x_{S,t}^{R} = SOH_{t-1} + \sum_{i=0}^{\lambda_P} POP_{t-i} + \sum_{i=1}^{\lambda_R} POR_{t-i} \qquad (3.4.10)$$

mit $x_{S,t}^{R} \geq x_{S,t}^{P}$.

3.5 Heuristische Bestimmung der Dispositionsparameter

Nach der Diskussion des MRP-Ansatzes und der hieraus entwickelten stochastischen Kontrollpolitiken soll nun auf die Bestimmung der Dispositionsparameter eingegangen werden. Die jeweiligen Parameter des MRP-Verfahrens sowie der SIC-Politik sind in der folgenden Übersicht zusammengefasst.

	MRP-Parameter	SIC-Parameter
Produktion	SST_P	S
Aufarbeitung	SST_R	M
Beseitigung	DST	U

Tab. 3.7: MRP- und SIC-Parameter

Wie eingangs besprochen, ist für die exakte Bestimmung der Dispositionsparameter der Einsatz numerischer Methoden unausweichlich. Für die praktische Behandlung des Problems ist jedoch die Verfügbarkeit einfacher approximativer Lösungsverfahren mit hinreichender Güte von großer Bedeutung. Im Folgenden sollen daher Möglichkeiten der heuristischen Bestimmung der Dispositionsparameter mit Hilfe einfacher geschlossener Ausdrücke besprochen werden.

Den weiteren Betrachtungen werden folgende Annahmen zugrunde gelegt.

- Die Periodennachfrage nach Fertigteilen D_t sei eine unabhängige und identisch verteilte (*i.i.d.*) Zufallsvariable mit der bekannten Dichtefunktion f_D, der Verteilungsfunktion F_D, dem Erwartungswert μ_D und der Varianz σ_D^2.
- Die Menge der periodisch eintreffenden Rückflüsse R_t sei ebenfalls eine *i.i.d.* Zufallsvariable mit der bekannten Dichtefunktion f_R, der Verteilungsfunktion F_R, dem Erwartungswert μ_R und der Varianz σ_R^2.
- Nachfragen und Rückflüsse sind voneinander unabhängig.
- Weiterhin soll gelten $\mu_R<\mu_D$, sowie für die Lagerhaltungskosten $h_R<h_S$.

Zur Gewinnung der Dispositionsparameter kann ein *Newsboy*-Ansatz herangezogen werden[102]. Für das Standardmodell der stochastischen dynamischen Lagerdisposition bei proportionalen Kosten ist die Optimalität einer (*S*)-Dispositionsregel der Form $q_t = \max\left\{S_t - x_t, 0\right\}$ bekannt, wobei q_t die Bestellmenge, S die Bestellgrenze und x_t den Anfangsbestand bezeichnet. Diese Politik ist strukturidentisch mit der optimalen Politik im einperiodigen Newsboy-Modell. Unter statischen Bedingungen lassen sich für die optimale Wahl des Parameters analytische Aussagen treffen.

Bezeichne h die Lagerkosten und v die Fehlmengenkosten jeweils pro Mengen- und Zeiteinheit, so lautet die Optimalitätsbedingung für die Bestellgrenze S bei periodischer Kontrolle und einer Vorlaufzeit von λ Perioden

$$F_{D,\lambda+1}(S) = \frac{v}{v+h} \tag{3.5.1}$$

mit $F_{D,\lambda+1}(x)$ als (λ+1)–fache Faltung der Nachfrageverteilung. Übersteigt die Höhe der Bedarfsanforderung den verfügbaren Lagerbestand um eine Einheit, so fallen hierfür Fehlmengenkosten (*underage*-Kosten) in Höhe von c^- an. Verbleibt nach der Bedarfsanforderung jedoch ein eine Einheit, so verursacht dies Lagerhaltungskosten (*overage*-Kosten) in Höhe von c^+. Mit dieser Betrachtungsweise lässt sich (3.5.1) auch schreiben als

$$F_{D,\lambda+1}(S) = \frac{c^-}{c^- + c^+}. \tag{3.5.2}$$

KIESMÜLLER UND MINNER zeigen einen heuristischen Ansatz zur Gewinnung der Parameter einer (*S,M*)-Dispositionspolitik für das Produktions- und Aufarbeitungsproblem ohne Beseitigung[103]. Die Heuristik basiert auf der Approximation der spezifischen Kosten c^+ und c^- für die obige Optimalitätsbedingung und lieferte in numerischen Untersuchungen Anhaltspunkte für eine gute Performance.

---

[102] Zu dem als Newsboy- oder Zeitungsjungenproblem bekannten Grundmodell der stochastischen Lagerhaltungstheorie und seinen Erweiterungen s. z.B. Porteus (1990).

[103] Bei Kiesmüller und Minner (2002) wird für das betrachtete Problem ohne Beseitigungsoption eine (*S,M*)-Dispositionspolitik vorgeschlagen, die in ihrer Struktur mit der im letzten Abschnitt aus dem MRP-Ansatz abgeleiteten Politik identisch ist.

3.5.1 Identische Durchlaufzeiten

KIESMÜLLER UND MINNER formulieren die underage- und overage-Kosten aus Sicht der Aufarbeitung mit $c^{-}=v+h_R$ und $c^{+}=h_S-h_R$[104]. Eine fehlende Mengeneinheit aufgearbeiteter Rückflüsse führt zu Fehlmengenkosten von v und zusätzlichen Lagerkosten für den Verbleib im RT-Bestand von h_R. Dagegen wechselt eine überschüssige Mengeneinheit vom RT-Bestand in den FT-Bestand und führt damit zu zusätzlichen Kosten in Höhe von h_S-h_R. Einsetzen von c^{-} und c^{+} in (3.5.2) und Umformen liefert für den Aufarbeitungsparameter

$$M = F^{-1}_{D,\lambda+1}\left(\frac{v+h_R}{v+h_S}\right). \tag{3.5.3}$$

Für die Festlegung der Parameter der hier betrachteten (S,M,U)- bzw. (S,M)-Politik im Fall identischer Durchlaufzeiten entsprechend (3.4.1) bis (3.4.3) ist die relevante Zufallsvariable $X=\sum_{i=0}^{\lambda} D_{t+i}$ die Summe der stochastischen Bedarfe der Perioden t bis $t+\lambda$, wobei $F_{D,\lambda+1}$ die Verteilungsfunktion dieser Größe bezeichnet.

Im Hinblick auf die Produktionsentscheidung gilt $c^{-}=v$. Eine überschüssig produzierte Mengeneinheit führt einerseits zu Lagerkosten h_S, andererseits können zusätzliche Lagerhaltungskosten für den RT-Bestand folgen, wenn die Rückflüsse einer Periode den Periodenbedarf übersteigen und der disponible Bestand (3.4.5) das Niveau der Produktionsgrenze S überschreitet[105]. Sei Z_t der Nettorückfluss mit $Z_t=R_t-D_t$, so beschreibt $p=P\left\{Z_t\le 0\right\}=F_{R-D}(0)$ die Wahrscheinlichkeit dafür, dass die Rückflüsse einer Periode den Periodenbedarf nicht übersteigen. Die Dauer einer möglicherweise über mehrere Perioden vorliegenden Situation positiver Nettorückflüsse mit $Z_t>0$ lässt sich nun wie folgt approximieren. Wird p als Erfolgswahrscheinlichkeit eines Bernoulli-Versuchs gedeutet, so lässt sich der Erwartungswert der Anzahl d aufeinanderfolgender Perioden mit positivem Nettorückfluss als Erwartungswert einer geometrisch verteilten Zufallsgröße mit $\mu_d=(1-p)/p$ ermitteln. Daraus folgt $c^{+}=h_S+h_R\cdot(1-p)/p$. Durch Einsetzen von c^{-} und c^{+} in (3.5.2) und anschließendes Auflösen nach S gelangt man zu

[104] Vgl. Kiesmüller und Minner (2002)

[105] Das Eintreten dieses Falls ist bei einer sehr hohen Rückführungsquote (als relativer Anteil der Rücklaufmengen an den Bedarfsmengen) zu erwarten.

$$S = F_{\lambda+1}^{-1}\left(\frac{\nu}{\nu + h_S + h_R \cdot \frac{1-p}{p}}\right). \qquad (3.5.4)$$

Im Fall der bei KIESMÜLLER UND MINNER nicht betrachteten Entsorgungsoption ist weiterhin der Beseitigungsparameter U zu bestimmen, wobei RT-Bestände bis zu einer Obergrenze zugelassen werden, die den erwarteten Nettobedarfen während der kritischen Reichweite τ im Anschluss an Periode λ entspricht. Der Reichweitenparameter wird nach dem in Abschnitt 3.3.1 besprochenen deterministischen Kalkül mit $\tau = \lfloor (c_P + c_D - c_R)/h_R \rfloor$ festgelegt. Wegen $\mu_R < \mu_D$ erhält man für (3.3.12) den Ausdruck

$$DST^{\tau} = \sum_{i=1}^{\tau} E\left[D_{t+\lambda+i} - PR_{t+i-1}\right] = \tau \cdot \left(\mu_D - \mu_R\right).$$

Bei der Bestimmung des Beseitigungsparameters U entsprechend (3.3.17) kann es in bestimmten Situationen zu einer Überschätzung der Beseitigungsmengen kommen. Sofern die kumulierten Nettorückflüsse über die Dauer der kritischen Reichweite τ einen positiven Wert annehmen, könnten diese genutzt werden, um den disponiblen Bestand zum Ende der τ Perioden auf das Niveau M zu bringen. Vor diesem Hintergrund erscheint eine Anpassung der Beseitigungsgrenze sinnvoll, wobei diese um den Teilerwartungswert der positiven kumulierten Nettorückflüsse $\delta = \int_0^{\infty} Z \cdot f_Z^{\tau}(Z) \cdot dZ$ angehoben wird, mit f_Z^{τ} als τ-fache Faltung der Dichtefunktion f_Z. Somit erhält man für den Beseitigungsparameter

$$U = M + \tau \cdot \left(\mu_D - \mu_R\right) + \delta . \qquad (3.5.5)$$

Für die SIC-Kontrollparameter gelten die folgenden Beziehungen zu den Kontrollparametern des äquivalenten MRP-Verfahrens:

$$SST_P = S - \left(\lambda + 1\right) \cdot \mu_D$$

$$SST_R = M - \left(\lambda + 1\right) \cdot \mu_D$$

$$DST^{\tau} = \tau\left(\mu_D - \mu_R\right) + \delta$$

Ermittlung der Parameter im Fall der Normalverteilung

Für den Fall normalverteilter Nachfrage und normalverteilter Rückflüsse lassen sich die Dispositionsparameter mit Hilfe der in Tab. 3.8 angegebenen Ausdrücke bestimmen.

	MRP-Parameter	SIC-Parameter
Produktion	$SST_P = k_P \cdot \sqrt{(\lambda+1)\cdot\sigma_D^2}$	$S = SST_P + (\lambda+1)\cdot\mu_D$
Aufarbeitung	$SST_R = k_R \cdot \sqrt{(\lambda+1)\cdot\sigma_D^2}$	$M = SST_R + (\lambda+1)\cdot\mu_D$
Beseitigung	$DST^\tau = \tau(\mu_D - \mu_R) + \delta$	$U = M + DST^\tau$

Tab. 3.8: Ausdrücke zur Bestimmung der Dispositionsparameter im Fall $\lambda_R = \lambda_P$

Die Sicherheitsfaktoren k_P und k_S sind Quantile der Standardnormalverteilung $\Phi(.)$ entsprechend dem oben beschriebenen Newsboy-Ansatz mit

$k_P = \Phi^{-1}\left(\frac{v}{v + h_S + h_R \cdot \frac{1-p}{p}}\right)$ und $k_R = \Phi^{-1}\left(\frac{v + h_R}{v + h_S}\right)$, wobei Φ^{-1} die Inverse der Standardnormalverteilung bezeichnet. Die Wahrscheinlichkeit p ist zu bestimmen als $p = \Phi\left(-\frac{\mu_Z}{\sigma_Z}\right)$ mit $\mu_Z = \mu_R - \mu_D$ und $\sigma_Z = \sqrt{\sigma_D^2 + \sigma_R^2}$.

Der produktions- bzw. aufarbeitungsspezifische Sicherheitsbestand ist das Produkt aus dem jeweiligen, als Gewichtungsfaktor des Nachfragerisikos zu interpretierenden Sicherheitsfaktor und der Standardabweichung der Nachfrage während des in beiden Fällen identischen Risikozeitraums von $\lambda+1$ Perioden.

Der Ausdruck zur Korrektur des Beseitigungsparameters $\delta = \int_0^\infty Z \cdot f_Z^\tau(Z)\cdot dZ$ kann wie folgt bestimmt werden. Für die normalverteilte Zufallsgröße Z gilt

$$\int_x^\infty Z \cdot f_Z^\tau(Z)\cdot dZ = \sigma_Z^2 \cdot f_Z^\tau(x) + \mu_Z \cdot \left[1 - F_Z^\tau(x)\right].$$

Für $x=0$ beschreibt dieser Ausdruck den Teilerwartungswert positiver Nettorückflüsse bezogen auf einen Zeitraum von τ Perioden:

$$\delta = \int_0^\infty Z \cdot f_Z^\tau(Z) \cdot dZ = \sigma_Z^2 \cdot f_Z^\tau(0) + \mu_Z \cdot \left[1 - F_Z^\tau(0)\right]$$

Die τ-fache Faltung der Dichte- bzw. Verteilungsfunktion durch Transformation der Parameter mit $\mu^\tau = \tau \cdot \mu_Z$ und $\sigma^\tau = \sigma_Z \cdot \sqrt{\tau}$ sowie Standardisierung mit $f_Z(x) = \frac{1}{\sigma_Z} \cdot \varphi\left(\frac{x - \mu_Z}{\sigma_Z}\right)$ und $F_Z(x) = \Phi\left(\frac{x - \mu_Z}{\sigma_Z}\right)$ führen zu dem Ausdruck

$$\delta = \sigma_Z^\tau \cdot \varphi\left(-\frac{\mu_Z^\tau}{\sigma_Z^\tau}\right) + \mu_Z^\tau \cdot \Phi\left(\frac{\mu_Z^\tau}{\sigma_Z^\tau}\right). \qquad (3.5.6)$$

3.5.2 Nichtidentische Durchlaufzeiten

a) Fall $\lambda_R < \lambda_P$

Bei der Bestimmung der Dispositionsparameter nach dem oben beschriebenen Ansatz müssen die veränderten Kosteneffekte, Durchlaufzeit- und Risikobedingungen beachtet werden[106]. Für den Parameter M ist die obige Argumentation zu den Kosten c^- und c^+ unmittelbar anzuwenden, wobei man unter Beachtung des Risikozeitraums von λ_R+1 Perioden erhält

$$M = F_{D,\lambda_R+1}^{-1}\left(\frac{v + h_R}{v + h_S}\right). \qquad (3.5.7)$$

Hinsichtlich der Produktionsentscheidung können die marginalen Kosten einer fehlenden Einheit mit $c^-=v$ approximiert werden, wobei die Möglichkeit der Vermeidung dieser Fehlmenge durch die kurzfristige (jedoch inputseitig beschränkte) Aufarbeitung vernachlässigt wird. Eine überschüssige Mengeneinheit führt nicht zwangsläufig zu zusätzlichen Lagerkosten h_S. Diese können durch Reduktion der Aufarbeitungsmenge in Periode $t+\lambda_P-\lambda_R$ vermieden werden, was jedoch zu Lagerkosten h_R führt. Durch die Möglichkeit positiver Nettorückflüsse in den Folgeperioden kann

[106] Vgl. Kiesmüller und Minner (2002)

die Aufarbeitung der Materialeinheit um weitere Perioden verzögert werden, was zusätzliche Bestandskosten verursacht. Die Dauer dieser Verzögerung kann analog zu dem Vorgehen im Fall $\lambda_R=\lambda_P$ durch die erwartete Anzahl von aufeinander folgenden Fehlschlägen eines Bernoulli-Versuchs mit der Erfolgswahrscheinlichkeit $p = P\{Z_t \le 0\} = F_{R-D}(0)$ approximiert werden, so dass man erhält $\mu_d=(1-p)/p$. Die Wahrscheinlichkeit dafür, dass eine Anpassung der Aufarbeitungsmenge in Periode $t+\lambda_P-\lambda_R$ als Reaktion auf eine überschüssig produzierte Mengeneinheit nicht möglich ist, und somit Lagerkosten h_S entstehen, kann mit $1-p$ angegeben werden[107]. Zusammengefasst ergibt sich damit $c^+=h_R\cdot[1+(1-p)/p]+h_S\cdot(1-p)$.

Gegenüber der zuvor betrachteten Situation identischer Durchlaufzeiten besteht das produktionsrelevante Risiko nicht allein in der Bedarfsunsicherheit der Perioden t bis $t+\lambda_P$, sondern darüber hinaus in der Unsicherheit bezüglich der Menge der Rückflüsse, die in den Perioden t bis $t+\lambda_P-\lambda_R-1$ eintreffen. Die für die Produktionsentscheidung relevante Risikogröße ist somit $X = \sum_{i=0}^{\lambda_P} D_{t+i} - \sum_{i=0}^{\lambda_P-\lambda_R-1} R_{t+i}$ mit der Verteilungsfunktion $\hat{F}$.

Für die Produktionsgrenze erhält man nun aus $\hat{F}^{-1}\left(c^-/\left(c^-+c^+\right)\right)$:

$$S = \hat{F}^{-1}\left(\frac{v}{v + h_S\cdot(1-p) + h_R/p}\right) \tag{3.5.8}$$

Dieser Ausdruck für den Produktionsparameter gibt den Fall *ohne Beseitigung* von Rückflüssen wieder. Hier bestehen zwischen den in (3.5.7) und (3.5.8) gegebenen Kontrollparametern und den MRP-Sicherheitsbeständen folgende Beziehungen:

$$SST_P = S - \left(\lambda_P + 1\right)\cdot\mu_D + \left(\lambda_P - \lambda_R\right)\cdot\mu_R$$

$$SST_R = M - \left(\lambda_R + 1\right)\cdot\mu_D$$

[107] Vgl. Kiesmüller und Minner (2002)

Behandlung des Falls mit Beseitigungsoption

Sofern eine Beseitigung von Rückflüssen möglich und relevant ist, verlassen Rückflüsse, die in den Perioden t+1 bis $t+\lambda_P-\lambda_R$ die Bestandsobergrenze übersteigen, den RT-Bestand und sind damit nicht mehr für die Aufarbeitung verfügbar. Dieses in (3.5.8) nicht berücksichtigte Beseitigungsvolumen muss zusätzlich produziert werden, so dass eine Erweiterung des obigen Ausdrucks vorgeschlagen wird.

Zunächst wird der Beseitigungsparameter DST^τ bzw. U bestimmt. Für (3.3.27) erhält man

$$DST^\tau = E\left[\sum_{i=1}^{\tau} D_{t+\lambda_P+i} - \sum_{i=1}^{\tau} R_{t+\lambda_P-\lambda_R+i-1}\right] = \tau\cdot\left(\mu_D - \mu_R\right) \tag{3.5.9}$$

mit der kritischen Reichweite $\tau = \lfloor (c_P + c_D - c_R)/h_R \rfloor$. Wiederum wird eine Korrektur des Beseitigungsparameters für den Fall positiver kumulierter Nettorückflüsse vorgenommen. Mit $\delta = \int_0^\infty Z\cdot f_Z^\tau(Z)\cdot dZ$ und Z_t=R_t-D_t. erhält man für den Beseitigungsparameter den Ausdruck

$$U = M + \tau\cdot\left(\mu_D - \mu_R\right) + \delta\,. \tag{3.5.10}$$

Im nächsten Schritt wird das für die Perioden t+1 bis $t+\lambda_P-\lambda_R$ erwartete Beseitigungsvolumen bestimmt. Beseitigt werden Nettorückflüsse, sofern sie die Obergrenze $DST^\tau+\delta$ übersteigen, so dass die Beseitigung in einer Periode durch den Ausdruck $\Delta S' = \int_{DST^\tau+\delta}^{\infty} Z\cdot\varphi_Z^\tau(Z)\cdot dZ$ angegeben werden kann. Die insgesamt über den relevanten Zeitraum von $\lambda_P-\lambda_R$ Perioden zu erwartende Beseitigung lässt sich nun durch

$$\Delta S = \left(\lambda_P - \lambda_R\right)\cdot \int_{DST^\tau+\delta}^{\infty} Z\cdot\varphi_Z^\tau\left(Z\right)\cdot dZ \tag{3.5.11}$$

beschreiben. Unter Berücksichtigung dieser zukünftigen Bestandsabgänge wird der Produktionsparameter bestimmt als

$$S = \hat{F}^{-1}\left(\frac{v}{v + h_S \cdot (1-p) + h_R/p}\right) + \Delta S\,. \tag{3.5.12}$$

Zwischen den in (3.5.10) und (3.5.12) gegebenen Kontrollparametern und den MRP-Parametern bestehen folgende Beziehungen:

$$SST_P = S - (\lambda_P + 1)\cdot \mu_D + (\lambda_P - \lambda_R)\cdot \mu_R - \Delta S$$

$$DST^\tau = \tau(\mu_D - \mu_R) + \delta$$

Ermittlung der Parameter im Fall der Normalverteilung

Sind Nachfrage und Rückflüsse normalverteilte Zufallsvariablen, so geben die in Tab. 3.9a aufgeführten Ausdrücke die heuristische Bestimmung der Parameter im Fall *ohne Beseitigung* an.

	MRP-Parameter	SIC-Parameter
Prod.	$SST_P = k_P \cdot \sqrt{(\lambda_P+1)\cdot\sigma_D^2 + (\lambda_P-\lambda_R)\cdot\sigma_R^2}$	$S = SST_P + (\lambda_P+1)\cdot\mu_D - (\lambda_P-\lambda_R)\cdot\mu_R$
Aufarb.	$SST_R = k_R \cdot \sqrt{(\lambda_R+1)\cdot\sigma_D^2}$	$M = SST_R + (\lambda_R+1)\cdot\mu_D$

Tab. 3.9a: Ausdrücke zur Bestimmung der Dispositionsparameter im Fall $\lambda_R<\lambda_P$ (ohne Beseitigung)

Die Parameter im Fall mit Beseitigung sind in Tab. 3.9b angegeben.

	MRP-Parameter	SIC-Parameter
Prod.	$SST_P = k_P \cdot \sqrt{(\lambda_P+1)\cdot\sigma_D^2 + (\lambda_P-\lambda_R)\cdot\sigma_R^2}$	$S = SST_P + (\lambda_P+1)\cdot\mu_D - (\lambda_P-\lambda_R)\cdot\mu_R + \Delta S$
Aufarb.	$SST_R = k_R \cdot \sqrt{(\lambda_R+1)\cdot\sigma_D^2}$	$M = SST_R + (\lambda_R+1)\cdot\mu_D$
Beseit.	$DST^\tau = \tau(\mu_D - \mu_R) + \delta$	$U = M + DST^\tau$

Tab. 3.9b: Ausdrücke zur Bestimmung der Dispositionsparameter im Fall $\lambda_R<\lambda_P$ (mit Beseitigung)

Für die Sicherheitsfaktoren k_P und k_S gilt $k_P = \Phi^{-1}\left(\frac{\nu}{\nu + h_S \cdot p + h_R/p}\right)$ und

$k_R = \Phi^{-1}\left(\frac{\nu + h_R}{\nu + h_S}\right)$, p ist zu bestimmen als $p = \Phi\left(-\frac{\mu_Z}{\sigma_Z}\right)$.

Die Anpassung für die Bestandsgrenze DST^τ ist nun zu bestimmen als

$$\delta = \sigma_Z^\tau \cdot \varphi\left(-\frac{\mu_Z^\tau}{\sigma_Z^\tau}\right) + \mu_Z^\tau \cdot \Phi\left(\frac{\mu_Z^\tau}{\sigma_Z^\tau}\right). \tag{3.5.13}$$

Weiterhin erhält man als Ausdruck für die Anpassung des Produktionsparameters

$$\Delta S = \left(\lambda_P - \lambda_R\right) \cdot \left[\sigma_Z^\tau \cdot \varphi\left(\frac{DST^\tau - \mu_Z^\tau}{\sigma_Z^\tau}\right) + \mu_Z^\tau \cdot \left[1 - \Phi\left(\frac{DST^\tau - \mu_Z^\tau}{\sigma_Z^\tau}\right)\right]\right]. \tag{3.5.14}$$

b) Fall $\lambda_R > \lambda_P$

Im Fall $\lambda_R > \lambda_P$ weisen KIESMÜLLER UND MINNER auf die Anwendbarkeit der für den Fall identischer Durchlaufzeiten angestellten Betrachtungen zur Bewertung von c^- und c^+ hin. Unter Berücksichtigung der spezifischen Durchlaufzeitbedingungen ergeben sich damit die folgenden Ausdrücke für die Parameter M und S:

$$M = F_{\lambda_R+1}^{-1}\left(\frac{\nu + h_R}{\nu + h_S}\right) \tag{3.5.15}$$

$$S = F_{\lambda_P+1}^{-1}\left(\frac{\nu}{\nu + h_S + h_R \cdot \frac{1-p}{p}}\right) \tag{3.5.16}$$

Bei Betrachtung der Entsorgungsoption wird der Beseitigungsparameter so gewählt, dass überschüssige Rückflüsse bis zu dem Maße im RT-Bestand verbleiben können, in dem die erwarteten Bedarfe die erwarteten Rückflüsse über die kritische Reichweite von τ Perioden übersteigen. Die Berücksichtigung der Möglichkeit positiver kumulierter Nettorückflüsse über diesen Zeitraum erfolgt wiederum durch den Ausdruck

$$U = M + \tau \cdot \left(\mu_{GR} - \mu_R\right) + \delta \tag{3.5.17}$$

mit $\tau = \lfloor (c_P + c_D - c_R)/h_R \rfloor$ und $\delta = \int_0^\infty Z \cdot f_Z^\tau(Z) \cdot dZ$.

Für die Beziehung zwischen den SIC- und MRP-Kontrollparametern gilt:

$$SST_P = S - \left(\lambda_P + 1\right) \cdot \mu_D$$

$$SST_R = M - \left(\lambda_R + 1\right) \cdot \mu_D$$

$$DST^\tau = \tau\left(\mu_D - \mu_R\right) + \delta$$

Es ist zu beachten, dass im Fall mit Beseitigung die obige Festlegung der Parameter einen Grenzfall beschreibt, in dem der Kostenvorteil der Aufarbeitung sehr hoch ist. Ist der Kostenvorteil $c_P+c_D-c_R$ jedoch gering, so werden bei hoher Variabilität von Bedarfen und Rückflüssen und zugleich großer Durchlaufzeitdifferenz $\lambda_R-\lambda_P$ durch die Aufarbeitung übermäßige FT-Bestände aufgebaut, deren Kosten durch vorrangige Nutzung der kurzfristigen und flexiblen Produktionsmöglichkeit vermeidbar sind.

Ermittlung der Parameter im Fall der Normalverteilung

Für den Fall normalverteilter Nachfrage und normalverteilter Rückflüsse lassen sich die Dispositionsparameter mit Hilfe der in Tab. 3.10 angegebenen Ausdrücke bestimmen.

	MRP-Parameter	SIC-Parameter
Produktion	$SST_P = k_P \cdot \sqrt{\left(\lambda_P + 1\right) \cdot \sigma_D^2}$	$S = SST_P + \left(\lambda_P + 1\right) \cdot \mu_D$
Aufarbeitung	$SST_R = k_R \cdot \sqrt{\left(\lambda_R + 1\right) \cdot \sigma_D^2}$	$M = SST_R + \left(\lambda_R + 1\right) \cdot \mu_D$
Beseitigung	$DST^\tau = \tau\left(\mu_D - \mu_R\right) + \delta$	$U = M + DST^\tau$

Tab. 3.10 : Ausdrücke zur Bestimmung der Dispositionsparameter im Fall $\lambda_R > \lambda_P$

Die produktions- und aufarbeitungsbezogenen Sicherheitsfaktoren werden wie im Fall identischer Durchlaufzeiten durch die Ausdrücke $k_P = \Phi^{-1}\left(\frac{v}{v + h_S + h_R \cdot \frac{1-p}{p}}\right)$ und $k_R = \Phi^{-1}\left(\frac{v + h_R}{v + h_S}\right)$ wiedergegeben.

3.6 Berücksichtigung stochastischer Durchlaufzeiten

Abschließend soll auch auf die Möglichkeit der Berücksichtigung von Durchlaufzeitrisiken als weitere Unsicherheitsquelle eingegangen werden. Aufgrund der schlecht prognostizierbaren Qualität von Produktrückflüssen können bei der Demontage, Qualitätskontrolle und Remontage variable Prozesszeiten auftreten. Für das um die Möglichkeit stochastischer Durchlaufzeiten erweiterte Dispositionsproblem ist die Struktur der optimalen Politik unbekannt. Als heuristischer Ansatz kann auch hier (im Fall ohne Beseitigungsoption) die (S,M)-Politikstruktur dienen.

Für die Erweiterung um das Durchlaufzeitrisiko können Ergebnisse zum einstufigen Produktions-Lagerhaltungsproblem mit periodischer Kontrolle, stochastischem Bedarf und diskreter stochastischer Durchlaufzeit genutzt werden, das unter anderem von KAPLAN und EHRHARDT analysiert wurde[108]. Dabei sind zwei Annahmen von Bedeutung. Zum einen wird ein gegenseitiges Überholen von Aufträgen ausgeschlossen, d.h. ein in Periode t ausgelöster Auftrag kann nicht später dem Bestand zugehen als ein Auftrag, der in Periode t+1 ausgelöst wurde, während ein gemeinsamer Lagerzugang beider Aufträge möglich ist. Weiterhin wird vorausgesetzt, dass die Durchlaufzeit von der Anzahl und Größe der ausstehenden Aufträge unabhängig ist.

Diese Annahmen sind erfüllt, wenn die Aufträge durch den folgenden Prozess generiert werden[109]: Sei $\{\Lambda_t\}$ eine Folge von unabhängigen und identisch verteilten ganzzahligen Zufallsvariablen, so werden für $\Lambda_t = \lambda$ zu Beginn von Periode t alle diejenigen Aufträge als Lagerzugang realisiert, die zu Beginn von Periode $t-\lambda$ oder früher ausgelöst wurden[110]. Unter dieser Voraussetzung und der Annahme des Vormerkfalls gelten hinsichtlich der optimalen Dispositionspolitik die Strukturergebnisse aus dem Fall

[108] Vgl. Kaplan (1970) und Ehrhardt (1984).

[109] Vgl. Nahmias (1979)

[110] Die durch den beschriebenen Prozess generierten Durchlaufzeiten sind damit nicht unabhängig.

deterministischer Durchlaufzeiten. Die optimale Politik ist in Abwesenheit von Fixkosten eine Bestellgrenzenregel, die einen disponiblen Bestand (als Summe aus physischem Bestand zuzüglich offener Auftrage abzüglich Fehlmenge) mit einem kritischen Niveau S abgleicht. Zur Berechnung des Bestellgrenzenparameters wird die Bedarfsunsicherheit innerhalb des Risikozeitraums betrachtet, wobei diese im Gegensatz zum deterministischen Fall als Summe über eine unsichere Anzahl von Zufallsvariablen (Periodenbedarfe) vorliegt. Erwartungswert und Varianz dieser Größe sind[111]

$$\mu_{D,\lambda} = \left(\mu_\lambda + 1\right) \cdot \mu_D \quad \text{und} \tag{3.6.1}$$

$$\sigma_{D,\lambda}^2 = \left(\mu_\lambda + 1\right) \cdot \sigma_D^2 + \mu_D^2 \cdot \sigma_\lambda^2 . \tag{3.6.2}$$

Der rechte Term in (3.6.2) gibt den Risikobeitrag der Durchlaufzeitvarianz an. Die Verteilung der Risikogröße ist allerdings oft schwierig bestimmbar. Hier soll sie als normalverteilt angenommen werden. Es sei darauf hingewiesen, dass diese Annahme wegen der diskreten Durchlaufzeitverteilung idealisierend ist. EPPEN UND MARTIN schlagen daher vor, die Verteilung $F_{D,\lambda}$ durch Faltung der Form

$$F_W(w) = \sum_{j=1}^{n} F_D^*(w)^j \cdot p_j \tag{3.6.3}$$

zu bestimmen, wobei p_j die Wahrscheinlichkeit für eine Durchlaufzeit von $\lambda = j$ Perioden ($j \leq n$) und $F_D^*(...)^j$ die j-fache Faltung der Nachfrageverteilung bezeichnet[112]. Dieses Vorgehen ist insbesondere dann in Betracht zu ziehen, wenn die Gestalt der diskreten Massenfunktion $h(\lambda)$ deutlich von der einer diskretisierten Normalverteilung abweicht, etwa bei diskret gleichverteilter oder gar multimodaler Form.

An dieser Stelle wird eine einfache Erweiterung für die Berechnung der Parameter der in Abschnitt 3.4 dargestellten (S,M)-Dispositionspolitik vorgenommen, mit der ein Durchlaufzeitrisiko sowohl des Aufarbeitungs- als auch des Produktionsprozesses berücksichtigt werden kann. Im Unterschied zu dem oben beschriebenen Problem bei

[111] Vgl. Porteus (1990), S. 637
[112] Vgl. Eppen und Martin (1988)

fehlender Aufarbeitungsoption ist nun zu beachten, dass jedem der beiden Prozesse ein Anteil an der Bedarfserfüllung und ein spezifisches Durchlaufzeitrisiko zuzuordnen ist. Definiert man die Rückführungsquote $\kappa = \mu_R / \mu_D$ als erwarteten Anteil der Aufarbeitung an der Bedarfsdeckung, so lässt sich der Risikobeitrag der Durchlaufzeitvariabilität der Aufarbeitung durch $(\kappa \cdot \mu_D)^2 \cdot \sigma^2_{\lambda_R}$ und der Risikobeitrag durch Variabilität in der Produktionsdurchlaufzeit durch $[(1-\kappa) \cdot \mu_D]^2 \cdot \sigma^2_{\lambda_P}$ beschreiben.

Als Erweiterung der heuristischen Parameterbestimmung in Abschnitt 3.5 werden diese zusätzlichen Risikokomponenten in die Bestimmung der produktions- und aufarbeitungsbezogenen Sicherheitsbestände einbezogen. Die für den Fall deterministischer Durchlaufzeiten im Rahmen des modifizierten Newsboy-Ansatzes dargestellten Betrachtungen zu den relevanten overage- und underage-Kosten kommen in unveränderter Form zur Anwendung, so dass für die Sicherheitsfaktoren k_P und k_R die bereits in Abschnitt 3.5 beschriebenen Ausdrücke verwendet werden. Die Fallunterscheidung hinsichtlich der Durchlaufzeitkonstellation wird nun jedoch anhand der mittleren Durchlaufzeiten μ_{λ_R} und μ_{λ_P} vorgenommen.

Unter diesen Voraussetzungen erhält man für den aufarbeitungsbezogenen Sicherheitsbestand (für alle Konstellationen von μ_{λ_R} und μ_{λ_P}) den Ausdruck

$$SST_R = k_R \cdot \sqrt{\left(\mu_{\lambda_R} + 1\right) \cdot \sigma_D^2 + \kappa^2 \cdot \mu_D^2 \cdot \sigma^2_{\lambda_R} + (1-\kappa)^2 \cdot \mu_D^2 \cdot \sigma^2_{\lambda_P}} \qquad (3.6.4)$$

mit dem bereits im Fall deterministischer Durchlaufzeiten definierten Sicherheitsfaktor $k_R = \Phi^{-1}\left[(v + h_R)/(v + h_S)\right]$ sowie die Aufarbeitungsgrenze $M = \left(\mu_{\lambda_R} + 1\right) \cdot \mu_D + SST_R$.

Für den produktionsbezogenen Sicherheitsbestand werden hinsichtlich der mittleren Durchlaufzeiten beider Prozesse zwei Fälle unterschieden. Im Fall $\mu_{\lambda_R} \geq \mu_{\lambda_P}$ erhält man

$$SST_P = k_P \cdot \sqrt{\left(\mu_{\lambda_P} + 1\right) \cdot \sigma_D^2 + \kappa^2 \cdot \mu_D^2 \cdot \sigma^2_{\lambda_R} + (1-\kappa)^2 \cdot \mu_D^2 \cdot \sigma^2_{\lambda_P}} \qquad (3.6.5)$$

mit $k_P = \Phi^{-1}\left[v / (v + h_S + h_R \cdot \frac{1-p}{p})\right]$ und für die Produktionsgrenze $S = \left(\mu_{\lambda_P} + 1\right) \cdot \mu_D + SST_P$.

Im Fall $\mu_{\lambda_R} < \mu_{\lambda_P}$ ist (analog zum Fall deterministischer Durchlaufzeiten) neben den Bedarfs- und Durchlaufzeitrisiken die Mengenunsicherheit zukünftiger Rückflüsse innerhalb eines mittleren Zeitraums von $\mu_{\lambda_P} - \mu_{\lambda_R}$ Perioden zu beachten. Diese Rückflüsse können nach ihrer Aufarbeitung den FT-Bestand (im Mittel) vor dem Bestandszugang der zu bestimmenden Produktionsmenge beeinflussen. Der Ausdruck

$$SST_P = k_P \cdot \sqrt{\begin{aligned}&\left(\mu_{\lambda_P} + 1\right) \cdot \sigma_D^2 + \left(\mu_{\lambda_P} - \mu_{\lambda_R}\right) \cdot \sigma_R^2 + \\ &+\kappa^2 \cdot \mu_D^2 \cdot \sigma_{\lambda_R}^2 + (1-\kappa^2) \cdot \mu_D^2 \cdot \sigma_{\lambda_P}^2\end{aligned}} \tag{3.6.6}$$

mit $k_P = \Phi^{-1}\left[v/(v + h_S \cdot p + h_R/p)\right]$ berücksichtigt diesen Risikobeitrag. Für den Produktionsparameter erhält man $S = \left(\mu_{\lambda_P} + 1\right) \cdot \mu_D - \left(\mu_{\lambda_P} - \mu_{\lambda_R}\right) \cdot \mu_R + SST_P$.

Neben diesem Vorgehen ist es ebenso leicht möglich, den Faltungsansatz (3.6.3) auf die Situation zweier Durchlaufzeitrisiken anzuwenden. Dazu kann eine gemischte Verteilung des Durchlaufzeitrisikos genutzt werden, bei der die Wahrscheinlichkeiten p_j durch Linearkombination der Form $p_j = \kappa \cdot p_j^R + (1-\kappa) \cdot p_j^P$ ermittelt werden, wobei $p_j^R = P(\Lambda_R = \lambda_R)$ und $p_j^P = P(\Lambda_P = \lambda_P)$ die Wahrscheinlichkeiten der Massenfunktionen der Aufarbeitungs- bzw. Produktionsdurchlaufzeit angeben. Zugunsten der genaueren Beschreibung der Verteilungsform der Risikogröße wird man sich mit der Wahl dieses Vorgehens allgemein auf eine numerische Bestimmung der Dispositionsparameter festlegen.

3.7 Untersuchung zur Performance der Heuristiken

Zum Gebrauch der aus der MRP-Erweiterung entwickelten Dispositionspolitk bei Anwendung der aus dem Newsboy-Ansatz gewonnenen Dispositionsparameter werden nun Ergebnisse einer Simulationsuntersuchung dargestellt. Es wird dabei das Problem ohne Entsorgungsoption betrachtet. In den Simulationsläufen werden für jede Untersuchungsinstanz die Summe der mittleren Lagerhaltungs- und Fehlmengenkosten als entscheidungsrelevante Kosten einer Periode ermittelt. Zudem wird durch Suche der kostenminimierenden stationären Werte der Dispositionsparameter S und M bei

Anwendung der heuristischen bzw. im Fall λ_R=λ_P optimalen Entscheidungsregel eine Referenzlösung (Benchmark) gewonnen, die zur Messung der heuristischen Kosten-performance verwendet wird.

Im ersten Schritt wird, ausgehend von der Definition eines Basisszenarios, der isolierte Einfluss verschiedener Modellgrößen untersucht. Im Anschluss werden dann die Ergebnisse der Simulationsuntersuchung vor dem Hintergrund der Gesamtheit der betrachteten Einflussfaktoren ausgewertet.

Mit der Definition eines Basisfalls wird eine Situation gewählt, in der ein stochastischer Periodenbedarf mit einem Erwartungswert μ_D=100 bei einem Variationskoeffizienten von ρ_D=σ_D/μ_D=0,1 vorliegt, der dem Gamma-Verteilungsmodell genügt. Die Gamma-verteilung ermöglicht aufgrund der linksseitigen Beschränkung die Darstellung ausschließlich positiver Bedarfsrealisationen auch bei hoher Variabilität. Die ebenfalls gammaverteilte Rückflussmenge wurde mit μ_R=70 bei einem Variationskoeffizienten von ebenfalls 10% gewählt. Unter diesen Bedingungen wird ein deutlicher Anteil von 70% des Outputs der Produktionsstufe durch Aufarbeitung bereitgestellt, so dass der Koordination von Produktion und Aufarbeitung eine wesentliche Bedeutung zukommt. Weiterhin wird für beide Prozesse eine identische Durchlaufzeit von 10 Perioden angenommen. In diesem Fall stellt die Anwendung die (S,M)-Regel die optimale Dispositionspolitik dar. Die Lagerkosten h_R für Rücklaufteile werden mit 2/3 der Lagerkosten h_S=3 für Fertigteile bewertet, um der geringeren Wertschöpfungsstufe (Kapitalbindung) bzw. den typischerweise geringeren Stückkosten der Lagerhaltung von Rücklaufprodukten Rechnung zu tragen. Nicht erfüllte und damit vorgemerkte Bedarfsanforderungen werden mit Fehlmengenkosten von v=27 bestraft. Der Festlegung der Lagerhaltungs- und Fehlmengenkosten entspricht ein α-Servicegrad-Äquivalent von 90%. Die Definition des Basisfalls ist in der folgenden Übersicht zusammengefasst.

Bedarf:	gammaverteilt mit μ_D=100 und σ_D=10 (α=100; β=1)	
Rückflüsse:	gammaverteilt mit μ_D=70 und σ_D=7 (α=70; β=1)	
Durchlaufzeiten:	λ_P=10, λ_R=10	
Lagerkosten:	h_S=3, h_R=2	(je Mengeneinheit und Periode)
Fehlmengenkosten:	v=27	(je Mengeneinheit und Periode)
‚Servicegrad':	$\alpha' = v/(v + h_S) = 0,9$	

Mit diesem Szenario als Ausgangspunkt werden nun die Einflüsse einzelner Faktoren näher betrachtet. Soweit dabei nicht vom Fall identischer Durchlaufzeiten abgewichen wird, gibt die Referenzlösung die numerisch gefundene Optimallösung wieder[113].

Bedarfsrisiko

Um den Einfluss des Bedarfsrisikos zu untersuchen, wurde der Variationskoeffizient ρ_D des Bedarfs bei konstantem Erwartungswert μ_D=100 unter den sonst unveränderten Bedingungen des Basisfalls im Intervall [0,05;0,50] mit einer Schrittweite von 0,05 variiert. Die Ergebnisse der Simulationsläufe sind den Diagrammen in Abb. 3.6 zu entnehmen. Die Stützpunkte der heuristischen Lösung (H) sind mit einer durchgezogenen Linie und die der Referenzlösung (*) mit einer unterbrochenen Linie verbunden. In Teilgraphik a) ist der mittlere physische Bestand an Fertigteilen (E[SOH]) dargestellt.

Der linear in ρ_D ansteigende (Sicherheits-) Bestand der heuristischen Lösung bleibt mit zunehmendem Risiko hinter dem Bestandsniveau der Referenzlösung zurück. In Teilgraphik b) ist die Auswirkung auf die mittlere Fehlmenge (E[Fmg]) zu erkennen. Teilgraphik c) stellt den mittleren physischen Bestand an Rücklaufteilen (E[ROH]) dar. Hier ist mit Zunahme von ρ_D ein vernachlässigbarer Bestandsaufbau zu beobachten. Für den Basisfall (mit ρ_D=0,1) liegt kein Bestand vor, während sich mit Zunahme der Bedarfsvariabilität ein Bestandsaufbau lediglich andeutet. Der systemweite Bestand wird fast vollständig auf das FT-Lager konzentriert, da die relativen Lagerkosten für Rücklaufteile mit h_R/h_S=0,67 relativ hoch sind.

Die Teilgraphiken d) und e) zeigen die Verläufe des Produktionsparameters S und des Aufarbeitungsparameters M. Es ist zu beachten, dass Werte für M^* nur für ρ_D>0,1 zu gewinnen sind. Für $\rho_D \leq 0,1$ liefert die durch Simulation zu ermittelnde Kostenfunktion $K(M)$ kein eindeutiges Minimum. Der Kostenverlauf ist vielmehr ab Erreichen eines Punktes M' konstant, so dass die Aufarbeitungsgrenze M unendlich groß gewählt werden kann. Hintergrund hierfür ist die Beschränkung der Materialquelle der Rücklaufteile. Sofern alle verfügbaren Rücklaufeile unverzüglich aufgearbeitet werden

[113] Es ist zu beachten, dass die Referenzlösung auf Grundlage gammaverteilter Zufallsvariablen gewonnen wird. Die heuristische Festlegung der Dispositionsparameter beruht vereinfachend auf der Annahme normalverteilter Zufallsgrößen. Abweichungen zwischen beiden Lösungen enthalten daher auch eine systematische Komponente, die sich durch die abweichenden Symmetrieeigenschaften beider Verteilungsmodelle bei hohen Variationskoeffizienten ergibt.

(hier für $\rho_D \leq 0{,}1$) und kein RT-Bestand verbleibt, greift die Beschränkung von $x_{R,t}$ in der Entscheidungsregel (3.4.2), während eine Anhebung der Aufarbeitungsgrenze M keine Änderung der im Simulationslauf zu ermittelnden Periodenkosten bewirkt[114].

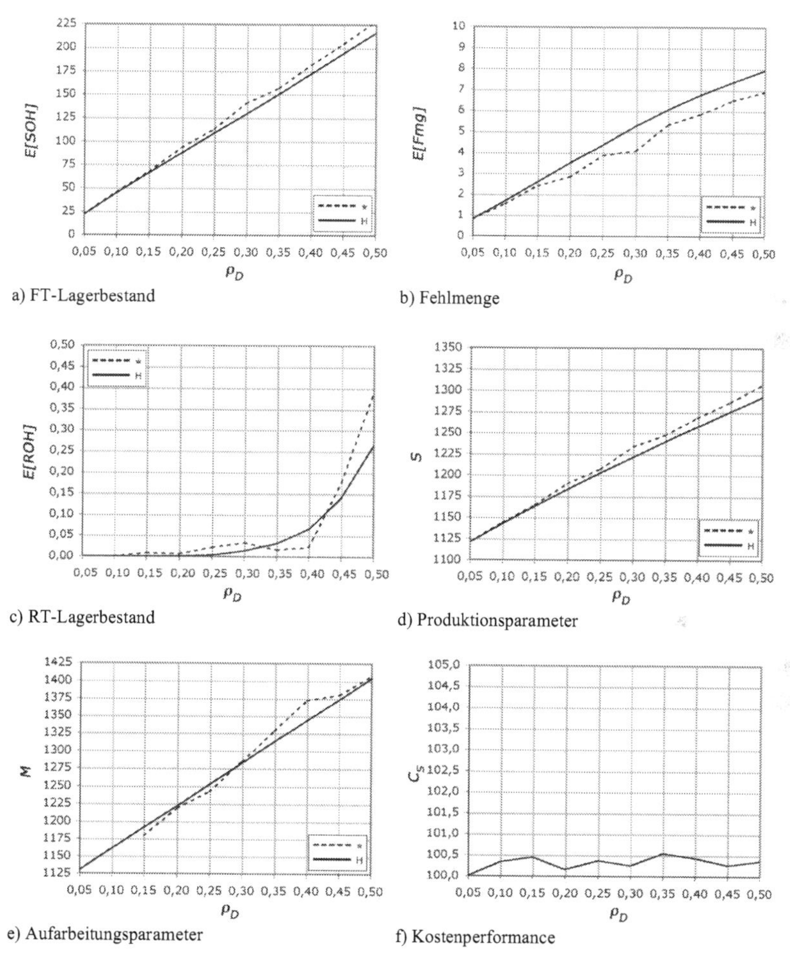

a) FT-Lagerbestand

b) Fehlmenge

c) RT-Lagerbestand

d) Produktionsparameter

e) Aufarbeitungsparameter

f) Kostenperformance

Abb. 3.6: Einfluss des Bedarfsrisikos

[114] In diesem Fall erfolgt in den graphischen Darstellungen der Referenzlösung bezüglich des Parameters M keine Angabe von Datenpunkten.

In Graphik f) sind die mittleren Periodenkosten der Heuristik relativ zu den auf den Wert 100 standardisierten Kosten der Referenzlösung angegeben. Die Abweichung erreicht im betrachteten Intervall ein Maximum von 0,5%.

Rückflussrisiko

Zum Einfluss der Mengenvariabilität der Rückflüsse werden in Abb. 3.7 Ergebnisse von Simulationsläufen für Variationskoeffizienten ρ_R im Intervall [0,05;0,50] gezeigt. Die Diagramme in den Teilgraphiken a) und b) weisen im Vergleich von heuristischer und Optimallösung relativ geringe Abweichungen der FT-Bestände und Fehlmengen aus.

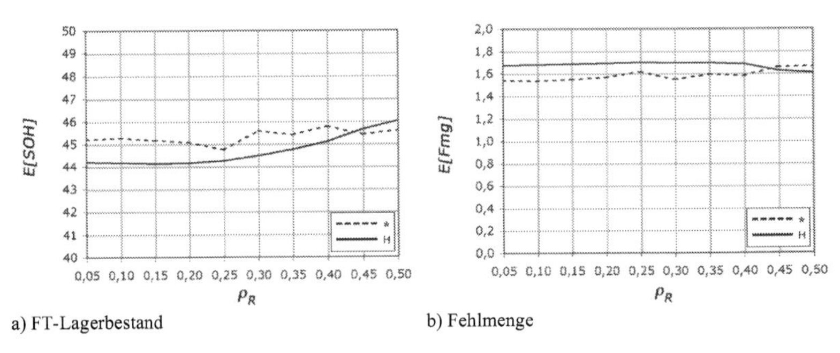

a) FT-Lagerbestand

b) Fehlmenge

Abb. 3.7 a) bis b): Einfluss des Rücklaufrisikos

Bei zunehmender Variabilität der Rücklaufmenge ist in Teilgraphik c) ein Bestandsaufbau im RT-Lager zu erkennen. Dieser Bestand ist als ein versorgungsseitiger Bestandspuffer zu interpretieren, der das System teilweise vom Versorgungsrisiko der RT-Quelle entkoppelt. Mit höherer Varianz der Rückflüsse steigt die Wahrscheinlichkeit positiver Nettorückflüsse (Rückflussmengen, die den Periodenbedarf übersteigen, ggf. in mehreren aufeinander folgenden Perioden). Die Heuristik berücksichtigt dies durch Anpassung des Sicherheitsfaktors für den produktionsbezogenen Sicherheitsbestand (s. Abschnitt 3.5.1), so dass der Produktionsparameter S wie in Graphik d) erkennbar reduziert wird. Der Aufarbeitungsparameter in Graphik e) bleibt hingegen konstant, so dass ein Teil des systemweiten Bestands in den RT-Bestand verlagert wird. Die mittleren Periodenkosten der heuristischen Lösung weichen über dem gesamten Intervall um weniger als 0,5 % von der Referenzlösung ab.

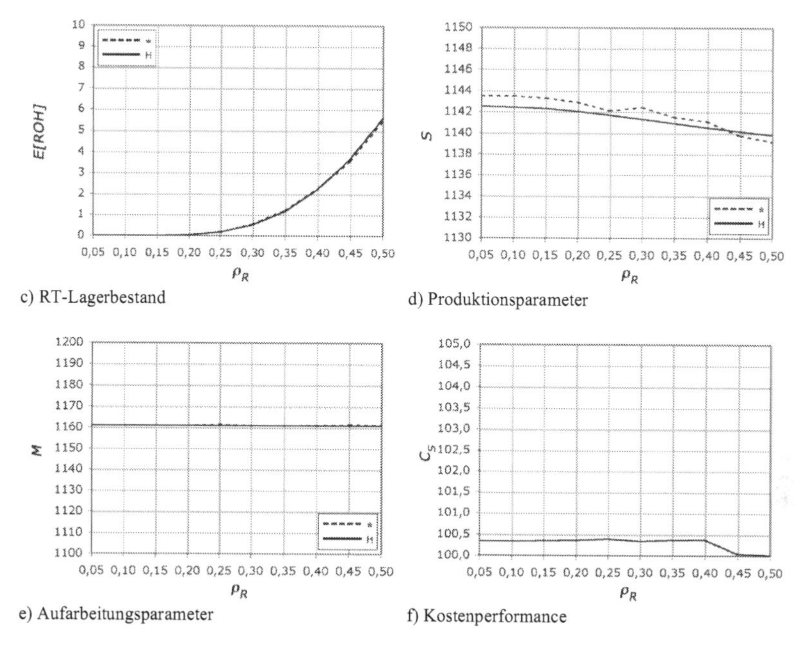

c) RT-Lagerbestand

d) Produktionsparameter

e) Aufarbeitungsparameter

f) Kostenperformance

Abb. 3.7 c) bis f): Einfluss des Rücklaufrisikos

Rückführungsquote

Um den Anteil der Produktrückführung bzw. -aufarbeitung an der Ausbringung der Produktionsstufe zu beschreiben, wird die Rückführungsquote $\kappa=\mu_R/\mu_D$ definiert. Der Einfluss dieser Größe wird bei Variation von μ_R bei konstant gehaltenem Variationskoeffizienten ρ_R untersucht. Die in Abb. 3.8 dargestellten Werte der mittleren Bestände, Fehlmengen und Dispositionsparameter zeigen für κ im Intervall [0,1;0,7] keinen signifikanten Einfluss dieser Größe auf die Optimallösung. Die heuristische Lösung weicht hiervon nur geringfügig ab. Für $\kappa>0{,}7$ werden die Auswirkungen positiver Nettorückflüsse erkennbar, wenn auch in geringem Maße, da die Variabilität der Rückflüsse relativ gering ist. Die Anpassung des Produktionsparameters an diesen Effekt zeigt Teilgraphik d). Der von κ unabhängige Aufarbeitungsparameter der heuristischen Lösung ist in Teilgraphik e) dargestellt. Für die Referenzlösung sind nur für $\kappa\geq 0{,}8$ endliche Werte von M^* zu ermitteln, die mit der heuristischen Lösung identisch sind. Als Ergebnis dieser Konstellation zwischen S und M ist ein Aufbau von

RT-Beständen nur andeutungsweise erkennbar. In dem betrachteten Intervall von κ übersteigen die mittleren Periodenkosten der heuristischen Lösung das Referenzniveau um maximal 0,4%.

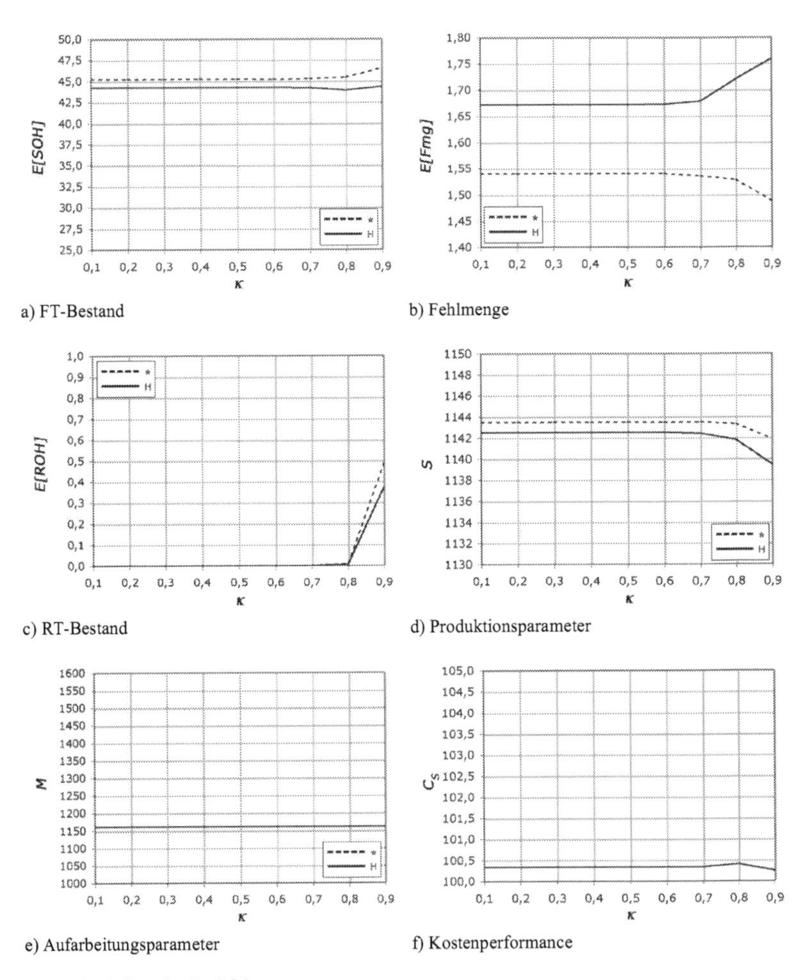

a) FT-Bestand

b) Fehlmenge

c) RT-Bestand

d) Produktionsparameter

e) Aufarbeitungsparameter

f) Kostenperformance

Abb. 3.8: Einfluss der Rückführungsquote

Durchlaufzeiten

Weiterhin soll untersucht werden, welcher Einfluss von der Durchlaufzeit beider Prozesse ausgeht. Zunächst wird die Dauer einer für beide Prozesse identischen Durchlaufzeit $\lambda=\lambda_R=\lambda_P$ betrachtet. Dazu werden beide Durchlaufzeiten im Intervall [0;10] variiert. Die Ergebnisse der Simulationsläufe hinsichtlich des FT-Bestandes, der Fehlmengen und der heuristischen Kostenperformance sind in Abb. 3.9 dargestellt. Die Durchlaufzeit (zuzüglich der Kontrollperiode) bestimmt den Risikozeitraum und damit das Ausmaß der bei den Dispositionsentscheidungen zu berücksichtigenden Bedarfsunsicherheit. Die Varianz des Bedarfsrisikos steigt linear in λ, die Entwicklung des Bestandspuffers ist in Teilgraphik a) angegeben. Zu beachten ist, dass auch für $\lambda=0$ ein Sicherheitsbestand benötigt wird, um der zum Zeitpunkt der Entscheidung unsicheren Ausprägung des Periodenbedarfs entgegenzuwirken.

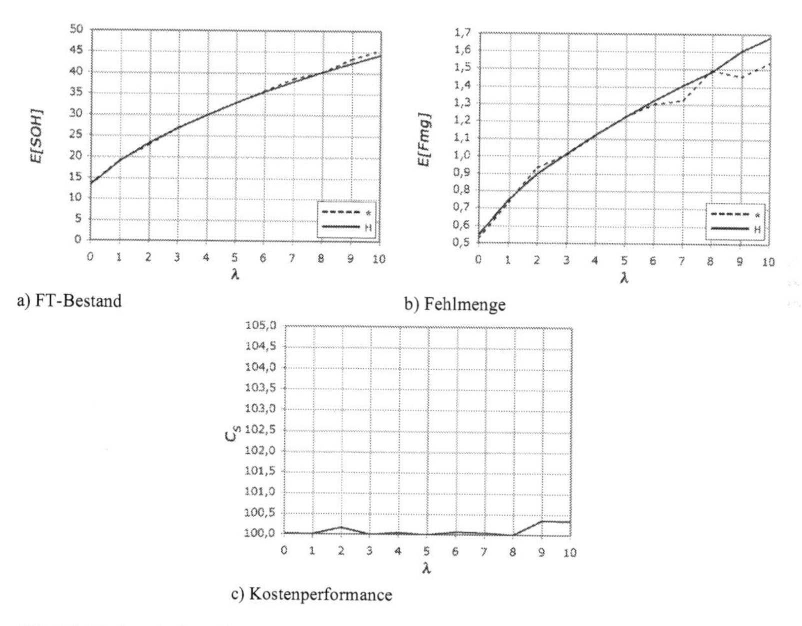

a) FT-Bestand

b) Fehlmenge

c) Kostenperformance

Abb. 3.9: Einfluss der Durchlaufzeit ($\lambda=\lambda_P=\lambda_R$)

Die bei Anwendung der Heuristik generierten Bestände und Fehlmengen sind für $\lambda\leq6$ mit der Referenzlösung fast identisch, so dass die Lösung nahezu optimal ist. Für $\lambda>7$

erhält man geringe Abweichungen, wobei die Kostenabweichung gegenüber der Referenzlösung weniger als 0,4% beträgt.

In einem weiteren Szenario sollen Fälle betrachtet werden, in denen die Durchlaufzeit des Aufarbeitungsprozesses geringer ist als die der regulären Produktion. Dazu wurden Simulationsläufe mit λ_P=10 bei Variation von λ_R im Intervall [0;10] durchgeführt.

Bei der Beurteilung der Ergebnisse ist zu beachten, dass die angegebene Referenzlösung für $\lambda_R \neq \lambda_P$ nicht die Optimallösung wiedergibt[115]. In der graphischen Darstellung kann lediglich am rechten Intervallende (für $\lambda_R = \lambda_P = 10$) eine optimale Referenzlösung angegeben werden. Graphik a) in Abb. 3.10 zeigt den Einfluss von λ_R auf die mittlere Höhe des FT-Bestands.

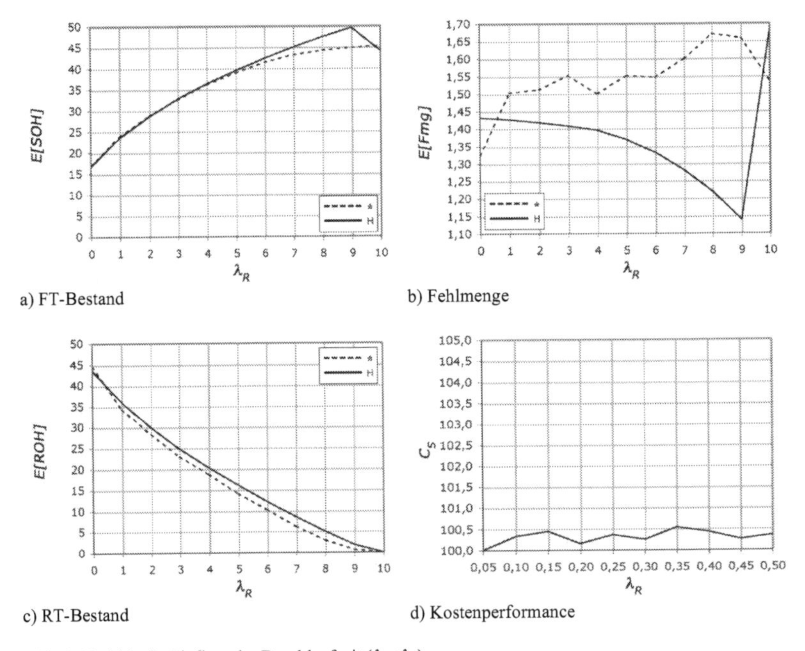

Abb. 3.10 a) bis d): Einfluss der Durchlaufzeit ($\lambda_R < \lambda_P$)

Während beide Bestände im Bereich $0 \leq \lambda_R \leq 5$ nahezu identisch sind, ergibt sich in dem verbleibenden Teilintervall eine in λ_R zunehmende Abweichung, wobei die heuristische

[115] Die Struktur der optimalen Entscheidungsregel ist hier unbekannt und als sehr komplex anzunehmen. Die Referenzlösung wurde auf Grundlage der Struktur der heuristischen Entscheidungsregel bei numerischer Optimierung der Parameter S und M gewonnen und stellt die beste bekannte Lösung dar.

Lösung den Absicherungsbedarf offensichtlich überschätzt, was zu der in Graphik b) dargestellten, in λ_R fallenden Entwicklung der mittleren Fehlmenge führt. Mit $\lambda_R \to 0$ sinkt der erforderliche FT-Bestandspuffer, da der Risikozeitraum für einen Großteil der Materialbereitstellung geringer ist. In Graphik c) wird deutlich, dass die Reduktion des FT-Bestandes vom Aufbau eines RT-Bestandspuffers begleitet wird. Der systemweite physische Bestand steigt bei zugleich (aufgrund der Relation von h_R und h_S) sinkenden Lagerkosten. Es zeigt sich damit, dass im Fall $\lambda_R < \lambda_P$ die Durchlaufzeitdifferenz einen deutlichen Einfluss auf die Verteilung des systemweiten Bestandes hat. Ist die Durchlaufzeit des Aufarbeitungsprozesses relativ gering, so ist es lohnend, diesen schnelleren Versorgungsmodus mit einem inputseitigen Bestandspuffer auszustatten, wobei das Ausmaß dieses Puffers von der Kostenrelation zwischen h_R und h_S abhängig ist. Die Ursache hierfür ist darin zu sehen, dass FT-Bestandskosten, die durch überschüssige Produktionsmengen entstehen würden, auch nach der Produktionsentscheidung durch kurzfristige Reduktion der Aufarbeitungsmengen vermeidbar sind, wobei mit der resultierenden Verlagerung des Systembestandes in das RT-Lager insgesamt Bestandskosten einzusparen sind.

Die Kosten der heuristischen Lösung weichen um maximal 1,4% vom Referenzniveau ab. Der Vergleich der Produktions- und Aufarbeitungsparameter zeigt, dass im Fall $\lambda_R < \lambda_P$ der Produktionsparameter das Niveau des Aufarbeitungsparameters überschreiten kann.

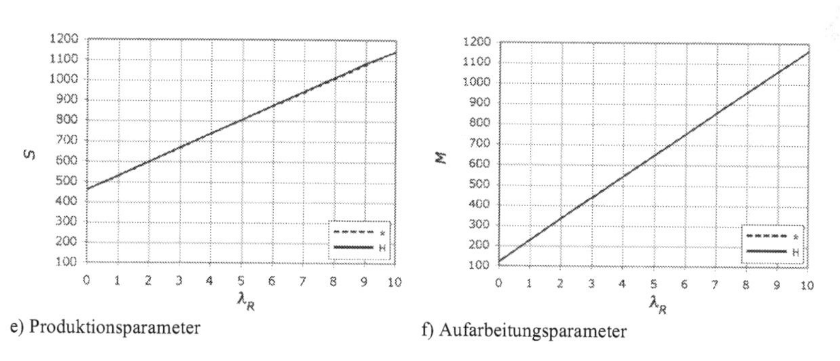

e) Produktionsparameter

f) Aufarbeitungsparameter

Abb. 3.10 e) bis f): Einfluss der Durchlaufzeit ($\lambda_R < \lambda_P$)

Weiterhin wird der verbleibende Fall der Durchlaufzeitkonstellation $\lambda_P < \lambda_R$ betrachtet. Die bei Variation von λ_P über dem Intervall [0;10] gewonnenen Simulationsergebnisse lassen keine signifikante Abweichung gegenüber dem Resultat für den weiter oben besprochenen Fall identischer Durchlaufzeiten erkennen. Die beschränkt verfügbaren Rückflüsse werden unter den vorliegenden Bedingungen (Rückflussquote und -variabilität) unverzüglich dem Aufarbeitungsprozess zugeführt. Für die Aufarbeitungsentscheidung (3.4.2) mit dem disponiblen Bestand (3.4.10) ist die Restriktion des Rückflussaufkommens, nicht jedoch der Aufarbeitungsparameter bindend, so dass kein RT-Bestand aufgebaut wird. Für die Referenzlösung ist dabei ein endlicher Wert von M^* nicht zu ermitteln. Der relevante Risikozeitraum wird durch die Produktionsdurchlaufzeit bestimmt.

Serviceniveau

Weitere zu untersuchende Modellparameter sind die Kostensätze für Lagerhaltung und Fehlmengen. Zunächst wird untersucht, welche Einflüsse von der Relation von FT-Bestandskosten und Fehlmengenkosten ausgehen. Die Newsboy-Optimalitätsbedingung $F(S)=\alpha=v/(v+h_S)$ beschreibt den Zusammenhang zwischen dem α-Servicegrad und den Kostenparametern v und h_S. Für die Simulation unterschiedlicher Serviceniveaus wird bei konstantem FT-Lagerkostensatz $h_S=3$ der Fehlmengenkostensatz v variiert. Die in Abb. 3.11 dargestellten Ergebnisse wurden bei Vorgabe von α' im Intervall [0,60;0,95] bei einer Schrittweite von 0,05 sowie für die Werte $\alpha'=\{0{,}98;0{,}99\}$ gewonnen.

Der Bestandsverlauf in Graphik a) zeigt den mit steigendem v bzw. α' deutlich ansteigenden FT-Bestand, mit dem ein Puffer gegen das stärker bewertete Fehlmengenrisiko bereitgestellt wird. Für $\alpha' \rightarrow 1$ strebt dieser Bestand aufgrund der rechtsseitig unbeschränkten Bedarfsverteilung gegen unendlich. Die heuristische Lösung weicht nur in geringem Maße von der Referenzlösung ab, realisierter und vorgegebener Servicegrad in Graphik c) sind nahezu identisch. Die erwarteten Periodenkosten der heuristischen Lösung liegen maximal 0,6% (für $\alpha'=0{,}99$) über den Referenzkosten.

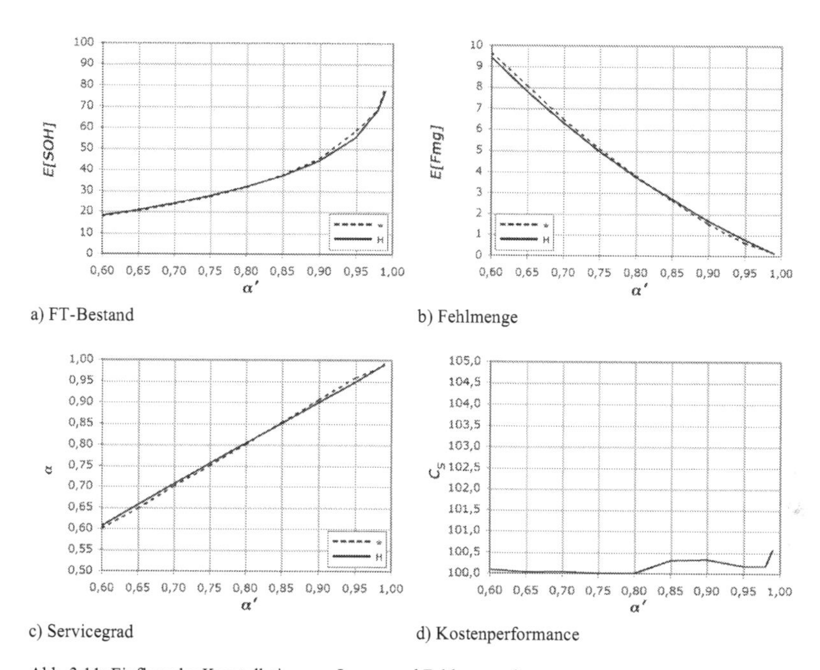

Abb. 3.11: Einfluss der Konstellation von Lager- und Fehlmengenkosten

Lagerkostenkoeffizient

Zur Beschreibung der relativen stückbezogenen Lagerkosten für Rücklauf- und Fertigteile wird der Lagerkostenkoeffizient $\varsigma = h_R / h_S$ definiert. Im Rahmen der in dieser Arbeit betrachteten Modelle wird stets von der Konstellation $h_R < h_S$ ausgegangen, so dass ein Kostenvorteil bei Lagerung einer Materialeinheit im RT-Bestand gegenüber der Lagerung einer aufgearbeiteten oder produzierten Einheit im FT-Bestand besteht. Bei geringem Kostenkoeffizienten ς erscheint es sinnvoll, zumindest einen Teil des systemweiten Bestandes als RT-Bestandspuffer vorzuhalten. Dieser Bestand kann jedoch erst nach Aufarbeitung für die Erfüllung von Bedarfsanforderungen genutzt werden. So wurde weiter oben bereits deutlich, dass der Aufbau eines RT-Puffers mit der Verkürzung der Durchlaufzeit der Aufarbeitung begünstigt wird. Ist der Lagerkostenkoeffizient nur unwesentlich kleiner als eins, so dass kein Kostenanreiz zum Vorhalten von Rücklaufteilen besteht, werden im System eintreffende Rückflüsse unverzüglich aufgearbeitet. RT-Bestände können jedoch in der Situation einer sehr hohen Rückführungsquote mit hinreichend großer Variabilität in den Rückflüssen sinnvoll sein. Die Diagramme in Abb. 3.12 weisen keinen signifikanten Einfluss des Lagerkostenkoeffizienten auf die Bestandsgrößen und Kostenperformance aus. In Teilgraphik c) ist der Bestandsaufbau für kleine ς lediglich andeutungsweise zu erkennen. Bei höherer Rückführungsquote bzw. höherer Rückflussvariabilität sowie für $\lambda_R/\lambda_P \rightarrow 0$ wird dieser Effekt jedoch sichtbar.

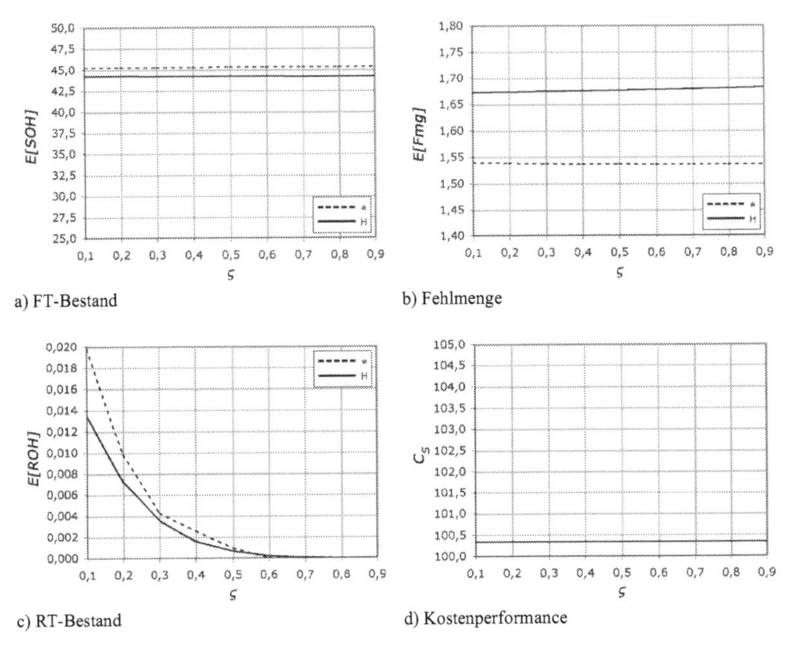

a) FT-Bestand

b) Fehlmenge

c) RT-Bestand

d) Kostenperformance

Abb. 3.12: Einfluss des Lagerkostenkoeffizienten

Durchlaufzeitrisiko

Schließlich wird der Fall des Durchlaufzeitrisikos betrachtet. Hierbei kommt die in Abschnitt 3.6 für den Fall stochastischer Durchlaufzeiten erweiterte Heuristik zur Anwendung. Zunächst wird angenommen, dass die Durchlaufzeit des Produktionsprozesses eine Zufallsgröße ist, die einer Binomialverteilung mit stationären Parametern genügt, während für den Aufarbeitungsprozess eine deterministische Durchlaufzeit von λ_R=10 Perioden gilt. Zur Darstellung unterschiedlicher Varianzen $\sigma^2_{\lambda_P}$ werden die

Verteilungsparameter t und p der Binomialverteilung so gewählt, dass für diskrete Werte t ein Erwartungswert von μ_{λ_P}=10 Perioden vorliegt.

Ein Überholen von Aufträgen wird nach dem in Anhang A.1.2 besprochenen Vorgehen ausgeschlossen. Abb. 3.13 zeigt Simulationsergebnisse, die bei Variation von $\rho_{\lambda_P} = \sigma_{\lambda_P} / \mu_{\lambda_P}$ im Intervall [0;0,24] gewonnen wurden. Am linken Intervallende ist jeweils der Fall deterministischer Durchlaufzeit zu finden. Die angegebenen Ergebnisse zum FT-Bestand und der Fehlmenge zeigen, dass die heuristische Lösung der Referenzlösung sehr nahe kommt. Ein RT-Bestand wird nicht generiert. Bei variabler Durchlaufzeit (erster Datenpunkt bei $\rho_{\lambda_P} = 0{,}1$) ist keine signifikante Kostenabweichung zum Referenzniveau zu ermitteln.

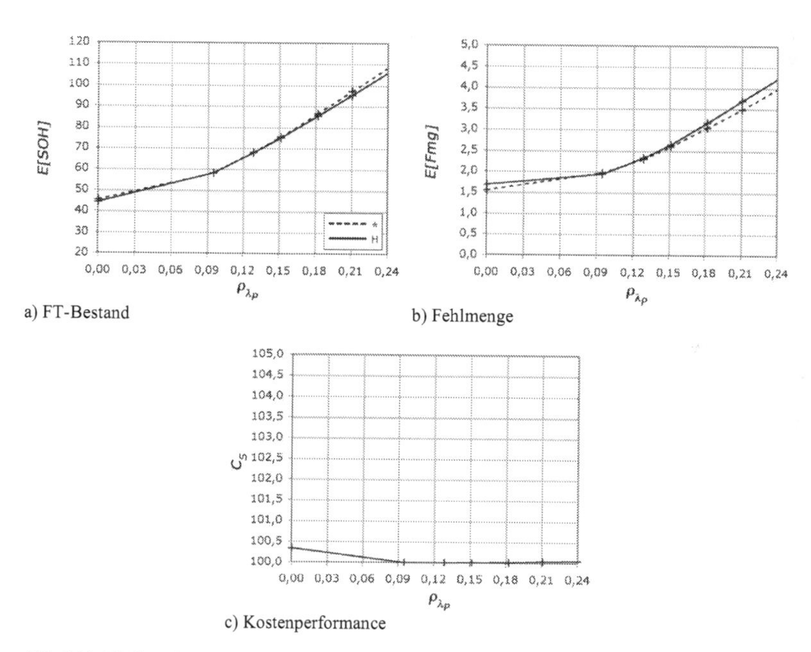

Abb. 3.13: Einfluss des Durchlaufzeitrisikos (Produktion)

Im folgenden Szenario gelten die Annahmen über das Durchlaufzeitrisiko für den Aufarbeitungsprozess, während für die Produktion eine deterministische Durchlaufzeit von λ_P=10 Perioden gilt. Die Entwicklung des FT-Bestands und der Fehlmenge bei Variation des Durchlaufzeitrisikos ρ_{λ_R} im Intervall [0;0,24] ist in Abb. 3.14 dargestellt. Die Zunahme des Bestands mit steigender Variabilität fällt im Vergleich zum zuvor betrachteten Fall deutlich stärker aus. Durch den hohen Anteil der Materialversorgung über Rückflüsse (κ=70%) ist der Risikobeitrag bei stochastischer Aufarbeitungszeit relativ hoch. Der durch die Heuristik generierte FT-Bestand weicht jedoch nur in geringem Maße von der Referenzlösung ab, während keine RT-Bestände vorliegen. Die Kostenabweichung beträgt maximal 0,6% (für $\rho_{\lambda_R} = 0,1$).

Es bleibt zu anzumerken, dass die Konstellation mit hohem Mengenanteil und zugleich hohem Durchlaufzeitrisiko der Aufarbeitung sehr hohe FT-Bestandskosten verursacht. Bei derart hohem Risikobeitrag des Aufarbeitungszweiges ist bei Zulässigkeit einer Beseitigungsoption im Trade-off zwischen Lagerhaltungs- und Entsorgungskosten eine Verbesserung des absoluten Kostenergebnisses zu erwarten.

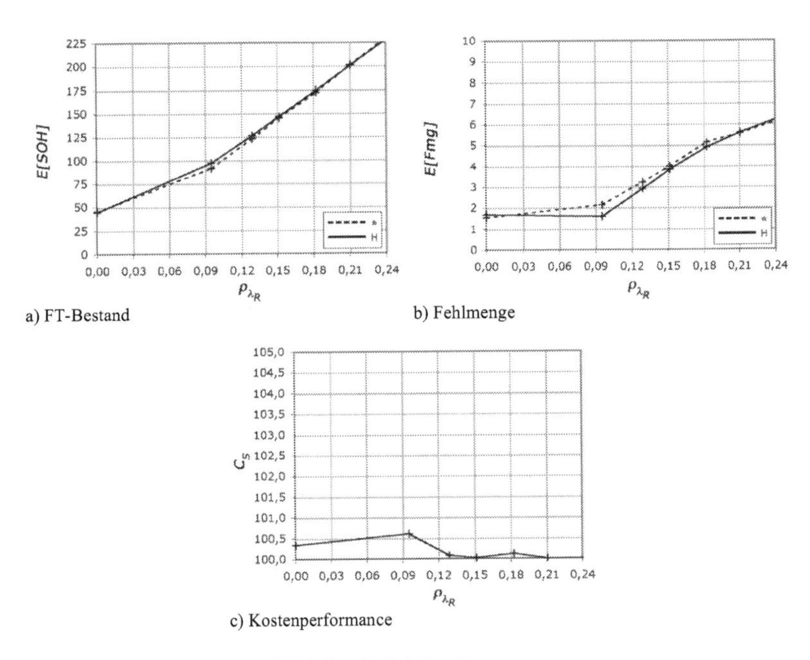

a) FT-Bestand

b) Fehlmenge

c) Kostenperformance

Abb. 3.14: Einfluss des Durchlaufzeitrisikos (Aufarbeitung)

Nachdem der isolierte Einfluss verschiedener Parameter besprochen wurde, sollen nun die Ergebnisse der Simulationsuntersuchung zusammenfassend dargestellt werden. Für die Untersuchung mit insgesamt 648 Instanzen wurden die in Tab 3.11 angegebenen Faktoren ausgewählt. Der Erwartungswert des Bedarfs ist auf μ_D=100 festgelegt, der Lagerkostensatz für Fertigteile ist auf den Wert h_S=3 fixiert. Als Performancemaß werden die mittleren Periodenkosten (FT- und RT-Bestandskosten sowie Fehlmengenkosten) der heuristischen Lösung relativ zu dem auf 100 standardisierten Referenzkostenwert ermittelt. Die Kostenergebnisse sind für alle untersuchten Instanzen im Anhang D.1 zusammengefasst.

Faktor	Definition	Ausprägungen	Bemerkungen
Variabilität Bedarf	$\rho_D = \sigma_D / \mu_D$	0,1; 0,5	gammaverteilt
Variabilität Rückflüsse	$\rho_z = \sigma_z / \mu_z$	0,1; 0,5	gammaverteilt
Rückführungsquote	$\kappa = \mu_R / \mu_D$	0,5; 0,7; 0,9	
‚Servicegrad'	$\alpha' = v / (v + h_S)$	0,8; 0,9; 0,95	
Relative Lagerkosten	$\varsigma = h_R / h_S$	0,33; 0,67	
Durchlaufzeit Produktion	λ_P	0; 5; 10	deterministisch
Durchlaufzeit Aufarbeitung	λ_R	0; 5; 10	deterministisch

Tab. 3.11: Faktordesign

Ergebnisse:

Die bei Anwendung der Heuristik erzielten mittleren Periodenkosten liegen im Mittel um 1% über der Referenzlösung. Die Maximalabweichung beträgt 20,4%. Sieben Instanzen liefern Abweichungen von $\Delta C > 10\%$, für 18 Instanzen wird eine Abweichung zwischen 5% und 10% ermittelt, weitere 158 Instanzen liefern Abweichungen zwischen 1% und 5%. Für die verbleibenden 465 Instanzen liegt die Kostenabweichung bei maximal 1%.

Bei der Auswertung der Simulationsergebnisse sind hinsichtlich der Kostenwirkung einzelner Parameter folgende Beobachtungen festzuhalten:

1) Instanzen mit sowohl geringem Bedarfs- als auch Rückflussrisiko liefern eine mittlere Kostenabweichung von 0,3% bei einem Maximum von 2,5%.
2) Kostenabweichungen von mehr als 5% zum Referenzniveau sind ausschließlich Fällen mit hoher Rückführungsquote (κ=0,9) zuzuordnen.
3) In Fällen mit identischer Durchlaufzeit von Produktion und Aufarbeitung beträgt die Abweichung zur (optimalen) Referenzlösung im Mittel 0,6% und

maximal 5,7%. Instanzen mit ΔC>3% konzentrieren sich auf den Fall λ=0 bei hoher Rückführungsquote (κ=0,9) und hohem Bedarfsrisiko.

4) Für die Durchlaufzeitkonstellation $\lambda_R<\lambda_P$ beträgt die mittlere Kostenabweichung 0,9% bei einem Maximum von 4,8%. In vereinzelten Fällen mit ΔC>3% liegt eine Rückführungsquote von κ=0,9 bei hohem Bedarfsrisiko vor.

5) Instanzen mit $\lambda_R>\lambda_P$ liefern eine mittlere Abweichung von 1,6% über den Referenzkosten bei einem Maximum von 20,4%. Fälle mit ΔC>3% sind fast ausschließlich solche mit hoher Rückführungsquote (κ=0,9). Innerhalb dieser Menge sind Abweichungen von mehr als 10% für sieben Instanzen zu ermitteln, in denen ein geringer Servicegrad von α=0,8 vorgegeben wird.

Insgesamt lassen die Simulationsergebnisse eine gute Performance der Heuristik erkennen. Es können zwei kritische Einflussgrößen identifiziert werden. Sofern größere bedarfs- oder versorgungsseitige Risiken vorliegen, hat die Höhe der Rückführungsquote einen signifikanten Einfluss auf das erzielbare Kostenergebnis. Kritische Fälle waren ausschließlich bei einer Rückführungsquote von 90% zu registrieren. Ein zweiter wichtiger Einflussfaktor ist die Konstellation der Durchlaufzeiten, wobei nur für $\lambda_R>\lambda_P$ Fälle mit schlechter Kostenperformance auftreten. Alle Instanzen mit ΔC>5,7% waren der Konstellation κ=0,9 und $\lambda_R>\lambda_P$ zuzuordnen. Besonders ungünstig wirkte sich in diesen Fällen eine niedrige Servicegradvorgabe aus.

Im Fall der relativ langen Durchlaufzeit des Aufarbeitungsprozesses wird die Kostenabweichung durch einen zu hohen Aufbau von FT-Beständen hervorgerufen, der darauf zurückzuführen ist, dass bei der vorrangigen Aufarbeitung von sehr hohen Periodenrückläufen Bestandsspitzen entstehen, die nicht mehr durch eine spätere Korrektur der Produktionsmenge vermieden werden können. Dieser Effekt wird durch die Heuristik nicht im vollen Umfang berücksichtigt, so dass der Produktionsparameter S bzw. der Sicherheitsbestand SST_P zu hoch gewählt wird.

Bei der Beurteilung der Ergebnisse sind auch Verzerrungen zu beachten, die aus der idealisierenden Annahme einer normalverteilten Risikogröße entstehen. Im Fall hoher Variabilität der gammaverteilten Risikokomponenten und zugleich geringer Durchlaufzeit wird von dieser Voraussetzung signifikant abgewichen. In Abhängigkeit von der Konstellation der Lager- und Fehlmengenkostensätze bzw. des Serviceniveaus kann dies ein Über- oder Unterschätzen des tatsächlichen Risikos und damit einen Fehler bei der Festlegung der Sicherheitsbestände bzw. Dispositionsparameter bedeuten. Um solche Verzerrungen in Gegenwart nicht-normalverteilter Bedarfe bzw. Rückflüsse auszuschließen, müsste alternativ zu dem gewählten Vorgehen die Risikoverteilung durch Faltung der Nachfrage- bzw. Rückflussmengenverteilung gewonnen werden.

4 Materialplanung bei internen Produktkreisläufen

Das in Kapitel 3 behandelte Problem war durch das Auftreten von Produktrückflüssen aus externen, vom Produktionssystem unabhängigen Quellen bestimmt. Der im Weiteren zu betrachtende Fall interner Produktkreisläufe ist nunmehr dadurch charakterisiert, dass stochastische Rückflüsse im Produktionssystem selbst generiert werden. Eine solche Situation liegt vor, wenn infolge unzuverlässiger oder nicht vollständig kontrollierbarer Produktionsprozesse neben einem Produktionsoutput, der aufgrund seiner qualitativen Eigenschaften für die Erfüllung von Bedarfsanforderungen verwendbar ist, auch ein nicht verwendbarer Produktionsoutput anfällt. Der verwendbare Anteil soll hier als Ausbeute, der nicht verwendbare als Ausbeuteverlust bezeichnet werden.

Stochastische Ausbeuteprobleme besitzen eine hohe praktische Relevanz. Ein klassisches Beispiel hierfür liefert die Landwirtschaft. So ist beim Anbau von Getreide der Ernteertrag eine stochastische Größe, die beispielsweise den Einflüssen von Temperatur und Niederschlägen unterworfen ist[116]. Auch in industriellen Prozessen ist das Problem der Ausbeuteunsicherheit sehr häufig anzutreffen, da eine perfekte Prozesssicherheit kaum zu gewährleisten ist. So ist das Ergebnis von Verarbeitungsprozessen der chemische Industrie hinsichtlich qualitativer wie quantitativer Eigenschaften von der Qualität (Reinheit) der Ausgangsstoffe sowie von der Einhaltung einer Vielzahl technischer Parameter der Produktion (Temperatur, Druck und anderer Größen) abhängig. Eine besondere Bedeutung besitzt das Ausbeuteproblem auch für die Halbleiterindustrie. Die Produktion von Halbleiterchips ist durch eine besonders komplexe Fertigungstechnologie mit 400 oder mehr Bearbeitungsschritten geprägt, die zudem gegenüber äußeren Einflüssen sehr empfindlich sind[117]. Im Herstellungsprozess werden *Wafer* (Scheiben aus i.d.R. monokristallinem Silizium) verarbeitet, die je nach produzierter Chipgröße eine Anzahl von wenigen Hundert und einigen Tausend Halbleiterbauelementen auf sich vereinen. Ein nicht vernachlässigbarer Anteil der Chips auf dem Wafer ist jedoch fehlerhaft und für die weitere Verwendung unbrauchbar. Nach einem Funktionstest werden die fehlerhaften Elemente markiert, die Wafer in zahlreiche Chips, die so genannten *Dice*, zersägt und die fehlerhaften Dice aussortiert. Nach dem Grad der Beherrschung des Produktionsprozesses und der Effektivität der Qualitäts-

[116] Vgl. Chen et al. (2004)
[117] Vgl. Leachman und Hodges (1997), S.158

sicherung resultiert eine Chipausbeute zwischen 0 und 100%[118]. So ist insbesondere bei der Einführung neuer Produkte nur ein geringes Ausbeuteniveau erzielbar, das etwa im Bereich von 10 bis 20% liegen kann[119]. Für die Produktionsplanung besteht die Aufgabenstellung nun darin, die Produktionsmengen so zu ermitteln, dass die Anzahl fehlerfreier Halbleiterchips bzw. Dice den Bedarfsanforderungen gerecht wird.

Bei der modellgestützten Betrachtung dieses Problems sind Annahmen über die Behandlung der Ausbeuteverluste zu treffen. Im einfachsten Fall, der im Folgenden als Ausbeuteproblem bezeichnet wird, erfährt der Ausbeuteverlust keine weitere Behandlung. Dazu kann unterstellt werden, dass die Entsorgung der Defektteile oder Produktionsrückstände keine weiteren Kosten verursacht.

Gerade bei werthaltigen Materialien besteht jedoch der ökonomische Anreiz, den Ausbeuteverlust in einem der Produktion nachgelagerten Prozess weiterzubehandeln, um hierdurch eine Wertschöpfung zu erzielen. So kann der Produktionsausschuss thermisch verwertet, dem Recycling auf Materialebene zugeführt oder direkt (bzw. nach Wiederherstellung elementarer Funktionalität) als Produkt mit geringem Qualitätsstandard verwendet werden. Diese Fälle haben die Verwendung des Materials auf einer im Vergleich zum eigentlichen Fertigprodukt geringeren Wertschöpfungsstufe gemeinsam. Das Material verlässt damit den Materialfluss des Primäroutputs der Produktionsstufe. Wird das fehlerhafte Produkt jedoch in einem Aufarbeitungsprozess auf das Qualitätsniveau fehlerfrei gefertigter Neuprodukte gebracht, so erhält man eine zusätzliche Quelle der Materialversorgung, die für die Erfüllung der Neuproduktnachfrage herangezogen werden kann.

Beispiele hierfür bieten nicht vollständig zuverlässige Prozesse, bei denen ein Produkt zur Nacharbeit aus dem Produktionsablauf genommen und nach der Aufarbeitung wieder in den Produktionsprozess eingeschleust wird. Dieser Fall tritt in der Automobilindustrie bei der Lackierung der Karosserie ein. Nicht qualitätsgerechte Karosserien werden nachlackiert und danach in den getakteten Produktionsprozess zurückgeführt. Auch bei der Bestückung von Leiterplatten können Platinen mit Bestückungsfehlern aufgearbeitet und in den regulären Materialfluss eingesteuert werden. Gegenüber der manuellen Aufarbeitung der Leiterplatten gewinnt aufgrund der zunehmenden Miniaturisierung elektronischer Bauelemente und der damit geforderten

[118] Vgl. Leachman und Hodges (1997), S.158
[119] Vgl. Nahmias (2005), S. 374

mechanischen und thermischen Präzision die Automatisierung dieses Aufarbeitungsprozesses an Bedeutung[120].

Darüber hinaus existieren weitere Varianten des Problems, bei denen die Verlustfraktion (ggf. nach einem zusätzlichen Bearbeitungsschritt) wiederholt den Produktionsprozess durchläuft. Ein Beispiel hierfür liefert die Halbleiterindustrie. Bei der Herstellung von Halbleiterchips wird ein großer Teil der im Prozess befindlichen Wafer zu Testzwecken benötigt, während ein weiterer Anteil aufgrund von Fehlern unbrauchbar ist. Da mit der Einführung von 300 mm-Wafern der Anteil der Materialkosten deutlich angestiegen ist, wächst der ökonomische Anreiz für die Aufarbeitung von Ausschuss- und Testwafern. Im Aufarbeitungsprozess (Wafer Reclaim) erfolgt eine mechanische und chemische Reinigung der Siliziumscheiben, bei der eine im Vergleich zur Materialstärke der Wafer relativ dünne Materialschicht abgetragen wird. Am Ende des Prozesses, der auch mehrfach wiederholbar ist, steht dann ein Wafer, der erneut im Fertigungsprozess eingesetzt werden kann. Die Durchlaufzeit des Aufarbeitungsprozesses (einschließlich des erneuten Produktionsdurchlaufs) ist in diesem Fall stets größer als die Produktionsdurchlaufzeit.

Ein weiteres Beispiel ist die Aufarbeitung von Nebenprodukten in der chemischen und pharmazeutischen Industrie. Ein großer Teil der in Produktionsprozessen verunreinigten organischen Lösungsmittel kann dabei durch Destillation in den ursprünglichen Reinheitsgrad versetzt und in den Produktionsprozess zurückgeführt werden. Für einen anderen Teil der Lösungsmittel verbleibt die Option der thermischen Verwertung oder Verbrennung[121].

Für die beschriebenen Problemstellungen besteht die Dispositionsaufgabe darin, Produktion und Aufarbeitung derart zu koordinieren, dass die Bedarfsanforderungen für fehlerfreie Produkte erfüllt werden. Gegenüber dem Problem externer Produktkreisläufe besteht nun die Komplexität eines durch die Produktionsentscheidung induzierten endogenen Rückflusses.

Bevor jedoch auf das Produktions- und Aufarbeitungsproblem mit internen Rückflüssen eingegangen wird, soll zunächst das grundlegende Ausbeuteproblem besprochen werden, welches als Teilproblem einen eigenständigen Untersuchungsgegenstand bildet. Für beide Problemtypen soll der Gebrauch linearer heuristischer Dispositionspolitiken, wie sie aus der Anwendung von MRP-Konzepten resultieren, besprochen und heuristische Lösungen zur Bestimmung der Dispositionsparameter entwickelt werden.

[120] Vgl. Czaplicki (2003)
[121] Vgl. Teunter et al. (2005), S. 21-31

4.1 Das Produktionsausbeuteproblem als Ausgangspunkt

Untersuchungsgegenstand ist ein einstufiges Produktionssystem mit stochastischem Bedarf und stochastisch-proportionaler Ausbeute. Bei diesem Ausbeutemodell ist die Menge fehlerfreier Produkte proportional zur eingangsseitigen Produktionsmenge, wobei der Proportionalitätsfaktor eine von der Produktionsmenge unabhängige stochastische Größe darstellt. Diese Art der Modellierung von Ausbeuteunsicherheit ist ein in der Literatur verbreiteter Ansatz und insbesondere auf die Bedingungen großer Produktionslose oder begrenzter Anpassungsmöglichkeiten des Produktionssystems an sich verändernde Umweltbedingungen anzuwenden[122]. Die Verteilungen des Ausbeuteanteils und des Bedarfs werden als stationär und unabhängig angenommen. Nicht befriedigte Bedarfsmengen werden vorgemerkt. Beschaffungs-, Lagerhaltungs- und Fehlmengenkosten sind streng proportional. Weiterhin wird eine Produktionsdurchlaufzeit zugelassen, wobei diese zunächst als deterministisch angenommen und diese Annahme später gelockert wird.

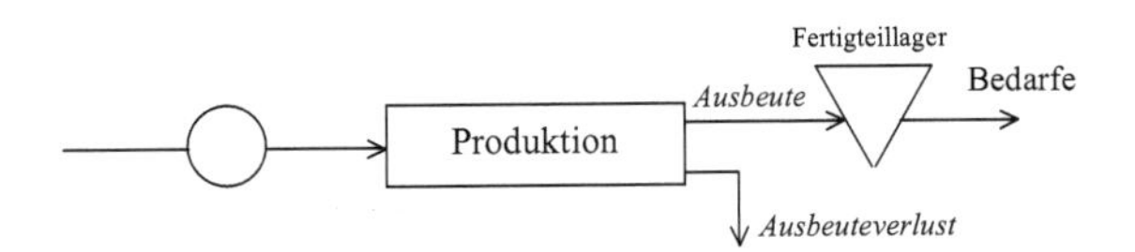

Abb. 4.1: Produktionsausbeuteproblem

Produktions-Lagerhaltungsprobleme mit Ausbeuteunsicherheit sind in einer Reihe von Veröffentlichungen besprochen worden[123]. Analytische Ergebnisse zur optimalen Dispositionspolitik liegen nur für den Einperiodenfall unter speziellen Verteilungsannahmen vor. GERCHAK ET AL. sowie HENIG UND GERCHAK zeigen, dass die optimale Dispositionspolitik eine Erweiterung der für den Fall deterministischer Ausbeute bekannten Bestellgrenzenregel ist[124]. Im Mehrperiodenfall jedoch ist die optimale Bestellgrenze vom Ausbeuterisiko abhängig und die optimale Politik nicht-myopisch. Eine weitere Besonderheit ist die allgemein als nichtlinear anzunehmende Beschaffungsfunktion, die eine praktische Anwendung stark erschwert. In der industriellen

---

[122] Zu den verschiedenen Möglichkeiten der Modellierung der Ausbeuteunsicherheit sei auf den Übersichtsartikel von Yano und Lee (1995) verwiesen.

[123] Vgl. Yano und Lee (1995)

[124] Vgl. Gerchak et al. (1988) sowie Henig und Gerchak (1990).

Praxis ist die Anwendung linearer Beschaffungsregeln (vor allem MRP) gebräuchlich. In MRP-Ansätzen kann dem Ausbeuteproblem (in seiner deterministischen Form) dadurch begegnet werden, dass die ermittelten Nettobedarfe mit einem konstanten Ausbeutefaktor angepasst werden. Unter Vernachlässigung des Ausbeuterisikos gelangt man so zu einer stark vereinfachten Heuristik für das Problem.

In der Literatur finden sich verschiedenen Beiträge, die sich der Analyse insbesondere des Einperiodenproblems zuwenden und dabei zu einer linearen Approximation der Beschaffungsregel führen. EHRHARDT UND TAUBE untersuchen den Einperiodenfall und gewinnen für den Spezialfall gleichverteilten Bedarfs ohne Berücksichtigung eines Anfangsbestands eine einfache Heuristik[125]. Unter allgemeinen Verteilungsannahmen und Berücksichtigung des Anfangsbestands erhalten HENIG UND GERCHAK ein identisches Ergebnis unter Nutzung einer Taylor-Reihenentwicklung[126]. ZIPKIN gelangt auf dem Wege der Analyse des stochastischen Prozesses zu demselben Ergebnis[127]. GERCHAK ET AL. werten die Fälle aus, in denen Bedarf und Ausbeuteanteil jeweils gleichverteilt bzw. exponentialverteilt sind[128]. Bei der Korrektur dieses Ergebnisses zeigt INDERFURTH, dass auch unter den Voraussetzungen gleichverteilten Bedarfs und gleichverteilter Ausbeute die optimale Politik nichtlinear sein kann und unter welchen Bedingungen die Nichtlinearität vorliegt[129]. BOLLAPRAGADA UND MORTON entwickeln in einem modifizierten Newsboy-Ansatz lineare Heuristiken und weisen anhand von Ergebnissen einer numerischen Untersuchung unter den Bedingungen eines unendlichen Planungshorizonts deren Approximationsgüte nach[130].

In Erweiterung der obigen Problemstellung bleibt die Aufgabe der Entwicklung leistungsfähiger linearer Approximationen im Fall positiver Durchlaufzeit. Dieser Fragestellung soll in den folgenden Abschnitten nachgegangen werden. Als Ausgangspunkt dafür soll zunächst das Modell formuliert und das Konzept der linearen Approximation besprochen werden.

[125] Vgl. Ehrhardt und Taube (1987)
[126] Vgl. Henig und Gerchak (1990)
[127] Vgl. Zipkin (2000), S.393 ff.
[128] Vgl. Gerchak et al. (1990)
[129] Vgl. Inderfurth (2004)
[130] Vgl. Bollapragada und Morton (1999)

4.1.1 Optimierungsmodell

Für die Modellierung des Problems werden folgende Annahmen getroffen. Bedarf und Ausbeute sind jeweils i.i.d. Zufallsgrößen. Es wird ein stochastisch-proportionales Ausbeutemodell unterstellt, bei dem die Produktionsausbeute einen stochastischen Anteil der Produktionsmenge[131] darstellt. Diese Form der Modellierung stochastischer Ausbeute ist auf den Fall großer Losgrößen oder bei tendenziell geringer Variation der Losgrößen zwischen den Produktionsläufen anwendbar[132]. Die Beschaffungs-, Lagerhaltungs- und Fehlmengenkosten seien streng proportional, es treten keine Fixkosten auf[133]. Eine Produktionsdurchlaufzeit wird zunächst nicht betrachtet. Es wird die folgende Notation verwendet:

h:	Lagerhaltungskosten pro Mengen- und Zeiteinheit
v:	Fehlmengenkosten pro Mengen- und Zeiteinheit
c:	Beschaffungskosten pro Mengeneinheit
D:	stochastischer Bedarf mit Dichtefunktion $f(D)$, Verteilungsfunktion $F(D)$, Erwartungswert μ_D und Varianz σ_D^2
z:	stochastischer Ausbeuteanteil mit Dichtefunktion $g(z)$, Verteilungsfunktion $G(z)$, Erwartungswert μ_z und Varianz σ_z^2
C:	Gesamtkosten
x:	Anfangsbestand abzüglich Fehlmenge
p:	Beschaffungsmenge

Zunächst sei das Einperiodenproblem betrachtet. Mit einem gegebenen Anfangsbestand x und einer Beschaffungsmenge p erhält man als erwartete Gesamtkosten je Periode

[131] Der Begriff Produktionsmenge bezeichnet im weiteren die inputseitige Auftragsgröße, während der im Ergebnis des Produktionsprozesses vorliegende verwendbare Output als Ausbeute und der nicht verwendbare als Ausbeuteverlust bezeichnet wird.

[132] Vgl. Yano und Lee (1995)

[133] Zur Modellierung der Beschaffungskosten sind verschiedene Möglichkeiten gegeben. Zu unterscheiden sind der Fall externen Bezugs, bei dem die Stückkosten nur für die tatsächlich gelieferte (Ausbeute-)Menge anfallen, sowie der hier beschriebene Produktionsfall, bei dem die gesamte Auftragsgröße mit den Stückkosten bewertet wird.

$$C(x,p) = c \cdot p + h \cdot \int_0^{\infty} g(z) \int_0^{x+z\cdot p} (x + z \cdot p - D) \cdot f(D) \cdot dD \cdot dz$$
$$+ v \cdot \int_0^{\infty} g(z) \int_{x+z\cdot p}^{\infty} (D - x - z \cdot p) \cdot f(D) \cdot dD \cdot dz \,. \tag{4.1.1}$$

Im Mehrperiodenfall beschreibt der folgende rekursive Ausdruck die minimalen Kosten C_n eines n-Periodenproblems.

$$C_n(x) = \min_{p \geq 0} \left\{ L(x,p) + \underset{z,D}{E}\left[C_{n-1}\left(x + z \cdot p - D \right) \right] \right\} \tag{4.1.2}$$

In den Beiträgen von GERCHAK ET AL. sowie HENIG UND GERCHAK wird gezeigt, dass die optimale, d.h. kostenminimierende Politik $p^*(x)$ für dieses Problem eine Erweiterung der für den Fall deterministischer Ausbeute bekannten Bestellgrenzenpolitik ist und sich beschreiben lässt durch:

$$p^*(x) = \begin{cases} P(x) & \textit{für} \quad x \leq S^+ \\ 0 & \textit{für} \quad x > S^+ \end{cases} \tag{4.1.3}$$

Dabei ist $P(x)$ eine in x fallende Beschaffungsfunktion mit einem Anstieg $dP/dx \leq -1$ und $P(S^+)=0$. Die Politik in (4.1.3) ist nicht allein für das Einperiodenproblem, sondern ebenso für den Mehrperiodenfall (einschließlich des Falls unendlichen Horizonts) gültig[134]. Die optimale Bestellgrenze S^+ im Einperiodenfall ist gegeben durch die Lösung vom Newsboy-Typ

$$S^+ = F^{-1}(\alpha) \quad \text{mit} \quad \alpha = \frac{v - c/\mu_z}{v + h} \,. \tag{4.1.4}$$

Demnach ist S^+ lediglich vom Erwartungswert der Ausbeute, nicht aber von deren Varianz abhängig. Sofern die Beschaffungskosten nur für die Produktionsausbeute $z \cdot p$ anfallen (Fall externer Beschaffung), ist S^+ mit der Newsboy-Bestellgrenze $S^+ = F^{-1}\left[(v - c)/(v + h) \right]$ identisch. Für das Mehrperiodenproblem ist (4.1.4) jedoch

[134] Vgl. Henig und Gerchak (1990)

nicht gültig. Hier übersteigt S^+ die Newsboy-Bestellgrenze und ist von der vollständigen Verteilungsfunktion des Ausbeuteanteils abhängig. Aus diesem Grund kann eine myopische Politik innerhalb eines mehrperiodigen Planungszeitraums nicht optimal sein.

Die Lösung des Einperiodenproblems lässt sich jedoch als eine myopische Regel für den stationären Fall mit unendlichem Planungshorizont anwenden. Entsprechend den Ergebnissen für das Problem bei sicherer Ausbeute ist durch Vernachlässigung des Terms für die Beschaffungskosten in (4.1.4) auf einfache Weise eine Approximation für S^+ zu gewinnen:

$$S^+ = F^{-1}\left(\frac{v}{v+h}\right) \tag{4.1.5}$$

Leider lässt sich die in (4.1.3) angegebene Beschaffungsfunktion allgemein nicht in einer geschlossenen Form angeben. $P(x)$ erfüllt jedoch die Bedingung[135]

$$F\left(S^+\right) = \frac{E\left[z \cdot F\left(x + z \cdot P(x)\right)\right]}{E\left[z\right]}. \tag{4.1.6}$$

Für spezielle Bedarfs- und Ausbeuteverteilungen (Gleichverteilung bzw. Exponentialverteilung) lassen sich im Einperiodenfall geschlossene Ausdrücke angeben[136]. Im Fall der Gleichverteilung mit $D \in [0, D^+]$ und $z \in [0, z^+]$ erfordert das Ergebnis von GERCHAK ET AL. jedoch eine Korrektur. INDERFURTH zeigt, dass unter diesen Voraussetzungen eine Beschaffungsfunktion der Form[137]

$$P(x) = \begin{cases} \frac{1}{z^+} \cdot \sqrt{\frac{\left(D^+ - x\right)^3}{3 \cdot \left(1 - \alpha\right) \cdot D^+}} & \text{für} \quad 0 \le x \le \left(3 \cdot \alpha - 2\right) \cdot D^+ \\ \frac{3}{2 \cdot z^+} \cdot \left(\alpha \cdot D^+ - x\right) & \text{für} \quad \left(3 \cdot \alpha - 2\right) \cdot D^+ \le x \le \alpha \cdot D^+ = S^+ \end{cases} \tag{4.1.7}$$

---

[135] Vgl. Henig und Gerchak (1990), S. 637

[136] Vgl. Gerchak et al. (1988)

[137] Vgl. Inderfurth (2004)

vorliegt, mit S^+ aus (4.1.4). Damit zeigt sich, dass für $P(x)$ auch in sehr speziellen Fällen eine komplexe nichtlineare Form zu erwarten ist. Wie (4.1.7) zu entnehmen ist, hängt die relevante Teilregel bei gegebenem α und D^+ vom Anfangsbestand x ab. Nur für einen beschränkten Bereich innerhalb der Parameter (für $\alpha \leq 2/3$) ist die lineare Regel optimal. Für $\alpha > 2/3$ und geringen Bestand führt die Anwendung der linearen Teilregel dagegen zu einer Unterschätzung der optimalen Produktionsmenge[138].
Auch wenn die optimale Beschaffungsfunktion unter verallgemeinerten Verteilungsbedingungen analytisch näher beschrieben werden könnte, so bleibt die Nichtlinearität eine für den praktischen Gebrauch unangenehme Eigenschaft. Im folgenden werden daher Approximationen von $P(x)$ näher betrachtet. Vor dem Hintergrund der in der praktischen Materialplanung verbreiteten MRP-Verfahren ist die lineare Approximation naheliegend.

4.1.2 Lineare Approximation

Eine lineare Approximation der Beschaffungsfunktion $\hat{P}(x)$ lässt sich mit zwei Parametern, P_0 und β, wie folgt beschreiben:

$$\hat{P}(x) = P_0 - \beta \cdot x \tag{4.1.8}$$

Entsprechend gilt für die Bestellgrenze $\hat{S}^+ = P_0 / \beta$. In der Literatur finden sich verschiedene Vorschläge für diese Art der Approximation.

MULT-Heuristik

Eine sehr einfache Heuristik liegt vor, wenn die Newsboy-Bestellgrenze $\hat{S}^+ = S^+$ aus (4.1.5) und $\beta = 1/\mu_z$ gewählt werden. Da die Bestellmenge als das β-fache der Newsboy-Bestellmenge zu ermitteln ist, wird dieses Vorgehen als „multiplikative" bzw. MULT-Heuristik bezeichnet[139]. Diese entspricht der optimalen Politik im Fall einer deterministischen Ausbeute $\bar{z}$, wie leicht zu zeigen ist, indem (4.1.1) unter Weglassen der äußeren Integrale und mit $y = x + \bar{z} \cdot p$ formuliert wird. Unter den Bedingungen

[138] Vgl. Inderfurth (2004)
[139] Vgl. Ehrhardt und Taube (1987), S. 1799 sowie Bollapragada und Morton (1999), S. 717.

stochastischer Ausbeute erscheint diese Heuristik jedoch durch die vollständige Vernachlässigung des Ausbeuterisikos problematisch.

HG-Heuristik

EHRHARDT UND TAUBE untersuchen den Einperiodenfall bei im Intervall $[0,b]$ gleichverteiltem Bedarf. Für x=0 und c=0 zeigen sie eine Lösung mit $\hat{S}^+ = S^+$ und $\beta = \mu_z / \left(\mu_z^2 + \sigma_z^2\right)$[140].

HENIG UND GERCHAK analysieren das Problem unter allgemeinen Verteilungsannahmen bei Berücksichtigung eines Anfangsbestands. Sie zeigen, dass $P(x)$ die Bedingung (4.1.6) erfüllt, um daraufhin durch eine Taylor-Reihenentwicklung der Funktion $F(x + z \cdot p)$ an der Stelle S^+ zu einer Approximation zu gelangen, die mit dem obigen Ergebnis für die Wahl von β identisch ist[141]. Bei Betrachtung des unendlichperiodigen Problems im stationären Zustand und Minimierung der Varianz des stochastischen Prozesses gelangt auch ZIPKIN zu dieser Approximation[142]. Im Gegensatz zur multiplikativen Heuristik wird, da die ersten beiden Momente der Ausbeuteverteilung Eingang finden, das Ausbeuterisiko berücksichtigt.

BM-Heuristik

Während durch die beiden oben aufgeführten Approximationen in Übereinstimmung mit den analytischen Ergebnissen zum Einperiodenproblem die Bestellgrenze mit dem Newsboy-Äquivalent bestimmt wird, führt der Ansatz von BOLLAPRAGADA UND MORTON zu einem anderen Ergebnis[143].

Zur Entwicklung der Funktion $\hat{P}(x)$ formulieren BOLLAPRAGADA UND MORTON das Problem um, indem sie die stochastischen Größen Bedarf und Ausbeuteanteil in einer Zufallsvariablen $\eta = D - (z - \mu_z) \cdot p$ mit Dichtefunktion f_η zusammenfassen. Zu beachten ist dabei, dass die Verteilung dieser modifizierten Bedarfsvariablen von p abhängig ist. Der erwartete Bestand nach Realisation der Ausbeute und vor Erfüllung

[140] Vgl. Ehrhardt und Taube (1987), S. 1798 f.
[141] Vgl. Henig und Gerchak (1990), S. 637
[142] Vgl. Zipkin (2000), S. 393 ff.
[143] Vgl. Bollapragada und Morton (1999)

des Bedarfs ist $y = x + \mu_z \cdot p$, so dass $y - \eta = x + z \cdot p - D$ den Bestand am Periodenende angibt.

Ähnlich dem Newsboy-Modell, lassen sich die erwarteten Kosten der Periode (unter Weglassen der nicht entscheidungsrelevanten Beschaffungskosten[144]) mit der folgenden Funktion beschreiben:

$$\begin{aligned} L(x,y) &= h \cdot \int_0^y (y-\eta) \cdot f_\eta(\eta) \cdot d\eta + v \cdot \int_y^\infty (\eta - y) \cdot f_\eta(\eta) \cdot d\eta \\ &= (h+v) \cdot \int_0^y (y-\eta) \cdot f_\eta(\eta) \cdot d\eta + v \cdot \mu_D - v \cdot y \end{aligned} \tag{4.1.9}$$

Unter Beachtung der Abhängigkeit $\eta = \eta(y)$ erhält man als erste Ableitung der Funktion nach y

$$L'(x,y) = \frac{\partial L(x,y)}{\partial y} = (h+v) \cdot \left[(y-\eta) \cdot f_\eta'(\eta) + f_\eta'(\eta) \right] \cdot d\eta - v \; , \tag{4.1.10}$$

woraus nach Nullsetzen als Optimalitätsbedingung resultiert

$$F_\eta(y) + \int_0^y (z-y) \cdot \frac{\partial f_\eta(\eta, y)}{\partial y} \cdot d\eta = \frac{v}{v+h} \; . \tag{4.1.11}$$

Dieser Ausdruck unterscheidet sich offensichtlich von der Newsboy-Lösung, wobei der Integralterm in (4.1.11) aus der Abhängigkeit der Zufallsvariablen η von y folgt. BOLLAPRAGADA UND MORTON beachten jedoch diesen Zusammenhang nicht[145] und gelangen zum (Newsboy-)Ergebnis

$$F_\eta(y) = v / (v+h) \; , \tag{4.1.12}$$

welches sie weiterhin für die Ableitung von myopischen Heuristiken nutzen.

[144] Bollapragada und Morton zeigen für den undiskontierten Fall mit unendlichem Planungshorizont, dass nach Transformation der Kostenfunktion die Beschaffungskosten für die Optimierung nicht mehr relevant sind. Somit lässt sich ohne Beschränkung der Allgemeinheit c=0 setzen.

[145] Vgl. hierzu Inderfurth und Transchel (2007).

Die Beschaffungsfunktion $P(x)$ ist implizit gegeben durch den Ausdruck

$$Prob\left\{D-\left(z-\mu_z\right)\cdot p \leq x+\mu_z\cdot p\right\}=\frac{v}{v+h} \ . \tag{4.1.13}$$

Die Approximation von $P(x)$ geschieht nun durch die lineare Funktion

$$\hat{P}(x)=P_0-\frac{1}{\mu_z}\cdot x \ , \tag{4.1.14}$$

wobei P_0 so zu bestimmen ist, dass Gleichung (4.1.13) nach Einsetzen von $p=\hat{P}(x)$ und Festlegung von x erfüllt ist. BOLLAPRAGADA UND MORTON wählen nun $x=SST$, so dass der Approximationspunkt an der Stelle des erwarteten Lagerbestandes liegt und die Approximation in der Umgebung diese Punktes eine hohe Güte aufweist.

Abb. 4.2 zeigt eine graphische Veranschaulichung der drei besprochenen Approximationen, wobei die Beschaffungsfunktionen der multiplikativen Heuristik (MULT) und der Bollapragada/Morton-Heuristik (BM) den gleichen Anstieg $-1/\mu_z$ aufweisen. Der absolute Anstieg der Beschaffungsfunktion ist bei der Heuristik von Henig und Gerchak (HG) geringer, erhöht sich jedoch mit abnehmender Variabilität des Ausbeuteanteils und ist im Grenzfall deterministischer Ausbeute mit dem Anstieg der anderen beiden Approximationen identisch.

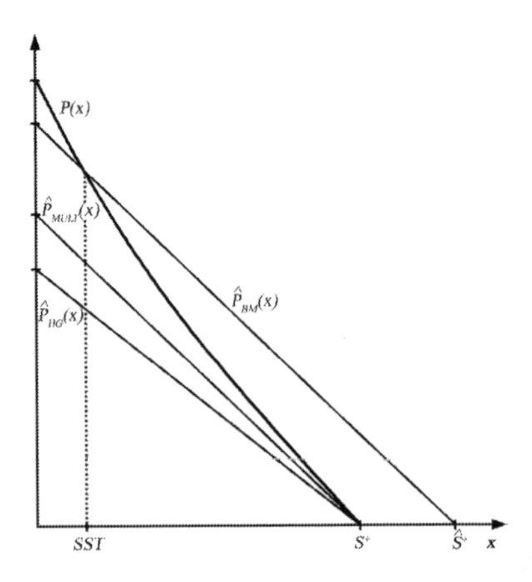

Abb. 4.2: Lineare Approximation der nichtlinearen Bestellfunktion $P(x)$

Die MULT-Heuristik und die HG-Heuristik gebrauchen die Newsboy-Bestellgrenze S^{+}, während für die MB Heuristik gilt $\hat{S}^{+} > S^{+}$. Der Approximationspunkt $x=SST$ ist durch den Schnittpunkt zwischen $\hat{P}_{BM}(x)$ und $P(x)$ gegeben.

4.1.3 Lineare Heuristiken bei Produktionsdurchlaufzeit

In diesem Abschnitt soll näher beleuchtet werden, wie eine Produktionsdurchlaufzeit in das Konzept der linearen Heuristik integriert werden kann. Bei einer Produktionsdurchlaufzeit λ führt ein in Periode t ausgelöster Produktionsauftrag p_t nach λ Perioden zu einer Menge (Ausbeute) von $z_t \cdot p_t$ brauchbaren Produkten. Die zeitliche Abfolge der Ereignisse und Entscheidungen sei wie folgt. Zu Beginn einer Periode t wird der Lagerbestand ermittelt und die Entscheidung über die Produktionsmenge getroffen. Im Fall einer Durchlaufzeit $\lambda=0$ wird die Ausbeute $z_t \cdot p_t$ unmittelbar im Lager verfügbar, während sie für $\lambda>0$ zu Beginn von Periode $t+\lambda$ im Bestand und somit für die Bedarfsanforderungen dieser Periode verfügbar ist. Nach der Produktionsentscheidung (und im Fall $\lambda=0$ auch nach Lagerzugang der Produktionsausbeute) wird der Periodenbedarf D_t realisiert und aus dem vorhandenen Lagerbestand erfüllt. Fehlmengen werden zur späteren Erfüllung vorgemerkt.
Zunächst soll ein MRP-Ansatz unter Berücksichtigung der Ausbeutesituation formuliert und die unter den Bedingungen rollierender Planung resultierende Dispositionspolitik dargestellt werden. Im Anschluss wird die heuristische Gewinnung eines Ausdrucks für den Dispositionsparameter besprochen.

4.1.3.1 MRP unter den Bedingungen der Ausbeutesituation

In Anknüpfung an die weiter oben gebrauchte Darstellungsweise des MRP-Verfahrens findet die folgende Notation Verwendung:

POP_t	geplante Produktionsmenge in Periode t
GR_t	Bruttobedarf in Periode t
z	Ausbeuteanteil
NR_t	Nettobedarf in Periode t (geschätzter Nettobedarf für $t>1$)
SRP_t	geschätzter Zugang aus Produktion (offener Auftrag) für Periode t

RP_t	in Periode t realisierte Produktionsausbeute
PRP_t	für Periode t eingeplanter Zugang aus Produktion (Plangröße)
OPO_t	überplanter Produktionsauftrag für Periode t
SOH_t	Planbestand an Fertigteilen am Ende von Periode t (geschätzt für t>1)
SST	Sicherheitsbestand

Die Ermittlung des geplanten Produktionsauftrags erfolgt entsprechend dem Nettobedarf in Periode $t+\lambda$, wobei dieser unter Berücksichtigung der Ausbeutefraktion um einen Faktor $1/z$ inflationiert wird.

$$POP_t = \frac{NR_{t+\lambda}}{z} \tag{4.1.15}$$

Der Nettobedarf der Periode t=1 sowie die erwarteten Nettobedarfe der Perioden t>1 werden ermittelt durch

$$\begin{aligned} NR_t &= \max\left\{GR_t + SST - SOH_{t-1} - RP_t, 0\right\} && \text{für } t=1 \\ NR_t &= \max\left\{GR_t + SST - SOH_{t-1} - SRP_t, 0\right\} && \text{für } t>1 \end{aligned} \tag{4.1.16}$$

mit SRP_t=0 für $t>\lambda$, so dass unter Zugrundelegung der Plandaten für den Periodenbedarf, den Lagerzugang und die Ausbeute der Lagerbestand zum Ende der Periode auf das Niveau des Sicherheitsbestands SST gebracht wird. Dabei ist zu beachten, dass unter den Bedingungen veränderlicher Ausbeute der zu Beginn einer Periode t verfügbare Zugang (die realisierte Ausbeute) aus dem Produktionsauftrag $z \cdot POP_{t-\lambda}$ vom Planungswert SRP_t abweichen kann.

Daher wird das MRP-Schema um die zu Beginn der ersten Periode des Planungszeitfensters bereits realisierte Ausbeute RP ergänzt. Für die dynamische Entwicklung des Lagerbestands gilt

$$SOH_t = SOH_{t-1} + PRP_t - GR_t \tag{4.1.17}$$

mit

$$PRP_t = \begin{cases} RP_t & \text{für} \quad t = 1 \\ SRP_t & \text{für} \quad 1 < t \le \lambda \\ z \cdot POP_{t-\lambda} & \text{für} \quad t > \lambda \end{cases}, \tag{4.1.18}$$

wobei zwischen realisierten Aufträgen (*RP*), offenen Aufträgen (*SRP*) und geplanten Produktionsaufträgen unterschieden wird. Das Planungskalkül ist in Tab. 4.1 anhand eines Beispiels dargestellt, dem ein Planungsfenster von 6 Perioden und eine Durchlaufzeit von λ=4 Perioden zugrunde gelegt wurde.

t	0	1	2	3	4	5	6
GR_t		10	10	10	10	10	10
SRP_t		(12)	13	9	11		
RP_t		10					
SOH_t	8	8	11	10	11	12	12
NR_t						11	10
PRP_t						11	10
OPO_t						22	20
POP_t		22	20				

Tab. 4.1: Für den Ausbeutefall erweitertes MRP-Tableau mit SST=12, λ=4 und z=0,5

Neben dem Bedarf von konstant 10 Mengeneinheiten und dem Sicherheitsbestand SST=12 sind als Planungsdaten der Endbestand der Vorperiode, die geplanten Produktionszugänge aus offenen Aufträgen $SRP_1,\ldots,SRP_4$, sowie der bereits realisierte Zugang RP_1 bekannt. Im Beispiel, bei dem von einem Ausbeuteanteil von z=0,5 ausgegangen wird, wurde 4 Perioden zuvor ein Produktionsauftrag von 24 Mengeneinheiten ausgelöst, dessen Ausbeute mit 12 Mengeneinheiten eingeplant wurde. Die realisierte Ausbeute beträgt jedoch 10 Einheiten. Ausgehend vom Anfangsbestand (bzw. Endbestand der Vorperiode "0") von 8 Einheiten lässt sich unter Anwendung der MRP-Logik in (4.1.15) bis (4.1.18) der Bestand zum Ende der Perioden t=1,...,T fortschreiben und über die Nettobedarfsermittlung für die Perioden 5 und 6 die erforderlichen Produktionszugänge PRP_t ableiten. Eine zusätzliche Zeile im MRP-Tableau repräsentiert die unter Berücksichtigung des Ausbeuteanteils überplanten

Produktionsmengen $OPO_t = \frac{1}{z} \cdot PRP_t$, deren Rückterminierung um λ Perioden zu den geplanten Produktionsaufträgen POP_t führt.
Die formale Planungslogik lässt sich nun auf einfache Weise in eine erweiterte Bestellgrenzenpolitik transformieren. Für den Nettobedarf in Periode $t+\lambda$ erhält man unter Berücksichtigung von $SRP_t=0$ für $t>\lambda$

$$NR_{t+\lambda} = \max\left\{GR_t + SST - SOH_{t+\lambda-1}, 0\right\}. \qquad (4.1.19)$$

Durch wiederholtes Einsetzen der Lagerbilanzgleichung (4.1.17) unter Beachtung von (4.1.18) sowie mit $z \cdot POP_t = SRP_{t+\lambda}$ gelangt man für den Bestand $SOH_{t+\lambda-1}$ zu dem Ausdruck

$$SOH_{t+\lambda-1} = SOH_{t-1} + RP_t + z \cdot \sum_{i=1}^{\lambda-1} POP_{t-i} - \sum_{i=0}^{\lambda-1} GR_{t+i} \; . \qquad (4.1.20)$$

Sei x_t der Anfangsbestand in Periode t einschließlich der bereits verfügbaren Ausbeute RP_t mit $x_t = SOH_{t-1} + RP_t$ und

$$x'_t = x_t + z \cdot \sum_{i=1}^{\lambda-1} POP_{t-i} \qquad (4.1.21)$$

der geschätzte disponible Bestand, so liefert Einsetzen in (4.1.19)

$$NR_{t+\lambda} = \max\left\{\sum_{i=0}^{\lambda} GR_{t+i} + SST - x'_t, 0\right\}. \qquad (4.1.22)$$

Schließlich führt Einsetzen dieses Ausdrucks in die Produktionsregel (4.1.15) mit $S_t = \sum_{i=0}^{\lambda} GR_{t+i} + SST$ zu

$$POP_t = \max\left\{\frac{S_t - x'_t}{z}, 0\right\}. \qquad (4.1.23)$$

Es zeigt sich, dass sich die Disposition nach dem MRP-Ansatz durch eine erweiterte Bestellgrenzenpolitik beschreiben lässt. Die Produktionsmenge wird dabei als die mit dem Faktor $1/z$ inflationierte positive Differenz zwischen einer Bestellgrenze S_t und dem disponiblen Bestand x_t' bestimmt. Im folgenden Abschnitt wird auf die heuristische Ermittlung des Bestellgrenzenparameters dieser linearen Produktionsregel eingegangen.

4.1.3.2 Heuristische Bestimmung des Dispositionsparameters

Im vorausgegangenen Abschnitt wurde gezeigt, dass die Anwendung des MRP-Verfahrens unter den Bedingungen rollierender Planung ein Äquivalent in einer erweiterten stochastischen Bestellgrenzenpolitik findet. Verwendet man für den stochastischen Ausbeuteanteil den Erwartungswert μ_z, so lässt sich die lineare Beschaffungspolitik als Erweiterung von (4.1.14) beschreiben durch

$$\hat{P}_t\left(x_t'\right) = \frac{S_t - x_t'}{\mu_z}. \tag{4.1.24}$$

Weiterhin wird der (erwartete) disponible Bestand x_t' formuliert als

$$x_t' = x_t + \mu_z \cdot \sum_{i=1}^{\lambda-1} p_{t-i}. \tag{4.1.25}$$

Dieser aggregiert den verfügbaren Bestand am Periodenbeginn sowie die erwartete Ausbeute aller noch offenen Produktionsaufträge. Gemäß den oben getroffenen Annahmen ist der in t-λ ausgelöste Produktionsauftrag zu Beginn von Periode t bereits mit einer realisierten Ausbeute $z_{t-\lambda} \cdot p_{t-\lambda}$ im Bestand x_t enthalten.

Die Entscheidungsregel (4.1.24) gleicht den disponiblen Bestand x_t' mit dem kritischen Bestandsniveau $S_t = SST_t + \left(\lambda + 1\right) \cdot \mu_D$ ab, wobei SST_t den Sicherheitsbestand bezeichnet. Zur Bestimmung dieses Parameters sind verschiedene Ansätze nutzbar.

Heuristik A

Im Folgenden soll der Erweiterung des Ansatzes von BOLLAPRAGADA UND MORTON nachgegangen werden. Für die weiter oben eingeführte modifizierte Bedarfszufallsvariable η erhält man unter Berücksichtigung der Durchlaufzeit

$$\eta_t = \sum_{i=0}^{\lambda} D_{t+i} - \sum_{i=0}^{\lambda-1} \left(z_{t-i} - \mu_z\right) \cdot p_{t-i} \,. \tag{4.1.26}$$

Der erwartete disponible Bestand nach Lagerzugang aus dem Produktionsauftrag p_t ist

$$y_t = x_t + \mu_z \cdot \sum_{i=0}^{\lambda-1} p_{t-i} = x_t' + \mu_z \cdot p_t \,. \tag{4.1.27}$$

Nach Einsetzen beider Variablen in die Optimalitätsbedingung $Prob\left\{\eta_t \le y_t\right\} = \alpha$ mit $\alpha = v/(v+h)$ erhält man die Bestimmungsgleichung

$$Prob\left\{\zeta_t := \sum_{i=0}^{\lambda} D_{t+i} - \sum_{i=1}^{\lambda-1} \left(z_{t-i} - \mu_z\right) \cdot p_{t-i} - \left(z_t - \mu_z\right) \cdot p_t(x') \le x' + \mu_z \cdot p_t\right\} = \alpha \,, \tag{4.1.28}$$

welche die nichtlineare Beschaffungsfunktion definiert. Dem in Abschnitt 4.1.2 beschriebenen Vorgehen der linearen Approximation folgend setzt man

$$P_t(x') = \frac{1}{\mu_z} \cdot \left(SST_t + (\lambda + 1) \cdot \mu_D - x'\right) \tag{4.1.29}$$

aus (4.1.24) in (4.1.28) ein und legt für x' einen bestimmten Wert $\hat{x}$ fest. Die Wahl eines spezifischen Wertes $\hat{x}$ entspricht der Bestimmung des Punktes $\left(\hat{x}, p_t(\hat{x})\right)$ der nichtlinearen Beschaffungsfunktion, der den Schnittpunkt mit der Approximationsgeraden beschreibt, wie in Abb. 4.2 für $\hat{P}_{BM}\left(x\right)$ dargestellt. Um die höchste Approximationsgüte im Bereich des mittleren Niveaus von x' zu erhalten, wird der

Erwartungswert des disponiblen Bestandes als Approximationspunkt genutzt. Nach Einsetzen von $\hat{x} = E\left[x'\right] = SST_t + \lambda \cdot \mu_D$ und $P\left(\hat{x}\right) = \mu_D / \mu_z$ in (4.1.28) erhält man:

$$Prob\left\{\zeta_t := \sum_{i=0}^{\lambda} D_{t+i} - \sum_{i=1}^{\lambda-1}\left(z_{t-i} - \mu_z\right) \cdot p_{t-i} - \left(z_t - \mu_z\right) \cdot \frac{\mu_D}{\mu_z} \leq x_t' + \mu_z \cdot p_t\right\} = \alpha \quad (4.1.30)$$

oder $F_{\zeta_t}\left(x_t' + \mu_z \cdot p_t\right) = \alpha$. Auflösen nach p_t liefert $p_t = \dfrac{F_{\zeta_t}^{-1}\left(\alpha\right) - x_t'}{\mu_z}$. Die Bestellgrenze S_t lässt sich nun als $S_t = F_{\zeta_t}^{-1}\left(\alpha\right)$ ermitteln. Die Zufallsvariable ζ_t besitzt den Erwartungswert $\mu_{\zeta_t} = \left(\lambda + 1\right) \cdot \mu_D$ und die Varianz $\sigma_{\zeta_t}^2 = \left(\lambda + 1\right) \cdot \sigma_D^2 + \sigma_z^2 \cdot \sum_{i=1}^{\lambda-1} p_{t-i}^2 + \sigma_z^2 \cdot \dfrac{\mu_D^2}{\mu_z^2}$.

Unter der Annahme, dass ζ_t (approximativ) normalverteilt ist, lässt sich nun S_t bestimmen als $S_t = \mu_{\zeta_t} + \Phi^{-1}\left(\alpha\right) \cdot \sigma_{\zeta_t}$ mit Φ^{-1} als Inverse der Verteilungsfunktion der Standardnormalverteilung, so dass

$$S_t = \left(\lambda + 1\right) \cdot \mu_D + SST_t. \quad (4.1.31)$$

Für den Sicherheitsbestand $SST_t = k \cdot \sigma_{\zeta_t}$ mit dem Sicherheitsfaktor $k = \Phi^{-1}\left(\alpha\right)$ gilt

$$SST_t = \Phi^{-1}\left(\frac{v}{v+h}\right) \cdot \sqrt{\left(\lambda + 1\right) \cdot \sigma_D^2 + \sigma_z^2 \cdot \sum_{i=1}^{\lambda-1} p_{t-i}^2 + \rho_z^2 \cdot \mu_D^2}. \quad (4.1.32)$$

mit $\rho_z = \sigma_z / \mu_z$. Neben dem Bedarfsrisiko über den Zeitraum der Durchlaufzeit zuzüglich der Kontrollperiode beschreibt der Risikoterm σ_{ζ_t} das Ausbeuterisiko aller ausstehenden Produktionsaufträge sowie der aktuellen Produktionsentscheidung. Trotz der Annahme von Stationarität im Bedarf können daher der Sicherheitsbestand und der Parameter S_t infolge des spezifischen Risikos der einzelnen offenen Aufträge von Periode zu Periode variieren.

Diese heuristische Lösung kann auf den Fall stochastischer Produktionsdurchlaufzeit erweitert werden. Die Durchlaufzeit λ sei eine diskrete stochastische Größe mit dem

Erwartungswert μ_λ und der Varianz σ_λ^2. Unter dieser Bedingung ist zu berücksichtigen, dass die Erfüllung von Bedarfsanforderungen mit dem zusätzlichen Risiko der nicht termingerechten Versorgung des Fertigteilbestandes verknüpft ist.
Unter der vereinfachenden Annahme (kontinuierlich) normalverteilter Durchlaufzeit lässt sich folgender Ausdruck für den Sicherheitsbestand angeben, der einen entsprechenden Term für das Durchlaufzeitrisiko enthält[146].

$$SST_t = \Phi^{-1}\left(\frac{v}{v+h}\right)\cdot\sqrt{(\mu_\lambda+1)\cdot\sigma_D^2+\sigma_z^2\cdot\sum_{i=1}^{\lfloor\mu_\lambda\rfloor-1}p_{t-i}^2+\rho_z^2\cdot\mu_D^2+\sigma_\lambda^2\cdot\mu_D^2} \qquad (4.1.33)$$

Heuristik B

Aus pragmatischer Sicht kann eine periodenweise Neufestlegung des Sicherheitsbestandes nachteilig sein. Es soll daher die Möglichkeit zur Festlegung eines statischen Dispositionsparameters besprochen werden. INDERFURTH schlägt hierfür eine modifizierte Form von (4.1.32) vor[147]. Dabei ersetzt der langfristige Erwartungswert der Produktionsmenge $E[p]=\mu_D/\mu_z$ die individuellen offenen Auftragsgrößen p_{t-i} für $i=1,...,\lambda-1$. Somit erhält man den statischen Sicherheitsbestand

$$SST = \Phi^{-1}\left(\frac{v}{v+h}\right)\cdot\sqrt{(\lambda+1)\cdot\sigma_D^2+\max\{\lambda,1\}\cdot\rho_z^2\cdot\mu_D^2}\,. \qquad (4.1.34)$$

Das Ausbeuterisiko der ausstehenden Aufträge wird bei diesem Vorgehen in der gleichen Weise approximiert wie das Ausbeuterisiko bezüglich der Produktionsmenge p_t. Es wird jedoch deutlich, dass die Variabilität in den Produktionsmengen $p_{t-1},...,p_{t-\lambda+1}$, für die sowohl das Bedarfs- als auch das Ausbeuterisiko ursächlich sind, unberücksichtigt bleibt. BOEHME zeigt in einer Simulationsuntersuchung, dass der Gebrauch von (4.1.34) gegenüber der dynamischen Festlegung des Sicherheitsbestandes nach (4.1.32) insbesondere für $\rho_z>\rho_D$ mit $\rho_D=\sigma_D/\mu_D$ hinsichtlich der erzielbaren Kosten-

[146] Von der tatsächlichen Verteilungsform der Risikogröße wird hierbei aus Gründen der Vereinfachung abgewichen. Vgl. dazu die Bemerkungen zur Berücksichtigung des Durchlaufzeitrisikos in Abschnitt 3.6.
[147] Vgl. Inderfurth (2006), S. 11

performance kritisch sein kann[148]. In der Arbeit wird weiterhin eine Anpassung von (4.1.34) vorgeschlagen, so dass

$$SST = \Phi^{-1}\left(\frac{v}{v+h}\right)\cdot\sqrt{(\lambda+1)\cdot\sigma_D^2 + \max\{\lambda,1\}\cdot\rho_z^2\cdot\left(\mu_D^2+\sigma_D^2\right)}. \tag{4.1.35}$$

Simulationsergebnisse zur Verwendung dieses Ausdrucks (allerdings beschränkt auf wenige Untersuchungsinstanzen) zeigen eine leichte Verbesserung des obigen Ergebnisses[149].

Die folgenden Überlegungen sollen zu einer verbesserten Festlegung eines statischen Sicherheitsbestandes führen. Die Ursache für die Dynamik im Sicherheitsbestand (4.1.32) bzw. (4.1.33) liegt in der Berücksichtigung des Ausbeuterisikos der einzelnen offenen Aufträge durch den Term

$$\hat{\sigma}_{\xi_t}^2 = \sigma_z^2\cdot\sum_{i=1}^{\lambda-1} p_{t-i}^2. \tag{4.1.36}$$

Unter der Voraussetzung eines statischen Produktionsparameters gilt für das dynamische Verhalten des disponiblen Bestands

$$x_t' = x_{t-1}' + (z_{t-\lambda} - \mu_z)\cdot p_{t-\lambda} + \mu_z\cdot p_{t-1} - D_{t-1}. \tag{4.1.37}$$

Durch Einsetzen von (4.1.37) in $p_t = (S - x_t')/\mu_z$ gelangt man zu dem Ausdruck

$$p_t = \frac{D_{t-1}}{\mu_z} + \left(1 - \frac{z_{t-\lambda}}{\mu_z}\right)\cdot p_{t-\lambda}. \tag{4.1.38}$$

Die Produktionsvariable besitzt den Erwartungswert $E[p_t] = \mu_D/\mu_z$ und die Varianz

[148] Vgl. Boehme (2007), S. 53 f.
[149] Vgl. Boehme (2007), S. 79 f.

$$V[p_t] = \frac{\sigma_D^2}{\mu_z^2} + \frac{\sigma_z^2}{\mu_z^2} \cdot p_{t-\lambda}^2. \tag{4.1.39}$$

Man betrachtet nun das Ausbeuterisiko eines offenen Auftrags in (4.1.36) und substituiert p_{t-i}^2 unter Ausnutzung der Eigenschaft $E[p^2] = E^2[p] + V[p]$, so dass

$$\sigma_z^2 \cdot p_{t-i}^2 = \sigma_z^2 \cdot \left[\frac{\mu_D^2}{\mu_z^2} + \frac{\sigma_D^2}{\mu_z^2} + \frac{\sigma_z^2}{\mu_z^2} \cdot p_{t-i-\lambda}^2 \right]. \tag{4.1.40}$$

Durch iteratives Vorgehen gelangt man zu dem Ausdruck

$$\sigma_z^2 \cdot p_{t-i}^2 = \sum_{k=1}^{\infty} \rho^{2\cdot k} \cdot \left(\mu_D^2 + \sigma_D^2\right) = \frac{\rho_z^2}{1-\rho_z^2} \cdot \left(\mu_D^2 + \sigma_D^2\right). \tag{4.1.41}$$

Einsetzen in (4.1.32) führt schließlich zu dem statischen Sicherheitsbestand

$$SST = \Phi^{-1}\left(\frac{v}{v+h}\right) \cdot \sqrt{(\lambda+1) \cdot \sigma_D^2 + \max\{\lambda,1\} \cdot \frac{\rho_z^2}{1-\rho_z^2} \cdot \left(\mu_D^2 + \sigma_D^2\right) + \rho_z^2 \cdot \mu_D^2}\,. \tag{4.1.42}$$

Als statischen Produktionsparameter erhält man $S = (\lambda+1) \cdot \mu_D + SST$. Soll weiterhin ein Durchlaufzeitrisiko berücksichtigt werden, so lässt sich der Ausdruck für den Sicherheitsbestand (entsprechend den oben getroffenen vereinfachenden Annahmen) ergänzen zu

$$SST = \Phi^{-1}\left(\frac{v}{v+h}\right) \cdot \sqrt{\begin{aligned} &(\mu_\lambda+1) \cdot \sigma_D^2 + \max\{\mu_\lambda,1\} \cdot \frac{\rho_z^2}{1-\rho_z^2} \cdot \left(\mu_D^2 + \sigma_D^2\right) + \\ &+\rho_z^2 \cdot \mu_D^2 + \sigma_\lambda^2 \cdot \mu_D^2 \end{aligned}}\,. \tag{4.1.43}$$

Heuristik C

ZIPKIN schlägt als einen einfachen Ansatz die Erweiterung der multiplikativen Heuristik für den Fall $\lambda \geq 0$ vor[150]. Entsprechend der Newsboy-Lösung ergibt sich dabei ein stationärer Sicherheitsbestand

$$SST = \Phi^{-1}\left(\frac{v}{v+h}\right) \cdot \sqrt{(\lambda+1) \cdot \sigma_D^2} \tag{4.1.44}$$

bzw. unter Berücksichtigung stochastischer Produktionsdurchlaufzeit

$$SST_t = \Phi^{-1}\left(\frac{v}{v+h}\right) \cdot \sqrt{(\mu_\lambda+1) \cdot \sigma_D^2 + \sigma_\lambda^2 \cdot \mu_D^2} \tag{4.1.45}$$

und eine stationäre Bestellgrenze $S = (\lambda+1) \cdot \mu_D + SST$. Das Ausbeuterisiko bleibt bei diesem Vorgehen unberücksichtigt.

4.1.4 Numerische Untersuchung zur Performance der linearen Heuristik

Zur Beantwortung der Frage nach der Güte der oben entwickelte Heuristiken unter den Bedingungen des unendlichen Planungshorizonts soll anhand einer numerischen Untersuchung die Kostenperformance dieser linearen Ansätze beurteilt werden. Der Einsatz von Verfahren der Dynamischen Optimierung zur Gewinnung der optimalen Kosten ist im Fall von Durchlaufzeit aufgrund der Dimensionalität des hierbei zu berücksichtigenden Zustandsraumes nicht realisierbar. Daher sollen beide Heuristiken in Simulationsläufen einer numerisch zu gewinnenden Vergleichslösung gegenübergestellt werden, die einen Kostenbenchmark als bestes bekanntes Ergebnis liefert. Für das Problem ohne Durchlaufzeit hat sich die myopische lineare BM-Heuristik als eine sehr gute Approximation erwiesen[151]. Heuristik A soll daher als Ausgangspunkt für die Vergleichslösung dienen. Hierbei wird die Beschaffungsfunktion

---

[150] Vgl. Zipkin (2000), S. 414-415

[151] Vgl. die Ergebnisse der numerischen Untersuchung bei Bollapragada und Morton (1999).

$$P_t(x_t') = \frac{S_t(\gamma_1) - x_t'}{\gamma_2} = \frac{(\lambda+1)\cdot\mu_D + \gamma_1 \cdot \sigma_\xi - x_t'}{\gamma_2} \qquad (4.1.46)$$

mit $\sigma_{\xi_t}^2 = (\lambda+1)\cdot\sigma_D^2 + \sigma_z^2 \cdot \sum_{i=1}^{\lambda-1} p_{t-i}^2 + \sigma_z^2 \cdot \frac{\mu_D^2}{\mu_z^2} + \sigma_\lambda^2 \cdot \mu_D^2$ zugrunde gelegt.

Vor dem Hintergrund der vorliegenden analytischen Ergebnisse für den Ein- und Mehrperiodenfall wurde für den Sicherheitsfaktor $\gamma_1 = k$ und den reziproken Inflationsfaktor $\gamma_2 = 1/\beta$ eine Parametrisierung vorgenommen. Heuristik A wird dabei durch (4.1.46) mit $\gamma_1 := \Phi^{-1}[v/(v+h)]$ und $\gamma_2 := \mu_z$ wiedergegeben.

Im Zuge einer numerischen Parameteroptimierung werden die unter den Randbedingungen der obigen Beschaffungspolitik kostenoptimalen Werte von γ_1 und γ_2 ermittelt[152]. Im Vergleich zu gesamtoptimalen Lösungen, die für den Fall $\lambda=0$ mittels DP-Verfahren gewonnen wurden, lieferte dieser Optimierungsansatz nahezu identische Ergebnisse. Das Optimierungsverfahren gebraucht die heuristische Lösung A als Startwert und sucht bei sequentieller Variation von γ_1 und γ_2 eine Kombination dieser Parameter, die im Simulationslauf die mittleren Periodenkosten minimiert[153].

Ausgehend von einem Basisszenario soll im ersten Schritt überprüft werden, wie einzelne Parameter ceteris paribus auf die Charakteristik der Bestandsführung der Referenzlösung wirken, inwieweit die heuristischen Lösungen diese Charakteristik wiedergeben und welche Kostenperformance hierbei zu erreichen ist.

Als Basisszenario wurde eine Situation mit mäßiger mittlerer Ausbeute (70%) und leichter Bedarfs- und Ausbeutevariabilität gewählt (Variationskoeffizient jeweils 10%), die in praktischen Problemstellungen vorstellbar ist.

---

[152] Eine weitergehende Parametrisierung, die auch das Gewicht der stationären und der dynamischen Bestandteile des durch σ_ξ beschriebenen Risikos der Variablen ξ_t, berücksichtigt, konnte in durchgeführten Tests bei deutlicher Erhöhung des Rechenaufwandes zu keiner signifikanten Verbesserung des Benchmark führen.

[153] Die hierbei angewendete Methodik der stochastischen Simulation sowie das Vorgehen der Parameteroptimierung sind im Anhang A zusammenfassend beschrieben.

Dem Basisszenario liegen folgende Daten zugrunde:

Bedarf:	gammaverteilt mit μ_D=100 und σ_D=10 (α=100; β=1)
Ausbeuteanteil:	betaverteilt mit μ_z=0,7 und σ_z=0,07 (α_1=29,3; α_2=12,557)
Durchlaufzeit:	λ=10 (deterministisch)
Lagerkosten:	h=3
Fehlmengenkosten:	v=27

Wie bei den bisherigen Untersuchungen wird das Bedarfsrisiko mit Hilfe der Gamma-Verteilung wiedergegeben, die den Vorzug der linksseitigen Beschränkung ($D \geq 0$) bietet. Die Parameter der Bedarfsverteilung lassen sich mit Hilfe der Ausdrücke $\alpha = \mu_D^2 / \sigma_D^2$ und $\beta = \sigma_D^2 / \mu_D$ bestimmen. Bei Vorgabe des Erwartungswertes $\mu_D = 100$ und der Standardabweichung $\sigma_D = 10$ erhält man als Parameter der Gammaverteilung $\alpha = 100$ und $\beta = 1$.

Die stochastische Ausbeute soll durch ein im Intervall [0;1] beschränktes Verteilungsmodell beschrieben werden, wofür zweckmäßigerweise die Beta-Verteilung gewählt wurde. Im Fall der betaverteilten Ausbeute werden die Verteilungsparameter α_1 und α_2 gemäß $\alpha_2 = \mu_z - 1 + (\mu_z - 1)^2 \cdot \mu_z / \sigma_z^2$ und $\alpha_1 = \alpha_2 \cdot \mu_z / (1 - \mu_z)$ bestimmt, so dass man bei Vorgabe von $\mu_z = 0,7$ und $\sigma_z = 0,07$ die Parameter $\alpha_1 = 29,3$ und $\alpha_2 = 12,557$ erhält.

Die Relation der gewählten Kostenparameter entspricht der Vorgabe eines ‚Servicegrad'-Äquivalents $\alpha' = v/(v + h) = 0,9$.

Bedarfsrisiko

Zunächst wird der Einfluss der Bedarfsvariabilität betrachtet. Dazu wurden Simulationsläufe für beide Heuristiken durchgeführt, wobei der Variationskoeffizient des Bedarfs ρ_D bei konstantem Erwartungswert μ_D=100 im Intervall [0,05;0,5] mit einer Schrittweite von 0,05 variiert wurde. Die Ergebnisse sind in Abb. 4.3 graphisch dargestellt.

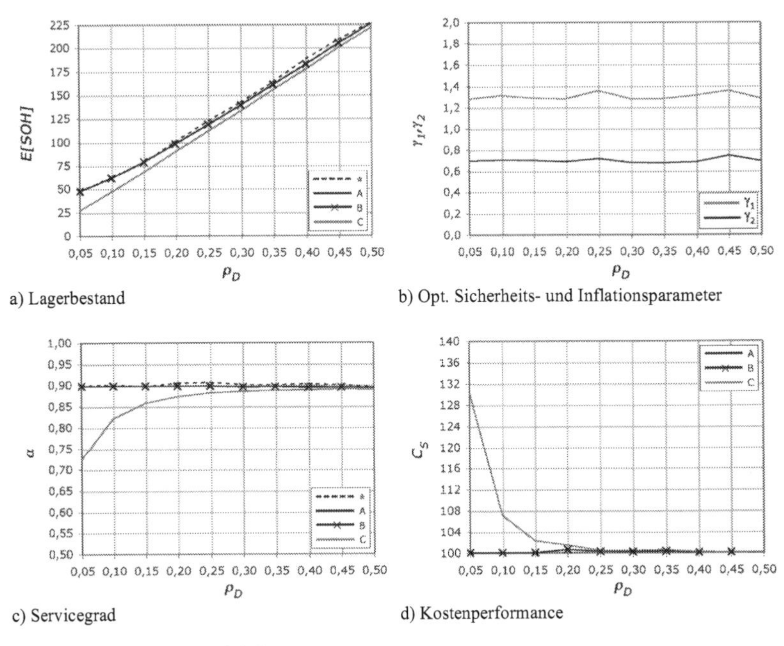

a) Lagerbestand

b) Opt. Sicherheits- und Inflationsparameter

c) Servicegrad

d) Kostenperformance

Abb. 4.3: Einfluss des Bedarfsrisikos

Da der Dispositionsparameter S bzw. der Sicherheitsbestandsparameter SST für die Referenzlösung und die Heuristik A dynamische, im Fall der Heuristiken B und C jedoch stationäre Größen sind, ist eine Gegenüberstellung wenig aussagekräftig. Es soll daher zunächst die Höhe des physischen Lagerbestandes betrachtet werden. Graphik 4.3a zeigt die Verläufe des mittleren Fertigteilbestandes zum Periodenende, E[SOH]. Die durch eine gestrichelte Line verbundenen Datenpunkte repräsentieren die mittlere Höhe des Bestandes als Ergebnis des Optimierungslaufs. Der durch eine schwarze Linie für Heuristik A dargestellte Verlauf lässt eine nur geringfügige Abweichung von diesem Ergebnis erkennen. Die Datenpunkte für Heuristik B sind mit denen für Heuristik A deckungsgleich. Demgegenüber zeigt der grau dargestellte Verlauf des mittleren Bestands für Heuristik C ein insbesondere für kleine ρ_D deutlich geringeres Niveau, da die Festlegung des Sicherheitsbestandsparameters SST entsprechend (4.1.44) lediglich einen Sicherheitspuffer für das Bedarfsrisiko vorsieht, der jedoch beim Auftreten geringer Ausbeuterealisationen rasch ausgeschöpft wird. Da mit steigendem Bedarfsrisiko das Ausbeuterisiko an relativem Gewicht verliert, nähert sich der Verlauf dem der Referenzlösung an. Teilgraphik b) gibt die in den Optimierungsläufen gewonnenen

Werte der Parameter γ_1 und γ_2 wieder. Heuristik A fixiert diese Parameter auf γ_1=1,282 und γ_2=μ_z=0,7.

Die Daten zeigen einen von ρ_D weitgehend unabhängigen Verlauf, wobei über das betrachtete Intervall ein mittlerer Sicherheitsfaktor von γ_1=1,3 und für den reziproken Inflationsfaktor γ_2=0,7 zu beobachten ist. Damit wird das Risiko im Produktionssystem nur marginal unterschätzt. Teilgraphik c) zeigt die Verläufe des α-Servicegrads, der im Fall der Referenzlösung ein Niveau von α=0,9 besitzt, das durch die heuristischen Lösungen A und B nur geringfügig ($\Delta\alpha$<0,01) unterschritten wird. Heuristik C führt jedoch für ρ_D<0,2 zu deutlichen Fehlmengen, für ρ_D=0,05 resultiert ein Servicegrad von α=0,72. Aufgrund der Fehlmengenkosten wird dabei das Kostenniveau der Referenzlösung (Referenzniveau standardisiert auf 100) um 30% überschritten. Für ρ_D>0,2 ist die zu beobachtende Abweichung geringer als 1%. Der Beitrag des Ausbeuterisikos zum Gesamtrisiko ist hier relativ gering. Die ebenfalls in Teilgraphik d) dargestellten Kostenergebnisse für die Heuristiken A und B weisen demgegenüber im gesamten Intervall eine maximale Abweichung von weniger als 1% auf.

Ausbeuterisiko

Der Einfluss der Variabilität des Ausbeuteanteils wird bei Variation von ρ_z im Intervall [0,05;0,5] bei konstantem Erwartungswert μ_z=0,7 untersucht.

Graphik 4.4a zeigt die Entwicklung des mittleren Bestands, die für die Heuristiken A und B nur für sehr hohe ρ_z merklich von der Referenzlösung abweicht. Zum Vergleich generiert Heuristik C systematisch geringere Bestände, die mit sich vergrößerndem Ausbeuterisiko zum häufigen Auftreten von Fehlmengensituationen führen, die den Servicegrad im betrachteten Intervall von 0,87 bis auf 0,61 absinken lassen, während die Abweichung im Fall der Heuristiken A und B maximal 0,01 beträgt.

Die Graphik zeigt auch den für Heuristik C wachsenden physischen Lagerbestand als Folge der μ_z übersteigenden Ausbeuterealisationen. Für den unter Berücksichtigung der Fehlmengen zu ermittelnden Nettobestand ergäbe sich dagegen ein von ρ_z unabhängiger Verlauf.

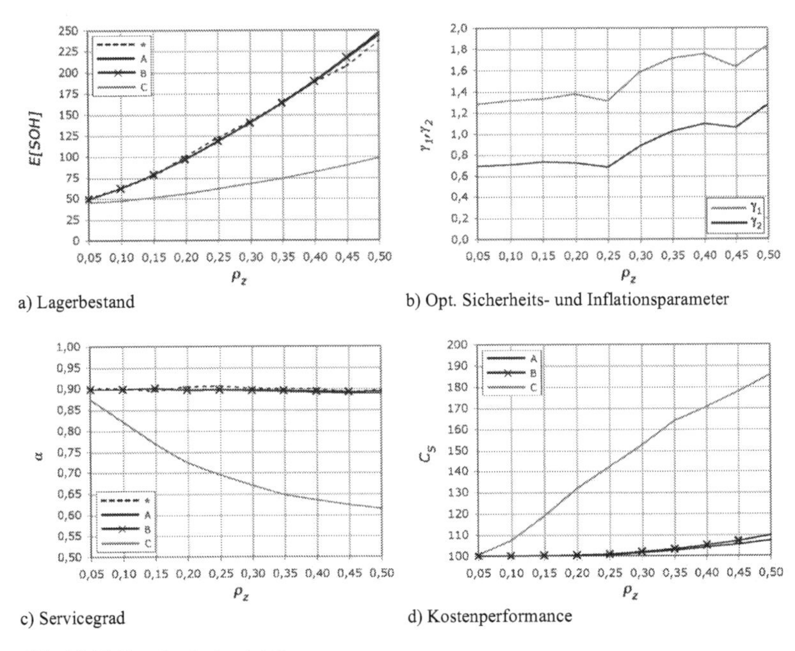

a) Lagerbestand

b) Opt. Sicherheits- und Inflationsparameter

c) Servicegrad

d) Kostenperformance

Abb. 4.4: Einfluss des Ausbeuterisikos

Teilgraphik d) in Abb. 4.4 zeigt die Kostenentwicklung, die im Fall der Vergleichsheuristik C eine Abweichung von bis zu 86% gegenüber der Referenzlösung aufweist. Die Abweichung für Heuristik A übersteigt bei ρ_z=0,3 den Wert von 1% und erreicht für ρ_z=0,5 etwa 7%. Bei sehr hohem Ausbeuterisiko wirkt sich die statische Festlegung des Produktionsparameters gegenüber dem dynamischen Ansatz nachteilig aus. Heuristik B erzielt eine maximale Abweichung von knapp 10% für ρ_z=0,5. Sowohl Lagerhaltungs- als auch Fehlmengenkosten übersteigen dabei das optimale Niveau.

Die auf dem Wege der Optimierung gewonnenen Werte der Parameter γ_1 und γ_2 lassen eine Abhängigkeit von ρ_z erkennen. Teilgraphik b) zeigt den mit ρ_z ansteigenden Verlauf beider Größen, der auf verschiedene Einflüsse zurückzuführen ist. Zum einen wird bei Betrachtung der für die Optimierung genutzten Beschaffungsfunktion (4.1.46) deutlich, dass mit dem Ansteigen beider Parameter die dynamischen Einflüsse bei der Ermittlung der Produktionsmenge gedämpft werden. So ist in der Referenzlösung erwartungsgemäß eine mit zunehmendem ρ_z ansteigende Variabilität der Produktionsmenge zu verzeichnen. Die Zunahme der Variabilität fällt jedoch im Vergleich zur heuristischen Lösung A geringer aus[154]. In diesem Zusammenhang sind auch die Eigenschaften des verwendeten stochastischen Ausbeutemodells zu beachten. Die Dichtefunktion der Beta-Verteilung kann im Bereich geringerer Streuungen und insbesondere bei einem Erwartungswert nahe dem Zentralwert einer normalverteilten Dichte recht ähnlich sein. Hohe Streuungen dagegen führen unter den vorliegenden Bedingungen (μ_z=0,7), wie in Abb. 4.5 dargestellt, zu einer linksschiefen Dichte und im Extremfall (sofern α_1<1 und α_2<1, hier für $\rho_z \geq 0{,}45$) zu einer bimodalen Gestalt, so dass in diesen Fällen von der Normalverteilungsannahme deutlich abgewichen wird. Es sind daher auch Symmetrieeffekte zu erwarten, die einen Einfluss auf die im Optimierungslauf gewonnenen Parameter γ_1 und γ_2 haben. Auch wenn der bimodale Typ der Dichtefunktion für viele Ausbeuteprobleme untypisch ist, kann dieser Fall als Annäherung an den Grenzfall einer „Alles-oder-nichts"- bzw. (0/1)-Ausbeutecharakteristik angesehen werden.

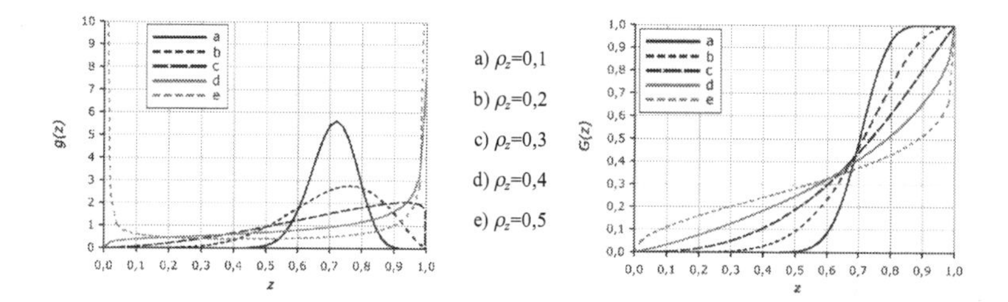

Abb. 4.5: Dichte- und Verteilungsfunktionen des Ausbeuteanteils für eine mittlere Ausbeute von μ_z=0,7 und Variationskoeffizienten im Bereich ρ_z=0,1;...;0,5

Durchlaufzeit

Die Ergebnisse zum Einfluss der Durchlaufzeit λ sind in den Graphiken der Abb. 4.6 dargestellt. Die Referenzlösung zeigt hierbei, dass der Inflationsparameter γ_2 mit zunehmendem λ geringfügig wächst, während γ_1 im vorgegebenen Intervall von 1,15 auf 1,31 ansteigt. Heuristik A fixiert diesen Parameter auf 1,28 und weist im Ergebnis bei nur marginalem Unterschreiten des optimalen Bestandes keine signifikanten Kostenabweichungen von der Referenzlösung auf. Für λ=0 ist eine maximale Abwei-

[154] So erhält man im obigen Beispiel für Heuristik A bei ρ_z=0,5 einen Variationskoeffizienten der Produktionsmenge von ρ_p=0,60, der in der Referenzlösung auf den Wert ρ_p=0,39 reduziert wird.

chung von 0,2% zu ermitteln. Ein nahezu identisches Ergebnis liefert Heuristik B. Heuristik C führt bei deutlich geringerem Bestandspuffer zu häufigen Fehlmengen und einem entsprechend reduzierten Servicegrad. Die Kosten weichen dabei um mindestens 3% (für den Fall einer einperiodigen Durchlaufzeit) von der Referenzlösung ab, für λ=0 und $\lambda \rightarrow 10$ tritt jedoch eine deutliche Verschlechterung dieses Ergebnisses ein.

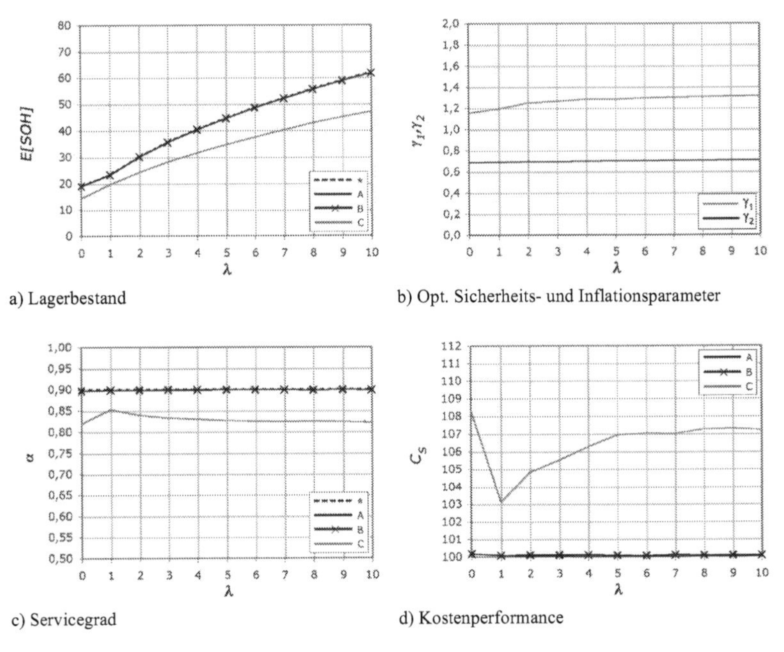

a) Lagerbestand

b) Opt. Sicherheits- und Inflationsparameter

c) Servicegrad

d) Kostenperformance

Abb. 4.6: Einfluss der Durchlaufzeit

Ausbeuteanteil

Für die Betrachtung des erwarteten Ausbeuteanteils wurde μ_z im Intervall [0,1;0,9] bei einer Schrittweite von 0,1 und konstantem Variationskoeffizienten ρ_z=0,1 variiert. Die Bestände weisen über diesem Intervall ein von μ_z unabhängiges Niveau auf, das für Heuristik C um einen konstanten Betrag unterschritten wird. Gleiches gilt für den realisierten α-Servicegrad, der im Fall der Heuristiken A und B im gesamten Intervall keine signifikante Abweichung vom Referenzniveau aufweist, das für Heuristik C um 8% überschritten wird. Die in der Referenzlösung ermittelten Werte für γ_1 und γ_2 sind in

Graphik 4.7b dargestellt. Für den Sicherheitsfaktor ergibt sich ein im Wesentlichen von μ_z unabhängiger Verlauf, während der optimale Inflationsparameter mit $\gamma_2 \cong \mu_z$ zu ermitteln ist.

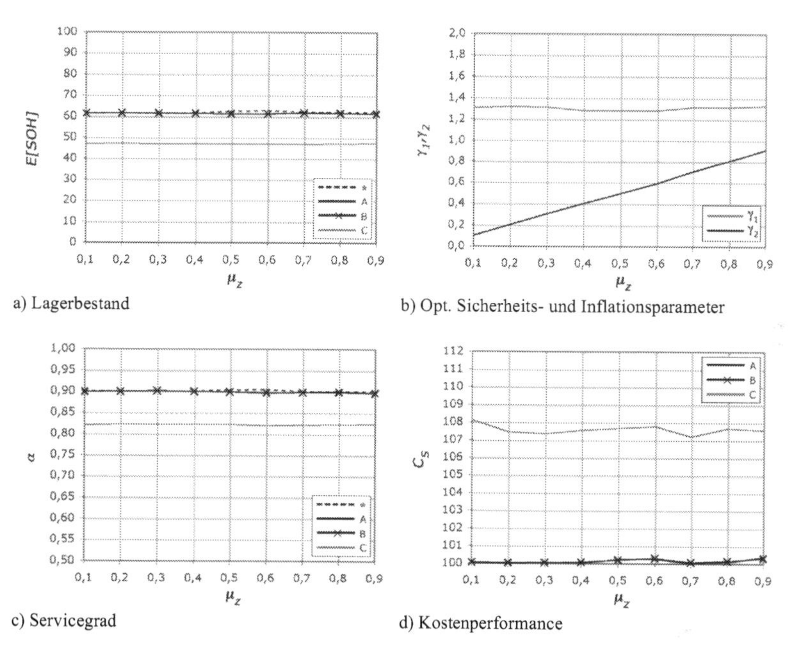

a) Lagerbestand

b) Opt. Sicherheits- und Inflationsparameter

c) Servicegrad

d) Kostenperformance

Abb. 4.7: Einfluss des Ausbeuteanteils

Dieses Ergebnis ist jedoch im Zusammenhang mit der geringen Variabilität des Ausbeuteanteils zu sehen, deren Einfluss bereits weiter oben besprochen wurde. Die variierende Schiefe der Ausbeuteverteilung (rechtsschief für μ_z<0,5; symmetrisch für μ_z=0,5; linksschief für μ_z>0,5) hat hierbei eine untergeordnete Bedeutung. Gegenüber dem Benchmark erreichen die Heuristiken A und B eine maximale Kostenabweichung von 0,4% und Heuristik C von 8%.

Serviceniveau

Zur Untersuchung des Einflusses der Kostenparameter wird auf die Kostenrelation $\alpha' = v / (v + h)$ zurückgegriffen, die das Kosten-Service-Äquivalent des stationären Newsboy-Modells mit unendlichem Planungshorizont wiedergibt. Ausgehend vom Basisfall wurde bei Variation von v eine Datenreihe mit $\alpha' = 0{,}6;...;0{,}95$ in einer Schrittweite von 0,05, sowie den Werten 0,98 und 0,99 untersucht. Die Ergebnisse sind in Abb. 4.8 zusammengefasst. Die Heuristiken A und B generieren eine maximale Kostenabweichung von 0,4% gegenüber dem Benchmark. Das Ergebnis für Heuristik C weist eine mit zunehmendem α' beschleunigte Verschlechterung der Performance aus. Teilgraphik a) zeigt das hierfür ursächliche Zurückbleiben des mittleren Bestandes unter dem optimalen Niveau. Entsprechend ist in Teilgraphik c) eine deutliche Abweichung des realisierten α-Servicegrades von α' zu erkennen. Dieses Ergebnis tritt im Fall eines höheren Ausbeuterisikos noch stärker hervor.

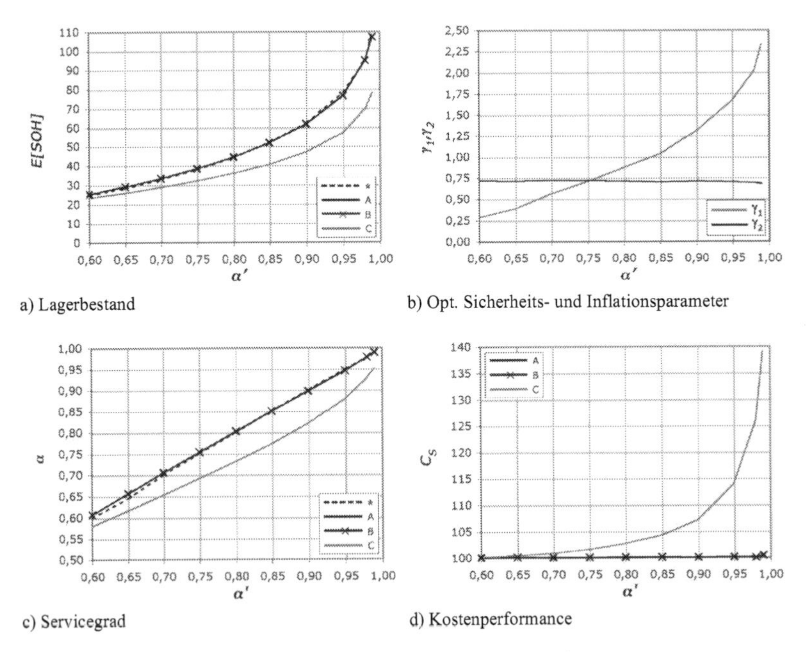

a) Lagerbestand

b) Opt. Sicherheits- und Inflationsparameter

c) Servicegrad

d) Kostenperformance

Abb. 4.8 : Einfluss der Konstellation von Fehlmengen- und Lagerhaltungskosten

Es wird deutlich, dass ein hoher Zielservicegrad die weiter oben besprochenen Unzulänglichkeiten dieses vereinfachten Ansatzes verstärkt.

In Teilgraphik b) zeigt der Verlauf des Inflationsparameters der Referenzlösung eine über das gesamte Intervall mit geringer Steigung nahezu linear von 0,72 auf 0,68 fallende Entwicklung, während γ_1 den charakteristischen, in der Gewichtung des Risikos beschleunigten Anstieg aufweist.

Durchlaufzeitrisiko

Um auch den Einfluss zeitlicher Unsicherheit zu erfassen, soll schließlich eine stochastische Durchlaufzeit angenommen werden, die einer Binomialverteilung mit Erwartungswert μ_λ=10 folgt. Zur Darstellung unterschiedlich hoher Durchlaufzeitrisiken wurde der Variationskoeffizient $\rho_\lambda=\sigma_\lambda/\mu_\lambda$ im Bereich [0,1;0,24] variiert. Die Massenfunktion der Verteilung ist für geringe ρ_λ linksschief und zum rechten Ende des betrachteten Intervalls nahezu symmetrisch. Die Ergebnisse aus den Simulationsläufen sind unter Einbeziehung des Falles deterministischer Durchlaufzeit in Abb. 4.9 dargestellt. Für den am linken Intervallende abgebildeten deterministischen Fall ist für Heuristik C der bereits weiter oben besprochene Effekt der fehlenden Anpassung des Sicherheitsbestandsparameters hinsichtlich des Ausbeuterisikos erkennbar. Der erste Datenpunkt (bei ρ_λ=0,1) für die Heuristiken A und B zeigt einen das Referenzniveau übersteigenden Bestand, der mit einem Anstieg des Servicemaßes auf α=0,92 und einer Abweichung der Kosten von 0,7% gegenüber dem Benchmark verbunden ist. Eine Ursache hierfür liegt in der Überschätzung des Risikos bei der Ermittlung des Dispositionsparameters aufgrund der unsymmetrischen Verteilung von λ. Im Fall von Heuristik C wird dieser Effekt durch die Vernachlässigung des Ausbeuterisikos kompensiert, so dass keine signifikante Abweichung von der Referenzlösung erkennbar wird.

Mit weiterer Zunahme von ρ_z sind in allen drei Fällen keine Abweichungen von der Referenzlösung festzustellen. Die Verläufe von γ_1 und γ_2 in Teilgraphik b) lassen die Anpassung der Parameter zur Kompensation des Asymmetrieeffekts erkennen.

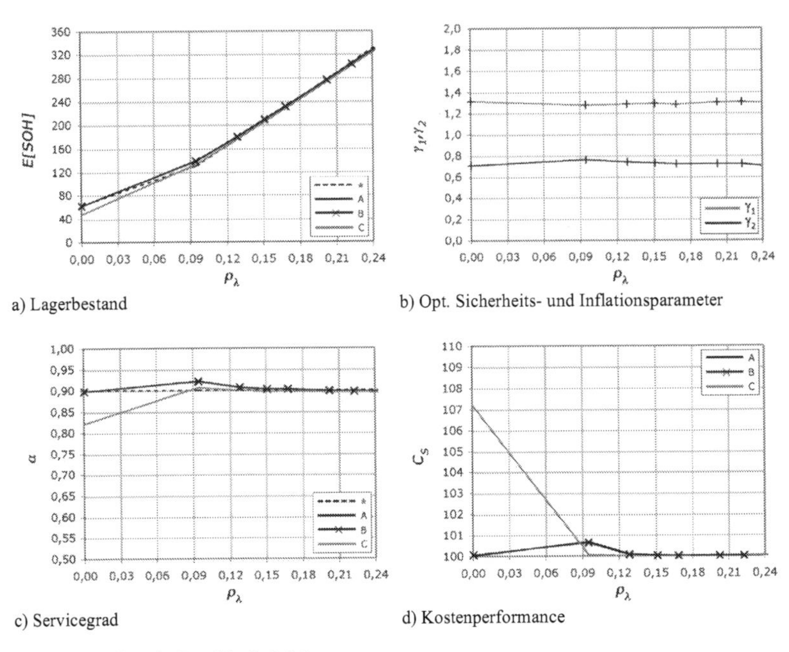

a) Lagerbestand

b) Opt. Sicherheits- und Inflationsparameter

c) Servicegrad

d) Kostenperformance

Abb. 4.9: Einfluss des Durchlaufzeitrisikos

Die Ergebnisse der ceteris paribus-Betrachtung deuten daraufhin, dass insbesondere die Parameter und damit die Symmetrieeigenschaften der Verteilung des Ausbeuteanteils einen kritischen Einfluss auf die Qualität der heuristischen Lösung haben.

Im zweiten Schritt sollen nun die Ergebnisse einer weitergehenden numerischen Untersuchung besprochen werden, in der zahlreiche Kombinationen der verschiedenen Modellparameter untersucht wurden. Das 5-faktorielle Untersuchungsdesign mit insgesamt 108 Instanzen berücksichtigt die folgenden Einflussgrößen:

Faktor	Definition	Ausprägungen	
Variabilität Bedarf	$\rho_D = \sigma_D / \mu_D$	0,1; 0,5	gammaverteilt
Variabilität Ausbeuteanteil	$\rho_z = \sigma_z / \mu_z$	0,1; 0,5 (0,3)	betaverteilt
Erwarteter Ausbeuteanteil	μ_z	0,5; 0,7; 0,9	
Durchlaufzeit	λ	0; 5; 10	deterministisch
Lager- und Fehlmengenkosten	$\alpha = v/(v+h)$	0,8; 0,9; 0,95	

Tab. 4.2: Faktordesign

Der Erwartungswert des Bedarfs beträgt μ_D=100, für den Lagerkostensatz wurde h=3 gewählt. Die Höhe der Bedarfs- und Ausbeutevariabilität wird jeweils durch eine geringe und eine hohe Ausprägung des entsprechenden Variationskoeffizienten ρ_D bzw. ρ_z erfasst. Bei dem zur Beschreibung der Ausbeuteunsicherheit verwendeten Beta-Verteilungsmodell wird jedoch die zulässige Streuung zu den Randbereichen hin beschränkt, so dass der Fall hohen Ausbeuteniveaus μ_z=0,9 bei gleichzeitig hohem Ausbeuterisiko mit ρ_z=0,3 dargestellt wird.

μ_z	ρ_z	α_1	α_2	ω_z	**Symmetrie**
0,5	0,1	49,500	49,500	0,00	symmetrisch
0,7	0,1	29,300	12,557	-0,27	linksschief
0,9	0,1	9,100	1,011	-1,47	stark linksschief
0,5	0,5	1,500	1,500	0,00	symmetrisch
0,7	0,5	0,500	0,214	-0,84	bimodal
0,9	0,3	0,211	0,023	-2,66	bimodal

Tab. 4.3: Symmetrieeigenschaften der verwendeten Beta-Verteilungen

In Abhängigkeit von den vorgegebenen Verteilungsparametern variieren die in Tab. 4.3 angegebenen Symmetrieeigenschaften der Dichtefunktion deutlich. Als Maß für die Symmetrie der Dichtefunktion wird die Schiefe $\omega_z = E\left[\left(z-\mu_z\right)^3\right] / \sigma_z^3$ angegeben.

Aufschluss über die insgesamt zu erwartende heuristische Güte soll nun die Auswertung der in der Simulationsuntersuchung gewonnenen Ergebnisse bringen. Eine Übersicht der für die 108 Instanzen ermittelten Kosten ist in Anhang D.2 zu finden. Dabei sind neben den absoluten Kosten der Referenzlösung als Benchmark auch die unter Gebrauch der Heuristiken A und B sowie der Vergleichsheuristik C ermittelten Lösungen K_A, K_B und K_C aufgeführt. Außerdem sind letztere relativ zu dem auf 100 standardisierten Benchmark angegeben (C_A, C_B, C_C).

Ergebnisse:

Über alle Instanzen liefern sowohl Heuristik A als auch Heuristik B Kostenabweichungen von minimal 0% und maximal 14,5% über dem Benchmark[155]. Die durchschnittliche Abweichung über alle Instanzen beträgt für Heuristik A 1,9% und für Heuristik B 2,4%. Für Heuristik A (B) liefern 59 (59) Instanzen Kostenabweichungen von weniger als 1%, für weitere 38 (29) Instanzen erhält man Abweichungen zwischen 1% und 5%. Weiterhin ergeben sich für 9 (17) Instanzen Abweichungen zwischen 5% und 10%. Höhere Abweichungen treten in zwei (drei) Fällen auf. Die Ergebnisse lassen sich wie folgt zusammenfassen:

1) Fälle mit sowohl geringem Bedarfs- als auch Ausbeuterisiko liefern mit Ausnahme von (17) stets Kostenabweichungen von ΔC_A<1% und ΔC_B<1%.
2) In allen Fällen mit hohem Bedarfsrisiko und geringem Ausbeuterisiko sind Kostenabweichungen von $\Delta C_A \leq 1{,}6\%$ und $\Delta C_B \leq 1{,}6\%$ zu ermitteln.
3) In den Fällen mit hohem Bedarfsrisiko werden tendenziell höhere Kostenabweichungen (mit maximal ΔC_A=6,2% bzw. ΔC_B=8,9%) erreicht, wenn das Ausbeuterisiko hoch ist und zugleich eine bimodale Verteilungsdichte vorliegt (μ_z=0,7;ρ_z=0,5). Bei hoher Variabilität ergibt sich für unimodal-symmetrische Verteilungsdichten (μ_z=0,5;ρ_z=0,5) eine bessere Performance.
4) In vielen Fällen verschlechtert eine höhere Durchlaufzeit die Kostenperformance.
5) Im Vergleich zwischen den Heuristiken A und B kann der Verlust an Kostenperformance durch Ansatz eines statischen Dispositionsparameters mit durchschnittlich 0,5% und maximal 4,7% angegeben werden. Die Ergebnisse für 10 Instanzen mit ΔC_B-$\Delta C_A \geq 2\%$ zeigen, dass sich das Zusammentreffen von hohem Ausbeuterisiko, hohem Servicegrad und Durchlaufzeiten λ={5;10} hier nachteilig auswirkt. Gemildert wird dieser Nachteil, wenn bei zugleich hohem Bedarfsrisiko ein relativ hoher Anteil an ‚statischem' Sicherheitsbestand aufgebaut werden muss.

[155] Für λ=0 liefert die auf Grundlage der linearen Beschaffungsfunktion ermittelte Referenzlösung eine sehr gute Näherung der gesamtoptimalen Lösung. Dies konnte anhand der von Bollapragada und Morton (1999) gewonnenen Optimallösungen nachgewiesen werden.

Für die Vergleichsheuristik C wird eine maximale Kostenabweichung von 184% und eine mittlere Abweichung von 23% ermittelt. Akzeptable Ergebnisse liegen hier überhaupt nur in solchen Fällen vor, in denen ein im Vergleich zum Bedarfsrisiko relativ geringes Ausbeuterisiko besteht.

Die Ergebnisse weisen eine allgemein gute Performance der Heuristiken A und B aus, wobei die Gestalt der Ausbeuteverteilung einen kritischen Faktor bildet. Mit der Festlegung des statischen Sicherheitsbestandes in Heuristik B lassen sich im Vergleich zum dynamischen Ansatz der Heuristik A in vielen Fällen gute Ergebnisse erzielen.
Die Qualität der heuristischen Lösung ist davon abhängig, mit welcher Güte die Gesamtheit der betrachteten Risiken approximiert wird. Vor dem Hintergrund der vereinfachenden Verteilungsannahmen bei der Bestimmung des Dispositionsparameters erscheinen Risikoanteile mit extremen Verteilungsschiefen oder multimodale Dichten mit hohen Randwahrscheinlichkeitsmassen problematisch. Im Fall symmetrischer Ausbeute ist jedoch in den Untersuchungen auch bei hoher Variabilität eine gute Performance nachzuweisen.

Für die praktische Implementation des Planungskalküls ist die Qualität der Datenbasis für die Anpassung eines Verteilungsmodells und Gewinnung der statistischen Parameter für Bedarf und Ausbeute von großer Bedeutung. Extreme Verteilungscharakteristika, wie sie in der Untersuchung berücksichtigt wurden, können zu einer nicht zufriedenstellenden Performance führen. In solchen Fällen erscheint ein höherer Aufwand bei der Ermittlung des Dispositionsparameters unter Berücksichtigung spezifischer Verteilungsmodelle gerechtfertigt.
Eine vereinfachte Behandlung des Problems, die das Ausbeuterisiko vernachlässigt, ist anhand der Ergebnisse für die Vergleichsheuristik C allgemein abzulehnen. Allein im Fall eines geringen oder vernachlässigbaren Ausbeuterisikos werden hier akzeptable bis gute Ergebnisse erreicht.

4.2 Das Produktionsausbeute- und Aufarbeitungsproblem

In den folgenden Abschnitten wird ein hybrides Produktions- und Aufarbeitungsproblem mit internen Rückflüssen betrachtet. Gegenüber den in Kapitel 3 behandelten Modellen bei externen Rückflüssen sind die Rückflüsse nun endogen, werden also innerhalb des Produktionsprozesses selbst generiert. Das Grundproblem stochastischer Produktionsausbeute wurde in den letzten Abschnitten besprochen. Den weiteren Betrachtungen soll ein unzuverlässiger Produktionsprozess zugrunde liegen, dessen Ausbeuteverlust einen Aufarbeitungsprozess durchläuft, in dessen Ergebnis wiederum Produkte mit dem Qualitätsniveau regulär produzierter Fertigteile vorliegen[156]. Für den Aufarbeitungsprozess wird perfekte Ausbeute unterstellt.

Das Problem wird unter den Bedingungen stochastischen Bedarfs, stochastisch-proportionaler Produktionsausbeute und periodischer Kontrolle betrachtet. Die in dem unzuverlässigen Produktionsprozess generierte Ausbeutemenge wird in einem Fertigteillager verfügbar, während der Ausbeuteverlust einen Rückfluss in ein Rücklaufteillager bildet. Rücklaufteile können nun im Aufarbeitungsprozess in bedarfsgerechte Produkte transformiert und dem Fertigteillager zugeführt werden. Weiterhin besteht die Möglichkeit, Rücklaufteile temporär im RT-Bestand zu lagern. Es wird ferner angenommen, dass Rücklaufteile grundsätzlich aufgearbeitet werden können. Die Möglichkeit der Beseitigung von Rückflüssen wird nicht berücksichtigt. Bedarfs- und Ausbeuteverteilungen werden als stationär und unabhängig angenommen, Produktions-, Aufarbeitungs-, Lager- und Fehlmengenkosten sind streng proportional. Weiterhin wird von deterministischen Durchlaufzeiten für Produktion und Aufarbeitung ausgegangen, wobei diese voneinander abweichen können.

Eine graphische Darstellung des Problems ist in Abb. 4.10 gegeben. Die beiden Knoten repräsentieren dabei die Lage der Entscheidungspunkte zur Koordination des Materialflusses durch Produktions- bzw. Aufarbeitungsaufträge.

Das Problem weist eine besondere Komplexität auf, die aus dem Einfluss des stochastischen Ausbeuteanteils und zugleich aus der Abhängigkeit der Rückflüsse von den in der Vergangenheit getroffenen Produktionsentscheidungen resultiert.

[156] Typische Praxisfälle hierfür wurden in den einleitenden Bemerkungen des Kapitels genannt.

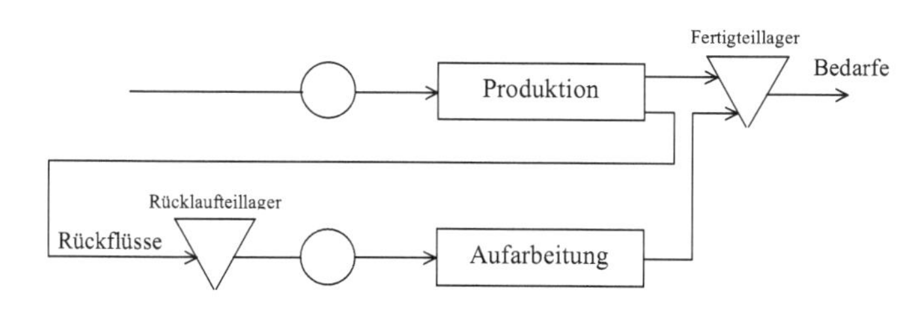

Abb. 4.10: Produktionsausbeute- und Aufarbeitungsproblem

Eine Analyse von Dispositionsproblemen mit Bedarfs- und Ausbeuteunsicherheiten findet man in der Literatur nur für Modelle, die eine Aufarbeitungsoption nicht berücksichtigen und stattdessen die vollständige Entsorgung der Ausbeuteverluste unterstellen. Das Produktions- Lagerhaltungsproblem mit stochastischem Bedarf und stochastischer Ausbeute wurde in den vorangehenden Abschnitten besprochen. GERCHAK ET AL. sowie HENIG UND GERCHAK zeigen, dass die optimale Kontrollpolitik bereits im Fall ohne Aufarbeitungsoption komplex ist[157]. Hybriden Produktions- und Aufarbeitungsproblemen ist bislang nur wenig Forschungsarbeit gewidmet worden, wobei sich die vorliegenden Beiträge hauptsächlich Losgrößenproblemen ohne Einbeziehung von Unsicherheiten zuwenden. MINNER UND LINDNER geben einen Überblick über ein- und mehrstufige Losgrößenmodelle in diesem Kontext[158].

INDERFURTH UND JENSEN entwickeln einen MRP-Ansatz für eine hybride Produktions- und Aufarbeitungsplanung unter der Bedingung identischer Durchlaufzeiten beider Prozesse[159]. Dieser Ansatz soll in einem der folgenden Abschnitte als Ausgangspunkt für die Entwicklung eines MRP-Planungskalküls bei allgemeiner Konstellation der Durchlaufzeiten dienen.

Nach Analyse der MRP-Politik und Ableitung von Vorschlägen für die Bestimmung von Dispositionsparametern werden spezielle Charakteristika und Grenzen für die Anwendung dieser Heuristik herausgestellt. Darüber hinaus werden weitere stochastische Dispositionsansätze vorgestellt und Ausdrücke für die Berechnung der Dispositionsparameter abgeleitet. Abschließend werden die entwickelten Heuristiken zur Beurteilung ihrer Güte einer numerischen Untersuchung unterzogen. Zunächst jedoch soll das Optimierungsproblem formuliert werden.

[157] Vgl. Gerchak et al. (1988) sowie Henig und Gerchak (1990).
[158] Vgl. Minner und Lindner (2004)
[159] Vgl. Inderfurth und Jensen (1999)

4.2.1 Entscheidungsproblem und Optimierungsmodell

Unter den Bedingungen stochastischer Bedarfe, stochastischer Ausbeute und periodischer Bestandskontrolle sind die kostenminimierenden Produktions- und Aufarbeitungsmengen zu bestimmen. Die entscheidungsrelevanten Kosten setzen sich aus den Bestandskosten beider Lager und den Fehlmengenkosten zusammen. Die Stückkosten von Produktion und Aufarbeitung sind unter der Annahme von Stationarität und für den unterstellten Vormerkfall nicht entscheidungsrelevant.

Zur Modellierung des Problems wird die folgende Notation verwendet:

h_S: Lagerhaltungskosten für Fertigteile pro Mengen- und Zeiteinheit

h_R: Lagerhaltungskosten für Rücklaufteile pro Mengen- und Zeiteinheit

v: Fehlmengenkosten pro Mengen- und Zeiteinheit

c_P: Produktionsstückkosten pro Mengeneinheit

c_R: Aufarbeitungsstückkosten pro Mengeneinheit

D: stochastischer Bedarf mit Dichtefunktion $f(D)$, Verteilungsfunktion $F(D)$, Erwartungswert μ_D und Varianz σ_D^2

z: stochastischer Ausbeuteanteil mit Dichtefunktion $g(z)$, Verteilungsfunktion $G(z)$, Erwartungswert μ_z und Varianz σ_z^2 sowie $0 \leq z \leq 1$

x_S: Anfangsbestand im Fertigteillager abzüglich Fehlmenge

x_R: Anfangsbestand im Rücklaufteillager

p: Produktionsmenge

r: Aufarbeitungsmenge

λ_P: Durchlaufzeit Produktion

λ_R: Durchlaufzeit Aufarbeitung

Zunächst seien die Kosten eines Einperiodenproblems betrachtet. Mit gegebenem Lageranfangsbestand x_S sowie Produktions- und Aufarbeitungsmengen p und r gilt für die erwarteten Periodenkosten für die Lagerhaltung im FT-Bestand sowie Fehlmengen der Ausdruck

$$L\left(y_S\right) = h_S \cdot \int_0^{y_S} (y_S - D) \cdot f(D) \cdot dD + v \cdot \int_{y_S}^{\infty} (D - y_S) \cdot f(D) \cdot dD \ , \qquad (4.2.1)$$

wobei y_S den Fertigteilbestand nach Zugang der Produktions- und Aufarbeitungsmengen mit $y_S = x_S + z \cdot p + r$ bezeichnet. Die erwarteten Lagerkosten im RT-Bestand lassen sich ausdrücken durch

$$H\left(y_R\right) = h_R \cdot y_R \qquad (4.2.2)$$

mit $y_R = x_R - r + \left(1 - z\right) \cdot p$. Im Fall eines n-Periodenproblems ohne Durchlaufzeiten lautet die Rekursionsbeziehung

$$\begin{aligned} f_n\left(x_S, x_R\right) = \min_{p \geq 0, r \geq 0} \Big\{ & c_P \cdot p + c_R \cdot r + \\ & + \underset{z}{E}\left[L\left(x_S + z \cdot p + r\right) + H\left(x_R - r + \left(1 - z\right) \cdot p\right)\right] \\ & + \underset{z,D}{E}\left[f_{n-1}\left(x_S + z \cdot p + r - D, x_R - r + (1 - z) \cdot p\right)\right]\Big\}. \end{aligned} \qquad (4.2.3)$$

Bei der Formulierung des Optimierungsproblems können die Fälle identischer Durchlaufzeiten und kürzerer Durchlaufzeit der Aufarbeitung zusammengefasst werden. Im Fall $\lambda_R \leq \lambda_P$ werden der verfügbare Nettobestand an Fertigteilen und alle offenen Aufarbeitungsaufträge zum disponiblen Bestand an Fertigteilen

$$x'_{S,t} = x_{S,t} + \sum_{i=1}^{\lambda_R - 1} r_{t-i} \qquad (4.2.4)$$

zusammengefasst, so dass die Zustandsvariable alle zukünftigen Bestandszugänge erfasst, die zum Zeitpunkt t mit Sicherheit bekannt sind. Als weitere Zustandsvariable wird der verfügbare RT-Bestand $x_{R,t}$ berücksichtigt. Darüber hinaus bilden die offenen und hinsichtlich ihres Ausbeuteanteils unsicheren Produktionsaufträge zusätzliche λ_P-1 Zustandsvariablen ($p_{t-1}, p_{t-2}, \ldots p_{t-\lambda_P+1}$), so dass zur Beschreibung des Problems durch die Rekursionsbeziehung

$$f_t\left(x_S', x_R, p_{-1}, p_{-2}, \ldots p_{-\lambda_P+1}\right) =$$

$$\min_{p,r}\left\{ \underset{\{z_{-i}\}}{E}\left[L_{\lambda_R+1}\left(x_S' + \sum_{i=\lambda_P-\lambda_R}^{\lambda_P-1} z_{-i}\cdot p_{-i} + r\right) + H\left(x_R - r\right)\right] + \right.$$
$$+ \underset{z,D}{E}\left[f_{t+1}\left(x_S' + z\cdot p_{-\lambda_P+1} + r - D, x_R - r + \right.\right.$$
$$\left.\left.\left. +\left(1-z\right)\cdot p_{-\lambda_P+1}, p, p_{-1}, \ldots p_{-\lambda_P+2}\right)\right]\right\} \tag{4.2.5}$$

insgesamt 2+(λ_P-1) Zustandvariablen benötigt werden und die Komplexität des Problems mit zunehmender Produktionsdurchlaufzeit ansteigt. In der obigen Formulierung, bei der der Zeitindex der Variablen unterdrückt wird, bezeichnet z_{-i} den stochastischen Ausbeutefaktor zu dem vor i Perioden ausgelösten Produktionsauftrag p_{-i}.

Im Fall $\lambda_R > \lambda_P$ wird das Optimierungsproblem wie folgt formuliert. Zunächst sind der Nettobestand an Fertigteilen sowie alle offenen, bis zur Periode $t+\lambda_P$ dem Lager zugehenden Aufarbeitungsaufträge zum disponiblen Bestand an Fertigteilen

$$x_{S,t}' = x_{S,t} + \sum_{i=1}^{\lambda_P} r_{t-\lambda_R+i} \tag{4.2.6}$$

zusammenzufassen. Weitere Zustandsvariablen sind der verfügbare Bestand an Rücklaufteilen x_R sowie alle offenen Produktionsaufträge ($p_{-1}, p_{-2}, \ldots p_{-\lambda_P+1}$), die bis zur Periode $t+\lambda_P$ zu einem Lagerzugang in Höhe des jeweiligen stochastischen Ausbeuteanteils führen. Diejenigen der offenen Aufarbeitungsaufträge, welche im Anschluss an Periode $t+\lambda_P$ dem Bestand zugehen, müssen als zusätzliche λ_R-λ_P-1 Zustandsvariablen Berücksichtigung finden, da ein periodenweiser Abgleich mit den noch in der Zukunft liegenden Produktionsaufträgen erfolgen muss, so dass das Problem in insgesamt 2+(λ_P-1)+(λ_R-λ_P-1) Zustandsvariablen zu formulieren ist. Die Komplexität ist hier im Gegensatz zu dem oben betrachteten Fall von beiden Durchlaufzeiten abhängig. Die entsprechende Funktionalgleichung lautet

$$
\begin{aligned}
& f_t\left(x_S', x_R, p_{-1}, p_{-2}, \ldots p_{-\lambda_P+1}, r_{-1}, r_{-2}, \ldots, r_{-\lambda_R+\lambda_P+1}\right) = \\
& \quad \min_{p,r}\left\{ \underset{\{z_{-i}\}}{E}\left[L_{\lambda_P+1}\left(x_S' + z \cdot p + \sum_{i=1}^{\lambda_P-1} z_{-i} \cdot p_{-i} \right) + H\left(x_R - r\right) \right] + \right. \\
& \quad + \underset{z,D}{E}\left[f_{t+1}\left(x_S' + z \cdot p_{-\lambda_P+1} + r_{-\lambda_R+1} - D, x_R + \left(1-z\right) \cdot p_{-\lambda_P+1} - r, \right.\right. \\
& \quad \quad \left.\left.\left. p, p_{-1}, \ldots, p_{-\lambda_P+2}, r, r_{-1}, \ldots, r_{-\lambda_R+\lambda_P+2} \right)\right]\right\}
\end{aligned}
\tag{4.2.7}
$$

wobei r_{-i} den vor i Perioden ausgelösten Aufarbeitungsauftrag bezeichnet. In Anbetracht der Struktur des Optimierungsproblems bleibt die Frage nach der optimalen Dispositionspolitik offen. Eine Analyse der Politikstruktur, etwa mit Methoden der stochastischen dynamischen Programmierung, ist aufgrund des Dimensionalitätsproblems nicht aussichtsreich. Vor dem Hintergrund der Ergebnisse zu dem weiter oben besprochenen Produktionsausbeuteproblem ohne Aufarbeitung ist jedoch zu erwarten, dass die optimale Entscheidungsregel eine sehr hohe Komplexität aufweist, so dass selbst bei ihrer Kenntnis eine praktische Nutzung kaum attraktiv wäre. In dieser Situation kann eine lineare Politikapproximation als heuristischer Ansatz genutzt werden.

4.2.2 Heuristische Ansätze

Angesichts der Hindernisse für eine optimale Lösung des vorliegenden Dispositionsproblems sollen nun auf heuristischem Wege Lösungsansätze entwickelt werden. Im Hinblick auf die praktische Relevanz MRP-basierter Materialplanung wird im ersten Schritt ein modifizierter MRP-Ansatz zur Materialbedarfs- und Recyclingplanung bei internen Produktrückflüssen als lineare Heuristik für das Problem entwickelt. In der Arbeit von INDERFURTH UND JENSEN wird eine erweiterte MRP-Planungslogik formal dargestellt und in eine stochastische Kontrollpolitik transformiert, wobei eine Entsorgungsoption mitberücksichtigt und identische Durchlaufzeiten $\lambda_P = \lambda_R$ vorausgesetzt werden[160]. Unter diesen Bedingungen wird als eine äquivalente lineare SIC-Politikstruktur die folgende Entscheidungsregel abgeleitet

[160] Vgl. Inderfurth und Jensen (1999)

$$p_t = \max\left\{\frac{S_t - x_{S,t}^P}{z}, 0\right\}$$

$$r_t = \left\{\min\left\{x_{R,t}, \max\left\{S_t - x_{S,t}^R, 0\right\}\right\}\right\} \qquad (4.2.8)$$

$$d_t = \max\left\{x_{R,t} - \max\left\{U_t - x_{S,t}^{\tau,R}, 0\right\}, 0\right\}$$

welche die disponiblen Bestände $x_{S,t}^P$ und $x_{S,t}^R$ bzw. $x_{S,t}^{\tau,R}$ mit den Parametern S (Produktionsgrenze) und U (Beseitigungsgrenze) abgleicht. Der Aufarbeitungsparameter ist hierbei mit der Produktionsgrenze identisch. Gegenüber dem aufarbeitungs- und entsorgungsbezogenen disponiblen Bestand $x_{S,t}^R$ berücksichtigt die Bestandsgröße $x_{S,t}^{\tau,R}$ zusätzlich die Summe der über einen Zeitraum von τ Perioden zukünftig zu erwartenden Rückflüsse. Die Bestimmung dieses Zeitraums mit

$$\tau = \left\lfloor \frac{\frac{1}{z} \cdot (c_P + c_D) - c_R}{\min\left\{h_R, h_S\right\}} \right\rfloor$$

ist Ausdruck der Überlegung, inwieweit das Vorhalten von Rückflüssen im RT-Bestand ökonomisch sinnvoll ist. Die kritische Reichweite τ gibt dabei die Anzahl von Perioden wieder, nach der die Lagerkosten für eine Materialeinheit den durch Aufarbeitung erzielbaren Kostenvorteil (gegenüber Neuproduktion und Entsorgung) gerade kompensieren. Die Entscheidungsvariable d_t bezeichnet die Menge der zu beseitigenden Rücklaufteile.

Im Folgenden wird ausschließlich der Fall ohne Entsorgungsoption betrachtet. Vor dem Hintergrund der Ergebnisse von TEUNTER UND VLACHOS zum weiter oben besprochenen Problem mit externen Rückflüssen erscheint die Entsorgung nur dann relevant, wenn das Rückflussaufkommen im Vergleich zum Bedarf sehr hoch und der Kostenvorteil durch die Aufarbeitung sehr gering ist[161]. Darüber hinaus ist zu beachten, dass durch Festlegung geeigneter Entscheidungsregeln für die Produktion zugleich auch eine Steuerung der Rückläufe erfolgen kann.

[161] Vgl. Teunter und Vlachos (2002)

Zunächst wird ein MRP-Ansatz formuliert, der anschließend hinsichtlich der Struktur seiner Entscheidungsregeln im Rahmen rollierender Planung ausgewertet und weiterhin auf seine Güte als heuristische Dispositionspolitik untersucht werden soll. Zur Formalisierung des MRP-Verfahrens wird dabei in Anknüpfung an die in Kapitel 3 gebrauchte Darstellungsweise folgende Notation verwendet:

POP_t	geplante Produktionsmenge
POR_t	geplante Aufarbeitungsmenge
GR_t	Bruttobedarf in Periode t
NR_t^P	produktionsbezogener Nettobedarf in Periode t
NR_t^R	aufarbeitungsbezogener Nettobedarf in Periode t
SRP_t	für Periode t erwarteter Zugang aus Produktion
RP_t	realisierter Zugang aus Produktion
SRR_t	Zugang aus Aufarbeitung in Periode t
PRP_t	für Periode t eingeplanter Zugang aus Produktion
OPO_t	überplanter Produktionsauftrag für Periode t
PRR_t	für Periode t eingeplanter Zugang aus Aufarbeitung
PR_t	erwartete bzw. geplante Rücklaufmenge zu Beginn von Periode t
R_t	realisierte Rücklaufmenge zu Beginn von Periode t
SOH_t	Planbestand an Fertigteilen am Ende von Periode t
ROH_t	Planbestand an Rücklaufteilen am Ende von Periode t
SST_P	produktionsbezogener Sicherheitsbestand
SST_R	aufarbeitungsbezogener Sicherheitsbestand

4.2.2.1 Heuristik I - MRP-Ansatz

Der hier vorgestellte Ansatz nimmt Bezug auf die von INDERFURTH UND JENSEN vorgeschlagene MRP-Logik. Es wird jedoch die Bedingung identischer Durchlaufzeit aufgehoben und eine beliebige Konstellation von λ_R und λ_P zugelassen. Zum anderen werden (analog zum Fall externer Rückflüsse) für Produktion und Aufarbeitung dedizierte Sicherheitsbestände SST_P und SST_R eingeführt, so dass die Steuerungsmöglichkeiten bezüglich dieser Parameter erweitert werden. In den folgenden Abschnitten wird das MRP-Verfahren für die hinsichtlich der Durchlaufzeiten zu unterscheidenden Fälle beschrieben.

4.2.2.1.1 Identische Durchlaufzeiten

Zunächst wird der Fall identischer Durchlaufzeiten $\lambda=\lambda_R=\lambda_P$ betrachtet. Ausgangspunkt ist die Entscheidung über die Aufarbeitung zur Erfüllung des aufarbeitungsbezogenen Nettobedarfs in Periode $t+\lambda$ aus dem verfügbaren RT-Bestand. Dieser umfasst den Endbestand der Vorperiode zuzüglich des zu Beginn der ersten Periode realisierten Rückflusses R bzw. des für die entsprechende Periode $t>1$ erwarteten bzw. geplanten Rückflusses PR.

$$POR_t = \min\left\{ROH_{t-1} + R_t, NR^R_{t+\lambda}\right\} \quad \text{für } t=1$$
$$POR_t = \min\left\{ROH_{t-1} + PR_t, NR^R_{t+\lambda}\right\} \quad \text{für } t>1 \tag{4.2.9}$$

Die Produktionsmenge wird so geplant, dass sie den nicht durch Aufarbeitung erfüllbaren Teil des (produktionsbezogenen) Nettobedarfs in Periode $t+\lambda$ ergänzt.

$$POP_t = \frac{NR^P_{t+\lambda}}{z}, \tag{4.2.10}$$

Durch ‚Inflationierung' mit dem reziproken Ausbeuteanteil wird berücksichtigt, dass nur eine Ausbeute $z \cdot POP_t$ realisiert wird. Entsprechend wird als Ausbeuteverlust bzw. Rückfluss in Periode $t+\lambda$ geplant

$$PR_{t+\lambda} = (1-z) \cdot POP_t. \tag{4.2.11}$$

Der Nettobedarf einer Periode t für die Aufarbeitung wird als die Menge an Fertigteilen ermittelt, die erforderlich ist, um den FT-Bestand unter Berücksichtigung des Anfangsbestandes SOH_{t-1}, sowie der Zugänge aus den Produktions- und Aufarbeitungsaufträgen der Periode $t-\lambda$ und des geplanten Periodenbedarfs GR_t auf einen Sicherheitsbestand SST_R aufzufüllen. Für die Bestimmung des Nettobedarfs gilt somit

$$NR^R_t = \max\left\{GR_t + SST_R - SOH_{t-1}, 0\right\} \qquad \text{für} \quad t>\lambda \tag{4.2.12}$$

Für den produktionsbezogenen Nettobedarf gilt unter Berücksichtigung des relevanten Sicherheitsbestandes SST_P

$$NR_t^P = \max\left\{GR_t + SST_P - SOH_{t-1} - PRR_t, 0\right\} \qquad \text{für} \quad t>\lambda \tag{4.2.13}$$

Die dynamische Entwicklung des FT-Bestandes beschreibt die Lagerbilanzgleichung

$$SOH_t = SOH_{t-1} + PRP_t + PRR_t - GR_t \tag{4.2.14}$$

mit

$$PRP_t = \begin{cases} RP_t & \text{für } t = 1 \\ SRP_t & \text{für } 1<t \leq \lambda \\ z \cdot POP_{t-\lambda} & \text{für } t > \lambda \end{cases} \tag{4.2.15}$$

und

$$PRR_t = \begin{cases} SRR_t & \text{für } 1 \leq t \leq \lambda \\ POR_{t-\lambda} & \text{für } t > \lambda \end{cases} \tag{4.2.16}$$

Bei den Zugängen aus Produktion in (4.2.15) wird nach dem Auftragsstatus zwischen realisierten Aufträgen (*RP*) und offenen Aufträgen (*SRP*) unterschieden. Diese Abgrenzung wird vorgenommen, um Abweichungen der tatsächlichen Ausbeute *RP* von dem geplanten Wert *SRP* zu berücksichtigen. Da annahmegemäß die Produktionsausbeute zu Beginn einer Periode t verfügbar ist, betrifft dies die erste Periode des Planungszeitfensters. Die Lagerbilanzgleichung für den RT-Bestand lautet

$$\begin{aligned} ROH_t &= ROH_{t-1} + R_t - POR_t && \text{für } t=1 \\ ROH_t &= ROH_{t-1} + PR_t - POR_t && \text{für } t>1 \end{aligned} \tag{4.2.17}$$

Auch hier ist zwischen dem zu Beginn der ersten Periode bereits realisierten Rückfluss *R* und den für alle weiteren Perioden des Planungshorizonts geplanten Rückflüssen *PR* zu unterscheiden. Ein MRP-Beispieltableau ist in Tab. 4.4 dargestellt.

t	0	1	2	3	4	5	6	7	8
GR_t		10	10	10	10	10	10	10	10
SRP_t		(7)	6						
RP_t		6							
SRR_t		3	7						
SOH_t	8	7	10	12	12	12	12	12	12
NR_t^R				13	11	11	11	11	11
NR_t^P				2	4	8	6	2	4
PR_t		(7)	6	2	4	8	6	2	4
R_t		8							
ROH_t	2	0	0	0	0	0	0		
PRR_t				10	6	2	4	8	6
POR_t		10	6	2	4	8	6		
PRP_t				2	4	8	6	2	4
OPO_t				4	8	16	12	4	8
POP_t		4	8	16	12	4	8		

Tab. 4.4: Erweitertes MRP-Tableau für λ_R=λ_P=2, z=0,5, SST_P=12, SST_R=15

Dem Beispiel mit einem Planungshorizont von T=8 Perioden liegt eine Durchlaufzeit von λ=λ_R=λ_P=2 Perioden, ein konstanter Periodenbedarf von 10 Mengeneinheiten sowie ein geplanter Ausbeuteanteil von z=0,5 zugrunde. Die Anfangsbestände SOH_0 und ROH_0 repräsentieren die jeweiligen Endbestände der Vorperiode.

Die Zeile SRP enthält die geplanten Zugänge aus offenen Produktionsaufträgen unter Berücksichtigung des geplanten Ausbeuteanteils. Die in der ersten Periode des Planungszeitfensters realisierte Ausbeute, angegeben in der Zeile RP, weicht im Beispiel von der geplanten Menge SRP_1 ab, welche einem zwei Perioden zuvor ausgelösten Produktionsauftrag von 14 Mengeneinheiten entstammt. Als Ergebnis dieses Produktionsauftrages liegen jedoch 6 ME fehlerfreier Fertigteile und weiterhin 8 ME fehlerhafter Rücklaufteile vor. Diese Rücklaufteile erhöhen zu Beginn der ersten Planungsperiode den RT-Bestand, so dass insgesamt 10 Rücklaufteile verfügbar sind. Die offenen Aufarbeitungsaufträge SRR_1 und SRR_2 sind sichere Größen.

Der Planungsalgorithmus ermittelt zunächst die erwarteten Bestände SOH_1 und SOH_2 entsprechend (4.2.14) bis (4.2.16) unter Einbeziehung aller offenen Aufträge. Im nächsten Schritt wird unter Berücksichtigung eines Sicherheitsbestandes SST_R=15 der aufarbeitungsbezogene Nettobedarf für Periode 3 entsprechend (4.2.12) ermittelt, worauf die Aufarbeitungsmenge POR_1 gemäß (4.2.9) bestimmt wird. Im Beispiel wird die Aufarbeitung der zu Beginn der ersten Periode verfügbaren 10 Rücklaufteile geplant, um damit den Nettobedarf von $NR_3^R = 13$ teilweise zu erfüllen. Unter Beachtung dieser Aufarbeitungsmenge und des angenommenen produktionsspezifischen Sicherheitsbestandes SST_P=12 wird nun entsprechend (4.2.13) der produktionsbezogene Nettobedarf $NR_3^P = 2$ ermittelt. Daraufhin wird mit (4.2.10) die Produktionsmenge POP_1=4 bestimmt. In Periode 3 werden die geplanten Zugänge aus Aufarbeitung und Produktion durch PRR_3=10 und PRP_3=2 erfasst. In der Zeile *OPO* wird zusätzlich der überplante Produktionsauftrag $OPO_3 = \frac{1}{z} \cdot PRP_3$ angegeben. Der geplante Ausbeuteverlust wird in (4.2.11) als Rückfluss PR_3=2 vorgemerkt. Schließlich wird mit (4.2.17) der RT-Bestand zum Ende der ersten Periode sowie entsprechend (4.2.14) bis (4.2.16) der Fertigteilbestand SOH_3 ermittelt.

Die Planung kann nun für Periode 2 fortgesetzt werden, beginnend mit der Berechnung des aufarbeitungsbezogenen Nettobedarfs für Periode 4. Wird dieses Vorgehen iterativ auf alle Perioden des Planungszeitfensters angewendet, so erhält man schließlich das vollständige Tableau mit den geplanten Auftragsgrößen $POP_1,...,POP_6$ und $POR_1,...,POR_6$.

Im Rahmen eines rollierenden Planungsschemas wird der Algorithmus unter Berücksichtigung der tatsächlichen Bedarfs- und Ausbeuterealisationen periodisch neu durchlaufen. Als wesentlicher Unterschied zur Planung bei externen Produktrückflüssen wird beim Vergleich mit dem in Abschnitt 3.3.2.1 in Tab. 3.4 dargestellten Planungstableau deutlich, dass selbst bei konstantem Periodenbedarf GR_t die geplanten Produktions- und Aufarbeitungsmengen sich innerhalb des Planungshorizonts keinem stationären Zustand annähern. Stattdessen generiert das System einen Plan, der durch eine sich zyklisch wiederholende Sequenz von Aufträgen geprägt ist.

Zur besseren Übersicht ist die Abfolge der MRP-Rechenschritte in Abb. 4.11 als Flussdiagramm dargestellt.

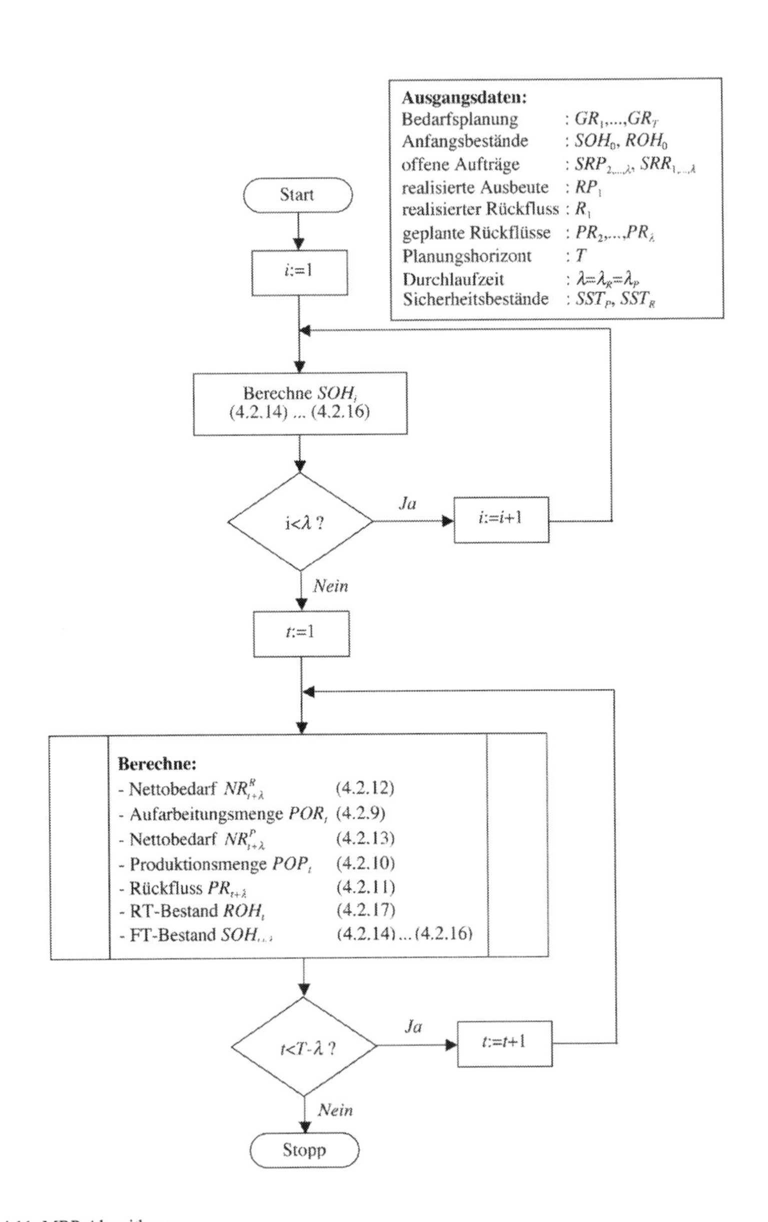

Abb. 4.11: MRP-Algorithmus

Für die Analyse der MRP-Politik werden die folgenden Bestandsvariablen definiert:

$x_{S,t}$ Bestand an Fertigteilen zu Beginn von Periode t (nach Zugang der Produktionsausbeute RP_t und der Aufarbeitungsmenge SRR_t) mit

$x_{S,t} = SOH_{t-1} + RP_t + SRR_t$

$x_{R,t}$ Bestand an Rücklaufteilen zu Beginn von Periode t mit $x_{R,t} = ROH_{t-1} + R_t$

$x_{S,t}^R$ erwarteter disponibler Bestand an Fertigteilen zu Beginn von Periode t bezüglich der Aufarbeitung mit

$$x_{S,t}^R = x_{S,t} + z \cdot \sum_{i=1}^{\lambda-1} POP_{t-i} + \sum_{i=1}^{\lambda-1} POR_{t-i} \tag{4.2.18}$$

$x_{S,t}^P$ erwarteter systemweiter disponibler Bestand zu Beginn von Periode t bezüglich der Produktion mit

$$x_{S,t}^P = x_{S,t} + x_{R,t} + z \cdot \sum_{i=1}^{\lambda-1} POP_{t-i} + \sum_{i=1}^{\lambda-1} POR_{t-i} \tag{4.2.19}$$

Unter Verwendung dieser Definitionen für die Systembestände und mit den kritischen Beständen

$$M_t = SST_t^R + \sum_{i=0}^{\lambda} GR_{t+i} \tag{4.2.20}$$

und

$$S_t = SST_t^P + \sum_{i=0}^{\lambda} GR_{t+i} \tag{4.2.21}$$

wird im Anhang C.1 gezeigt, dass der Planungsansatz eine einfache Dispositionsregel generiert, mit den Teilregeln

$$POR_t = \min\left\{x_{R,t}, \max\left\{M_t - x_{S,t}^R, 0\right\}\right\} \tag{4.2.22}$$

für die Aufarbeitungsentscheidung und für die Produktion

$$POP_t = \max\left\{\frac{S_t - x^P_{S,t}}{z}, 0\right\}. \tag{4.2.23}$$

Die Teilregel für die Aufarbeitung ist in ihrer Form (nicht jedoch in der Definition des disponiblen Bestands $x^R_{S,t}$) identisch mit der für den Fall externer Rückflüsse abgeleiteten Entscheidungsregel (3.3.43). Die Produktionsregel ist eine erweiterte (inflationierende) Bestellgrenzenregel, die den Nettobedarf (als positive Differenz zwischen Bestellpunkt und disponiblem Bestand) mit dem Inflationsfaktor $1/z$ expandiert[162].

Mit den Definitionen (4.2.20) und (4.2.21) sind für das Beispiel in Tab. 4.4 die Parameter M=45 und S=42 zu bestimmen. Sofern dynamische Bedarfe vorliegen oder variierende Sicherheitsbestände berücksichtigt werden, erhält man dynamische Dispositionsparameter. In dem vereinfachten Zahlenbeispiel sind die Parameter jedoch innerhalb des Planungshorizonts unveränderlich.

4.2.2.1.2 Nichtidentische Durchlaufzeiten

a) Fall $\lambda_R<\lambda_P$

Im Fall einer geringeren Durchlaufzeit des Aufarbeitungsprozesses muss die Planungslogik der veränderten zeitlichen Struktur der Entscheidungen, die den Bestand bis zum Ende des Planungshorizonts T beeinflussen, angepasst werden.

Zunächst wird die Entscheidung über die Aufarbeitungsmenge betrachtet, wobei diese so zu wählen ist, dass der für Periode $t+\lambda_R$ zu ermittelnde Nettobedarf $NR^R_{t+\lambda_R}$ erfüllt wird.

$$POR_t = \min\left\{ROH_{t-1} + R_t, NR^R_{t+\lambda_R}\right\} \quad \text{für } t=1$$

$$POR_t = \min\left\{ROH_{t-1} + PR_t, NR^R_{t+\lambda_R}\right\} \quad \text{für } t>1 \tag{4.2.24}$$

Der verfügbare Bestand an Rücklaufteilen zum Zeitpunkt der Entscheidung umfasst den Endbestand der Vorperiode ROH_{t-1} sowie die zu Beginn der ersten Planungsperiode bereits realisierten Rückflüsse R_t. Für die Planung der weiteren Aufarbeitungsmengen

[162] Vgl dazu die in Abschnitt 4.1.3.1 für das Ausbeuteproblem gezeigte MRP-Politik.

der Perioden t=2,...,T-λ_R werden die geplanten und in ihrer Realisation noch unsicheren Rücklaufmengen $PR_t = (1-z)\cdot POP_{t-\lambda_P}$ berücksichtigt. Der aufarbeitungsbezogene Nettobedarf wird ermittelt als

$$NR_t^R = \max\left\{GR_t + SST_R - SOH_{t-1} - SRP_t, 0\right\} \quad \text{für } \lambda_R < t \leq \lambda_P$$

$$NR_t^R = \max\left\{GR_t + SST_P - SOH_{t-1}, 0\right\} \quad \text{für } t > \lambda_P \tag{4.2.25}$$

Bei der Bestimmung der aufarbeitungsbezogenen Nettobedarfe der Perioden λ_R+1 bis λ_P wird der Sicherheitsbestand SST_R zugrunde gelegt, für die Planung der Aufarbeitungsaufträge für die Perioden λ_P+1 bis T jedoch der Sicherheitsbestand SST_P. Dieses bereits in Abschnitt 3.3.1.2 für den Fall externer Rückflüsse besprochene Vorgehen stellt sicher, dass im Fall SST_P<SST_R (bei hinreichend verfügbaren Rückflüssen) der FT-Bestand zum Ende von Periode t+λ_P nicht bereits durch Aufarbeitungsaufträge über das Niveau des produktionsbezogenen Sicherheitsbestandes SST_P angehoben wird. Die Entscheidungsregel für die Produktion lautet

$$POP_t = \frac{NR_{t+\lambda_P}^P}{z}, \tag{4.2.26}$$

wobei der produktionsbezogene Nettobedarf ermittelt wird durch

$$NR_t^P = \max\left\{GR_t + SST_P - SOH_{t-1} - PRR_t, 0\right\} \quad \text{für } t > \lambda_P \tag{4.2.27}$$

Der Ausbeuteverlust aus diesem Produktionsauftrag wird als Rückfluss für Periode t+λ_P

$$PR_{t+\lambda_P} = (1-z)\cdot POP_t \tag{4.2.28}$$

eingeplant. Die Lagerbilanzgleichung zur Beschreibung der dynamischen Entwicklung des Fertigteilbestandes lautet

$$SOH_t = SOH_{t-1} + PRP_t + PRR_t - GR_t \tag{4.2.29}$$

mit

$$PRP_t = \begin{cases} RP_t & \text{für } t = 1 \\ SRP_t & \text{für } 1 < t \leq \lambda_P \\ z \cdot POP_{t-\lambda_P} & \text{für } t > \lambda_P \end{cases} \tag{4.2.30}$$

und

$$PRR_t = \begin{cases} SRR_t & \text{für } 1 \leq t \leq \lambda_R \\ POR_{t-\lambda_R} & \text{für } t > \lambda_R \end{cases} \tag{4.2.31}$$

während für den RT-Bestand gilt

$$\begin{aligned} ROH_t &= ROH_{t-1} + R_t - POR_t && \text{für } t=1 \\ ROH_t &= ROH_{t-1} + PR_t - POR_t && \text{für } t>1 \end{aligned} \tag{4.2.32}$$

t	0	1	2	3	4	5	6	7	8
GR_t		10	10	10	10	10	10	10	10
SRP_t		(7)	6	7	4				
RP_t		6							
SRR_t		3	7						
SOH_t	8	7	10	12	12	15	15	15	15
NR_t^R				5	6	13	10	10	10
NR_t^P				3	3	1	6	9	4
PR_t		(7)	6	7	4	1	6	9	4
R_t		8							
ROH_t	2	5	5	0	0	0	0		
PRR_t				5	6	12	4	1	6
POR_t		5	6	12	4	1	6		
PRP_t						1	6	9	4
OPO_t						2	12	18	8
POP_t		2	12	18	8				

Tab. 4.5: Erweitertes MRP-Tableau für λ_R=2, λ_P=4, z=0,5, SST_P=15, SST_R=12

Die Abfolge der Entscheidungen nach dem dargestellten MRP-Verfahren lässt sich an dem in Tab. 4.5 gegebenen Beispieltableau nachvollziehen. Dem Beispiel sind Durchlaufzeiten von λ_P=4 und λ_R=2 Perioden zugrunde gelegt. Weiterhin wird von statischen Sicherheitsbeständen SST_P=15 und SST_R=12 ausgegangen.

Die Definition der disponiblen Bestandsgrößen aus Abschnitt 4.2.2.1.1 wird nun hinsichtlich der betrachteten Durchlaufzeitrelation angepasst, so dass für den aufarbeitungsbezogenen disponiblen Bestand die Definition

$$x_{S,t}^{R} = x_{S,t} + z \cdot \sum_{i=1}^{\lambda_R} POP_{t-\lambda_P+i} + \sum_{i=1}^{\lambda_R-1} POR_{t-i} \tag{4.2.33}$$

verwendet wird und der produktionsbezogene disponible Bestand[163] definiert wird als

$$x_{S,t}^{P} = x_{S,t} + x_{R,t} + \sum_{i=\lambda_R}^{\lambda_P-1} POP_{t-i} + z \cdot \sum_{i=1}^{\lambda_R-1} POP_{t-i} + \sum_{i=1}^{\lambda_R-1} POR_{t-i} \, . \tag{4.2.34}$$

Weiterhin werden als kritische Bestände die Aufarbeitungsgrenze

$$M_t = SST_R + \sum_{i=0}^{\lambda_R} GR_{t+i} \tag{4.2.35}$$

sowie die Produktionsgrenze

$$S_t = SST_P + \sum_{i=0}^{\lambda_P} GR_{t+i} \tag{4.2.36}$$

definiert. Für das Zahlenbeispiel in Tab. 4.5 ergeben sich damit die Parameter M=42 und S=65.

Im Anhang C.2 wird gezeigt, dass das durch (4.2.24) bis (4.2.32) formulierte MRP-Verfahren eine Dispositionsregel generiert, die durch die folgenden Ausdrücke zu beschreiben ist. Wie im zuvor betrachteten Fall identischer Durchlaufzeiten gilt für die Aufarbeitungsentscheidung

[163] Auf die Struktur der Bestandsvariablen wird im folgenden Abschnitt noch näher eingegangen.

$$POR_t = \min\left\{x_{R,t}, \max\left\{M_t - x_{S,t}^R, 0\right\}\right\} \tag{4.2.37}$$

und für die Produktionsentscheidung

$$POP_t = \max\left\{\frac{S_t - x_{S,t}^P}{z}, 0\right\}. \tag{4.2.38}$$

b) Fall $\lambda_R > \lambda_P$

Schließlich wird der verbleibende Fall einer relativ geringen Durchlaufzeit des Produktionsprozesses betrachtet, wobei gegenüber dem eben besprochenen Fall die Abfolge der Rechenschritte verändert wird. Mit der Produktionsentscheidung (4.2.26) wird der Bestand im Fertigteillager in Periode $t+\lambda_P$ beeinflusst. Der produktionsbezogene Nettobedarf wird nach

$$NR_t^P = \max\left\{GR_t + SST_P - SOH_{t-1} - SRP_t - SRR_t, 0\right\} \tag{4.2.39}$$

mit $SRP_t=0$ für $t>\lambda_P$ und $SRR_t=0$ für $t>\lambda_R$ derart ermittelt, dass unter Berücksichtigung der geplanten Nachfrage und der offenen Aufarbeitungsmenge der FT-Bestand zum Ende von Periode $t+\lambda_P$ das Niveau SST_P erreicht. Der korrespondierende Rückfluss $PR_{t+\lambda_P}$ wird entsprechend (4.2.28) geplant. Für die Entscheidung über die Aufarbeitung (4.2.24) wird der aufarbeitungsbezogene Nettobedarf ermittelt durch

$$NR_t^R = \max\left\{GR_t + SST_R - SOH_{t-1}, 0\right\} \qquad \text{für } t>\lambda_R \tag{4.2.40}$$

Für die Beschreibung der dynamischen Entwicklung der Bestände SOH_t und ROH_t gelten die Gleichungen (4.2.29) bis (4.2.32).

Der Ablauf der Planung lässt sich an dem Beispieltableau in Tab. 4.6 nachvollziehen. Dem Beispiel sind Sicherheitsbestände $SST_P=12$ und $SST_R=15$ sowie Durchlaufzeiten von $\lambda_P=2$ und $\lambda_R=4$ zugrunde gelegt. Im Ergebnis der Planungsschritte werden für die erste Periode des Planungshorizonts ein Produktionsauftrag von POP_1=14 und ein Aufarbeitungsauftrag von POR_1=10 eingeplant.

t	0	1	2	3	4	5	6	7	8
GR_t		10	10	10	10	10	10	10	10
SRP_t		(7)	6						
RP_t		6							
SRR_t		3	7	5	6				
SOH_t	8	7	10	12	12	12	12	12	12
NR_t^R						13	13	13	13
NR_t^P				7	4	0	4	3	6
PR_t		(7)	6	7	4	0	4	3	6
R_t		8							
ROH_t	2	0	0	0	0	0	4	7	13
PRR_t						10	6	7	4
POR_t		10	6	7	4				
PRP_t				7	4	0	4	3	6
OPO_t				14	8	0	8	16	12
POP_t		14	8	0	8	6	12		

Tab. 4.6 Erweitertes MRP-Tableau für λ_R=4, λ_P=2, z=0,5, SST_P=12, SST_R=15

In diesem Fall ist die zu Beginn von Periode 1 verfügbare Menge von 10 Rücklaufteilen nicht ausreichend, um den aufarbeitungsbezogenen Nettobedarf von 13 ME in Periode 5 zu decken. In Periode 3 wird dennoch kein Produktionsauftrag geplant, da zum Erreichen des Sicherheitsbestandes SST_P=12 in Periode 5 kein produktionsbezogener Nettobedarf verbleibt.

Die Analyse der MRP-Dispositionspolitik wird im Anhang C.3 vorgenommen. Der produktionsbezogene disponible Bestand wird definiert als

$$x_{S,t}^P = x_{S,t} + z \cdot \sum_{i=1}^{\lambda_P - 1} POP_{t-i} + \sum_{i=1}^{\lambda_P} POR_{t-\lambda_R+i} \qquad (4.2.41)$$

und berücksichtigt neben dem verfügbaren FT-Bestand und der Ausbeute aller offenen Produktionsaufträge auch solche Mengen aufgearbeiteter Rückflüsse, die bis zu Beginn von Periode $t+\lambda_P$ dem FT-Bestand zugehen. Der aufarbeitungsbezogene disponible Bestand sei

$$x_{S,t}^{R} = x_{S,t} + z \cdot \sum_{i=0}^{\lambda_P - 1} POP_{t-i} + \sum_{i=1}^{\lambda_R - 1} POR_{t-i} \,. \tag{4.2.42}$$

Weiterhin werden die Produktionsgrenze sowie die Aufarbeitungsgrenze identisch zu deren Definitionen im letzten Abschnitt festgelegt als

$$S_t = SST_P + \sum_{i=0}^{\lambda_P} GR_{t+i} \tag{4.2.43}$$

und

$$M_t = SST_R + \sum_{i=0}^{\lambda_R} GR_{t+i} \,. \tag{4.2.44}$$

Somit erhält man für das Beispiel in Tab. 4.6 die Parameterwerte S=42 und M=65.
Unter Verwendung dieser Definitionen wird gezeigt, dass die Produktionsentscheidung durch den Ausdruck

$$POP_t = \max\left\{\frac{S_t - x_{S,t}^{P}}{z}, 0\right\} \tag{4.2.45}$$

wiedergegeben wird. Bei der Analyse der Aufarbeitungsentscheidung wird deutlich, dass die MRP-Entscheidungsregel eine komplexere Struktur aufweist, die sich nicht in eine einfache Bestellgrenzenregel transformieren lässt[164]. Die Teilregel für die Aufarbeitung lautet

[164] Vgl. hierzu die in Abschnitt 3.3.2.2 für das Modell mit externen Rückflüssen besprochene Situation im Fall $\lambda_R > \lambda_P$.

$$POR_t = \min\left\{x_{R,t}, \max\left\{M_t - x_{S,t}^R - \Delta x, 0\right\}\right\}, \tag{4.2.46}$$

wobei $\Delta x = z \cdot \sum_{i=1}^{\lambda_R-\lambda_P-1} POP_{t+i} = z \cdot \sum_{i=1}^{\lambda_R-\lambda_P-1} \max\left(\frac{GR_{t+i} + SST_P - SOH_{t+i-1} - SRR_{t+i}}{z}, 0\right)$

die Aggregation der zum Entscheidungszeitpunkt noch unbekannten, für die Perioden t+1 bis $t+\lambda_P-\lambda_R-1$ zu planenden Produktionsmengen enthält. Auf die Behandlung dieses Falls im Rahmen einer stochastischen Kontrollpolitik wird in den nächsten Abschnitten noch eingegangen.

4.2.2.1.3 Stochastische Kontrollpolitik

Die in den letzten Abschnitten vorgenommene Analyse der MRP-Entscheidungsregeln unter den Bedingungen rollierender Planung führte zu dem Ergebnis, dass dieser Dispositionsansatz eine Politikstruktur generiert, die eine erweiterte Form klassischer stochastischer Bestellgrenzenregeln darstellt. Aus den für die verschiedenen Duchlaufzeitrelationen vorgenommenen Untersuchungen konnte eine (S,M)-Politikstruktur mit inflationierender Produktionsregel gewonnen werden.

Diese Dispositionspolitik soll nun zusammengefasst und um den Fall von Null-Durchlaufzeiten ergänzt werden. Für den im letzten Abschnitt betrachteten Fall $\lambda_R>\lambda_P$ wird eine vereinfachte Aufarbeitungsregel formuliert.

Abweichend von der zur Beschreibung der MRP-Logik verwendeten Notation sei die Produktionsmenge in Periode t nun mit p_t und die Aufarbeitungsmenge mit r_t bezeichnet. Die stochastische Ausbeute z wird durch den Erwartungswert μ_z beschrieben.

Zunächst ist die zeitliche Abfolge der Entscheidungen und Ereignisse zu klären. Zu Beginn einer Periode t wird der Fertigteilbestand x_S ermittelt und die Entscheidung über die Produktionsmenge p_t getroffen. Die Ausbeute $z_t \cdot p_t$ wird im Fall λ_P=0 unverzüglich im FT-Bestand und der Ausbeuteverlust $(1-z_t)\cdot p_t$ im RT-Bestand verfügbar, wobei diese Bestandsinformationen für die anschließend zu treffende Entscheidung über die Aufarbeitungsmenge r_t vorliegen. Diese Annahmen sind zur Beschreibung des Falls λ_P=0 notwendig, wobei die Abhängigkeit der Entscheidungen bzw. die Betrachtung zweier Entscheidungszeitpunkte mit infinitesimal kleinem Abstand auch nur in diesem Fall relevant sind. Für $\lambda_P>0$ erfolgt der Lagerzugang zu Beginn von Periode $t+\lambda_P$. Die Entscheidung über die Aufarbeitungsmenge r_t führt für $\lambda_R=0$ unmittelbar und für $\lambda_R>0$ zu Beginn von Periode $t+\lambda_R$ zu einem Lagerzugang im FT-Bestand. Schließlich wird der Bedarf unter Vormerkung von Fehlmengen realisiert.

Die für allgemeine Durchlaufzeitrelation abgeleitete heuristische (S,M)-Politikstruktur enthält als Teilregel für die Produktion

$$p_t = \max\left\{\frac{S_t - x_{S,t}^P}{\mu_z}, 0\right\}. \tag{4.2.47}$$

Eine Besonderheit stellt jedoch der Fall $\lambda_R=0$ dar, da mit der verzögerungsfreien Aufarbeitung der in Periode t produzierten und zu Beginn von $t+\lambda_P$ eintreffenden Rückflüsse das Ausbeuterisiko vollständig eliminiert wird und lediglich das Bedarfsrisiko über die Dauer der Produktionsdurchlaufzeit verbleibt. Durch Aufarbeitung der Rückflüsse $(1-z_t)\cdot p_t$ wird somit die gesamte Produktionsmenge p_t in Periode $t+\lambda_P$ verfügbar. Damit ist eine inflationierende Produktionsregel in diesem Fall nicht sinnvoll und durch eine einfache Bestellgrenzenregel vom Typ

$$p_t = \max\left\{S_t - x_{S,t}^P, 0\right\} \tag{4.2.48}$$

zu ersetzen. Die Teilregel für die Aufarbeitung lautet

$$r_t = \min\left\{x_{R,t}, \max\left\{M_t - x_{S,t}^R, 0\right\}\right\}. \tag{4.2.49}$$

Die Entscheidungen über Produktion und Aufarbeitung können prinzipiell unabhängig voneinander getroffen werden. Um jedoch den Spezialfall $\lambda_P=0$ mit der Möglichkeit der sofortigen Aufarbeitung des Ausbeuteverlustes zu integrieren, wird angenommen, dass zunächst die Produktionsmenge ermittelt und danach über die Aufarbeitung entschieden wird.

Mit der Produktionsregel wird ein Abgleich des produktionsspezifischen disponiblen Bestands mit der Produktionsgrenze S_t vorgenommen, wobei der hierdurch ermittelte

Nettobedarf mit dem Ausbeutekoeffizienten $1/\mu_z$ inflationiert wird. Die Aufarbeitungsregel gleicht den aufarbeitungsspezifischen disponiblen Bestand mit der Aufarbeitungsgrenze M_t ab, sofern der verfügbare Bestand $x_{R,t}$ dies zulässt. Es wird deutlich, dass die Struktur der Produktionsregel mit der in Abschnitt (4.1.3.1) besprochenen MRP-Politik für das Produktionsausbeuteproblem ohne Aufarbeitung übereinstimmt, während eine Aufarbeitungsregel mit dieser Struktur auch für das in Kapitel 3.3 behandelte Modell mit externen Rückflüssen abgeleitet wurde. Von den genannten Fällen unterscheidet sich die hier betrachtete Politik jedoch in der Definitionen der disponiblen Bestände $x_{S,t}^P$ und $x_{S,t}^R$.

Hinsichtlich der Durchlaufzeitrelationen werden die folgenden Fälle unterschieden.

Identische Durchlaufzeiten: $\lambda = \lambda_R = \lambda_P$

Im Fall identischer Durchlaufzeiten beeinflussen sowohl die Produktions- als auch die Aufarbeitungsentscheidung den FT-Bestand in Periode $t+\lambda$. Die produktionsbezogene Bestandsvariable $x_{S,t}^P$ umfasst den physisch verfügbaren FT-Bestand (abzüglich Fehlmengen) $x_{S,t}$, den RT-Bestand $x_{R,t}$, die erwartete Ausbeute aus allen ausstehenden Produktionsaufträgen sowie alle ausstehenden Aufarbeitungsmengen.

$$x_{S,t}^P = x_{S,t} + x_{R,t} + \mu_z \cdot \sum_{i=1}^{\lambda-1} p_{t-i} + \sum_{i=1}^{\lambda-1} r_{t-i} \tag{4.2.50}$$

Der Bestand an Rücklaufteilen wird dabei bereits als Bestandteil des disponiblen Bestands betrachtet, wodurch die Vorrangbeziehung der Aufarbeitung gegenüber der Neuproduktion zum Ausdruck kommt.

Der disponible Bestand $x_{S,t}^R$ umfasst den verfügbaren FT-Bestand abzüglich Fehlmengen sowie alle offenen Aufarbeitungsaufträge und den Erwartungswert der Ausbeute aller offenen Produktionsaufträge. Für $\lambda \geq 1$ gilt

$$x_{S,t}^R = x_{S,t} + \mu_z \cdot \sum_{i=0}^{\lambda-1} p_{t-i} + \sum_{i=1}^{\lambda-1} r_{t-i}\,. \tag{4.2.51}$$

Bei der Integration des Spezialfalls λ=0 ist zu beachten, dass sowohl die Produktionsausbeute $z_t \cdot p_t$ als auch der Ausbeuteverlust $\left(1-z_t\right)\cdot p_t$ unmittelbar dem FT-Bestand bzw. dem RT-Bestand zugehen. Die zur Aufarbeitung in t verfügbare Menge an Rücklaufteilen wird im Anschluss an die Produktionsentscheidung ermittelt. Der Ausdruck (4.2.50) vereinfacht sich zu $x_{S,t}^{P} = x_{S,t} + x_{R,t}$. Für die Entscheidung (4.2.49) sind in diesem Fall der disponible Bestand

$$x_{S,t}^{R} = x_{S,t} + z_t \cdot p_t \tag{4.2.52}$$

und der RT-Bestand $x_{R,t}' = x_{R,t} + \left(1-z_t\right)\cdot p_t$ zu berücksichtigen, der für die unverzügliche Aufarbeitung verfügbar ist.

Nichtidentische Durchlaufzeiten: $\lambda_R<\lambda_P$

In der Situation eines schnelleren Aufarbeitungsprozesses beeinflusst die Entscheidung über die Aufarbeitungsmenge in Periode t den FT-Bestand in Periode $t+\lambda_R$, während die Ausbeute $z_t \cdot p_t$ aus dem in t ausgelösten Produktionsauftrag erst zum späteren Zeitpunkt $t+\lambda_P$ diesem Bestand zugeht. Die Entscheidungsfolge für Produktions- und Aufarbeitungsmengen kann dennoch beibehalten werden. Der produktionsbezogene disponible Bestand berücksichtigt die zu Beginn von Periode t zur Aufarbeitung verfügbaren Rücklaufteile im RT-Bestand $x_{R,t}$ und weiterhin die in den Folgeperioden t+1 bis $t+\lambda_P-\lambda_R$ zu erwartenden Rückflüsse $\sum_{i=1}^{\lambda_P-\lambda_R} R_{t+i} = \left(1-\mu_z\right)\cdot \sum_{i=\lambda_R}^{\lambda_P-1} p_{t-i}$, die nach ihrer Aufarbeitung den FT-Bestand bis zu Beginn von Periode $t+\lambda_P$ auffüllen:

$$x_{S,t}^{P} = x_{S,t} + x_{R,t} + \sum_{i=\lambda_R}^{\lambda_P-1} p_{t-i} + \mu_z \cdot \sum_{i=1}^{\lambda_R-1} p_{t-i} + \sum_{i=1}^{\lambda_R-1} r_{t-i} \tag{4.2.53}$$

Diese Rückflüsse ergänzen sich mit den für den gleichen Zeitraum zu erwartenden Ausbeuten $\mu_z \cdot \sum_{i=\lambda_R}^{\lambda_P-1} p_{t-i}$ zu dem ersten Summenterm in (4.2.53). Der folgende Term beschreibt die für die Folgeperioden bis einschließlich Periode $t+\lambda_P$-1 erwarteten Produktionsausbeuten, deren korrespondierende Ausbeuteverluste (Rückflüsse) auf den Bestand in $t+\lambda_P$ keinen Einfluss haben. Weiterhin erfasst $x_{S,t}^P$ alle ausstehenden Aufarbeitungsaufträge.

Der aufarbeitungsbezogene disponible Bestand $x_{S,t}^R$ ist definiert als die Summe aus dem verfügbaren und ggf. um Fehlmengen korrigierten FT-Bestand und dem Erwartungswert der bis zu Beginn von Periode $t+\lambda_R$ verfügbaren Produktionsausbeuten sowie aller offenen Aufarbeitungsaufträge.

$$x_{S,t}^R = x_{S,t} + \mu_z \cdot \sum_{i=1}^{\lambda_R} p_{t-\lambda_P+i} + \sum_{i=1}^{\lambda_R - 1} r_{t-i} \tag{4.2.54}$$

Im Spezialfall λ_R=0 gilt für den produktionsbezogenen disponiblen Bestand

$$x_{S,t}^P = x_{S,t} + x_{R,t} + \sum_{i=1}^{\lambda_P - 1} p_{t-i}, \tag{4.2.55}$$

während sich (4.2.54) zu $x_{S,t}^R = x_{S,t}$ vereinfacht. Durch die Möglichkeit der unmittelbaren Aufarbeitung der durch Produktion in Periode t generierten Rückflüsse wird wie im Fall λ_R=λ_P=0 das Ausbeuterisiko eliminiert.

Nichtidentische Durchlaufzeiten: λ_R>λ_P

In diesem Fall wirkt zunächst die Produktionsentscheidung auf den FT-Bestand in Periode $t+\lambda_P$. Die entsprechende Bestandsvariable $x_{S,t}^P$ ist die Summe aus dem FT-Bestand, der erwarteten Ausbeute aller offenen Produktionsaufträge sowie allen bis zu Beginn von Periode $t+\lambda_P$ bestandswirksamen Aufarbeitungsmengen.

$$x_{S,t}^P = x_{S,t} + \mu_z \cdot \sum_{i=1}^{\lambda_P - 1} p_{t-i} + \sum_{i=1}^{\lambda_P} r_{t-\lambda_R+i} \tag{4.2.56}$$

Der disponible Bestand für die Aufarbeitung schließt darüber hinaus alle weiteren offenen Aufarbeitungsaufträge sowie den aktuellen Produktionsauftrag p_t ein.

$$x_{S,t}^{R} = x_{S,t} + \mu_z \cdot \sum_{i=0}^{\lambda_P - 1} p_{t-i} + \sum_{i=1}^{\lambda_R - 1} r_{t-i} \tag{4.2.57}$$

Wie bereits weiter oben angesprochen, beeinflussen die noch unbekannten Produktionsentscheidungen der Perioden t+1 bis $t+\lambda_R-\lambda_P-1$ den FT-Bestand noch vor Periode $t+\lambda_R$ mit der Produktionsausbeute $\sum_{i=1}^{\lambda_R-\lambda_P-1} z_{t+i} \cdot p_{t+i}$. Das Ergebnis dieser Entscheidungen wird jedoch im Weiteren nicht berücksichtigt, so dass in dem im vorausgehenden Abschnitt ermittelten Ausdruck (4.2.46) für die Festlegung der Aufarbeitungsmenge der Term Δx vernachlässigt wird. Dies führt dazu, dass Rückflüsse schnell aufgearbeitet und somit RT-Betände für die zeitlich unflexible Aufarbeitung vermindert werden.

Im Spezialfall λ_P=0 vereinfacht sich (4.2.56) zu $x_{S,t}^{P} = x_{S,t}$ und an die Stelle der Definition (4.2.57) tritt der Ausdruck

$$x_{S,t}^{R} = x_{S,t} + z_t \cdot p_t + \sum_{i=1}^{\lambda_R - 1} r_{t-i}, \tag{4.2.58}$$

so dass die zum Zeitpunkt der Entscheidung vorliegende Ausbeuterealisation des Produktionsauftrages p_t Berücksichtigung findet.

4.2.2.1.4 Bestimmung der Dispositionsparameter

Nach der Analyse der MRP-Entscheidungsregeln und der Zusammenfassung der als Approximation vorgeschlagenen inflationierenden (S,M)-Dispositionspolitik wird in dem nun folgenden Schritt auf die Bestimmung der Dispositionsparameter eingegangen. Grundlage für die Berechnung der Dispositionsparameter ist ein Newsboy-Ansatz der Form

$$F(S) = \alpha \qquad \text{mit} \qquad \alpha = \frac{c^-}{c^- + c^+} \tag{4.2.59}$$

wobei entsprechend der bisher verwendeten Notation c^- die underage-Kosten und c^+ die overage-Kosten bezeichnet. F beschreibt die Verteilungsfunktion der Gesamtheit der Bedarfs- und Ausbeuterisiken in dem jeweils relevanten Risikozeitraum. Zur Gewinnung der beiden Parameter S und M müssen die jeweilige Verteilungsfunktion F und ihre Parameter bestimmt werden.

Produktion:

Wird eine marginale Einheit zu wenig produziert, führt dies zu Fehlmengenkosten $c^-=v$. Weiterhin werden die Kosten einer überschüssigen Produktionseinheit mit den Lagerkosten $c^+=h_S$ bewertet, so dass man bei einem Risikozeitraum von λ_P+1 Perioden für den Produktionsparameter erhält

$$S_t = F^{-1}_{\lambda_{P+1}}\left(\alpha_S\right) \quad \text{mit} \quad \alpha_S = \frac{v}{v + h_S} \tag{4.2.60}$$

mit $F^{-1}_{\lambda_P+1}(\,.\,)$ als Inverse der λ_P+1-fach gefalteten Verteilung F.

Aufarbeitung:

Aus Sicht der Aufarbeitung verursacht eine zu wenig aufgearbeitete Materialeinheit Fehlmengenkosten von v. Weiterhin entstehen zusätzliche Lagerkosten h_R für den Verbleib dieser Materialeinheit im RT-Bestand, so dass $c^-=v+h_R$. Für eine zuviel aufgearbeitete Mengeneinheit fallen Lagerkosten h_S an. Da jedoch die entnommene Mengeneinheit Rücklaufteile den RT-Bestand vermindert, ergibt sich ein Gesamteffekt von $c^+=h_S-h_R$. Daraus folgt bei Berücksichtigung des relevanten Risikozeitraumes von λ_R+1 Perioden

$$M_t = F^{-1}_{\lambda_{R+1}}\left(\alpha_M\right) \quad \text{mit} \quad \alpha_M = \frac{v + h_R}{v + h_S}. \tag{4.2.61}$$

Wiederum sind nun drei Fälle unterschiedlicher Durchlaufzeitkonstellationen zu unterscheiden, für die Ausdrücke zur Bestimmung der Dispositionsparameter abgeleitet werden.

a) Identische Durchlaufzeiten: $\lambda=\lambda_R=\lambda_P$

In diesem Fall beeinflussen sowohl die Entscheidung über die Produktionsmenge p_t als auch die Entscheidung über die Aufarbeitung r_t den Bestand in Periode $t+\lambda$. Sei $y_{t+\lambda}$ der Bestand an Fertigteilen zum Ende von Periode $t+\lambda$ (nach Realisation des Bedarfes dieser Periode), so lässt sich dieser bestimmen als

$$y_{t+\lambda} = x_{S,t} + \sum_{i=1}^{\lambda-1} \tilde{z}_{t-i} \cdot p_{t-i} + \sum_{i=1}^{\lambda-1} r_{t-i} + \tilde{z}_t \cdot p_t + r_t - \sum_{i=0}^{\lambda} \tilde{D}_{t+i} \,. \tag{4.2.62}$$

Ausgehend von dem zu Beginn von Periode t ermittelten Bestand $x_{S,t}$ enthält die Gleichung alle bis zu Beginn von $t+\lambda$ dem FT-Bestand zugehenden Mengen aus offenen sowie aktuellen Produktions- und Aufarbeitungsaufträgen, sowie Bedarfe D, die den Bestand bis zum Ende von Periode $t+\lambda$ vermindern. Zu beachten ist, dass es sich bei den Produktionsausbeuten der offenen Aufträge sowie des aktuellen Auftrags p_t um Zufallsgrößen handelt.

a1) Bestimmung von SST_t^P und S_t

Nach Einsetzen von (4.2.62) in die Newsboy-Bedingung $Prob\left\{y_{t+\lambda} \geq 0\right\} = \alpha_S$ unter Gebrauch der Prioritätsbedingung $r_t = x_{R,t}$ erhält man

$$Prob\left\{\sum_{i=0}^{\lambda} \tilde{D}_{t+i} - \sum_{i=1}^{\lambda-1} \tilde{z}_{t-i} \cdot p_{t-i} - \tilde{z}_t \cdot p_t \leq x_{S,t} + x_{R,t} + \sum_{i=1}^{\lambda-1} r_{t-i}\right\} = \alpha_S \,, \tag{4.2.63}$$

wobei die stochastischen Variablen auf der linken Seite der Ungleichung zusammengefasst sind. Erweitern beider Seiten der Ungleichung mit $\mu_z \cdot \sum_{i=0}^{\lambda-1} p_{t-i}$ und Verwendung der Definition (4.2.50) für den disponiblen Bestand $x_{S,t}^P$ liefert

$$Prob\left\{\xi_t := \sum_{i=0}^{\lambda} \tilde{D}_{t+i} - \sum_{i=1}^{\lambda-1}\left(\tilde{z}_{t-i} - \mu_z\right)\cdot p_{t-i} - \left(\tilde{z}_t - \mu_z\right)\cdot p_t \right.$$
$$\left. \leq x_{S,t}^P + \mu_z \cdot p\right\} = \alpha_S \tag{4.2.64}$$

oder $F_{\xi_t}\left(x_{S,t}^P + \mu_z \cdot p_t\right) = \alpha_S$, wobei F_{ξ_t} die Verteilungsfunktion der Zufallsvariable ξ_t bezeichnet. Auflösen dieses Ausdrucks nach p_t liefert nun

$$p_t = \frac{F_{\xi_t}^{-1}\left(\alpha_S\right) - x_{S,t}^P}{\mu_z} \tag{4.2.65}$$

mit der Bestellgrenze $S_t = F_{\xi_t}^{-1}\left(\alpha_S\right)$.

Unter der Annahme, dass ξ_t normalverteilt ist, erhält man $S_t = \mu_{\xi_t} + k_P \cdot \sigma_{\xi_t}$ mit dem Sicherheitsfaktor $k_P = \Phi^{-1}\left(\alpha_S\right)$, wobei Φ^{-1} die Inverse der Verteilungsfunktion der Standardnormalverteilung bezeichnet. Die Variable ξ_t hat den Erwartungswert $\mu_{\xi_t} = \left(\lambda + 1\right)\cdot \mu_D$ die Varianz

$$\sigma_{\xi_t}^2 = \left(\lambda + 1\right)\cdot \sigma_D^2 + \sigma_z^2 \cdot \sum_{i=1}^{\lambda-1} p_{t-i}^2 + \sigma_z^2 \cdot p_t^2 \tag{4.2.66}$$

als Summe der Varianzen der Bedarfe innerhalb des Risikozeitraumes sowie der Ausbeuten aller offenen Produktionsaufträge. Der letzte Term beschreibt das Ausbeuterisiko des zu bestimmenden Produktionsauftrages.

Aufgrund der wechselseitigen Abhängigkeit der Auftragsgröße p_t und des Produktionsparameters wird für die Bestimmung von S_t ein Schätzer $\hat{p}_t$ verwendet. Hier kommt die mittlere Produktionsmenge zum Ansatz, die dem Erwartungswert des Bedarfes entspricht:

$$\hat{p}_t = \mu_D \tag{4.2.67}$$

Nach Einsetzen in (4.2.66) erhält man für den Sicherheitsbestand $SST_P = k_P \cdot \sigma_{\xi_t}$ mit $k_P = \Phi^{-1}(\alpha_S)$ den Ausdruck

$$SST_t^P = k_P \cdot \sqrt{(\lambda+1)\cdot\sigma_D^2 + \sigma_z^2 \cdot \sum_{i=1}^{\lambda-1} p_{t-i}^2 + \sigma_z^2 \cdot \mu_D^2}\,. \tag{4.2.68}$$

Es wird deutlich, dass durch die Berücksichtigung der periodisch wechselnden Bestände der Produktionspipeline der Sicherheitsbestand nicht stationär ist, sondern zeitlich variiert, so dass auch die Produktionsgrenze $S_t = \mu_{\xi_t} + k_P \cdot \sigma_{\xi_t} = (\lambda+1)\cdot\mu_D + SST_t^P$ einen dynamisch veränderlichen Dispositionsparameter darstellt.

Spezialfall: λ=0

Im Fall $\lambda=0$ vereinfacht sich (4.2.62) zu $y_t = x_{S,t} + \tilde{z}_t \cdot p_t + r_t - \tilde{D}_t$. Unter der Prioritätsbedingung $r_t = x_{R,t} + (1-z_t)\cdot p_t$ folgt hierfür der Ausdruck

$$y_t = x_{S,t} + x_{R,t} + p_t - \tilde{D}_t\,. \tag{4.2.69}$$

Einsetzen in $Prob\{y_t \geq 0\} = \alpha_S$ mit α_S aus (4.2.60) liefert nun den Ausdruck $Prob\{\xi_t := \tilde{D}_t \leq x_{S,t}^P + p_t\} = \alpha_S$ bzw. $F_{\xi_t}(x_{S,t}^P + p_t) = \alpha_S$ mit $x_{S,t}^P = x_{S,t} + x_{R,t}$, worauf Auflösen nach p_t schließlich zu der (nicht-inflationierenden) Produktionsregel $p_t = F_{\xi_t}^{-1}(\alpha_S) - x_{S,t}^P$ führt.

Die Zufallsvariable ξ_t ist von $\tilde{z}_t$ unabhängig und beschreibt allein die stochastische Bedarfsrealisation in Periode t.

Der so zu ermittelnde Sicherheitsbestand $SST_t^P = k_P \cdot \sigma_D$ und die Produktionsgrenze $S_t = \mu_D + k_P \cdot \sigma_D$ sind damit stationäre Größen, die in dieser Form mit der Lösung des einperiodigen bzw. stationären Newsboy-Problems identisch sind.

a2) Bestimmung von SST_t^R und M_t

Ausgangspunkt für die Bestimmung des Aufarbeitungsparameters M_t bzw. des korrespondierenden Sicherheitsbestandes SST_t^R ist wiederum Gleichung (4.2.62). Einsetzen dieses Ausdrucks in $Prob\left\{y_{t+\lambda} \geq 0\right\} = \alpha_M$ und Separieren der stochastischen Größen liefert

$$Prob\left\{\sum_{i=0}^{\lambda} \tilde{D}_{t+i} - \sum_{i=1}^{\lambda-1} \tilde{z}_{t-i} \cdot p_{t-i} - \tilde{z}_t \cdot p_t \leq x_{S,t} + r_t + \sum_{i=1}^{\lambda-1} r_{t-i}\right\} = \alpha_M. \tag{4.2.70}$$

Erweitern der Ungleichung mit $\mu_z \cdot \sum_{i=0}^{\lambda-1} p_{t-i}$ führt nun zu

$$Prob\left\{\zeta_t := \sum_{i=0}^{\lambda} \tilde{D}_{t+i} - \sum_{i=0}^{\lambda-1} \left(\tilde{z}_{t-i} - \mu_z\right) \cdot p_{t-i} \leq x_{S,t} + \mu_z \cdot \sum_{i=0}^{\lambda-1} p_{t-i} + \sum_{i=1}^{\lambda-1} r_{t-i} + r_t\right\} = \alpha_M. \tag{4.2.71}$$

Dieser Ausdruck lässt sich unter Gebrauch der Definition (4.2.51) für den aufarbeitungsbezogenen disponiblen Bestand $x_{S,t}^R$ formulieren als $F_{\zeta_t}\left(x_{S,t}^R + r_t\right) = \alpha_M$, wobei F_{ζ_t} die Verteilungsfunktion der Variable ζ_t beschreibt. Diese besitzt den Erwartungswert $\mu_{\zeta_t} = \left(\lambda + 1\right) \cdot \mu_D$ und die Varianz $\sigma_{\zeta_t}^2 = \left(\lambda + 1\right) \cdot \sigma_D^2 + \sigma_z^2 \cdot \sum_{i=0}^{\lambda-1} p_{t-i}^2$.

Der aufarbeitungsbezogene Sicherheitsbestand $SST_t^R = k_R \cdot \sigma_{\zeta_t}$ wird damit bestimmt als

$$SST_t^R = k_R \cdot \sqrt{\left(\lambda + 1\right) \cdot \sigma_D^2 + \sigma_z^2 \cdot \sum_{i=0}^{\lambda-1} p_{t-i}^2} \tag{4.2.72}$$

mit $k_R = \Phi^{-1}\left(\alpha_M\right)$. Für die Aufarbeitungsgrenze erhält man den Ausdruck $M_t = \mu_{\zeta_t} + k_R \cdot \sigma_{\zeta_t} = \left(\lambda + 1\right) \cdot \mu_D + SST_t^R$.

Somit ist auch der aufarbeitungsbezogene Sicherheitsbestand periodischen Schwankungen unterworfen, so dass mit der Aufarbeitungsgrenze M_t ebenfalls ein dynamischer

Dispositionsparameter vorliegt, dessen Wert von der Höhe aller offenen Produktionsaufträge (einschließlich p_t) abhängig ist.

Spezialfall: λ=0

Im Spezialfall λ=0 lässt sich der Bestand zum Ende von Periode t ausdrücken durch $y_t = x_{S,t} + z_t \cdot p_t + r_t - \tilde{D}_t$, wobei zum Zeitpunkt der Entscheidung über die Aufarbeitung die Ausbeuterealisation $z_t \cdot p_t$ bereits im FT-Bestand vorliegt. Entsprechend ist auch der Ausbeuteverlust dem RT-Bestand zugeflossen, so dass für diesen zum Zeitpunkt der Entscheidung gilt $x'_{R,t} = x_{R,t} + (1 - z_t) \cdot p_t$. Einsetzen von y_t in die Newsboy-Bedingung $Prob\{y_t \geq 0\} = \alpha_M$ liefert $Prob\{\zeta_t := \tilde{D}_t \leq x^R_{S,t} + r_t\} = \alpha_M$ mit dem disponiblen Bestand $x^R_{S,t} = x_{S,t} + z_t \cdot p_t$. Die Aufarbeitungsregel

$$r_t = \min\left\{x'_{R,t}, \max\left\{M_t - x^R_{S,t}, 0\right\}\right\} \tag{4.2.73}$$

unterscheidet sich von (4.2.49) hinsichtlich der Definitionen der Bestandsvariablen $x'_{R,t}$ und $x^R_{S,t}$, die das veränderte Zeitschema der Materialflüsse im Fall der Nulldurchlaufzeit reflektieren.

Die Zufallsgröße ζ_t ist mit der Bedarfsvariablen identisch. Dem obigen Vorgehen folgend lässt sich nun der stationäre Sicherheitsbestand als $SST^R_t = k_R(\alpha_M) \cdot \sigma_D$ und die Aufarbeitungsgrenze als $M_t = \mu_D + SST^R_t$ bestimmen.

Für den Fall λ>0 entkoppelt die Verwendung der Prioritätsbedingung r_t=$x_{R,t}$ bei der Bestimmung der Produktionsmenge die Entscheidungsvariablen p_t und r_t, so dass eine simultane Bestimmung möglich ist. Im Fall λ=0 wird r_t auf Grundlage der unmittelbar realisierten Ausbeute bestimmt.

b) Nichtidentische Durchlaufzeiten: $\lambda_R<\lambda_P$

Zunächst wird die Produktionsentscheidung betrachtet. Die geringere Durchlaufzeit des Aufarbeitungsprozesses führt zwar zu einem zeitlich früheren Einfluss auf den FT-Bestand, doch ist die vorrangige Aufarbeitungsoption durch den jeweils verfügbaren RT-Bestand beschränkt, der bei der Bestimmung der Produktionsmenge berücksichtigt wird.

b1) Bestimmung von SST_t^P und S_t

Für den FT-Bestand zum Ende von Periode $t+\lambda_P$ gilt

$$y_{t+\lambda_P} = x_{S,t} + \sum_{i=1}^{\lambda_P-1} \tilde{z}_{t-i} \cdot p_{t-i} + \sum_{i=1}^{\lambda_R-1} r_{t-i} + r_t + \sum_{i=1}^{\lambda_P-\lambda_R} r_{t+i} + \tilde{z}_t \cdot p_t - \sum_{i=0}^{\lambda_P} \tilde{D}_{t+i}. \quad (4.2.74)$$

Unter Gebrauch der Prioritätsbedingung für die Aufarbeitung des RT-Bestandes $r_t + \sum_{i=1}^{\lambda_P-\lambda_R} r_{t+i} = x_{R,t} + \sum_{i=\lambda_R}^{\lambda_P-1} \left(1-\tilde{z}_{t-i}\right) \cdot p_{t-i}$ erhält man

$$\begin{aligned} y_{t+\lambda_P} = {} & x_{S,t} + x_{R,t} + \sum_{i=1}^{\lambda_P-1} \tilde{z}_{t-i} \cdot p_{t-i} + \sum_{i=\lambda_R}^{\lambda_P-1} \left(1-\tilde{z}_{t-i}\right) \cdot p_{t-i} + \sum_{i=1}^{\lambda_R-1} r_{t-i} \\ & + \tilde{z}_t \cdot p_t - \sum_{i=0}^{\lambda_P} \tilde{D}_{t+i} \end{aligned} \quad (4.2.75)$$

worauf Aufspalten des ersten Summenterms und Zusammenfassen mit der zweiten Summe ergibt

$$y_{t+\lambda_P} = x_{S,t} + x_{R,t} + \sum_{i=1}^{\lambda_R-1} \tilde{z}_{t-i} \cdot p_{t-i} + \sum_{i=\lambda_R}^{\lambda_P-1} p_{t-i} + \sum_{i=1}^{\lambda_R-1} r_{t-i} + \tilde{z}_t \cdot p_t - \sum_{i=0}^{\lambda_P} \tilde{D}_{t+i}. \quad (4.2.76)$$

Einsetzen in die Newsboy-Bedingung $Prob\left\{y_{t+\lambda_P} \geq 0\right\} = \alpha_S$ und Separation der stochastischen Größen liefert

$$Prob\left\{\sum_{i=0}^{\lambda_P}\tilde{D}_{t+i}-\sum_{i=1}^{\lambda_R-1}\tilde{z}_{t-i}\cdot p_{t-i}-\tilde{z}_t\cdot p \le x_{S,t}+x_{R,t}+\sum_{i=\lambda_R}^{\lambda_P-1}p_{t-i}+\sum_{i=1}^{\lambda_R-1}r_{t-i}\right\}=\alpha_S. \quad (4.2.77)$$

Nach Addition des Terms $\mu_z\cdot\left(\sum_{i=1}^{\lambda_R-1}p_{t-i}+p_t\right)$ auf beiden Seiten der Ungleichung erhält man

$$Prob\left\{\sum_{i=0}^{\lambda_P}\tilde{D}_{t+i}-\sum_{i=1}^{\lambda_R-1}\left(\tilde{z}_{t-i}-\mu_z\right)\cdot p_{t-i}-\left(\mu_z-\tilde{z}_t\right)\cdot p_t\le x_{S,t}+x_{R,t}+ +\mu_z\cdot\sum_{i=1}^{\lambda_R-1}p_{t-i}+\sum_{i=\lambda_R}^{\lambda_P-1}p_{t-i}+\sum_{i=1}^{\lambda_R-1}r_{t-i}+\mu_z\cdot p_t\right\}=\alpha_S \quad (4.2.78)$$

bzw. unter Verwendung der Definition des disponiblen Bestandes $x_{S,t}^P$ in (4.2.53)

$$Prob\left\{\xi_t:=\sum_{i=0}^{\lambda_P}\tilde{D}_{t+i}-\sum_{i=1}^{\lambda_R-1}\left(\tilde{z}_{t-i}-\mu_z\right)\cdot p_{t-i}-\left(\mu_z-\tilde{z}_t\right)\cdot p_t \le x_{S,t}^P+\mu_z\cdot p_t\right\}=\alpha_S \quad (4.2.79)$$

oder entsprechend $F_{\xi_t}\left(x_{S,t}^P+\mu_z\cdot p_t\right)=\alpha_S$. Für die Produktionsentscheidung gilt daher

$p_t=\frac{F_{\xi_t}^{-1}\left(\alpha_S\right)-x_{S,t}^P}{\mu_z}$ mit der Produktionsgrenze $S_t=F_{\xi_t}^{-1}\left(\alpha_S\right)$.

Die Zufallsvariable ξ_t besitzt den Erwartungswert $\mu_{\xi_t}=\left(\lambda_P+1\right)\cdot\mu_D$ und die Varianz

$\sigma_{\xi_t}^2=\left(\lambda_P+1\right)\cdot\sigma_D^2+\sigma_z^2\cdot\sum_{i=1}^{\lambda_R-1}p_{t-i}^2+\sigma_z^2\cdot p_t^2$.

Für den Produktionsauftrag p_t wird wiederum der Erwartungswert $\hat{p}_t=\mu_D$ eingesetzt. Der Sicherheitsbestand lässt sich nun angeben als

$$SST_t^P = k_P \cdot \sqrt{\left(\lambda_P + 1\right) \cdot \sigma_D^2 + \sigma_z^2 \cdot \sum_{i=1}^{\lambda_R - 1} p_{t-i}^2 + \sigma_z^2 \cdot \mu_D^2} \tag{4.2.80}$$

und für die Produktionsgrenze erhält man $S_t = \left(\lambda_P + 1\right) \cdot \mu_D + SST_t^P$.

Zu beachten ist, dass die Höhe des dynamischen Sicherheitsbestands SST_t^P von den in den letzten λ_R-1 Perioden getroffenen Produktionsentscheidungen abhängig ist, während die zeitlich weiter zurückliegenden Aufträge der Produktionspipeline nicht (mehr) risikorelevant sind, da deren Ausbeuteverluste bis zu Beginn der Periode $t+\lambda_P$ den Aufarbeitungsprozess durchlaufen haben und im FT-Bestand verfügbar werden.

Spezialfall: $\lambda_R=0$

Für λ_R=0 lässt sich Gleichung (4.2.74) unter Anwendung der obigen Vorgehensweise zu

$$y_{t+\lambda_P} = x_{S,t} + x_{R,t} + \sum_{i=1}^{\lambda_P - 1} p_{t-i} + p_t - \sum_{i=0}^{\lambda_P} \tilde{D}_{t+i} \tag{4.2.81}$$

vereinfachen. Mit der Definition (4.2.55) für den produktionsbezogenen disponiblen Bestand folgt nach Einsetzen in die Newsboy-Bedingung die Bestimmungsgleichung

$$Prob\left\{\xi_t := \sum_{i=0}^{\lambda_P} \tilde{D}_{t+i} \le x_{S,t}^P + p_t\right\} = \alpha_S, \tag{4.2.82}$$

mit α_S aus (4.2.60). Es wird deutlich, dass die Variable $x_{S,t}^P$ neben dem systemweiten Bestand den Prozessbestand aller offenen Produktionsaufträge aggregiert und dabei sowohl Ausbeute- als auch Verlustanteil des Produktionsergebnisses berücksichtigt, so dass sich die Definition von $x_{S,t}^P$ von der weiter oben benutzten unterscheidet. Weiterhin führt Auflösen von (4.2.82) nach p_t zu der bereits für den Fall $\lambda_R=\lambda_P=0$ abgeleiteten nicht-inflationierenden Bestellgrenzenregel $p_t = F_{\xi_t}^{-1}\left(\alpha_S\right) - x_{S,t}^P$. Das relevante Risiko beschränkt sich auf die Bedarfsunsicherheit über den Zeitraum von

λ_P+1 Perioden. Für den Produktionsparameter gilt nun $S_t = (\lambda_P + 1) \cdot \mu_D + SST_t^P$ mit dem stationären Sicherheitsbestand

$$SST_t^P = k_P(\alpha_S) \cdot \sqrt{(\lambda_P + 1) \cdot \sigma_D^2}\,. \tag{4.2.83}$$

b2) Bestimmung von SST_t^R und M_t

Zur Gewinnung des Ausdrucks für den Aufarbeitungsparameter wird zunächst der Bestand zum Ende von Periode $t+\lambda_R$ formuliert.

$$y_{t+\lambda_R} = x_{S,t} + \sum_{i=1}^{\lambda_R} \tilde{z}_{t-\lambda_P+i} \cdot p_{t-\lambda_P+i} + \sum_{i=1}^{\lambda_R-1} r_{t-i} + r_t - \sum_{i=0}^{\lambda_R} \tilde{D}_{t+i} \tag{4.2.84}$$

Einsetzen in $Prob\left\{y_{t+\lambda_R} \geq 0\right\} = \alpha_M$ liefert die Bestimmungsgleichung

$$Prob\left\{\sum_{i=0}^{\lambda_R} \tilde{D}_{t+i} - \sum_{i=1}^{\lambda_R} \tilde{z}_{t-\lambda_P+i} \cdot p_{t-\lambda_P+i} \leq x_{S,t} + \sum_{i=1}^{\lambda_R-1} r_{t-i} + r_t\right\} = \alpha_M\,. \tag{4.2.85}$$

Nach Addition von $\mu_z \cdot \sum_{i=1}^{\lambda_R} p_{t-\lambda_P+i}$ auf beiden Seiten der Ungleichung ergibt sich

$$\begin{aligned} Prob\Bigg\{\zeta_t &:= \sum_{i=0}^{\lambda_R} \tilde{D}_{t+i} - \sum_{i=1}^{\lambda_R}\left(\tilde{z}_{t-\lambda_P+i} - \mu_z\right) \cdot p_{t-\lambda_P+i} \\ &\leq x_{S,t} + \mu_z \cdot \sum_{i=1}^{\lambda_R} p_{t-\lambda_P+i} + \sum_{i=1}^{\lambda_R-1} r_{t-i} + r\Bigg\} = \alpha_M \end{aligned} \tag{4.2.86}$$

oder, unter Gebrauch der Definition (4.2.54) für den disponiblen Bestand $x_{S,t}^R$:

$F_{\zeta_t}\left(x_{S,t}^R + r_t\right) = \alpha_M$, so dass $r_t = F_{\zeta_t}^{-1}(\alpha_M) - x_{S,t}^R$. Die Verteilungsparameter von ζ_t sind $\mu_{\zeta_t} = (\lambda_R + 1) \cdot \mu_D$ und

$$\sigma_{\zeta_t}^2 = (\lambda_R + 1) \cdot \sigma_D^2 + \sigma_z^2 \cdot \sum_{i=1}^{\lambda_R} p_{t-\lambda_P+i}^2 . \tag{4.2.87}$$

Die Aufarbeitungsgrenze $M_t = F_{\zeta_t}^{-1}(\alpha_M)$ kann somit als $M_t = (\lambda_R + 1) \cdot \mu_D + SST_t^R$ ermittelt werden, mit dem Sicherheitsbestand

$$SST_t^R = k_R(\alpha_M) \cdot \sqrt{(\lambda_R + 1) \cdot \sigma_D^2 + \sigma_z^2 \cdot \sum_{i=1}^{\lambda_R} p_{t-\lambda_P+i}^2} . \tag{4.2.88}$$

Der dynamische Sicherheitsbestand variiert mit der Höhe der ältesten Aufträge im Produktionsprozessbestand, die bis zu Beginn von Periode $t+\lambda_R$ den FT-Bestand mit noch unsicherem Ausbeuteanteil beeinflussen. Der Fall $\lambda_R=0$ ist hierin eingeschlossen und erfordert keine gesonderte Betrachtung.

c) nichtidentische Durchlaufzeiten: $\lambda_R>\lambda_P$

c1) Bestimmung von SST_t^P und S_t

Für den Bestand zum Ende von Periode $t+\lambda_P$ gilt

$$y_{t+\lambda_P} = x_{S,t} + \sum_{i=1}^{\lambda_P - 1} \tilde{z}_{t-i} \cdot p_{t-i} + \sum_{i=1}^{\lambda_P} r_{t-\lambda_R+i} + \tilde{z}_t \cdot p_t - \sum_{i=0}^{\lambda_P} \tilde{D}_{t+i} , \tag{4.2.89}$$

woraus man die Newsboy-Bestimmungsgleichung

$$Prob\left\{ \sum_{i=0}^{\lambda_P} \tilde{D}_{t+i} - \sum_{i=1}^{\lambda_P - 1} \tilde{z}_{t-i} \cdot p_{t-i} - \tilde{z}_t \cdot p_t \le x_{S,t} + \sum_{i=1}^{\lambda_P} r_{t-\lambda_R+i} \right\} = \alpha_S , \tag{4.2.90}$$

erhält, die sich unter Gebrauch der Definition (4.2.56) für den disponiblen Bestand $x_{S,t}^P$ umformen lässt zu

$$Prob\left\{\xi_t := \sum_{i=0}^{\lambda_P} \tilde{D}_{t+i} - \sum_{i=1}^{\lambda_P - 1} \left(\tilde{z}_{t-i} - \mu_z\right) \cdot p_{t-i} - \left(\tilde{z}_t - \mu_z\right) \cdot p_t \right. \\ \left. \le x_{S,t}^P + \mu_z \cdot p_t \right\} = \alpha_S \tag{4.2.91}$$

bzw. $F_{\xi_t}\left(x_{S,t}^P + \mu_z \cdot p_t\right) = \alpha_S$, so dass Auflösen nach p_t wiederum zum inflationierenden Typ der Produktionsregel $p_t = \frac{F_{\xi_t}^{-1}\left(\alpha_S\right) - x_{S,t}^P}{\mu_z}$ führt. Unter den bisher getroffenen Annahmen über ξ_t gilt für die Produktionsgrenze $S_t = F_{\xi_t}^{-1}\left(\alpha_S\right) = \left(\lambda_P + 1\right) \cdot \mu_D + SST_t^P$ mit dem Sicherheitsbestand

$$SST_t^P = k_P\left(\alpha_S\right) \cdot \sqrt{\left(\lambda_P + 1\right) \cdot \sigma_D^2 + \sigma_z^2 \cdot \sum_{i=1}^{\lambda_P - 1} p_{t-i}^2 + \sigma_z^2 \cdot \mu_D^2} \,. \tag{4.2.92}$$

Der Fall $\lambda_P = 0$ ist hierbei enthalten und erfordert keine spezielle Betrachtung.

c2) Bestimmung von SST_t^R und M_t

Zur Bestimmung des Aufarbeitungsparameters formuliert man $y_{t+\lambda_R}$ als

$$y_{t+\lambda_R} = x_{S,t} + \sum_{i=0}^{\lambda_P - 1} \tilde{z}_{t-i} \cdot p_{t-i} + \sum_{i=1}^{\lambda_R - \lambda_P} \tilde{z}_{t+i} \cdot p_{t+i} + \sum_{i=1}^{\lambda_R} r_{t-i} + r_t - \sum_{i=0}^{\lambda_R} \tilde{D}_{t+i} \tag{4.2.93}$$

und gelangt zu der Bestimmungsgleichung

$$Prob\left\{\sum_{i=0}^{\lambda_R} \tilde{D}_{t+i} - \sum_{i=0}^{\lambda_P - 1} \left(\tilde{z}_{t-i} - \mu_z\right) \cdot p_{t-i} - \sum_{i=1}^{\lambda_R - \lambda_P} \tilde{z}_{t+i} \cdot p_{t+i} \le \right. \\ \left. x_{S,t} + \mu_z \cdot \sum_{i=0}^{\lambda_P - 1} p_{t-i} + \sum_{i=1}^{\lambda_R} r_{t-i} + r = \alpha_M \right\} \tag{4.2.94}$$

Die stochastischen Größen sind der Bedarf über die Aufarbeitungszeit und die Abweichung der Ausbeuten offener Aufträge von ihrem Erwartungswert, wobei der dritte Summenterm die Ausbeuterealisationen zukünftiger Produktionsmengen der Perioden $t+1$ bis $t+\lambda_R-\lambda_P$ enthält. Unter Umgehung der in Abschnitt (4.2.2.1.2) angesprochenen Komplexität dieses Terms wird hier $p_{t+i}=\mu_D$ gesetzt für $i=1,...,\lambda_R-\lambda_P$. Dies führt zu

$$Prob\left\{\zeta_t := \sum_{i=0}^{\lambda_R} \tilde{D}_{t+i} - \sum_{i=0}^{\lambda_P-1}\left(\tilde{z}_{t-i} - \mu_z\right)\cdot p_{t-i} - \sum_{i=1}^{\lambda_R-\lambda_P} \tilde{z}_{t+i}\cdot \mu_D \right. \\ \left. \leq x_{S,t}^R + r_t\right\} = \alpha_M \tag{4.2.95}$$

wobei $x_{S,t}^R$ den disponiblen Bestand entsprechend Definition (4.2.57) bezeichnet.

Auflösen nach r_t liefert nun $r_t = F_{\zeta_t}^{-1}\left(\alpha_M\right) - x_{S,t}^R$. Für den Parameter M_t erhält man so

$M_t = \left[\lambda_P \cdot \mu_z + \lambda_R \cdot \left(1-\mu_z\right) + 1\right]\cdot \mu_D + SST_t^R$ mit dem Sicherheitsbestand

$$SST_t^R = k_R\left(\alpha_M\right)\cdot\sqrt{\left(\lambda_R+1\right)\cdot\sigma_D^2 + \sigma_z^2\cdot\sum_{i=0}^{\lambda_P-1} p_{t-i}^2 + \sigma_z^2\cdot\left(\lambda_R-\lambda_P\right)\cdot\mu_D^2}\,. \tag{4.2.96}$$

Wie in den Ausführungen des folgenden Abschnitts noch deutlich wird, beschränkt die Implementation der inflationierenden Produktionsregel den ‚Arbeitsbereich' der Heuristik auf den Bereich mittlerer bis hoher Ausbeutekoeffizienten. Für $z>0,5$ schränkt das geringe Rückflussaufkommen die Aufarbeitungsmöglichkeiten ein, so dass weniger der Nettobedarf $M_t - x_{S,t}^R$ sondern vielmehr der verfügbare Bestand $x_{R,t}$ die aufgearbeitete Menge an Rückflüssen bestimmt. In Voruntersuchungen war festzustellen, dass eine alternative Festlegung des Aufarbeitungsparameters, die den Einfluss der zukünftigen, bis zu Beginn von Periode $t+\lambda_R$ dem Bestand zugehenden Produktionsausbeuten vernachlässigt, zu einer Verbesserung der Performance führt. Für den Aufarbeitungsparameter wird daher $\hat{M}_t = \left(\lambda_R+1\right)\cdot\mu_D + SST_t^R$ mit dem Sicherheitsbestand

$$SST_t^R = k_R\left(\alpha_M\right)\cdot\sqrt{\left(\lambda_R+1\right)\cdot\sigma_D^2 + \sigma_z^2\cdot\sum_{i=0}^{\lambda_P-1} p_{t-i}^2} \tag{4.2.97}$$

vorgeschlagen. Für $\rho_z = \sigma_z / \mu_z < \frac{1}{k_R} \cdot \sqrt{\lambda_R - \lambda_P}$ gilt $\hat{M}_t > M_t$, so dass im Ergebnis dieser Festlegung mehr der im RT-Bestand eintreffenden Rücklaufteile unter Verzicht auf weitere Lagerung und Vermeidung diesbezüglicher Bestandskosten sofort in den Aufarbeitungsprozess geführt werden.

4.2.2.1.5 Diskussion der Heuristik

Es wurde gezeigt, dass die Anwendung der MRP-Entscheidungsregeln unter den Bedingungen rollierender Planung Kontrollpolitiken generiert, die mit einfachen stochastischen Dispositionsregeln strukturidentisch oder diesen sehr ähnlich sind. Im Ergebnis liegt eine (S,M)-Politikstruktur mit inflationierender Produktionsregel vor. Bei der Erweiterung um die Betrachtung von Null-Durchlaufzeiten war speziell für $\lambda_R=0$, d.h. im Fall verzögerungsfreier Aufarbeitung des Ausbeuteverlustes, eine (S,M)-Bestellgrenzenpolitik mit nicht-inflationierender Produktionsregel abzuleiten.

Die Performance dieser Heuristik wird in der weiter unten dokumentierten numerischen Untersuchung bewertet. Der Gebrauch der inflationierenden Produktionsregel lässt prinzipbedingte Probleme im Bereich sehr geringer Ausbeuteniveaus erwarten. Auch wenn solche Szenarien nur in speziellen Fällen von praktischer Relevanz sein dürften, sollen diese Zusammenhänge nachfolgend näher beleuchtet werden.

Zur Verdeutlichung wird zunächst eine Planungssituation unter vollständig deterministischen Bedingungen betrachtet. Das Beispiel geht von identischen Durchlaufzeiten von $\lambda=3$ Perioden bei konstantem Bedarf $D=100$ und einem Ausbeuteanteil von $z=0{,}1$ aus. Sicherheitsbestände werden nicht berücksichtigt.

Periode	(0)	1	2	3	4
Bruttobedarf		**100**	**100**	**100**	**100**
Erw. Produktionszugang		**10**	**10**	**10**	(10)
Erw. Aufarbeitungszugang		**90**	**90**	**90**	(90)
Bestand Fertigteile	**0**	0	0	0	0
Bestand Rücklaufteile	**0**	0	0	0	0

Tab. 4.7: MRP-Tableau - Deterministischer Plan

Tab. 4.7 zeigt hierzu ein vereinfachtes MRP-Tableau, das die jeweils zu Periodenbeginn verfügbaren Fertigteile aus offenen Aufträgen, die innerhalb der Periode realisierten Bedarfe und die zum Periodenende vorliegenden Bestände wiedergibt. Aus den Daten des Schemas ergibt sich in Periode 4 ein Nettobedarf von 100 ME. Nach den Entscheidungsregeln des MRP- bzw. SIC-Ansatzes werden die zu Beginn von Periode 1 verfügbaren 90 ME Rücklaufteile aufgearbeitet und der verbleibende Nettobedarf von 10 ME durch eine Produktionsmenge von p_1=100 gedeckt. Aus dem Produktionsauftrag resultieren zu Beginn von Periode 4 neben den Fertigteilen auch Rückflüsse von R_4=90 ME, die dem RT-Bestand zufließen. Produktions- und Aufarbeitungsmengen sind über alle Perioden unveränderlich, ebenso die Höhe beider Bestände.

Nun trete eine einmalige Bedarfsstörung ein, die im Beispiel (Tab. 4.8) den Bedarf der Vorperiode (0) auf 120 ME erhöht hat, so dass eine Fehlmenge von 20 ME entsteht. Die zu Beginn von Periode 1 dem FT-Bestand zufließende Produktionsausbeute von 10 ME zuzüglich der aufgearbeiteten 90 ME führen zu einem FT-Bestand von 80 ME. Als Folge tritt in den Perioden 1 bis 3 ein Fehlbestand von 20 ME auf, da der Nettobedarf von jeweils 120 ME nicht vollständig aus den offenen Aufträgen erfüllt werden kann.

Zur vollständigen Deckung des Nettobedarfs von 120 ME in Periode 4 werden wiederum r_f=90 ME Rücklaufteile aufgearbeitet, während ein Produktionsauftrag in Höhe von $p_1 = (120 - 90)/0,1 = 300$ ME generiert wird. Die Folge ist jedoch ein Rücklauf von R_4=270 ME, der dazu führt, dass in den Perioden 4 und 5 nicht produziert wird. Erst in Periode 6 kann der überzählige RT-Bestand vollständig abgebaut werden.

Periode	(0)	1	2	3	4
Bruttobedarf		**100**	**100**	**100**	**100**
Erw. Produktionszugang		**10**	**10**	**10**	(30)
Erw. Aufarbeitungszugang		**90**	**90**	**90**	(90)
Bestand Fertigteile	**-20**	-20	-20	-20	0
Bestand Rücklaufteile	0	0	0	0	270

Tab. 4.8: MRP-Tableau - Bedarfsstörung

Das einfache Beispiel zeigt, dass der Gebrauch der Entscheidungsregeln bei sehr geringem Ausbeuteanteil (z<0,5) in Abhängigkeit insbesondere vom Ausmaß des Bedarfsrisikos zu unerwünschten Bestandskosten durch den temporären Aufbau von

RT-Beständen führen kann. Diese Charakteristik des Bestandsverlaufes wurde im Vorfeld der numerischen Untersuchungen bestätigt. In den Abb. 4.12 a) bis 4.12 d) sind typische Bestandsverläufe[165] bei identischen Durchlaufzeiten dargestellt, wie sie unter stochastischen Bedarfs- und Ausbeutebedingungen für verschieden hohe Ausbeuteanteile von μ_z=0,1 bis μ_z=0,7 zu beobachten sind. Die Graphiken zeigen jeweils die Entwicklung des FT-Bestandes (SOH_t) und des RT-Bestandes (ROH_t) zum Periodenende über ein Intervall von 400 Perioden. Besonders auffällig sind die in Diagramm a) und b) auftretenden sägezahnförmigen Verläufe, deren Erscheinungsbild an den Bestandsverlauf des klassischen Produktionslosgrößenmodells erinnert. Auch die Relation zu dem ebenfalls abgebildeten FT-Bestandsniveau weist auf das systematische Problem bei der Materialkoordination hin, die in Abhängigkeit von h_R entsprechende Bestandskosten zur Folge hat.

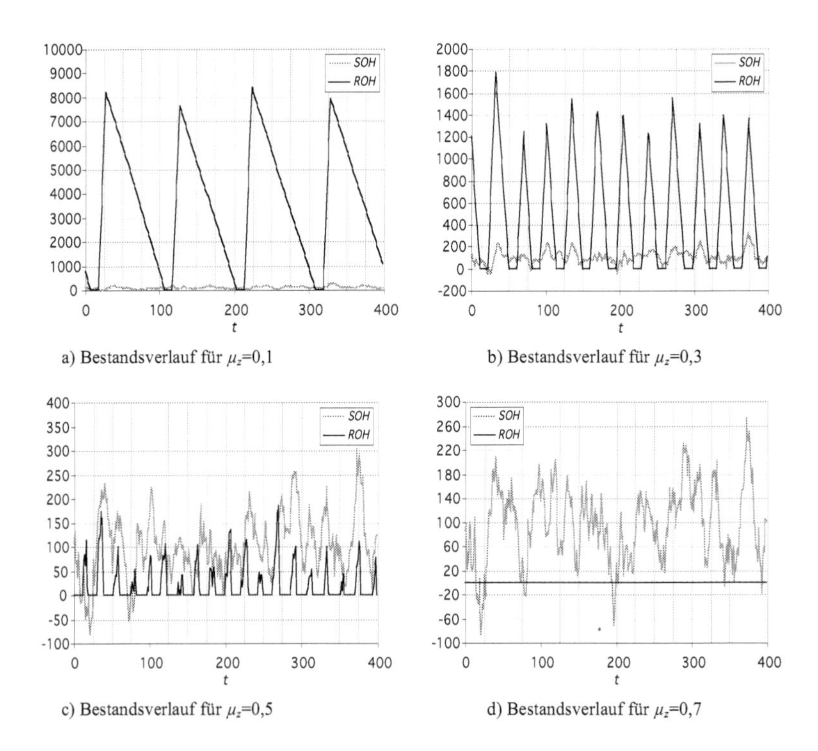

Abb. 4.12: Bestandsverläufe über einen Zeitraum von T=400 Perioden

[165] Diesen Aufzeichnungen liegt folgendes Szenario zugrunde: λ_R=λ_P=10, h_S=3, h_R=2, v=27, Bedarf und Ausbeuteanteil sind normalverteilt mit μ_D=100, σ_D=20, ρ_z=σ_z/μ_z=0,2.

Der RT-Bestand steigt zunächst über mehrere Perioden steil an und erreicht ein Maximum, um dann mit der Rate des Periodenbedarfs wieder abzusinken. Ein solcher Zyklus beginnt in Periode t mit einer Produktionsphase über λ Perioden, die im Diagramm an ROH_t=0 zu erkennen ist. In den Perioden $t+\lambda$ bis $t+2\lambda$ treffen die resultierenden Rückflüsse im RT-Bestand ein, welche die Produktionsausbeuten jeweils um ein Vielfaches übersteigen. Somit wird in einem Zeitabschnitt nicht produziert, der mit Periode $t+\lambda$ beginnt und andauert, bis der RT-Bestand einer zukünftigen Periode i den Nettobedarf von Periode $i+\lambda$ unterschreitet. Da jedoch während dieser Aufarbeitungsphase keine neuen Rückflüsse generiert werden, muß schließlich der Zyklus mit einer Produktionsphase von neuem beginnen.

Die Charakteristik kurzer Produktionszyklen mit anschließendem Bestandsaufbau und Aufarbeitung der kumulierten Rückflüsse liegt unter allen Durchlaufzeitkonstellationen vor. Im Falle nichtidentischer Durchlaufzeiten können sich jedoch Produktions- und Aufarbeitungszyklus zeitlich überlappen.

Im Fall $\lambda_R<\lambda_P$ beginnt die Produktionsphase bereits bevor der RT-Bestand aufgebraucht ist. Sobald der disponible Bestand (4.2.53) den erwarteten Ausbeuteverlust des ersten Produktionsauftrages nach λ_R Perioden erfasst, werden weiterhin nur noch Rückflüsse aufgearbeitet. Die Dauer der Produktionsphase wird somit durch λ_R bestimmt.

Im Fall $\lambda_R>\lambda_P$ beginnt die Produktion, sobald der Rückgang des Prozessbestandes der Aufarbeitung eine Vermeidung von Fehlmengen erforderlich macht. Der produktionsbezogene disponible Bestand in (4.2.56) beinhaltet nicht den physischen RT-Bestand. Das Ende der Produktionsphase tritt daher erst ein, sobald der disponible Bestand die Aufarbeitung der ersten Rückflüsse registriert. Auch in diesem Fall wird die Dauer der Produktionsphase durch λ_R bestimmt. Außerhalb der Produktionsphase können vereinzelte Produktionsaufträge zur kurzfristigen Reaktion auf hohe Bedarfsrealisationen auftreten.

Das in Abb. 4.13 für den Fall identischer Durchlaufzeiten dargestellte Schema weist eine Charakteristik auf, wie sie in Abwesenheit von Fixkosten nicht sinnvoll erscheint. Ausgenommen von diesem Problem ist der Spezialfall λ_R=0, für den der Gebrauch einer nicht-inflationierenden Produktionsregel den Aufbau dieses Bestandsmusters verhindert. Hohe Durchlaufzeiten (sowohl λ_P als auch λ_R) führen zu einer langen Periodendauer des Bestandszyklus und einem entsprechend hohen mittleren RT-Bestand.

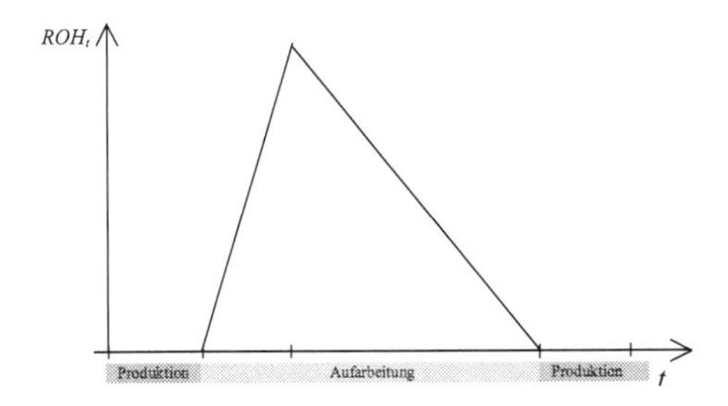

Abb. 4.13: Produktions-/Aufarbeitungszyklus und Bestandsverlauf bei geringem Ausbeuteanteil

Der Anstieg beim Auf- und Abbau des Bestandes wird durch die Ausbeute und den Bedarf bestimmt. Die Kostenwirkung des zyklischen Bestandsaufbaus wird dabei durch die Größe des Lagerkostensatzes h_R bestimmt, so dass im Fall hoher Kapitalbindung in den Rücklaufteilen erhebliche Bestandskosten entstehen.

4.2.2.2 Heuristik II

Für die oben aus dem MRP-Ansatz entwickelte Heuristik konnte das Problem einer unter den Bedingungen geringer Ausbeutefraktionen unzulänglichen Materialkoordination festgestellt werden. Im Folgenden soll eine weitere Heuristik mit dem Ziel entwickelt werden, selbst in Fällen extrem niedriger Ausbeute eine effiziente Materialdisposition zu ermöglichen.

Die im letzten Abschnitt besprochene Charakteristik der Abfolge von Produktions- und Aufarbeitungsphasen und des Bestandsverlaufs resultieren aus der vorliegenden Produktionsstrategie, mit welcher zu einem Zeitpunkt t der FT-Bestand in der Periode $t+\lambda_P$ gesteuert wird. Die damit induzierten Rückflüsse werden im disponiblen Bestand erst zu diesem Zeitpunkt (mit ihrer Verfügbarkeit im RT-Bestand) erfasst, so dass sich im Fall geringer Ausbeute Rückflüsse kumulieren.

Als Grundidee zur Entwicklung eines Ansatzes, der dieses Problem vermeidet, soll die vorliegende Problemstruktur in zwei Grenzfälle zerlegt werden:

a) Sehr hohe Ausbeute

Der Fall sehr hoher Ausbeute ($\mu_z \to 1$) hat die Charakteristik eines einstufigen Produktionsproblems mit der relevanten Durchlaufzeit $\lambda' = \lambda_P$.

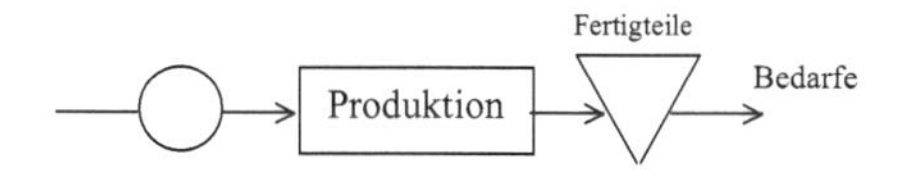

Abb. 4.14: Einstufiges Produktionsproblem im Grenzfall a)

b) Sehr geringe Ausbeute

Im Gegensatz dazu wird der Materialfluss bei sehr geringer Ausbeute ($\mu_z \to 0$) beide Prozesse durchlaufen, so dass hier ein zweistufiges serielles Produktionsproblem mit einer relevanten Gesamtdurchlaufzeit von $\lambda' = \lambda_P + \lambda_R$ Perioden vorliegt.

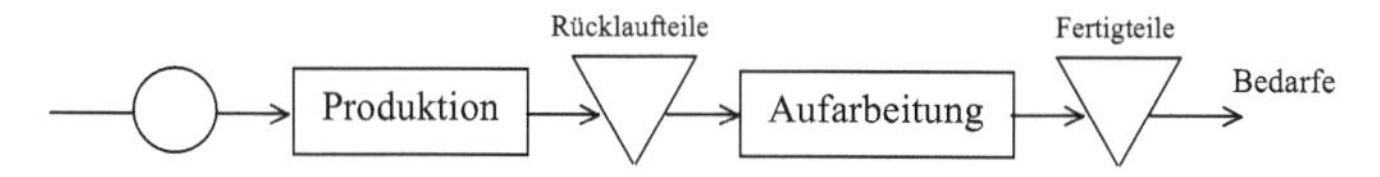

Abb. 4.15: Zweistufiger Produktionsprozess im Grenzfall b)

Zur Veranschaulichung der in beiden Grenzfällen anzuwendenden Dispositionsregeln kann wiederum das vereinfachte MRP-Tableau herangezogen werden. Das Beispiel in Tab. 4.9 ändert das vorausgehende Beispiel aus dem letzten Abschnitt insoweit ab, dass es den Fall $z=1$ wiedergibt.

Periode	(0)	1	2	3	4
Bruttobedarf		**100**	**100**	**100**	**100**
Erw. Produktionszugang		**100**	**100**	**100**	(120)
Erw. Aufarbeitungszugang		**0**	**0**	**0**	0
Bestand Fertigteile	**-20**	-20	-20	-20	0
Bestand Rücklaufteile	**0**	0	0	0	0

Tab. 4.9: MRP-Tableau im Fall a)

Die MRP-äquivalente Produktionsregel hat in diesem Fall die Gestalt einer einfachen Bestellgrenzenregel und steuert den Bestand in Periode 4. Im Beispiel würde die Produktionsmenge p_1=120 in Periode 4 im FT-Bestand eintreffen.

Im Fall z=0 wird das Planungszeitfenster für die aktuelle Produktionsentscheidung bis auf die Periode ausgeweitet, in welcher der Rückfluss aus der aktuellen Produktionsmenge nach der Aufarbeitung dem FT-Bestand zugeht, im Beispiel in Tab. 4.10 ist dies Periode 7. Dabei werden nicht nur die bis Periode 3 zu erwartenden Produktionsausbeuten, sondern auch die jeweils anfallenden und aufzuarbeitenden Rückflüsse (grau markiert) erfasst.

Periode	(0)	1	2	3	4	5	6	7
Bruttobedarf		**100**	**100**	**100**	**100**	**100**	**100**	**100**
Erw. Produktionszugang		**0**	**0**	**0**	(0)	0	0	0
Erw. Aufarbeitungszugang		**100**	**100**	**100**	100	100	100	(120)
Bestand Fertigteile	**-20**	-20	-20	-20	-20	-20	-20	0
Bestand Rücklaufteile	**0**	0	0	0	0	0	0	0

Tab. 4.10: MRP-Tableau im Fall b)

Auch in diesem Fall ist die äquivalente Produktionsregel eine einfache Bestellgrenzenregel, jedoch mit einem um λ_R Perioden erweiterten Risikozeitraum. Im Beispiel trifft die Produktionsmenge p_1=120 in Periode 7 im FT-Bestand ein.

Der Grundgedanke für das weitere Vorgehen ist die Konstruktion einer neuen Heuristik, die beide Szenarien korrekt als Grenzfälle wiedergibt. Der kontinuierliche Übergang zwischen diesen Fällen wird durch Linearkombination hergestellt. Als Gewichtungsfaktor wird für den einstufigen Fall μ_z und für den seriellen Fall (1-μ_z) gewählt, so dass der Einfluss des Ausbeutefaktors auf den für die Produktionsentscheidung relevanten Zeithorizont mit einer linearen Abhängigkeit beschrieben wird. Auf die Darstellung der offensichtlichen Äquivalenzbeziehungen zwischen dem MRP-Vorgehen und einfachen Bestellgrenzenregeln mit für die Grenzfälle sich unterscheidendem Risikozeitraum kann an dieser Stelle verzichtet werden. Stattdessen wird im nächsten Abschnitt unmittelbar die entsprechende stochastische Kontrollpolitik beschrieben.

4.2.2.2.1 Stochastische Kontrollpolitik

Für die formale Beschreibung der Dispositionspolitik und die Ermittlung ihrer Parameter wird die weiter oben eingeführte Notation verwendet. Auch die über die zeitliche Abfolge der Entscheidungen bereits getroffenen Annahmen werden beibehalten.

Produktions- und Aufarbeitungsentscheidungen werden anhand einer (*S*,*M*)-Dispositionspolitik mit Produktionsgrenze S_t und Aufarbeitungsgrenze M_t getroffen.

Die Produktionsentscheidung basiert auf dem Abgleich des disponiblen Bestandes $x_{S,t}^P$ mit der Produktionsgrenze *S* und unterscheidet sich von der inflationierenden Produktionsregel der Heuristik I aus (4.2.47).

$$p_t = \max\left\{S_t - x_{S,t}^P, 0\right\} \tag{4.2.98}$$

Die Teilregel zur Ermittlung der Aufarbeitungsmenge ist in ihrer Struktur identisch mit der entsprechenden Regel der Heuristik I.

$$r_t = \min\left\{x_{R,t}, \max\left\{M_t - x_{S,t}^R, 0\right\}\right\} \tag{4.2.99}$$

Im Fall λ_P=0 ist annahmegemäß die Produktionsausbeute $z_t \cdot p_t$ bereits zum Zeitpunkt der Entscheidung über die Aufarbeitung realisiert worden. Entsprechend liegt auch der korrespondierende Rückfluss im RT-Bestand vor, so dass hier bei der Entscheidung (4.2.99) anstelle von $x_{R,t}$ der RT-Bestand einschließlich dieses Rückflusses, d.h. $x'_{R,t} = x_{R,t} + (1 - z_t) \cdot p_t$ Berücksichtigung findet:

$$r_t = \min\left\{x'_{R,t}, \max\left\{M_t - x_{S,t}^R, 0\right\}\right\} \tag{4.2.100}$$

Der produktionsbezogene disponible Bestand $x_{S,t}^P$ erfasst den Nettobestand einschließlich verfügbarer Rückflüsse (abzüglich Fehlmengen) sowie alle ausstehenden Produktions- und Aufarbeitungsaufträge.

$$x_{S,t}^{P} = x_{S,t} + x_{R,t} + \sum_{i=1}^{\lambda_P - 1} p_{t-i} + \sum_{i=1}^{\lambda_R - 1} r_{t-i} \qquad (4.2.101)$$

Der erste Summenterm aggregiert dabei neben den in den Perioden t+1 bis $t+\lambda_P$-1 eintreffenden Ausbeutemengen auch die korrespondierenden Rückflussfraktionen, die in diesem Zeitraum zur Aufarbeitung verfügbar werden und den FT-Bestand in den Perioden $t+\lambda_R$+1 bis $t+\lambda_R+\lambda_P$-1 beeinflussen.

Für die Definition des aufarbeitungsbezogenen disponiblen Bestands $x_{S,t}^{R}$ sind zwei Durchlaufzeitrelationen zu unterscheiden.

Fall $\lambda_R \geq \lambda_P$:

Ein Aufarbeitungsauftrag zum Zeitpunkt t geht dem FT-Bestand in Periode $t+\lambda_R$ zu. Weiterhin wird der FT-Bestand bis zum Zeitpunkt $t+\lambda_R$ durch die Ausbeutefraktion der offenen Produktionsaufträge der Perioden $t-\lambda_P$+1 bis t und die offenen Aufarbeitungsaufträge der Perioden $t-\lambda_R$+1 bis t-1 beeinflusst. Einbeziehung des verfügbaren Bestandes (abzüglich Fehlmengen) und Schätzung der Ausbeute durch den Erwartungswert führt zu dem Ausdruck

$$x_{S,t}^{R} = x_{S,t} + \mu_z \cdot \sum_{i=0}^{\lambda_P - 1} p_{t-i} + \sum_{i=1}^{\lambda_R - 1} r_{t-i} \,. \qquad (4.2.102)$$

Fall $\lambda_R < \lambda_P$:

In diesem Fall ist der aufarbeitungsbezogene disponible Bestand $x_{S,t}^{R}$ definiert durch (4.2.103) und umfasst neben dem verfügbaren FT-Bestand die erwartete Ausbeute aus allen offenen Produktionsaufträgen sowie alle Aufträge im Aufarbeitungsprozess, die bis $t+\lambda_R$ auf den FT-Bestand Einfluss haben. Ausbeutefraktionen aus offenen Produktionsaufträgen, die nach Periode $t-\lambda_P+\lambda_R$ ausgelöst wurden, sind hierbei nicht relevant.

$$x_{S,t}^{R} = x_{S,t} + \mu_z \cdot \sum_{i=1}^{\lambda_R} p_{t-\lambda_P+i} + \sum_{i=1}^{\lambda_R - 1} r_{t-i} \qquad (4.2.103)$$

Die Festlegung der Entscheidungsregel für die Aufarbeitung einschließlich der Definitionen von $x_{S,t}^{R}$ sind mit Heuristik I identisch. Ein wesentlicher Unterschied liegt jedoch in der Teilregel für die Produktionsentscheidung, die durch eine (nicht-inflationierende) Bestellgrenzenregel beschrieben wird. Mit der Definition der disponiblen Bestandsgröße wird der Entscheidungshorizont für die Produktionsentscheidung auf die Dauer der kumulierten Durchlaufzeit λ_P+λ_R erweitert und das Ausmaß der im Produktionsprozess freigesetzten Rückflüsse in die Entscheidung einbezogen. Die obigen Definitionen sind für beide Grenzfälle gültig.

4.2.2.2.2 Bestimmung der Dispositionsparameter

Im nun folgenden Schritt werden Ausdrücke für die Parameter der durch (4.2.98) und (4.2.99) gegebenen (*S,M*)-Politik ermittelt. An dieser Stelle soll das Vorgehen zur Gewinnung von Dispositionsparametern unter Einbeziehung der Grenzfälle besprochen werden. Dies sind die Fälle:

a) Sehr hohe Ausbeute ($\mu_z \rightarrow 1$): einstufiges Produktionsproblem mit $\lambda' = \lambda_P$.

b) Sehr geringe Ausbeute ($\mu_z \rightarrow 0$): zweistufiges Produktionsproblem mit $\lambda' = \lambda_P + \lambda_R$.

Da das Ausbeuteniveau, hier beschrieben durch den Erwartungswert μ_z, die Charakteristik des vorliegenden Dispositionsproblems und damit den relevanten Risikozeitraum bestimmt, wird zur Bewertung der Risiken für ein gegebenes Ausbeuteniveau ein Vorgehen gewählt, welches das Risiko im Fall a) mit dem Faktor μ_z und das Risiko im Fall b) mit dem Faktor (1-μ_z) gewichtet und damit einen linearen Übergang zwischen beiden Grenzfällen herstellt.

Grundlage für die Gewinnung der Dispositionsparameter ist wiederum ein modifizierter Newsboy-Ansatz. Der Newsboy-Bestellgrenzenparameter lässt sich in der bekannten Form als

$$S = F_{\xi}^{-1}\left(\alpha_S = \frac{c^-}{c^- + c^+}\right) \tag{4.2.104}$$

darstellen, wobei die Zufallsgröße ξ das (Bedarfs-) Risiko während des Risikozeitraums bezeichnet, $F_{\xi}^{-1}(.)$ die Inverse der Verteilungsfunktion dieser Größe und α_s einen Kostenkoeffizienten zur Bewertung des Risikos, der durch die Marginalkosten c^- bzw. c^+ einer unter- bzw. überschüssig produzierten Mengeneinheit bestimmt ist.
Zur Gewinnung der Parameter S_t und M_t auf der Grundlage von (4.2.104) sind Überlegungen zum Ansatz der Kostenparameter c^- und c^+ sowie zur Struktur der durch ξ beschriebenen Risikogröße anzustellen.

4.2.2.2.2.1 Overage- und Underage-Kosten

Zunächst erfolgt die Betrachtung der für die Produktionsentscheidung relevanten Kostenparameter. Seien c_a^- die underage-Kosten und c_a^+ die overage-Kosten für den Fall a) und bezeichne c_b^- bzw. c_b^+ die entsprechenden Größen im Fall b), so erhält man durch Linearkombination mit den Gewichtungsfaktoren μ_z für den Fall a) sowie $1-\mu_z$ für den Fall b)

$$c^- := \mu_z \cdot c_a^- + (1-\mu_z) \cdot c_b^-$$

und $$c^+ := \mu_z \cdot c_a^+ + (1-\mu_z) \cdot c_b^+ . \tag{4.2.105}$$

Die marginalen Kosten einer zu wenig produzierten Einheit sind mit $c^- = c_a^- = c_b^- = v$ zu bewerten. Hinsichtlich des Kostenparameters c^+ ist zwischen den Fällen a) und b) zu differenzieren.

Fall a)
Die Kosten einer überschüssigen Mengeneinheit für den Fall $\mu_z \to 1$ lassen sich entsprechend der Verteilung beider Fraktionen dieses Überschusses nach $\lambda' = \lambda_P$ Perioden auf den FT- und RT-Bestand mit $c_a^+ = \mu_z \cdot h_S + \left(1-\mu_z\right) \cdot h_R$ beschreiben.

Fall b)

Für den Grenzfall des seriellen Systems mit $\mu_z \to 0$ können die overage-Kosten mit $c_b^+ = h_S$ bestimmt werden, da nach der Gesamtdurchlaufzeit von $\lambda' = \lambda_P + \lambda_R$ Perioden beide Fraktionen den FT-Bestand erreicht haben.

Die Linearkombination der Kostenparameter in der Form $c^+ = \mu_z \cdot c_a^+ + (1 - \mu_z) \cdot c_b^+$ führt nun zu $c^+ = h_S + \mu_z \cdot [(\mu_z - 1) \cdot h_S + (1 - \mu_z) \cdot h_R]$, so dass man für α_s erhält

$$\alpha_S = \frac{v}{v + h_S + \mu_z \cdot [(\mu_z - 1) \cdot h_S + (1 - \mu_z) \cdot h_R]}. \qquad (4.2.106)$$

Wie leicht zu sehen ist, werden für μ_z=1 und μ_z=0 die Grenzfälle a) und b) korrekt mit dem Newsboy-Kostenkoeffizienten $\alpha_S = v/(v + h_S)$ wiedergegeben.

Für $0<\mu_z<1$ basiert der nach (4.2.104) und (4.2.106) ermittelte Parameter S_t auf den gemischten Kostenparametern c^- und c^+. Im relevanten Fall $h_R<h_S$ ist der Ausdruck in der eckigen Klammer in (4.2.106) negativ und es gilt $c^+<h_S$, da ein Teil der Bestandskosten dem RT-Bestand zugeordnet wird.

Bezüglich der für die Aufarbeitung relevanten Über- und Unterbestandskosten lassen sich hier die Bemerkungen aus Abschnitt 4.2.2.1.4 unmittelbar anwenden und man erhält analog zur Heuristik I für den Aufarbeitungsparameter

$$M_t = F_{\lambda_{R+1}}^{-1}(\alpha_M) \quad \text{mit} \quad \alpha_M = \frac{v + h_R}{v + h_S}. \qquad (4.2.107)$$

4.2.2.2.2.2 Bestimmung des Produktionsparameters

Zur Ableitung von Ausdrücken für S_t nach (4.2.104) und (4.2.106) sind die Parameter der Verteilungsfunktion der Risikovariablen ξ_t zu bestimmen. In dem gewählten Vorgehen werden zunächst die fallspezifischen Risikogrößen ξ_t^a und ξ_t^b bestimmt und deren Verteilungsparameter ($\mu_{\xi_t^a}, \sigma_{\xi_t^a}^2$) bzw. ($\mu_{\xi_t^b}, \sigma_{\xi_t^b}^2$) ermittelt. Anschließend werden Erwartungswert und Varianz als Linearkombination der spezifischen Parameter beider Grenzfälle in der Form

$$\mu_{\xi_t} := \mu_z \cdot \mu_{\xi_t^a} + (1-\mu_z)\cdot \mu_{\xi_t^b}$$

und $$\sigma^2_{\xi_t} := \mu_z \cdot \sigma^2_{\xi_t^a} + (1-\mu_z)\cdot \sigma^2_{\xi_t^b} \qquad (4.2.108)$$

dargestellt. Bei der Bestimmung der Dispositionsparameter sind entsprechend der Durchlaufzeitrelation zwei Fälle zu unterscheiden.

Durchlaufzeitrelation $\lambda_R \leq \lambda_P$

Zur Ermittlung des Bestellgrenzenparameters S_t werden zunächst die Grenzfälle einer separaten Betrachtung unterzogen.

Fall a)

Im Fall $\mu_z \rightarrow 1$ läuft der Materialfluss fast ausschließlich direkt über den Produktionsprozess in den FT-Bestand. In diesem Fall kann der Bestand zum Ende von Periode $t+\lambda_P$ (nach Realisation des Periodenbedarfes) formuliert werden als

$$y_{t+\lambda_P} = x_{S,t} + \sum_{i=1}^{\lambda_P-1} \tilde{z}_{t-i}\cdot p_{t-i} + \sum_{i=1}^{\lambda_R-1} r_{t-i} + \tilde{z}_t \cdot p_t + r_t + \sum_{i=1}^{\lambda_P-\lambda_R} r_{t+i} - \sum_{i=0}^{\lambda_P} \tilde{D}_{t+i}\,. \qquad (4.2.109)$$

Einsetzen dieser Gleichung in die Newsboy-Bedingung $Prob\left\{y_{t+\lambda_P} \geq 0\right\} = \alpha_S$ mit der Vorrangbeziehung $r_t = x_{R,t}$ und $\sum_{i=1}^{\lambda_P-\lambda_R} r_{t+i} = \sum_{i=1}^{\lambda_P-\lambda_R}\left(1-\tilde{z}_{t-\lambda_P+i}\right)\cdot p_{t-\lambda_P+i}$ für die im Fall $\lambda_P > \lambda_R$ bis Periode $t+\lambda_P-\lambda_R$ verfügbar werdenden Rückflüsse und Separieren der stochastischen Variablen liefert

$$Prob\left\{\sum_{i=0}^{\lambda_P} \tilde{D}_{t+i} - \sum_{i=1}^{\lambda_P-1} \tilde{z}_{t-i}\cdot p_{t-i} - \sum_{i=1}^{\lambda_P-\lambda_R}\left(1-z_{t-\lambda_P+i}\right)\cdot p_{t-\lambda_P+i} - \tilde{z}_t\cdot p_t \right.$$
$$\left. \leq x_{S,t} + x_{R,t} + \sum_{i=1}^{\lambda_R-1} r_{t-i}\right\} = \alpha_S \qquad (4.2.110)$$

Dieser Ausdruck lässt sich unter Gebrauch der Definition (4.2.101) umformen zu

$$Prob\left\{\sum_{i=0}^{\lambda_P}\tilde{D}_{t+i}+\sum_{i=1}^{\lambda_P-1}\left(1-\tilde{z}_{t-i}\right)\cdot p_{t-i}-\sum_{i=1}^{\lambda_P-\lambda_R}\left(1-z_{t-\lambda_P+i}\right)\cdot p_{t-\lambda_P+i}\right.$$
$$\left.+\left(1-\tilde{z}_t\right)\cdot p_t\leq x_{S,t}^P+p_t\right\}=\alpha_S \quad (4.2.111)$$

Um das Ausbeuterisiko der aktuellen Produktionsentscheidung zu beschreiben, wird der unter den Bedingungen der Bestellgrenzenpolitik vorliegende Zusammenhang zwischen der Produktionsentscheidung in Periode t und dem Bedarf der Vorperiode durch $p_t=D_{t-1}$ approximiert[166], so dass nach weiterem Zusammenfassen der Ausdruck

$$Prob\left\{\xi_t^a:=\sum_{i=0}^{\lambda_P}\tilde{D}_{t+i}+\sum_{i=1}^{\lambda_R-1}\left(1-\tilde{z}_{t-i}\right)\cdot p_{t-i}+\left(1-\tilde{z}_t\right)\cdot D_{t-1}\leq x_{S,t}^P+p_t\right\}=\alpha_S \quad (4.2.112)$$

oder $F_{\xi_t^a}\left(x_{S,t}^P+p_t\right)=\alpha_S$ folgt. Die stochastische Variable ξ_t^a besitzt den Erwartungswert $\mu_{\xi_t^a}=\left(\lambda_P+1\right)\cdot\mu_D+\left(1-\mu_z\right)\cdot\sum_{i=1}^{\lambda_R-1}p_{t-i}+\left(1-\mu_z\right)\cdot D_{t-1}$ und die Varianz $\sigma_{\xi_t^a}^2=\left(\lambda_P+1\right)\cdot\sigma_D^2+\sigma_z^2\cdot\sum_{i=1}^{\lambda_R-1}p_{t-i}^2+\sigma_z^2\cdot D_{t-1}^2$.

Der Spezialfall $\lambda_R=0$ bedarf einer gesonderten Betrachtung. Ausgehend von (4.2.109) für $\lambda_R=0$ sowie mit $r_t=x_{R,t}$ und $\sum_{i=1}^{\lambda_P}r_{t+i}=\sum_{i=0}^{\lambda_P-1}\left(1-\tilde{z}_{t-i}\right)\cdot p_{t-i}$ erhält man den Ausdruck

$$y_{t+\lambda_P}=x_{S,t}+x_{R,t}+\sum_{i=1}^{\lambda_P-1}\tilde{z}_{t-i}\cdot p_{t-i}+\sum_{i=1}^{\lambda_P-1}\left(1-\tilde{z}_{t-i}\right)\cdot p_{t-i}+p_t-\sum_{i=0}^{\lambda_P}\tilde{D}_{t+i}, \quad (4.2.113)$$

und nach Zusammenfassen der ersten beiden Summenausdrücke und Einsetzen in die Newsboy-Bedingung die Bestimmungsgleichung

166 Auch wenn die Bedingung $p_t=D_{t-1}$ wegen des (für $\sigma_z>0$) dynamischen Dispositionsparameters nicht erfüllt ist, kann hierdurch die Dynamik der Produktions-Entscheidungsvariable näherungsweise erfasst werden.

$$Prob\left\{\xi_t^a := \sum_{i=0}^{\lambda_P} \tilde{d}_{t+i} \leq x_{S,t}^P + p_t\right\} = \alpha_S . \tag{4.2.114}$$

Dabei ist die Zufallsvariable ξ_t^a gleich der Summe der stochastischen Bedarfe des bevorstehenden Produktionszeitraums, während das Ausbeuterisiko durch die unverzügliche Aufarbeitung von Rückflüssen (einschließlich der mit der Produktionsentscheidung in t generierten) vollständig eliminiert wird. Erwartungswert und Varianz sind $\mu_{\xi_t^a} = (\lambda_P + 1)\cdot\mu_D$ und $\sigma_{\xi_t^a}^2 = (\lambda_P + 1)\cdot\sigma_D^2$.

Fall b)

Im Fall $\mu_z\to 0$ durchläuft der Materialfluss sowohl den Produktions- als auch den Aufarbeitungsprozess, so dass ein serielles System vorliegt. Der FT-Bestand nach der Bedarfsrealisation in Periode $t+\lambda_P+\lambda_R$ ist bestimmt durch

$$\begin{aligned} y_{t+\lambda_P+\lambda_R} = x_{S,t} + \sum_{i=1}^{\lambda_P-1} \tilde{z}_{t-i}\cdot p_{t-i} + \sum_{i=1}^{\lambda_R-1} r_{t-i} + \sum_{i=1}^{\lambda_R} \tilde{z}_{t+i}\cdot p_{t+i} + \\ +\tilde{z}_t\cdot p_t + r_t + \sum_{i=1}^{\lambda_P} r_{t+i} - \sum_{i=0}^{\lambda_P+\lambda_R} \tilde{D}_{t+i} \end{aligned} \tag{4.2.115}$$

Substitution mit $r_t=x_{R,t}$ und $\sum_{i=1}^{\lambda_P} r_{t+i} = \sum_{i=0}^{\lambda_P-1}\left(1-\tilde{z}_{t-i}\right)p_{t-i}$ führt zu

$$y_{t+\lambda_P+\lambda_R} = x_{S,t} + x_{R,t} + \sum_{i=1}^{\lambda_P-1} p_{t-i} + \sum_{i=1}^{\lambda_R-1} r_{t-i} + \sum_{i=1}^{\lambda_R} \tilde{z}_{t+i}\cdot p_{t+i} + p_t - \sum_{i=0}^{\lambda_P+\lambda_R} \tilde{D}_{t+i}, \tag{4.2.116}$$

worauf Einsetzen in $Prob\left\{y_{t+\lambda_P+\lambda_R} \geq 0\right\} = \alpha_S$ liefert:

$$\begin{aligned} Prob\Bigg\{\xi_t^b := \sum_{i=0}^{\lambda_P+\lambda_R} \tilde{D}_{t+i} - \sum_{i=1}^{\lambda_R} \tilde{z}_{t+i}\cdot p_{t+i} \leq x_{S,t} + x_{R,t} + \\ + \sum_{i=1}^{\lambda_P-1} p_{t-i} + \sum_{i=1}^{\lambda_R-1} r_{t-i} + p_t\Bigg\} = \alpha_S \end{aligned} \tag{4.2.117}$$

bzw. $F_{\xi_t^b}\left(x_{S,t}^P + p_t\right) = \alpha_S$ mit $x_{S,t}^P$ aus (4.2.101). Auch in diesem Fall ist das Ausbeuterisiko der offenen Produktionsmengen nicht relevant, da deren Rückflussfraktionen bis zum Zeitpunkt $t+\lambda_P$ der Aufarbeitung zugeführt und bis $t+\lambda_P+\lambda_R$ im FT-Bestand eintreffen werden. Für Produktionsaufträge, die in den Perioden $t+1$ bis $t+\lambda_R$ ausgelöst werden, muss jedoch das Ausbeuterisiko berücksichtigt werden. Mit $p_{t+i}=D_{t+i-1}$ für $i=0,...,\lambda_R-1$ wird nun die Zufallsvariable ξ_t^b umgeformt zu

$$\xi_t^b = \sum_{i=0}^{\lambda_P+\lambda_R} \tilde{D}_{t+i} - \sum_{i=1}^{\lambda_R} \tilde{z}_{t+i} \cdot p_{t+i} = \sum_{i=\lambda_R}^{\lambda_P+\lambda_R} \tilde{D}_{t+i} + \sum_{i=0}^{\lambda_R-1} \left(1-\tilde{z}_{t+i}\right) \cdot \tilde{D}_{t+i} . \tag{4.2.118}$$

Diese Zufallsvariable besitzt den Erwartungswert $\mu_{\xi_t^b} = \left[\lambda_P + \left(1-\mu_z\right)\cdot\lambda_R + 1\right]\cdot\mu_D$ und die Varianz $\sigma_{\xi_t^b}^2 = \left(\lambda_P+1\right)\cdot\sigma_D^2 + \lambda_R \cdot \left[\sigma_z^2\cdot\mu_D^2 + \left(1-\mu_z\right)^2\cdot\sigma_D^2 + \sigma_z^2\cdot\sigma_D^2\right]$. Der Fall $\lambda_R=0$ wird hierdurch konsistent wiedergegeben und erfordert keine spezielle Behandlung.

Der Vergleich der Verteilungsparameter in beiden Fällen zeigt, dass im Fall a) neben dem Bedarfsrisiko ein Ausbeuterisiko aus offenen Produktionsaufträgen mit einer von t abhängigen Varianz $\sigma_{\xi_t^a}^2$ existiert. Bei Betrachtung des gesamten Risikozeitraums des zweistufigen Prozesses im Fall b) ist das Ausbeuterisiko der offenen Produktionsaufträge irrelevant. Dafür sind jedoch die in diesem Zeithorizont relevanten Ausbeuteunsicherheiten der aktuellen und zukünftigen Produktionsmengen zu berücksichtigen.

Für den allgemeinen Ausbeutefall mit $0\leq\mu_z\leq 1$ soll die Mischung und Bewertung der spezifischen Risiken durch Linearkombination der Verteilungsparameter entsprechend (4.2.108) erfolgen.

Unter der Annahme der Normalverteilung für ξ_t wird $F_{\xi_t}\left(x_{S,t}^P + p_t\right) = \alpha_S$ nun nach p_t aufgelöst, so dass $p_t = \mu_{\xi_t} + k_P\cdot\sigma_{\xi_t} - x_{S,t}^P$. Dabei bezeichnet k_P den Sicherheitsfaktor mit $k_P = \Phi^{-1}\left(\alpha_S\right)$. Der Sicherheitsbestand $SST_t^P = k_P\cdot\sigma_{\xi_t}$ lässt sich für $\lambda_R>0$ bestimmen als

$$SST_t^P = k_P \cdot \sqrt{\begin{aligned}&(\lambda_P+1)\cdot\sigma_D^2 + \mu_z\cdot\sigma_z^2\cdot\left(\sum_{i=1}^{\lambda_R-1} p_{t-i}^2 + D_{t-1}^2\right) + \\ &+(1-\mu_z)\cdot\lambda_R\cdot\left[\sigma_z^2\cdot\mu_D^2 + \sigma_D^2\cdot(1-\mu_z)^2 + \sigma_z^2\cdot\sigma_D^2\right]\end{aligned}} \qquad (4.2.119)$$

Durch Addition von μ_{ξ_t} gewinnt man nun für die Produktionsgrenze den Ausdruck

$$S_t = \left[\lambda_P + (1-\mu_z)^2\cdot\lambda_R + 1\right]\cdot\mu_D + \left(\mu_z - \mu_z^2\right)\cdot\left(\sum_{i=1}^{\lambda_R-1} p_{t-i} + D_{t-1}\right) + SST_t^P.$$

Im Spezialfall λ_R=0 gilt der stationäre Produktionsparameter

$$S_t = (\lambda_P+1)\cdot\mu_D + SST_t^P \quad \text{mit} \quad SST_t^P = k_P\cdot\sqrt{(\lambda_P+1)\cdot\sigma_D^2}. \qquad (4.2.120)$$

Durchlaufzeitrelation $\lambda_R > \lambda_P$

Zur Gewinnung des Produktionsparameters werden wiederum beide Grenzfälle separat betrachtet.

Fall a)

Für den FT-Bestand zum Ende von Periode $t+\lambda_P$ gilt:

$$y_{t+\lambda_P} = x_{S,t} + \sum_{i=1}^{\lambda_P-1} \tilde{z}_{t-i}\cdot p_{t-i} + \sum_{i=1}^{\lambda_P} r_{t-\lambda_R+i} + \tilde{z}_t\cdot p_t + r_t - \sum_{i=0}^{\lambda_P}\tilde{D}_{t+i}. \qquad (4.2.121)$$

Einsetzen in $Prob\left\{y_{t+\lambda_P} \geq 0\right\} = \alpha_S$ mit r_t=$x_{R,t}$ und $x_{S,t}^P$ entsprechend der Definition (4.2.101) liefert

$$Prob\left\{\begin{aligned}&\sum_{i=0}^{\lambda_P}\tilde{D}_{t+i} - \sum_{i=1}^{\lambda_P-1} z_{t-i}\cdot p_{t-i} - \tilde{z}\cdot p_t \leq x_{S,t}^P - x_{R,t} - \\ &-\sum_{i=1}^{\lambda_P-1} p_{t-i} + \sum_{i=1}^{\lambda_R-\lambda_P-1} r_{t-i}\end{aligned}\right\} = \alpha_S \qquad (4.2.122)$$

so dass man nun mit p_t=D_{t-1} und nach Umformen den Ausdruck

$$Prob\left\{\xi_t^a := \sum_{i=0}^{\lambda_P} \tilde{D}_{t+i} + \sum_{i=1}^{\lambda_P-1}\left(1-z_{t-i}\right)\cdot p_{t-i} + \left(1-\tilde{z}_t\right)\cdot D_{t-1} + \right.$$
$$\left. + x_{R,t} + \sum_{i=1}^{\lambda_R-\lambda_P-1} r_{t-i} \leq x_{S,t}^P + p_t \right\} = \alpha_S \tag{4.2.123}$$

oder $F_{\xi_t^a}\left(x_{S,t}^P + p_t\right) = \alpha_S$ erhält. Die Variable ξ_t^a besitzt den Erwartungswert

$\mu_{\xi_t^a} = \left(\lambda_P + 1\right)\cdot \mu_D + \left(1-\mu_z\right)\cdot \sum_{i=1}^{\lambda_P-1} p_{t-i} + \left(1-\mu_z\right)\cdot D_{t-1} + x_{R,t} + \sum_{i=1}^{\lambda_R-\lambda_P-1} r_{t-i}$ und die Varianz

$\sigma_{\xi_t^a}^2 = \left(\lambda_P + 1\right)\cdot \sigma_D^2 + \sigma_z^2 \cdot \sum_{i=1}^{\lambda_R-1} p_{t-i}^2 + \sigma_z^2 \cdot D_{t-1}^2$.

Fall b)

Auf den Fall $\mu_z \to 0$ ist die unter a) in den Gleichungen (4.2.115) und (4.2.116) beschriebene Vorgehensweise direkt anwendbar und führt zu einem identischen Ergebnis. Die Linearkombination der Verteilungsparameter von ξ_t^a und ξ_t^b gemäß (4.2.108) und Auflösen von $F_{\xi_t}\left(x_{S,t}^P + p_t\right) = \alpha_S$ nach p_t liefert $p_t = \mu_{\xi_t} + k_P \cdot \sigma_{\xi_t} - x_{S,t}^P$. Für den Sicherheitsbestand $SST_t^P = k_P \cdot \sigma_{\xi_t}$ erhält man den Ausdruck

$$SST_t^P = k_P \cdot \sqrt{\begin{aligned}&\left(\lambda_P + 1\right)\cdot \sigma_D^2 + \mu_z \cdot \sigma_z^2 \cdot \left(\sum_{i=1}^{\lambda_P-1} p_{t-i}^2 + D_{t-1}^2\right) + \\ &+\left(1-\mu_z\right)\cdot \lambda_R \cdot \left[\sigma_z^2 \cdot \mu_D^2 + \sigma_D^2 \cdot \left(1-\mu_z\right)^2 + \sigma_z^2 \cdot \sigma_D^2\right]\end{aligned}} \tag{4.2.124}$$

welcher sich von (4.2.119) allein im Endwert des Summenindex unterscheidet. Durch Addition von μ_{ξ_t} gelangt man nun zu dem Ausdruck für die Produktionsgrenze

$S_t = \left[\lambda_P + \left(1-\mu_z\right)^2 \cdot \lambda_R + 1\right]\cdot \mu_D + \mu_z \cdot \left[\left(1-\mu_z\right)\cdot\left(\sum_{i=1}^{\lambda_P-1} p_{t-i} + D_{t-1}\right) + x_{R,t} + \sum_{i=1}^{\lambda_R-\lambda_P-1} r_{t-i}\right] + SST_t^P$.

Sowohl (4.1.119) als auch (4.2.124) und die jeweiligen Größen für den Produktionsparameter S_t geben die Grenzfälle für μ_z=1 bzw. μ_z=0 als Newsboy-Fall mit dem jeweils relevanten Risikozeitraum λ_P+1 bzw. λ_P+λ_R+1 wieder. Für μ_z im Intervall (0,1) erhält man sowohl für den Sicherheitsbestand SST_t^P als auch für S_t dynamische Größen, deren Instationarität die Charakteristik des Ausbeuterisikos wiedergibt.

4.2.2.2.2.3 Bestimmung des Aufarbeitungsparameters

Im nächsten Schritt wird die für die Aufarbeitung relevante Risikogröße analog zu dem in Abschnitt 4.2.2.1.4 besprochenen Vorgehen untersucht und M_t nach (4.2.107) ermittelt. Auch hierbei sind hinsichtlich der Konstellation von λ_R und λ_P zwei Fälle zu unterscheiden.

Durchlaufzeitrelation $\lambda_R \leq \lambda_P$

Für die Bestimmung des Aufarbeitungsparameters wird der FT-Bestand am Ende von Periode $t+\lambda_R$ nach Eingang der Aufarbeitungsmenge r_t und Realisation des Bedarfes beschrieben durch

$$y_{t+\lambda_R} = x_{S,t} + \sum_{i=1}^{\lambda_R} \tilde{z}_{t-\lambda_P+i} \cdot p_{t-\lambda_P+i} + \sum_{i=1}^{\lambda_R-1} r_{t-i} + r_t - \sum_{i=0}^{\lambda_R} \tilde{D}_{t+i} . \tag{4.2.125}$$

Einsetzen in $Prob\left\{y_{t+\lambda_R} \geq 0\right\} = \alpha_M$ und Ergänzen mit $\mu_z \cdot \sum_{i=1}^{\lambda_R-1} p_{t-\lambda_P+i}$ liefert

$$\begin{aligned} Prob\Bigg\{\zeta_t := \sum_{i=0}^{\lambda_R} \tilde{D}_{t+i} + \sum_{i=1}^{\lambda_R}\left(\tilde{z}_{t-\lambda_P+i} - \mu_z\right) \cdot p_{t-\lambda_P+i} \leq \\ x_{S,t} + \mu_z \cdot \sum_{i=1}^{\lambda_R-1} p_{t-\lambda_P+i} + \sum_{i=1}^{\lambda_R-1} r_{t-i} + r_t\Bigg\} = \alpha_M \end{aligned} \tag{4.2.126}$$

bzw. $F_{\zeta_t}\left(x_{S,t}^R + r_t\right) = \alpha_M$ mit $x_{S,t}^R$ aus Definition (4.2.103).

Die Zufallsvariable ζ_t besitzt den Erwartungswert $\mu_{\zeta_t} = \left(\lambda_R + 1\right) \cdot \mu_D$ und die Varianz $\sigma_{\zeta_t}^2 = \left(\lambda_R + 1\right) \cdot \sigma_D^2 + \sigma_z^2 \cdot \sum_{i=1}^{\lambda_R} p_{t-\lambda_P+i}^2$. Für den Sicherheitsbestand erhält man somit den Ausdruck

$$SST_t^R = k_R \cdot \sqrt{\left(\lambda_R + 1\right) \cdot \sigma_D^2 + \sigma_z^2 \cdot \sum_{i=1}^{\lambda_R} p_{t-\lambda_P+i}^2} \tag{4.2.127}$$

mit dem Sicherheitsfaktor $k_R = \Phi^{-1}\left(\alpha_M\right)$, mit dem der Aufarbeitungsparameter als $M_t = \left(\lambda_R + 1\right) \cdot \mu_D + SST_t^R$ zu bestimmen ist.

Dieses Ergebnis ist identisch mit dem für die Heuristik I gewonnenen Ausdruck für den Aufarbeitungsparameter in (4.2.88).

Durchlaufzeitrelation $\lambda_R > \lambda_P$

Zur Bestimmung des Aufarbeitungsparameters formuliert man zunächst den Bestand

$$y_{t+\lambda_R} = x_{S,t} + \sum_{i=0}^{\lambda_P - 1} \tilde{z}_{t-i} \cdot p_{t-i} + \sum_{i=1}^{\lambda_R - \lambda_P} \tilde{z}_{t+i} \cdot p_{t+i} + \sum_{i=1}^{\lambda_R - 1} r_{t-i} + r_t - \sum_{i=0}^{\lambda_R} \tilde{D}_{t+i} \tag{4.2.128}$$

und setzt in $Prob\left\{y_{t+\lambda_R} \geq 0\right\} = \alpha_M$ ein, so dass

$$Prob\left\{\sum_{i=0}^{\lambda_R} \tilde{D}_{t+i} - \sum_{i=0}^{\lambda_P - 1} \tilde{z}_{t-i} \cdot p_{t-i} - \sum_{i=1}^{\lambda_R - \lambda_P} \tilde{z}_{t+i} \cdot p_{t+i} \leq x_{S,t} + \sum_{i=1}^{\lambda_R - 1} r_{t-i} + r_t\right\} = \alpha_S . \tag{4.2.129}$$

Umformen liefert

$$\begin{aligned} Prob\Bigg\{\zeta_t := \sum_{i=0}^{\lambda_R} \tilde{D}_{t+i} - \sum_{i=0}^{\lambda_P - 1} \left(\tilde{z}_{t-i} - \mu_z\right) \cdot p_{t-i} - \sum_{i=1}^{\lambda_R - \lambda_P} \tilde{z}_{t+i} \cdot \tilde{p}_{t+i} \leq \\ x_{S,t} + \mu_z \cdot \sum_{i=0}^{\lambda_P - 1} p_{t-i} + \sum_{i=1}^{\lambda_R - 1} r_{t-i} + r_t \Bigg\} = \alpha_S \end{aligned} \tag{4.2.130}$$

bzw. $F_{\zeta_t}\left(x_{S,t}^R + p_t\right) = \alpha_M$ unter Verwendung von Definition (4.2.102) für $x_{S,t}^R$.

Die in der Zukunft liegenden Produktionsaufträge werden mit dem Zusammenhang $p_{t+i} = D_{t+i-1}$ *für* $i = 1, \ldots, \lambda_R - \lambda_P$ berücksichtigt, so dass man für ζ_t zu dem Ausdruck

$$\begin{aligned}\zeta_t &= \sum_{i=0}^{\lambda_R} \tilde{D}_{t+i} - \sum_{i=0}^{\lambda_P-1} \left(\tilde{z}_{t-i} - \mu_z\right) \cdot p_{t-i} - \sum_{i=1}^{\lambda_R-\lambda_P} \tilde{z}_{t+i} \cdot \tilde{p}_{t+i} \\ &= \sum_{i=\lambda_R-\lambda_P}^{\lambda_R} \tilde{D}_{t+i} - \sum_{i=0}^{\lambda_P-1} \left(\tilde{z}_{t-i} - \mu_z\right) \cdot p_{t-i} + \sum_{i=0}^{\lambda_R-\lambda_P-1} \left(1 - \tilde{z}_{t+i+1}\right) \cdot \tilde{D}_{t+i}\end{aligned} \quad (4.2.131)$$

gelangt. Als Erwartungswert und Varianz dieser Größe erhält man nun

$\mu_{\zeta_t} = \left(\lambda_P + 1\right) \cdot \mu_D + \left(\lambda_R - \lambda_P\right) \cdot \left(1 - \mu_z\right) \cdot \mu_D$ und

$$\sigma_{\zeta_t}^2 = \left(\lambda_P + 1\right) \cdot \sigma_D^2 + \left(\lambda_R - \lambda_P\right) \cdot \left[\sigma_z^2 \cdot \mu_D^2 + \left(1 - \mu_z\right)^2 \cdot \sigma_D^2 + \sigma_z^2 \cdot \sigma_D^2\right] + \sigma_z^2 \cdot \sum_{i=0}^{\lambda_P-1} p_{t-i}^2 .$$

Somit folgt für den aufarbeitungsbezogenen Sicherheitsbestand der Ausdruck

$$SST_t^R = k_R \cdot \sqrt{\begin{aligned}&\left(\lambda_P + 1\right) \cdot \sigma_D^2 + \sigma_z^2 \cdot \sum_{i=0}^{\lambda_P-1} p_{t-i}^2 + \\ &+\left(\lambda_R - \lambda_P\right) \cdot \left[\sigma_z^2 \cdot \mu_D^2 + \left(1 - \mu_z\right)^2 \cdot \sigma_D^2 + \sigma_z^2 \cdot \sigma_D^2\right]\end{aligned}} \quad (4.2.132)$$

mit dem Sicherheitsfaktor $k_R = \Phi^{-1}\left(\alpha_M\right)$. Für den Aufarbeitungsparameter erhält man

$$M_t = \left(\lambda_P + 1\right) \cdot \mu_D + \left(\lambda_R - \lambda_P\right) \cdot \left(1 - \mu_z\right) \cdot \mu_D + SST_t^R . \quad (4.2.133)$$

Der Fall λ_P=0 bedarf hierbei keiner gesonderten Betrachtung. Mit Ausnahme der Fälle λ_P=0 und λ_R=0 ist der Aufarbeitungsparameter instationär.

4.2.2.3 Heuristik III

In den vorausgehenden Abschnitten wurde eine Heuristik mit nicht-inflationierender Produktionsregel vorgestellt, mit der die Materialkoordination gegenüber dem ersten Ansatz in den Fällen sehr niedriger Ausbeutekoeffizienten verbessert werden soll. Grundlage für die Produktionsregel war die Gewichtung der Fälle $\mu_z \rightarrow 1$ und $\mu_z \rightarrow 0$, die jeweils durch eine Bestellgrenzenregel für die fallspezifischen Risikozeiträume λ_P bzw. $\lambda_P+\lambda_R$ beschrieben wurden. Diese stellen im Fall deterministischer Ausbeute für $z=1$ bzw. $z=0$ (und für $h_R<h_S$) die jeweils optimalen Dispositionsregeln dar.
Außerhalb dieser Grenzwerte und unter den Bedingungen stochastischer Ausbeute ist dies jedoch nicht der Fall. Im Folgenden wird eine weitere Heuristik für die Produktionsentscheidung gezeigt, die aus der Kombination einer inflationierenden Regel (wie sie mit Heuristik I vorgestellt wurde) und einer Bestellgrenzenregel konstruiert wird. Dem liegen folgende Überlegungen zugrunde:

a) Fall hoher Ausbeute ($\mu_z>0,5$)

Der Materialfluss durchläuft hauptsächlich den Produktionsprozess, wobei das mittlere Rückflussaufkommen geringer ist als die mittlere Nachfrage. Es dominiert die Charakteristik eines einstufigen Produktionsproblems mit der Durchlaufzeit λ_P. Auf diesen Fall ist eine inflationierende Produktionsregel (entsprechend Heuristik I) mit dem Inflationsfaktor $1/\mu_z$ anwendbar.

b) Fall geringer Ausbeute ($\mu_z<0,5$)

Der Materialfluss durchläuft hauptsächlich beide Prozesse, so dass hier die Charakteristik eines zweistufigen seriellen Produktionsproblems mit einer Gesamtdurchlaufzeit von $\lambda_P+\lambda_R$ Perioden vorherrschend ist. Entsprechend kann die Produktionsentscheidung anhand einer gewöhnlichen Bestellgrenzenregel (entsprechend Heuristik II) getroffen werden.

Analog zum weiter oben beschriebenen Vorgehen wird eine Heuristik als Linearkombination der Produktionsregeln für die Fälle a) und b) entwickelt. Die Gewichtung der fallspezifischen Entscheidungsregeln und der für die Bestimmung des jeweiligen Dispositionsparameters relevanten Risiken wird mit den Gewichtungsfaktoren μ_z (Fall a) bzw. 1-μ_z (Fall b) vorgenommen. Zunächst werden die Gestalt der Produktionsregel sowie die Definition des disponiblen Bestands und anschließend die Berechnung des Produktionsparameters besprochen.

4.2.2.3.1 Stochastische Kontrollpolitik

Gegeben sei eine Produktionsregel mit der Produktionsgrenze S_t, dem disponiblen Bestand $x_{S,t}^P$ und dem Inflationsparameter β:

$$p_t = \max\left\{\frac{S_t - x_{S,t}^P}{\beta}, 0\right\} \tag{4.2.134}$$

Mit der Wahl von β können der inflationierende Typ (mit β=μ_z) sowie der nicht-inflationierende Typ der Produktionsregel (mit β=1) beschrieben werden. Die Linearkombination bei Gewichtung des ersten Falles mit μ_z und des zweiten mit 1-μ_z führt zu $\beta = \mu_z \cdot \mu_z + (1 - \mu_z) \cdot 1 = \mu_z^2 - \mu_z + 1$. Somit erhält man als Entscheidungsregel für die Produktion

$$p_t = \max\left\{\frac{S_t - x_{S,t}^P}{\mu_z^2 - \mu_z + 1}, 0\right\}. \tag{4.2.135}$$

Der Inflationsquotient beschreibt damit über μ_z eine Parabel, die an den Grenzen des betrachteten Ausbeuteintervalls den Wert β=1 annimmt und damit als Grenzfall den einfachen Bestellgrenzentyp der Produktionsregel wiedergibt.

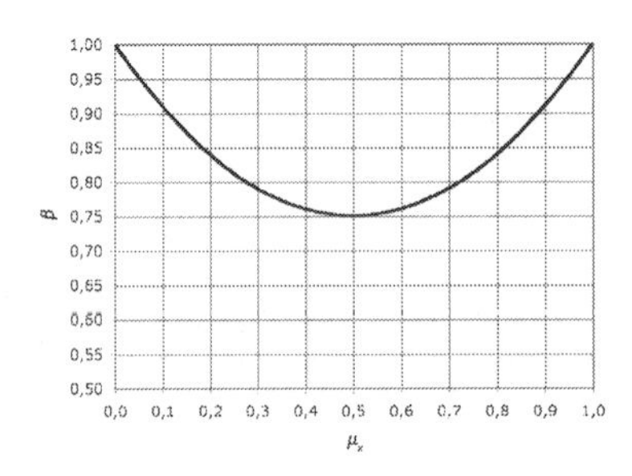

Abb. 4.16: Inflationsparameter β in Abhängigkeit von μ_z

Ansonsten liegt der inflationierende Typ mit einem für μ_z=0,5 minimalen Inflationsparameter von β=0,75 vor. Im Spezialfall λ_R=0 ist die Produktionsregel vom Bestellgrenzentyp

$$p_t = \max\left\{S_t - x_{S,t}^P, 0\right\}. \tag{4.2.136}$$

Hinsichtlich der Aufarbeitungsentscheidung ergeben sich keine Änderungen gegenüber der Heuristik II. Die Entscheidungsregel lautet

$$r_t = \min\left\{x_{R,t}, \max\left\{M_t - x_{S,t}^R, 0\right\}\right\}, \tag{4.2.137}$$

wobei die Definitionen für $x_{S,t}^R$ aus Abschnitt 4.2.2.2.1 direkt anzuwenden sind. Gleiches gilt für die in Abschnitt 4.2.2.2.2 entwickelten Ausdrücke für den Aufarbeitungsparameter M_t. Im Folgenden wird auf diese bereits besprochenen Ergebnisse nicht weiter eingegangen.
Die Festlegung des produktionsbezogenen disponiblen Bestandes erfolgt als Linearkombination der Form $x_{S,t}^P = \mu_z \cdot \dot{x}_{S,t}^P + \left(1 - \mu_z\right) \cdot \ddot{x}_{S,t}^P$, wobei $\dot{x}_{S,t}^P$ den disponiblen Bestand für Heuristik I und $\ddot{x}_{S,t}^P$ die für Heuristik II definierte Bestandsgröße bezeichnet. Hierbei sind wiederum verschiedene Konstellationen der Durchlaufzeiten von Produktions- und Aufarbeitungsprozess zu berücksichtigen.

Identische Durchlaufzeiten: $\lambda = \lambda_R = \lambda_P$

Für die inflationierende Entscheidungsregel mit dem zugrunde liegenden Risikozeitraum von $\lambda_{(P)}$ Perioden ist der (erwartete) disponible Bestand in (4.2.50) definiert als

$$\dot{x}_{S,t}^P = x_{S,t} + x_{R,t} + \mu_z \cdot \sum_{i=1}^{\lambda-1} p_{t-i} + \sum_{i=1}^{\lambda-1} r_{t-i},$$

während die Bestandsvariable im Rahmen der Bestellgrenzenregel mit kumuliertem Risikozeitraum $\lambda_P+\lambda_R$ in (4.2.101) definiert wurde und für $\lambda=\lambda_R=\lambda_P$ durch

$$\ddot{x}_{S,t}^{P} = x_{S,t} + x_{R,t} + \sum_{i=1}^{\lambda-1} p_{t-i} + \sum_{i=1}^{\lambda-1} r_{t-i}$$

zu beschreiben ist. Die Linearkombination beider Bestandsvariablen liefert als produktionsbezogenen disponiblen Bestand

$$x_{S,t}^{P} = x_{S,t} + x_{R,t} + \beta \cdot \sum_{i=1}^{\lambda-1} p_{t-i} + \sum_{i=1}^{\lambda-1} r_{t-i} \quad \text{mit} \quad \beta = \mu_z^2 - \mu_z + 1. \tag{4.2.138}$$

Dieser setzt sich zusammen aus den Beständen in FT- und RT-Lager, sämtlichen offenen Aufarbeitungsaufträgen und sowie sämtlichen offenen Produktionsaufträgen, deren Gewicht entsprechend dem oben dargestellten in $\boldsymbol{\mu}_z$ quadratischen Zusammenhang bestimmt wird. Im Fall λ=0 vereinfacht sich (4.2.138) zu $x_{S,t}^{P} = x_{S,t} + x_{R,t}$.

Nichtidentische Durchlaufzeiten: $\boldsymbol{\lambda_R<\lambda_P}$

Diesem Vorgehen folgend, erhält man auf Grundlage der Definition von $\dot{x}_{S,t}^{P}$ in (4.2.53) und $\ddot{x}_{S,t}^{P}$ in (4.2.101) den Ausdruck

$$x_{S,t}^{P} = x_{S,t} + x_{R,t} + \beta \cdot \sum_{i=1}^{\lambda_R-1} p_{t-i} + \sum_{i=\lambda_R}^{\lambda_P-1} p_{t-i} + \sum_{i=1}^{\lambda_R-1} r_{t-i}\,. \tag{4.2.139}$$

Auch hier erfolgt eine Gewichtung der offenen Produktionsaufträge in Abhängigkeit von μ_z, dies jedoch nur für solche Aufträge, deren korrespondierender Ausbeuteverlust erst nach Periode $t+\lambda_P$ den Aufarbeitungsprozess durchlaufen hat. Für den Spezialfall λ_R=0 erhält man aus (4.2.55) und (4.2.101)

$$x_{S,t}^{P} = x_{S,t} + x_{R,t} + \sum_{i=1}^{\lambda_P-1} p_{t-i}\,. \tag{4.2.140}$$

Nichtidentische Durchlaufzeiten: $\lambda_R>\lambda_P$

Für diesen Fall erhält man aus (4.2.56) und (4.2.101) für $x_{S,t}^P$ den Ausdruck

$$x_{S,t}^P = x_{S,t} + \left(1-\mu_z\right)\cdot\left(\sum_{i=1}^{\lambda_R-\lambda_P-1} r_{t-i} + x_{R,t}\right) + \beta\cdot\sum_{i=1}^{\lambda_P-1} p_{t-i} + \sum_{i=1}^{\lambda_P} r_{t-\lambda_R+i}, \tag{4.2.141}$$

der auch im Fall $\lambda_P=0$ gültig ist.

4.2.2.3.2 Bestimmung der Dispositionsparameter

Die Ermittlung des Produktionsparameters S_t stützt sich auf den bereits in Abschnitt 4.2.2.2.2 besprochenen modifizierten Newsboy-Ansatz. Auf Grundlage der in Unterabschnitt 4.2.2.2.2.1 angestellten Kostenbetrachtungen gelangt man zu dem Produktionsparameter

$$S_t = F^{-1}_{\xi_t(\mu_z,\lambda_P,\lambda_R)}\left(\alpha_S\right)$$

$$\text{mit} \quad \alpha_S = \frac{v}{v + h_S + \mu_z\cdot\left[\left(\mu_z - 1\right)\cdot h_S + \left(1-\mu_z\right)\cdot h_R\right]} \tag{4.2.142}$$

$$\text{bzw.} \quad \alpha_S = \frac{v}{v + \beta\cdot h_S + \left(1-\beta\right)\cdot h_R}.$$

Für die verschiedenen Konstellationen der Durchlaufzeiten λ_P und λ_R sind nun die Parameter der Verteilungsfunktion F_{ξ_t} der Risikovariablen ξ_t zu ermitteln. Dies geschieht durch Linearkombination der für die Fälle a) und b) ermittelten Verteilungsparameter der Größen ξ_t^a und ξ_t^b in der Form

$$\mu_t := \mu_z\cdot\mu_{\xi_t^a} + \left(1-\mu_z\right)\cdot\mu_{\xi_t^b}$$

$$\text{und} \quad \sigma_t^2 := \mu_z\cdot\sigma^2_{\xi_t^a} + \left(1-\mu_z\right)\cdot\sigma^2_{\xi_t^b}. \tag{4.2.143}$$

Hinsichtlich der Durchlaufzeiten λ_R und λ_P sind zwei Fälle zu unterscheiden.

Durchlaufzeitrelation $\lambda_R \leq \lambda_P$

Die für den Fall a) resultierenden Verteilungsparameter der Risikovariablen ξ_t^a sind mit $\mu_{\xi_t^a} = (\lambda_P + 1) \cdot \mu_D$ und $\sigma^2_{\xi_t^a} = (\lambda_P + 1) \cdot \sigma_D^2 + \sigma_z^2 \cdot \sum_{i=1}^{\lambda_R - 1} p_{t-i}^2 + \sigma_z^2 \cdot \mu_D^2$ zu ermitteln, während im Fall b) die Zufallsgröße ξ_t^b den Erwartungswert $\mu_{\xi_t^b} = \left[\lambda_P + (1 - \mu_z) \cdot \lambda_R + 1\right] \cdot \mu_D$ und die Varianz $\sigma^b_{\xi_t^2} = (\lambda_P + 1) \cdot \sigma_D^2 + \lambda_R \cdot \left[\sigma_z^2 \cdot \mu_D^2 + (1 - \mu_z)^2 \cdot \sigma_D^2 + \sigma_z^2 \cdot \sigma_D^2\right]$ besitzt. Durch Einsetzen dieser Parameter in (4.2.143) erhält man nun

$\mu_t = \left[\lambda_P + (1 - \mu_z)^2 \cdot \lambda_R + 1\right] \cdot \mu_D$ und

$$\sigma_t^2 = (\lambda_P + 1) \cdot \sigma_D^2 + \mu_z \cdot \sigma_z^2 \cdot \left(\sum_{i=1}^{\lambda_R - 1} p_{t-i}^2 + \mu_D^2 \right) + (1 - \mu_z) \cdot \lambda_R \cdot \left[\sigma_z^2 \cdot \mu_D^2 + \sigma_D^2 \cdot (1 - \mu_z)^2 + \sigma_z^2 \cdot \sigma_D^2\right].$$

Für den Sicherheitsbestand folgt damit der Ausdruck

$$SST_t^P = k_P \cdot \sqrt{\begin{array}{l} (\lambda_P + 1) \cdot \sigma_D^2 + \mu_z \cdot \sigma_z^2 \cdot \left(\sum_{i=1}^{\lambda_R - 1} p_{t-i}^2 + \mu_D^2 \right) + \\ + (1 - \mu_z) \cdot \lambda_R \cdot \left[\sigma_z^2 \cdot \mu_D^2 + \sigma_D^2 \cdot (1 - \mu_z)^2 + \sigma_z^2 \cdot \sigma_D^2\right] \end{array}} \tag{4.2.144}$$

der von dem entsprechenden Ausdruck für Heuristik II in (4.2.119) nur hinsichtlich des Schätzers für die Produktionsmenge der aktuellen Periode (in der runden Klammer) abweicht.

Für den Produktionsparameter erhält man $S_t = \left[\lambda_P + (1 - \mu_z)^2 \cdot \lambda_R + 1\right] \cdot \mu_D + SST_t^P$, wobei im Gegensatz zu Heuristik II allein der Sicherheitsbestand dynamische Komponenten aufweist, während μ_{ξ_t} stationär ist. Im Spezialfall λ_R=0 gilt $\xi_t^a = \xi_t^b$ und man erhält den stationären Sicherheitsbestand

$$SST_t^P = k_P(\alpha_S) \cdot \sqrt{(\lambda_P + 1) \cdot \sigma_D^2}\,. \tag{4.2.145}$$

und den ebenfalls von t unabhängigen Produktionsparameter $S_t = (\lambda_P + 1) \cdot \mu_D + SST_t^P$.

Durchlaufzeitrelation $\lambda_R > \lambda_P$

Für den Fall a) wurden in Abschnitt (4.2.2.1.4) für die Risikogröße ξ_t^a die Verteilungsparameter $\mu_{\xi_t^a} = (\lambda_P + 1) \cdot \mu_D$ und $\sigma_{\xi_t^a}^2 = (\lambda_P + 1) \cdot \sigma_D^2 + \sigma_z^2 \cdot \sum_{i=1}^{\lambda_P - 1} p_{t-i}^2 + \sigma_z^2 \cdot \mu_D^2$ gewonnen. Im Fall b) erhält man, wie in Abschnitt (4.2.2.2.2.2) dargestellt, für die Zufallsgröße ξ_t^b den Erwartungswert $\mu_{\xi_t^b} = [\lambda_P + (1 - \mu_z) \cdot \lambda_R + 1] \cdot \mu_D$ und die Varianz $\sigma_{\xi_t^b}^2 = (\lambda_P + 1) \cdot \sigma_D^2 + \lambda_R \cdot \left[\sigma_z^2 \cdot \mu_D^2 + (1 - \mu_z)^2 \cdot \sigma_D^2 + \sigma_z^2 \cdot \sigma_D^2\right]$.

Die durch (4.2.143) beschriebene Linearkombination dieser Parameter führt zu

$\mu_t = \left[\lambda_P + (1 - \mu_z)^2 \cdot \lambda_R + 1\right] \cdot \mu_D$ und

$$\sigma_t^2 = (\lambda_P + 1) \cdot \sigma_D^2 + \mu_z \cdot \sigma_z^2 \cdot \left(\sum_{i=1}^{\lambda_P - 1} p_{t-i}^2 + \mu_D^2 \right) + (1 - \mu_z) \cdot \lambda_R \cdot \left[\sigma_z^2 \cdot \mu_D^2 + \sigma_D^2 \cdot (1 - \mu_z)^2 + \sigma_z^2 \cdot \sigma_D^2\right].$$

Für den Sicherheitsbestand erhält man somit den Ausdruck

$$SST_t^P = k_P \cdot \sqrt{\begin{aligned} &(\lambda_P + 1) \cdot \sigma_D^2 + \mu_z \cdot \sigma_z^2 \cdot \left(\sum_{i=1}^{\lambda_P - 1} p_{t-i}^2 + \mu_D^2 \right) + \\ &+ (1 - \mu_z) \cdot \lambda_R \cdot \left[\sigma_z^2 \cdot \mu_D^2 + \sigma_D^2 \cdot (1 - \mu_z)^2 + \sigma_z^2 \cdot \sigma_D^2\right] \end{aligned}} . \qquad (4.2.146)$$

Für den Produktionsparameter gilt $S_t = \left[\lambda_P + (1 - \mu_z)^2 \cdot \lambda_R + 1\right] \cdot \mu_D + SST_t^P$. Der Fall λ_P=0 bedarf keiner separaten Behandlung. Auch Heuristik III gibt die Grenzfälle μ_z=0 und μ_z=1 als Newsboy-Bestellgrenzenpolitik wieder.

Die folgende Tabelle enthält eine überblicksartige Zusammenfassung der für die Heuristiken I, II und III gebrauchten Definitionen der disponiblen Bestände sowie die für die Bestimmung der jeweiligen Dispositionsparameter relevanten Varianzen und Erwartungswerte der produktions- und aufarbeitungsbezogenen Risikogrößen.

Heuristik	Fall	Definition disponibler Bestände (Produktion)
I	$\lambda_R \leq \lambda_P$	$x^P_{S,t} = x_{S,t} + x_{R,t} + \sum_{i=\lambda_R}^{\lambda_P-1} p_{t-i} + \mu_z \cdot \sum_{i=1}^{\lambda_R-1} p_{t-i} + \sum_{i=1}^{\lambda_R-1} r_{t-i}$ $\lambda_R=0$: $x^P_{S,t} = x_{S,t} + x_{R,t} + \sum_{i=1}^{\lambda_P-1} p_{t-i}$
	$\lambda_R > \lambda_P$	$x^P_{S,t} = x_{S,t} + \mu_z \cdot \sum_{i=1}^{\lambda_P-1} p_{t-i} + \sum_{i=1}^{\lambda_P} r_{t-\lambda_R+i}$
II	$\lambda_R \leq \lambda_P$ $\lambda_R > \lambda_P$	$x^P_{S,t} = x_{S,t} + x_{R,t} + \sum_{i=1}^{\lambda_P-1} p_{t-i} + \sum_{i=1}^{\lambda_R-1} r_{t-i}$
III	$\lambda_R \leq \lambda_P$	$x^P_{S,t} = x_{S,t} + x_{R,t} + \beta \cdot \sum_{i=1}^{\lambda_R-1} p_{t-i} + \sum_{i=\lambda_R}^{\lambda_P-1} p_{t-i} + \sum_{i=1}^{\lambda_R-1} r_{t-i}$
	$\lambda_R > \lambda_P$	$x^P_{S,t} = x_{S,t} + (1-\mu_z) \cdot \left(\sum_{i=1}^{\lambda_R-\lambda_P-1} r_{t-i} + x_{R,t} \right) + \beta \cdot \sum_{i=1}^{\lambda_P-1} p_{t-i} + \sum_{i=1}^{\lambda_P} r_{t-\lambda_R+i}$
Heuristik	**Fall**	**Definition disponibler Bestände (Aufarbeitung)**
I	$\lambda_R \leq \lambda_P$	$x^R_{S,t} = x_{S,t} + \mu_z \cdot \sum_{i=1}^{\lambda_R} p_{t-\lambda_P+i} + \sum_{i=1}^{\lambda_R-1} r_{t-i}$
	$\lambda_R > \lambda_P$	$x^R_{S,t} = x_{S,t} + \mu_z \cdot \sum_{i=0}^{\lambda_P-1} p_{t-i} + \sum_{i=1}^{\lambda_R-1} r_{t-i}$ $\lambda_P=0$: $x^R_{S,t} = x_{S,t} + z_t \cdot p_t + \sum_{i=1}^{\lambda_R-1} r_{t-i}$
II, III	$\lambda_R \leq \lambda_P$	wie Heuristik I
	$\lambda_R > \lambda_P$	wie Heuristik I

Tab. 4.11a: Übersicht zu den Heuristiken I bis III: Definitionen disponibler Bestände

Heuristik	Fall	Varianz der Risikogröße ξ_t
I	$\lambda_R \leq \lambda_P$	$\sigma^2_{\xi_t} = (\lambda_P + 1) \cdot \sigma^2_D + \sigma^2_z \cdot \sum_{i=1}^{\lambda_R - 1} p^2_{t-i} + \sigma^2_z \cdot p^2_t$ $\lambda_R=0$: $\sigma^2_{\xi_t} = (\lambda_P + 1) \cdot \sigma^2_D$
	$\lambda_R > \lambda_P$	$\sigma^2_{\xi_t} = (\lambda_P + 1) \cdot \sigma^2_D + \sigma^2_z \cdot \sum_{i=1}^{\lambda_P - 1} p^2_{t-i} + \sigma^2_z \cdot \mu^2_D$
II	$\lambda_R \leq \lambda_P$	$\sigma^2_{\xi_t} = (\lambda_P + 1) \cdot \sigma^2_D + \mu_z \cdot \sigma^2_z \cdot \left(\sum_{i=1}^{\lambda_R - 1} p^2_{t-i} + D^2_{t-1} \right) +$ $+ (1 - \mu_z) \cdot \lambda_R \cdot \left[\sigma^2_z \cdot \mu^2_D + \sigma^2_D \cdot (1 - \mu_z)^2 + \sigma^2_z \cdot \sigma^2_D \right]$ $\lambda_R=0$: $\sigma^2_{\xi_t} (\lambda_P + 1) \cdot \sigma^2_D$
	$\lambda_R > \lambda_P$	$\sigma^2_{\xi_t} = (\lambda_P + 1) \cdot \sigma^2_D + \mu_z \cdot \sigma^2_z \cdot \left(\sum_{i=1}^{\lambda_P - 1} p^2_{t-i} + D^2_{t-1} \right) +$ $+ (1 - \mu_z) \cdot \lambda_R \cdot \left[\sigma^2_z \cdot \mu^2_D + \sigma^2_D \cdot (1 - \mu_z)^2 + \sigma^2_z \cdot \sigma^2_D \right]$
III	$\lambda_R \leq \lambda_P$	$\sigma^2_{\xi_t} = (\lambda_P + 1) \cdot \sigma^2_D + \mu_z \cdot \sigma^2_z \cdot \left(\sum_{i=1}^{\lambda_R - 1} p^2_{t-i} + \mu^2_D \right) +$ $+ (1 - \mu_z) \cdot \lambda_R \cdot \left[\sigma^2_z \cdot \mu^2_D + \sigma^2_D \cdot (1 - \mu_z)^2 + \sigma^2_z \cdot \sigma^2_D \right]$
	$\lambda_R > \lambda_P$	$\sigma^2_{\xi_t} = (\lambda_P + 1) \cdot \sigma^2_D + \mu_z \cdot \sigma^2_z \cdot \left(\sum_{i=1}^{\lambda_P - 1} p^2_{t-i} + \mu^2_D \right) +$ $+ (1 - \mu_z) \cdot \lambda_R \cdot \left[\sigma^2_z \cdot \mu^2_D + \sigma^2_D \cdot (1 - \mu_z)^2 + \sigma^2_z \cdot \sigma^2_D \right]$
Heuristik	**Fall**	**Varianz der Risikogröße ζ_t**
I	$\lambda_R \leq \lambda_P$	$\sigma^2_{\zeta_t} = (\lambda_R + 1) \cdot \sigma^2_D + \sigma^2_z \cdot \sum_{i=1}^{\lambda_R} p^2_{t-\lambda_P+i}$
	$\lambda_R > \lambda_P$	$\sigma^2_{\zeta_t} = (\lambda_R + 1) \cdot \sigma^2_D + \sigma^2_z \cdot \sum_{i=0}^{\lambda_P - 1} p^2_{t-i}$
II, III	$\lambda_R \leq \lambda_P$	wie Heuristik I
	$\lambda_R > \lambda_P$	$\sigma^2_{\zeta_t} = (\lambda_P + 1) \cdot \sigma^2_D + (\lambda_R - \lambda_P) \cdot \left[\sigma^2_z \cdot \mu^2_D + (1 - \mu_z)^2 \cdot \sigma^2_D + \sigma^2_z \cdot \sigma^2_D \right] +$ $+ \sigma^2_z \cdot \sum_{i=0}^{\lambda_P - 1} p^2_{t-i}$

Tab. 4.11b: Übersicht zu den Heuristiken I bis III: Varianz der Risikovariablen ξ_t und ζ_t

Heuristik	Fall	Erwartungswert der Risikogröße ξ_t
I	$\lambda_R \leq \lambda_P$	$\mu_{\xi_t} = (\lambda_P + 1) \cdot \mu_D$
	$\lambda_R > \lambda_P$	
II	$\lambda_R \leq \lambda_P$	$\mu_{\xi_t} = \left[\lambda_P + (1-\mu_z)^2 \cdot \lambda_R + 1\right] \cdot \mu_D + (\mu_z - \mu_z^2) \cdot \left(\sum_{i=1}^{\lambda_R - 1} p_{t-i} + D_{t-1}\right)$ $\lambda_R = 0$: $\mu_{\xi_t} = (\lambda_P + 1) \cdot \mu_D$
	$\lambda_R > \lambda_P$	$\mu_{\xi_t} = \left[\lambda_P + (1-\mu_z)^2 \cdot \lambda_R + 1\right] \cdot \mu_D + $ $+ \mu_z \cdot \left[(1-\mu_z) \cdot \left(\sum_{i=1}^{\lambda_P - 1} p_{t-i} + D_{t-1}\right) + x_{R,t} + \sum_{i=1}^{\lambda_R - \lambda_P - 1} r_{t-i}\right]$
III	$\lambda_R \leq \lambda_P$	$\mu_{\xi_t} = \left[\lambda_P + (1-\mu_z)^2 \cdot \lambda_R + 1\right] \cdot \mu_D$
	$\lambda_R > \lambda_P$	
Heuristik	**Fall**	**Erwartungswert der Risikogröße ζ_t**
I	$\lambda_R \leq \lambda_P$	$\mu_{\zeta_t} = (\lambda_R + 1) \cdot \mu_D$
	$\lambda_R > \lambda_P$	
II, III	$\lambda_R \leq \lambda_P$	wie Heuristik I
	$\lambda_R > \lambda_P$	$\mu_{\zeta_t} = (\lambda_P + 1) \cdot \mu_D + (\lambda_R - \lambda_P) \cdot (1 - \mu_z) \cdot \mu_D$

Tab. 4.11c: Übersicht zu den Heuristiken I bis III: Erwartungswert der Risikovariablen ξ_t und ζ_t

4.2.3 Numerische Untersuchung zur Performance der Heuristiken

Die Heuristiken I bis III sollen nun einer numerischen Untersuchung unterzogen werden, die einen tieferen Einblick in die Eigenschaften des behandelten Dispositionsproblems unter den Einflüssen verschiedener Parameter und weiterhin Aussagen zur Güte der Heuristiken ermöglicht. Auf dieser Grundlage sollen Vorschläge für den praktischen Gebrauch der Heuristiken gemacht werden.

Auch wenn eine Beurteilung der Heuristiken vor dem Hintergrund von Optimallösungen wünschenswert ist, so gelten die bereits im Zusammenhang mit dem Produktionsausbeuteproblem angesprochenen Einschränkungen für die Gewinnung solcher Lösungen erst recht auch für das hier betrachtete Problem mit Aufarbeitungsoption. Daher wird zur Beurteilung der Kostenperformance ein Benchmark benötigt, der im Zuge einer Parameteroptimierung im Rahmen von vorgegebenen linearen Dispositionsregeln ermittelt werden soll.

Benchmark

Die Grundidee der Gewinnung einer Referenzlösung als Kostenbenchmark besteht in der Parametrisierung der heuristischen Entscheidungsregeln für Produktion und Aufarbeitung. Die kostenminimalen Werte der ausgewählten Parameter können damit auf numerischem Wege ermittelt und als Benchmark verwendet werden.

Die Produktionsregel der Heuristiken I bis III lässt sich allgemein formulieren als

$$p_t\left(x_{S,t}^P\right) = \max\left\{\frac{S_t(\gamma_1, \xi_t) - x_{S,t}^P}{\gamma_2}, 0\right\} = \max\left\{\frac{\mu_{\xi_t} + \gamma_1 \cdot \sigma_{\xi_t} - x_{S,t}^P}{\gamma_2}, 0\right\}. \qquad (4.2.147)$$

Die Heuristiken unterscheiden sich jeweils in dem Sicherheitsfaktor γ_1, der durch ξ_t beschriebenen Summe aller entscheidungsrelevanten Risiken, der Definition des disponiblen Bestandes $x_{S,t}^P$ und dem Inflationsparameter γ_2.

Der Dispositionsparameter S_t ist die Summe aus dem Erwartungswert der Risikovariablen ξ_t und dem Sicherheitsbestand als Produkt aus dem Sicherheitsfaktor γ_1 und der Standardabweichung der Risikogröße ξ_t. Die Erwartungswerte und Varianzen dieser

Größe sind in Tab. 4.11 für die Heuristiken I bis III zusammenfassend dargestellt, ebenso die jeweiligen Definitionen des disponiblen Bestands $x_{S,t}^{P}$. Mit der Wahl des Inflationsparameters γ_2 lassen sich sowohl die inflationierende Produktionsregel (für $0<\gamma_2<1$) als auch die einfache Bestellgrenzenregel (für $\gamma_2=1$) darstellen. Im Spezialfall $\lambda_R=0$ gilt stets $\gamma_2:=1$. Die Aufarbeitungsregel ist vom inputseitig beschränkten Bestellgrenzentyp:

$$\begin{aligned} r_t\left(x_{S,t}^{R}\right) &= \min\left\{x_{R,t}, \max\left\{M_t(\gamma_3, \zeta_t) - x_{S,t}^{R}, 0\right\}\right\} \\ &= \min\left\{x_{R,t}, \max\left\{\mu_{\zeta_t} + \gamma_3 \cdot \sigma_{\zeta_t} - x_{S,t}^{R}, 0\right\}\right\} \end{aligned} \quad (4.2.148)$$

Die Definitionen des disponiblen Bestands $x_{S,t}^{R}$ und die Verteilungsparameter der aufarbeitungsbezogenen Risikogröße ζ_t sind in Tab. 4.11 angegeben. Bei der Definition von $x_{S,t}^{R}$ sind zwei Durchlaufzeitkonstellationen zu unterscheiden, für alle drei Heuristiken gelten dabei jedoch identische Ausdrücke.

Tab. 4.12 zeigt die Festlegung des produktionsbezogenen Sicherheitsfaktors γ_1, des Inflationsparameters γ_2 und des aufarbeitungsbezogenen Sicherheitsfaktors γ_3. Letzterer ist für die Heuristiken I bis III identisch.

Heuristik	γ_1	γ_2	γ_3
I	$\Phi^{-1}\left(\frac{v}{v+h_S}\right)$	μ_z	$\Phi^{-1}\left(\frac{v+h_R}{v+h_S}\right)$
II	$\Phi^{-1}\left(\frac{v}{v+h_S+\mu_z\cdot\left[\left(\mu_z-1\right)\cdot h_S+\left(1-\mu_z\right)\cdot h_R\right]}\right)$	1	$\Phi^{-1}\left(\frac{v+h_R}{v+h_S}\right)$
III	$\Phi^{-1}\left(\frac{v}{v+h_S+\mu_z\cdot\left[\left(\mu_z-1\right)\cdot h_S+\left(1-\mu_z\right)\cdot h_R\right]}\right)$	$\mu_z^2-\mu_z+1$	$\Phi^{-1}\left(\frac{v+h_R}{v+h_S}\right)$

Tab. 4.12: Festlegung der Sicherheitsfaktoren und des Inflationsparameters

Um zu einer Vergleichslösung zu gelangen, werden zunächst für die heuristischen Politiken I und III die bei sequentieller Variation der Parameter in der Reihenfolge

$\gamma_1 \rightarrow \gamma_2 \rightarrow \gamma_3$ jeweils zu erreichenden Kostenminima $C_I^*\left(\gamma_1^I,\gamma_2^I,\gamma_3^I\right)$ und $C_{III}^*\left(\gamma_1^{III},\gamma_2^{III},\gamma_3^{III}\right)$ ermittelt[167]. Das Kostenminimum $C^* = \min\left\{C_I^*, C_{III}^*\right\}$ dieser beiden Referenzlösungen wird nun als Benchmark verwendet[168]. Als Startlösung für das numerische Verbesserungsverfahren finden die für Heuristik I und III in Tab. 4.12 angegebenen Ausdrücke Verwendung. Im Spezialfall λ_R=0 wird der Inflationsparameter γ_2 nicht in die Optimierung einbezogen, sondern zur Darstellung der nicht-inflationierenden Bestellgrenzenpolitik auf den Wert γ_2=1 fixiert.

Dieses Vorgehen der Optimierung führt zu stationären Werten für die Parameter γ_1, γ_2 und γ_3, berücksichtigt aber dennoch eine dynamische Festlegung der Sicherheitsbestände und Dispositionsparameter S_t und M_t, wie aus (4.2.147) und (4.2.148) in Verbindung mit den in Tab. 4.11 angegebenen Verteilungsparametern der Größen ξ_t und ζ_t zu ersehen ist[169].

Der Auswertung der Untersuchungsergebnisse vorangestellt soll, ausgehend von einem Basisfall, der Einfluss einzelner Modellparameter bei ceteris paribus-Betrachtung untersucht werden. Das Basisszenario beschreibt eine Situation mit einer mittleren Ausbeute von 70% und leichter Bedarfs- und Ausbeutevariabilität bei einem Variationskoeffizienten von jeweils 10%. Die produktionsbezogenen Daten entsprechen damit den in Abschnitt 4.1.4 für das Ausbeuteproblem verwendeten, einschließlich des Fehlmengenkosten- und Lagerkostensatzes für den FT-Bestand. Das Verhältnis von RT- und FT-Lagerkostensatz ist mit h_R/h_S=2/3 festgelegt. Beide Durchlaufzeiten sind identisch und werden auf 10 Perioden fixiert. Zusammengefasst lässt sich der Basisfall durch folgende Daten beschreiben:

---

[167] Das Vorgehen bei der Gewinnung der Referenzlösungen wird im Anhang A.3 beschrieben.

[168] In Voruntersuchungen zeigten sich nur geringe Abweichungen in der Performance der Heuristiken II und III. Als Grundlage für die Gewinnung der Referenzlösungen wurden die Heuristiken I und III gewählt. In diesen Fällen verfügt die Produktionsregel neben der Bestellgrenze auch über einen Inflationsparameter, dessen Einbeziehung in die Parameteroptimierung einen zusätzlichen Freiheitsgrad bei der Lösungssuche schafft.

[169] Wie bereits im Zusammenhang mit dem in Abschnitt 4.1 betrachteten Produktionsausbeuteproblem wurden auch hier Bemühungen unternommen, das Ergebnis durch eine weitergehende Parametrisierung (speziell der stationären und dynamischen Komponenten der Risikoparameter σ_ξ bzw σ_ζ) zu verbessern, doch war auch in diesem Fall bei erheblich höherer Rechenzeit keine signifikante Veränderung des Benchmarks zu erreichen.

Bedarf:	gammaverteilt mit μ_D=100 und σ_D=10
Ausbeuteanteil:	betaverteilt mit μ_z=0,7 und σ_z=0,07
Durchlaufzeiten:	λ_P=10, λ_R=10
Lagerkosten:	h_S=3, h_R=2
Fehlmengenkosten:	v=27
‚Servicegrad':	$\alpha' = v/(v+h_S) = 0{,}9$

Für diese Datenbasis sind in Tab. 4.13 die als Referenzlösungen gewonnenen Werte der Parameter γ_1 bis γ_3 angegeben. In der Referenzlösung I kann kein endlicher kostenminimierender Wert des Aufarbeitungsparameters ermittelt werden kann, was darauf zurückzuführen ist, dass aufgrund der nur beschränkt und mit relativ geringer Variabilität auftretenden Rückflüsse die Aufarbeitungsgrenze nicht bindend ist[170]. Für Referenzlösung III kann ein Aufarbeitungsparameter angegeben werden, jedoch tritt eine Beschränkung der Aufarbeitung nur in relativ wenigen Perioden auf, so dass im Mittel kein signifikanter RT-Bestand aufgebaut wird.

Referenzlösungen	
$\gamma_1^I = 1{,}343$	$\gamma_1^{III} = 1{,}254$
$\gamma_2^I = 0{,}721$	$\gamma_2^{III} = 0{,}789$
$\gamma_3^I = \infty$	$\gamma_3^{III} = 1{,}642$

Tab. 4.13: Für den Basisfall ermittelte Parameter der Referenzlösungen

Auf Grundlage des oben beschriebenen Szenarios werden zunächst die Einflüsse verschiedener Modellparameter untersucht.

[170] Im Unterschied zum Auftreten dieses Falls bei dem in Kapitel 3 untersuchten Dispositionsproblem ist hier zu beachten, dass die kurzfristige Verfügbarkeit von Rückflüssen, die ggf. eine Beschränkung der Aufarbeitung erforderlich macht, an die Produktionsentscheidung gekoppelt ist.

Bedarfsrisiko

Im ersten Schritt sollen die heuristischen Lösungen unter dem Einfluss der Bedarfsvariabilität betrachtet werden. Dazu wurde der Variationskoeffizient ρ_D (bei konstantem Erwartungswert) im Intervall [0,05;0,5] bei einer Schrittweite von 0,05 variiert. In Abb. 4.17 werden die Ergebnisse graphisch wiedergegeben. In der Legende sind die Ergebnisse für die Heuristiken I bis III sind mit „H1" bis „H3" gekennzeichnet, während die beiden Teillösungen des Benchmarks (jeweils gewonnen unter Anwendung der heuristischen Entscheidungsregeln I und III bei numerischer Optimierung der Parameter $\gamma_1^I, \gamma_2^I, \gamma_3^I$ bzw. $\gamma_1^{III}, \gamma_2^{III}, \gamma_3^{III}$) mit „Opt1" bzw. „Opt3" bezeichnet sind. Die Kostenperformance der Heuristiken wird relativ zu dem auf 100 standardisierten Kostenbenchmark $C^* = \min\left\{C_I^*, C_{III}^*\right\}$ angegeben.

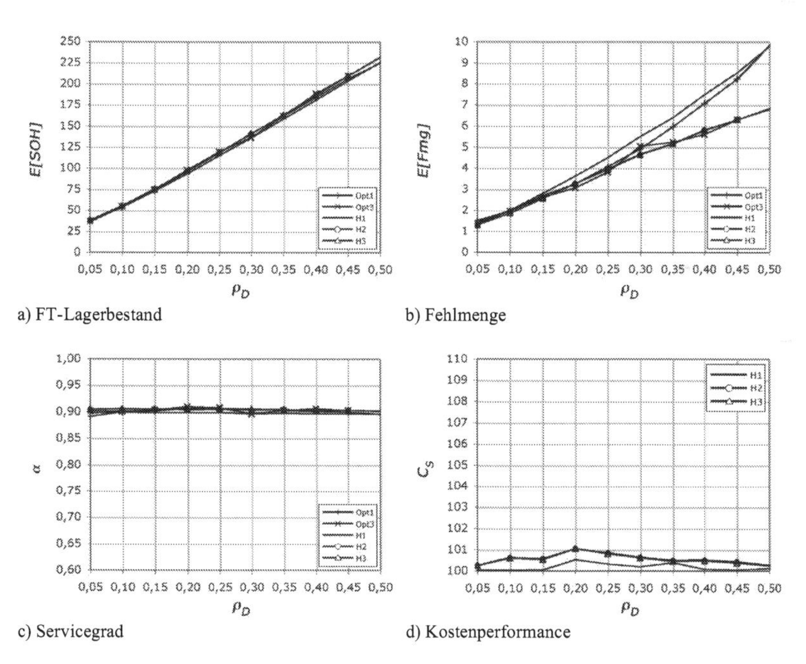

Abb. 4.17: Einfluss des Bedarfsrisikos

In Abb. 4.17 a) sind die Verläufe des mittleren FT-Bestands E[SOH] dargestellt, wobei neben den Ergebnissen aus der Simulation der drei Heuristiken (H1, H2, H3) auch die unter Gebrauch der heuristischen Entscheidungsregeln I und III durch Parameteroptimierung gewonnenen Referenzwerte (Opt1, Opt3) einbezogen sind. Die mit ρ_D ansteigenden Verläufe der aufgezeichneten Bestände weisen keine wesentliche Abweichung voneinander auf, der mittlere FT-Bestand im Fall der Referenzlösung Opt1 und der Heuristik I liegt geringfügig unterhalb der sonstigen Ergebnisse. In Teilgraphik b) ist ein leicht höheres Niveau der Fehlmengen erkennbar. Ein signifikanter RT-Bestand wird in keinem Fall aufgebaut, da unter den vorliegenden Ausbeutebedingungen mit μ_z=0,7 die Verfügbarkeit von Rückflüssen relativ gering ist und diese vollständig aufgearbeitet werden können. Die Aufarbeitungsgrenze ist in diesem Fall nicht bindend.

Die durch Optimierung gewonnenen Parameter γ_1, γ_2 und γ_3 lassen keine systematischen Abweichungen von den nach Tab. 4.12 zu ermittelnden heuristischen Werten erkennen. Teilgraphik c) zeigt den für die Heuristiken jeweils realisierten α-Servicegrad, der in allen Fällen keine signifikante Abweichung vom 90%-Niveau aufweist. Die Kostenverläufe über ρ_D sind in Teilgraphik d) dargestellt. Heuristik I liefert im gesamten Intervall eine Abweichung von maximal 0,5% über dem auf 100 standardisierten Kostenbenchmark. Für die Heuristiken II und III mit nahezu identischem Ergebnis ist die Abweichung im gesamten Intervall größer, erreicht jedoch maximal 1%. Insgesamt wird die geringste Abweichung im Bereich der Intervallgrenzen erreicht.

Ausbeuterisiko

Der Einfluss der Variabilität des Ausbeuteanteils wurde bei Variation des Streumaßes ρ_z im Intervall [0,05;0,5] untersucht. Die Ergebnisse hierzu sind in Abb. 4.18 graphisch dargestellt. Teilgraphik a) zeigt die mit ρ_z zunehmenden FT-Bestände zur Absicherung des steigenden Ausbeuterisikos, die für alle Lösungen einen nahezu identischen Verlauf nehmen. In Teilgraphik b) sind mit steigendem Ausbeuterisiko nur geringfügig Abweichungen der mittleren Fehlmenge zu erkennen. Graphik c) stellt die im Optimierungslauf ermittelten produktionsbezogenen Sicherheits- und Inflationsparameter γ_1^I und γ_2^I der Referenzlösung I dar. Die unterbrochenen Linien geben zum Vergleich die nach Tab. 4.12 festgelegten heuristischen Werte $\hat{\gamma}_1^I$ und $\hat{\gamma}_2^I$ dieser

Parameter wieder. Weiterhin sind die für die Referenzlösung III ermittelten Parameterwerte in Graphik d) dargestellt.

Der Vergleich der in den Graphiken 4.18c) und d) dargestellten Entwicklung der Parameter lässt für γ_1^{III} und γ_2^{III} keine systematische Abhängigkeit von ρ_z erkennen, während γ_1^I und γ_2^I für ρ_D>0,3 von der heuristischen Lösung $\hat{\gamma}_1^I = 1{,}282$ und $\hat{\gamma}_2^I = 0{,}7$ nach oben abweichen. Das Auftreten dieses Effekts war bereits bei der Untersuchung des einfachen Produktionsausbeutefalls in Abschnitt 4.1.4 zu beobachten und ist hier offenbar vom Typ der zugrunde liegenden Produktionsregel abhängig. Aufgrund der Engpass-Situation bei der Versorgung mit Rückflüssen bzw. deren vollständiger Aufarbeitung ist auch unter dem Einfluss des Ausbeuterisikos kein Aufbau von RT-Beständen zu beobachten. Entsprechend ist im Rahmen der Optimierungsläufe eine bindende Größe des Aufarbeitungsparameters nicht zu ermitteln.

Die Abweichung zwischen optimaler und heuristischer Festlegung der Parameter wird in Teilgraphik f) in einer über ρ_z abnehmenden Performance von Heuristik I sichtbar, die für kleine ρ_z nicht, zum rechten Intervallende aber um 1% vom Benchmark abweicht. Demgegenüber zeigen die Ergebnisse für die Heuristiken II und III einen umgekehrten Verlauf mit einer maximalen Abweichung von 0,8% am linken Intervallende. Für $\rho_z \geq 0{,}2$ ist das Ergebnis jedoch mit der Referenzlösung nahezu identisch. Der realisierte α-Servicegrad ist für alle heuristischen Lösungen vom Ausbeuterisiko unabhängig und weicht für Heuristik I um maximal 0,6% vom 90%-Niveau ab.

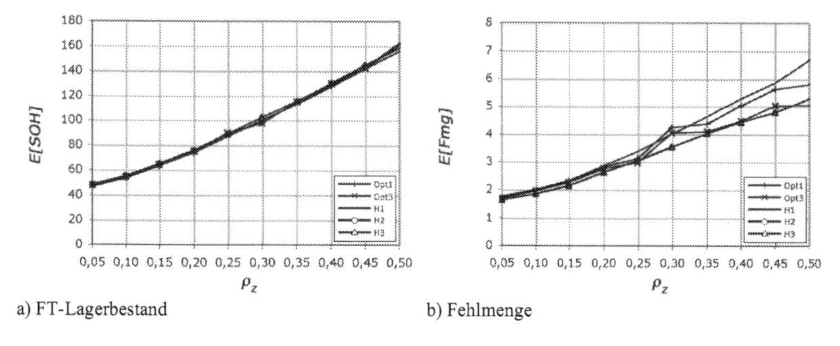

a) FT-Lagerbestand

b) Fehlmenge

Abb. 4.18 a) bis b): Einfluss des Ausbeuterisikos

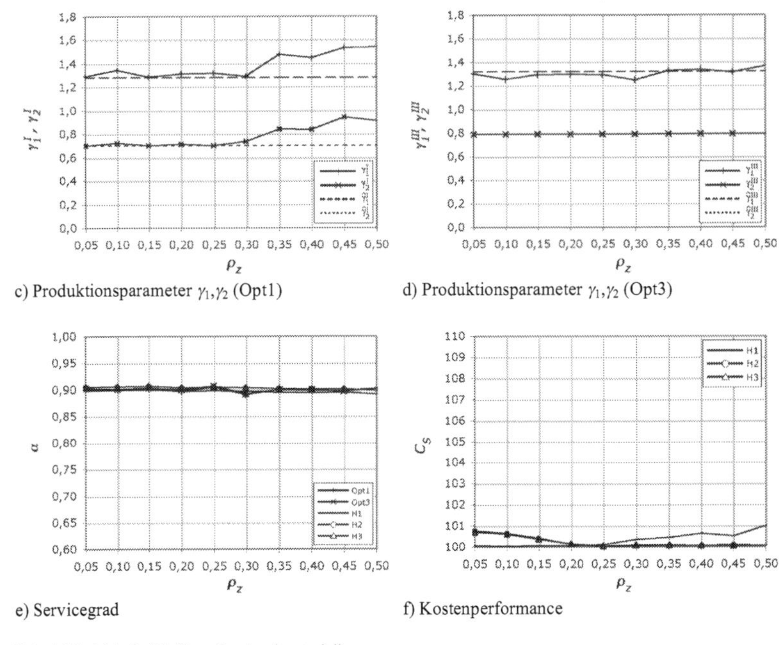

c) Produktionsparameter γ_1, γ_2 (Opt1)

d) Produktionsparameter γ_1, γ_2 (Opt3)

e) Servicegrad

f) Kostenperformance

Abb. 4.18 c) bis f): Einfluss des Ausbeuterisikos

Durchlaufzeiten

Weiterhin wurde der Einfluss verschiedener Durchlaufzeitkonstellationen untersucht. Es soll zunächst von identischen Durchlaufzeiten für Produktion und Aufarbeitung ausgegangen werden. Beide Durchlaufzeiten werden gemeinsam im Intervall [0;10] variiert. Die hierbei gewonnenen Ergebnisse sind Abb. 4.19 zu entnehmen.

Teilgraphik a) zeigt die Verläufe des FT-Bestands, die durch einen in λ verzögert wachsenden Verlauf zur Kompensation des sich vergrößernden Risikozeitraums gekennzeichnet sind, wobei die heuristischen Lösungen nur geringfügige Abweichungen von den Referenzlösungen aufweisen. Gleiches gilt für die in Teilgraphik b) dargestellten Verläufe der Fehlmengen. Eine Lagerhaltung im RT-Bestand tritt nicht auf. Die durch Optimierung gewonnenen Sicherheits- und Inflationsparameter der Referenzlösungen zeigen keine systematischen Einflüsse der Durchlaufzeitdauer. Der realisierte α-Servicegrad liegt nahezu konstant im Bereich eines Niveaus von 90%.

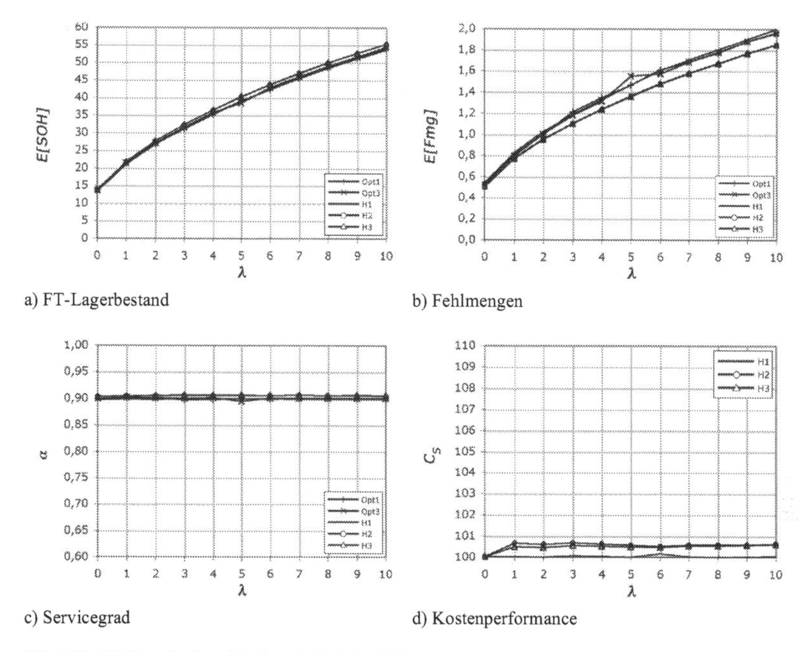

a) FT-Lagerbestand

b) Fehlmengen

c) Servicegrad

d) Kostenperformance

Abb. 4.19: Einfluss der Durchlaufzeit (mit $\lambda=\lambda_R=\lambda_P$)

Die in Teilgraphik d) dargestellte Kostenentwicklung ist für Heuristik I mit dem Kosten-Benchmark quasi-identisch, während für die Heuristiken II und III für $\lambda>0$ eine von der Durchlaufzeit unabhängige Abweichung von durchschnittlich 0,6% vorliegt.

Darüber hinaus wurde die Disposition unter dem Einfluss einer im Vergleich zu λ_P geringeren Durchlaufzeit der Aufarbeitung untersucht. Dazu wurde die Produktionsdurchlaufzeit auf $\lambda_P=10$ fixiert und λ_R im Intervall [0;10] variiert.

Die Diagramme a) und b) in Abb. 4.20 zeigen die resultierenden mittleren Bestände im FT- und RT-Lager. Es wird deutlich, dass mit geringerem λ_R auch der erforderliche FT-Bestand sinkt. Die Verkürzung der Durchlaufzeit des Aufarbeitungsprozesses reduziert die Gesamtdurchlaufzeit für die Verlustfraktion und damit das Gesamtrisiko.

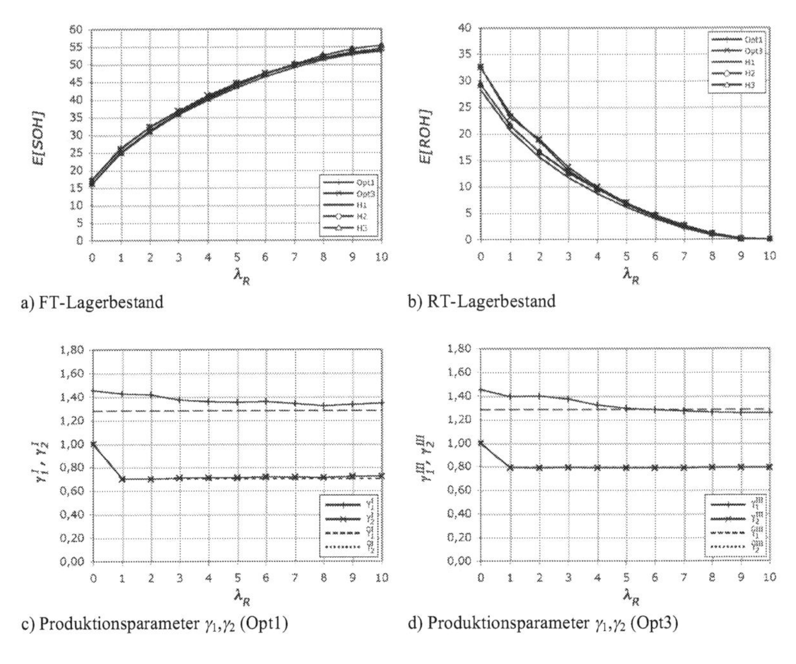

a) FT-Lagerbestand

b) RT-Lagerbestand

c) Produktionsparameter γ_1, γ_2 (Opt1)

d) Produktionsparameter γ_1, γ_2 (Opt3)

Abb. 4.20 a) bis d): Einfluss der Aufarbeitungsdurchlaufzeit (mit $\lambda_R < \lambda_P$)

Im Grenzfall $\lambda_R=0$ ist das Ausbeuterisiko durch die Möglichkeit sofortiger Aufarbeitung irrelevant. Zugleich ist mit der Reduktion von λ_R der Aufbau eines RT-Bestands verbunden. Dieser übernimmt die Funktion eines Sicherheitsbestands für die Versorgung des Aufarbeitungsprozesses, so dass auf Einflüsse des Bedarfs- und Ausbeuterisikos innerhalb des geringeren Risikozeitraumes von λ_R Perioden reagiert werden kann. Der Bestandsaufbau bei den heuristischen Lösungen bleibt mit abnehmendem λ_R hinter dem Referenzniveau zurück, was - wie in Graphik f) dargestellt - im Vergleich mit den Referenzlösungen zu höheren Fehlmengen führt.

Graphik c) zeigt Werte des produktionsbezogenen Sicherheits- und Inflationsparameters der Referenzlösung I. Während der optimierte Inflationsparameter γ_2^I mit $\hat{\gamma}_2^I$ quasi-identisch ist, unterschätzt die Festlegung von $\hat{\gamma}_1^I$ den optimalen Wert γ_1^I im gesamten Intervall. Auch für die Referenzlösung III steigt der optimierte Sicherheitsfaktor γ_1^{III} zum linken Intervallende an. In diesem Fall wird das produktionsrelevante Risiko für $\lambda_R<4$ unterschätzt, für $\lambda_R>4$ leicht überschätzt. Dies ist auch in der Entwicklung der Fehlmengen in Graphik f) und im Verlauf des realisierten Servicegrads in Graphik g) zu erkennen. Graphik e) stellt die numerisch ermittelten Parameter γ_3^I und γ_3^{III} dar, die nahezu konstant und von λ_R unabhängig sind. Zum Vergleich wird der für die drei Heuristiken identische Wert $\hat{\gamma}_3 = \hat{\gamma}_3^I = \hat{\gamma}_3^{II} = \hat{\gamma}_3^{III}$ angegeben[171].

Die in Diagramm h) dargestellten Kostenverläufe zeigen für Heuristik I eine maximale Abweichung von 1,8% für λ_R=0, die mit ansteigendem λ_R abnimmt, wobei für $\lambda_R \geq 5$ eine mit dem Benchmark identische Lösung erreicht wird. Für die Heuristiken II und III erhält man jeweils identische, von 1,3% auf 0,3% fallende und dann zur rechten Intervallgrenze hin leicht ansteigende Verläufe.

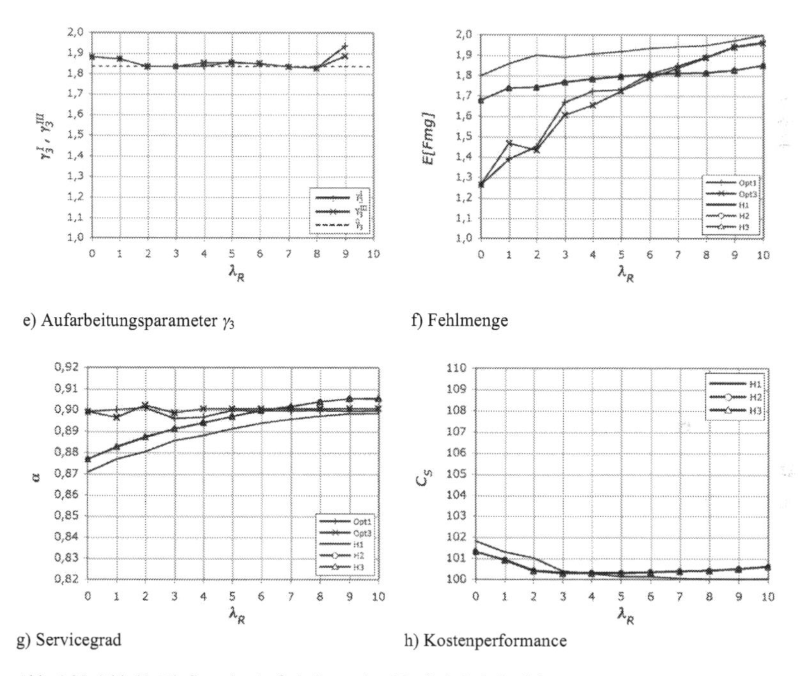

e) Aufarbeitungsparameter γ_3

f) Fehlmenge

g) Servicegrad

h) Kostenperformance

Abb. 4.20 e) bis h): Einfluss der Aufarbeitungsdurchlaufzeit (mit $\lambda_R < \lambda_P$)

Weiterhin ist der Fall zu betrachten, in dem die Durchlaufzeit des Aufarbeitungsprozesses die Produktionsdurchlaufzeit übersteigt. Entsprechend wird für den Aufarbeitungsprozess eine auf λ_R=10 fixierte Durchlaufzeit gewählt und λ_P im Intervall [0;10]

[171] Das Diagramm stützt sich auf Datenpunkte für λ_R im Intervall [0; 9], während im Fall identischer Durchlaufzeit mit $\lambda_R = \lambda_P = 10$, wie bereits weiter oben besprochen, kein eindeutiger Wert für diesen Parameter zu ermitteln ist.

variiert. Die Ergebnisse in Abb. 4.21 zeigen für die mit Vergrößerung des Risikozeitraumes ansteigende Entwicklung der FT-Bestände einen abweichenden Verlauf beider Referenzlösungen. Für kleine λ_P verläuft der Bestand für Referenzlösung Opt3 auf einem höheren Niveau und nähert sich mit abnehmender Durchlaufzeitdifferenz dem Ergebnis Opt1 an. Die heuristische Lösung I zeigt dabei ein mit Opt1 nahezu deckungsgleiches Ergebnis. Die Heuristiken II und III generieren für $\lambda_P \rightarrow 0$ in geringem Maße RT-Bestände, während dies bei den Referenzlösungen nicht der Fall ist. Heuristik I vermeidet diesen Bestandsaufbau, da die Aufarbeitungsregel auf Basis der disponiblen Bestandsgröße (4.2.57) und der in Abschnitt 4.2.2.1.4 beschriebenen Festlegung des Aufarbeitungsparameters M_t eine unverzügliche Aufarbeitung der Rückflüsse begünstigt. Die produktionsbezogenen Sicherheits- und Inflationsparameter der beiden Referenzlösungen sind in den Teilgraphiken c) und d) dargestellt. Die Verläufe der optimierten Sicherheitsfaktoren γ_1^I und γ_1^{III} zeigen Abhängigkeiten von λ_P. Während der heuristische Wert $\hat{\gamma}_1^I$ noch annähernd im Bereich von γ_1^I liegt, weicht γ_1^{III} in Graphik d) für $\lambda_P \rightarrow 0$ zunehmend von $\hat{\gamma}_1^{III}$ ab.

Der durch die Heuristiken II und III generierte Bestandsüberschuss im FT-Lager schlägt sich in einem höheren α-Servicegrad nieder und führt so mit abnehmendem λ_P zu einer steigenden Kostendifferenz zum Benchmark, die für λ_P/λ_R=0,5 etwa 4% beträgt und für λ_P=0 ein Maximum von 34% erreicht.

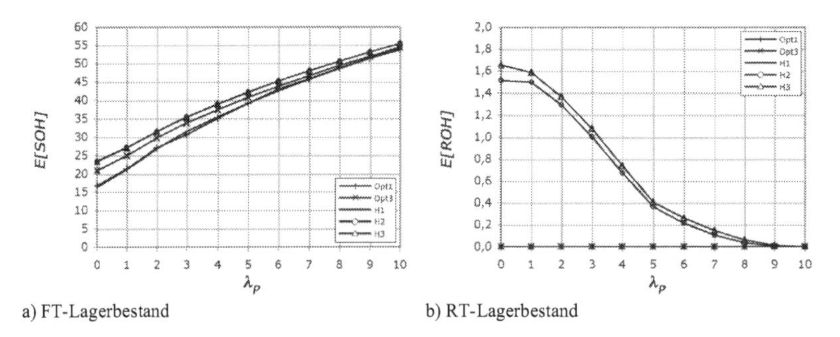

a) FT-Lagerbestand

b) RT-Lagerbestand

Abb. 4.21 a) bis b): Einfluss der Produktionsdurchlaufzeit (mit $\lambda_R > \lambda_P$)

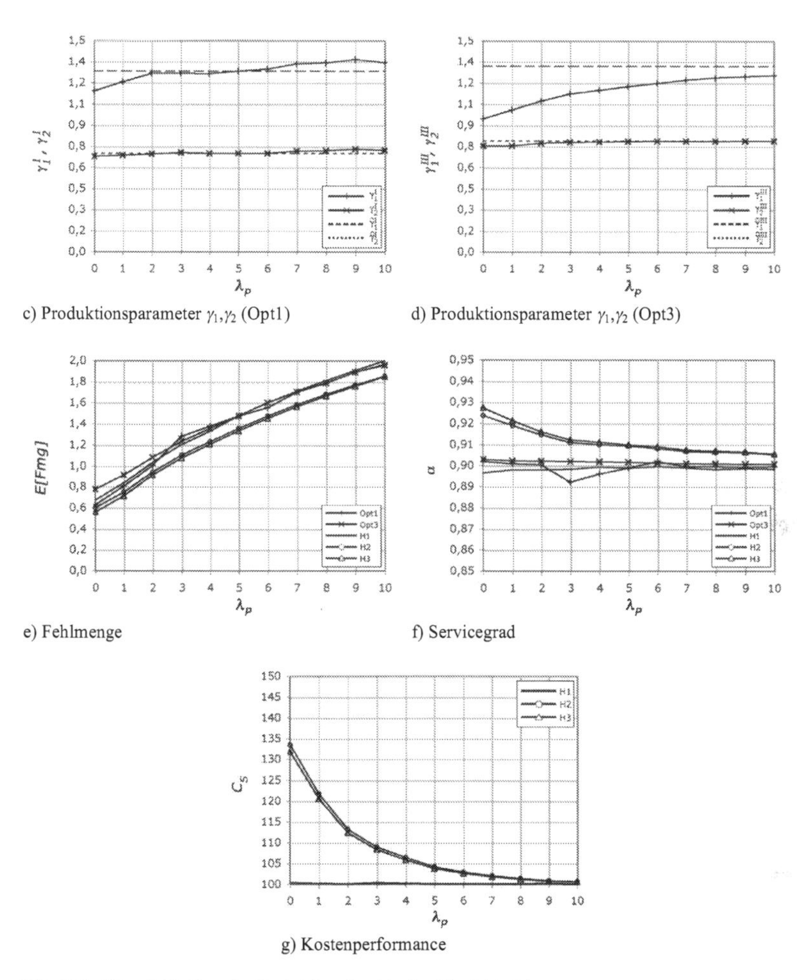

c) Produktionsparameter γ_1, γ_2 (Opt1)

d) Produktionsparameter γ_1, γ_2 (Opt3)

e) Fehlmenge

f) Servicegrad

g) Kostenperformance

Abb. 4.21 c) bis g): Einfluss der Produktionsdurchlaufzeit (mit $\lambda_R > \lambda_P$)

Gegenüber der Referenzlösung Opt3 beträgt die Abweichung jedoch maximal 6%. Für Heuristik I ist dagegen keine signifikante Kostenabweichung vom Benchmark zu ermitteln.

Die deutlich voneinander abweichenden Teillösungen Opt1 und Opt3 weisen darauf hin, dass die Struktur der verwendeten Bestandsinformationen und die unterschiedliche Interpretation des Risikozeitraums einen deutlichen Einfluss auf die erzielbare Kostenperformance haben. Im Fall von Heuristik I wird die Produktionsentscheidung auf der Grundlage eines Risikozeitraums von λ_P Perioden getroffen, während die anderen

Heuristiken hierbei zusätzlich die für die Verlustfraktion relevante Durchlaufzeit des Aufarbeitungsprozesses (in Abhängigkeit von μ_z) berücksichtigen. Dieses Vorgehen führt hier zu einer Überschätzung des produktionsrelevanten Risikos.

Ausbeuteniveau

Als weiterer Einflussfaktor ist die Höhe des mittleren Ausbeutekoeffizienten zu untersuchen. Zu diesem Zweck wird unter den sonstigen Voraussetzungen des Basisfalls μ_z im Intervall [0,05;0,95] bei konstantem Variationskoeffizienten ρ_z=0,1 betrachtet. In den Abb. 4.22 a) bis d) sind die hierbei ermittelten Verläufe der Bestandsgrößen und Fehlmengen dargestellt. Ausgehend von der Intervallmitte μ_z=0,5 ist für alle Lösungen ein zur rechten Intervallgrenze ansteigender FT-Bestand zu beobachten, während die Bestände für $\mu_z \rightarrow$0,05 nur geringfügig abnehmen. Ausnahme ist hierbei die heuristische Lösung I, die für μ_z<0,5 einen FT-Bestand auf deutlich höherem und nahezu konstantem Niveau generiert.
Weiterhin wird ein mit zunehmender Verfügbarkeit von Rückflüssen, also zum linken Intervallende ansteigender RT-Bestand sichtbar, wobei die Ergebnisse für die Referenzlösung Opt3 und die Heuristiken II und III dicht zusammenfallen. Die Referenzlösung Opt1 hingegen ist durch einen höheren Bestandsaufbau gekennzeichnet. Arfgrund des Kostenvorteils bei der Lagerhaltung von Rückflüssen wird ein Teil des Systembestands auf das Rückflusslager verlegt. Die Ergebnisse für Heuristik I sind aufgrund ihrer Dimension in Teilgraphik d) separat dargestellt. An dem extremen Bestandsaufbau wird der bereits in Abschnitt 4.2.2.1.5 besprochene Effekt des für kleine μ_z problematischen Dispositionsmusters deutlich.

Die Teilgraphiken e) bis f) bilden die Verläufe der produktionsbezogenen Sicherheits- und Inflationsparameter der Referenzlösung I ab, wobei die Darstellung auf zwei charakteristische Teilintervalle aufgeteilt ist. In Graphik f) zeigt sich, dass für μ_z>0,5 die heuristischen und optimierten Werte der Parameter nur geringfügig voneinander abweichen.

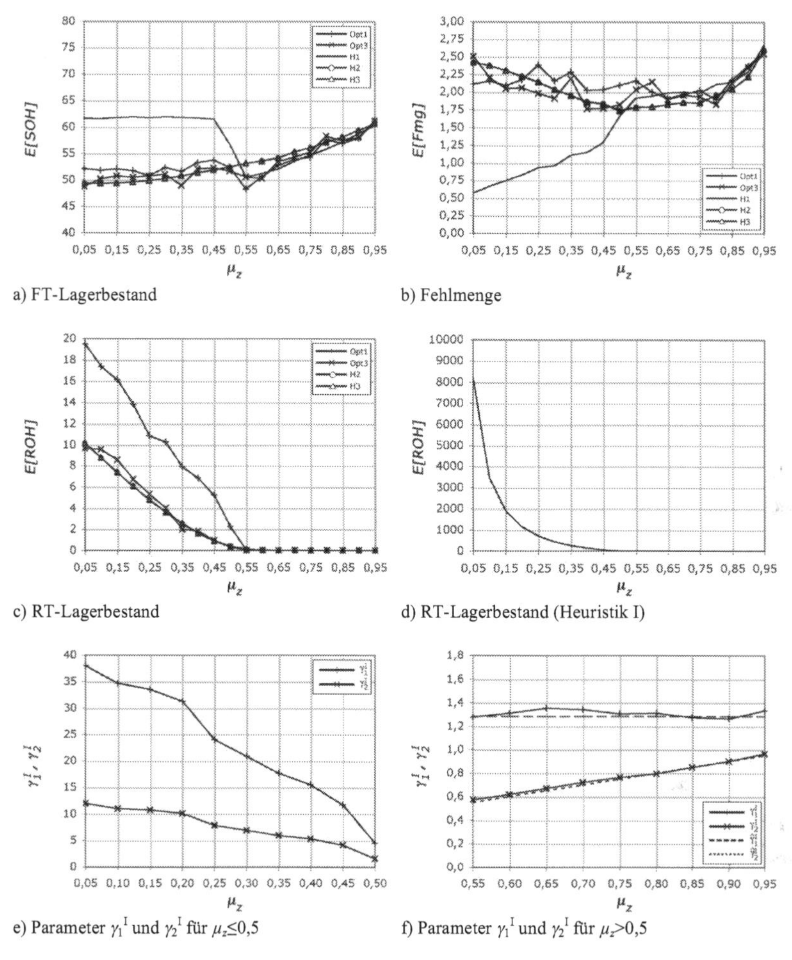

a) FT-Lagerbestand

b) Fehlmenge

c) RT-Lagerbestand

d) RT-Lagerbestand (Heuristik I)

e) Parameter $\gamma_1{}^I$ und $\gamma_2{}^I$ für $\mu_z \leq 0{,}5$

f) Parameter $\gamma_1{}^I$ und $\gamma_2{}^I$ für $\mu_z > 0{,}5$

Abb. 4.22 a) bis f): Einfluss des Ausbeuteniveaus

Als auffällige Besonderheit tritt mit Unterschreiten eines Ausbeutekoeffizienten von μ_z=0,55 ein Sprung in den Parametern ein. Die in Teilgraphik e) separat dargestellten Verläufe von γ_1^I und γ_2^I zeigen dabei mit abnehmendem μ_z extreme Ausprägungen, die in keinem Zusammenhang mit den Startlösungen stehen. Diese Parameter werden im Optimierungslauf derart angepasst, dass die charakteristischen Produktions-/Aufarbeitungssequenzen und der in Teilgraphik d) dargestellte Bestandsaufbau verhindert werden. Bei Betrachtung der Produktionsregel

$$p_t\left(x_{S,t}^P\right) = \max\left\{\frac{\mu_\xi + \gamma_1 \cdot \sigma_\xi - x_{S,t}^P}{\gamma_2}, 0\right\}$$

wird deutlich, dass die Produktionsentscheidung für sehr große γ_1 und γ_2 zunehmend von dynamischen und stochastischen Einflüssen entkoppelt wird und anstelle der für die Heuristik I charakteristischen Produktions-/Aufarbeitungszyklen eine kontinuierliche Produktion bei geringer Variabilität der Auftragsgrößen ($\sigma_p < \sigma_D$) tritt. Diese Strategie ist dennoch aufgrund der höheren Bestandskosten sowohl der Referenzlösung Opt3 als auch den heuristischen Lösungen II und III unterlegen. Für die Referenzlösung Opt3 sind in Graphik g) kleinere Abweichungen zwischen γ_1^{III} und $\hat{\gamma}_1^{III}$ erkennbar, während γ_2^{III} keine signifikante Abweichung von der heuristischen Startlösung zeigt. Für die nicht dargestellten aufarbeitungsbezogenen Sicherheitsparameter waren signifikante Abweichungen von dem heuristischen Wert nicht zu ermitteln. Die Kosten sind für Heuristik I im Bereich $0{,}55 \leq \mu_z \leq 0{,}95$ quasi-identisch mit dem Benchmark.

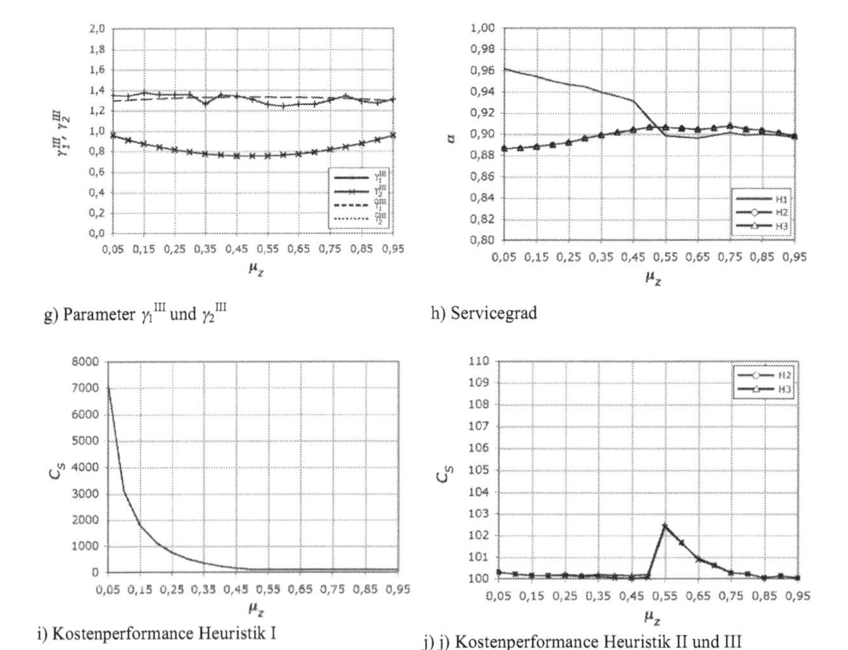

g) Parameter γ_1^{III} und γ_2^{III}

h) Servicegrad

i) Kostenperformance Heuristik I

j) j) Kostenperformance Heuristik II und III

Abb. 4.22 g) bis j): Einfluss des Ausbeuteniveaus

Die Abweichung beträgt für μ_z=0,5 etwa 8% und steigt zum linken Intervallende extrem an. Für die anderen beiden Heuristiken beträgt die Abweichung maximal 2,5% für μ_z=0,55 und im Mittel weniger als 0,5%.

Serviceniveau

Zur Untersuchung des Einflusses des Serviceniveaus werden unterschiedliche Relationen der Lagerhaltungs- und Fehlmengenkosten betrachtet. Dazu wird das Serviceäquivalent $\alpha' = v/(v + h_S)$ durch Variation des Fehlmengenkostensatzes bei konstantem Lagerkostensatz h_S=0,3 in einem Bereich von 0,6 bis 0,99 vorgegeben. Die in Abb. 4.23 gezeigten Ergebnisse basieren auf der Vorgabe von α' im Bereich [0,6;0,95] bei einer Schrittweite von 0,05 sowie den Werten 0,98 und 0,99.
Die Bestandsverläufe für beide Referenzlösungen und Heuristik I zeigen einen fast identischen Verlauf, der von den heuristischen Lösungen II und III geringfügig überschritten wird. Ein RT-Bestand wird in keinem der Fälle aufgebaut. Die optimierten Sicherheitsfaktoren γ_1^I und γ_1^{III} wachsen entsprechend der steigenden Risikobewertung überproportional in α'. Für $\alpha'\rightarrow 0,6$ übersteigt jedoch $\hat{\gamma}_1^{III}$ zunehmend den Referenzparameter γ_1^{III}, womit das produktionsbezogene Risiko überschätzt und ein übermäßiger Sicherheitsbestand generiert wird, der auch die mittlere Fehlmenge reduziert. Die optimierten Inflationsparameter sind von α' gänzlich unabhängig und mit der heuristischen Festlegung von $\hat{\gamma}_2^I = 0,7$ und $\hat{\gamma}_2^{III} = 0,79$ identisch.

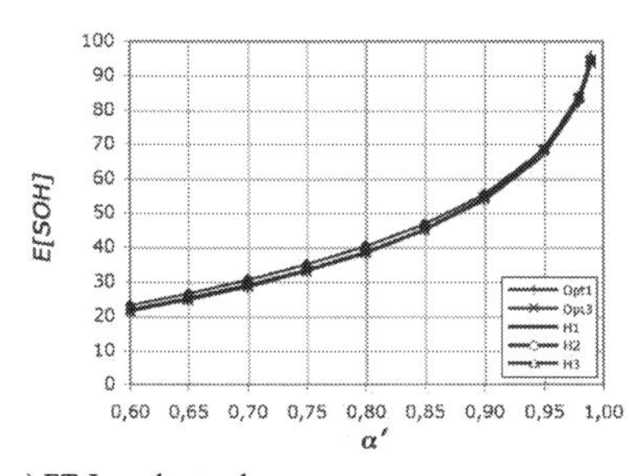

a) FT-Lagerbestand

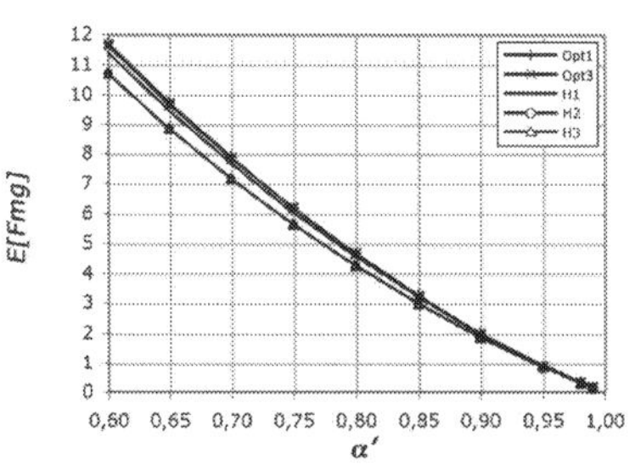

b) Fehlmenge

Abb. 4.23 a) bis b): Einfluss von Fehlmengenkosten bzw. Serviceniveau

Für Heuristik I ergibt sich eine mit der Vorgabe α' identische Realisation des α-Servicegrades, während dieser Wert für die weiteren Heuristiken zum linken Rand des betrachteten Intervalls hin zunehmend überschritten wird.

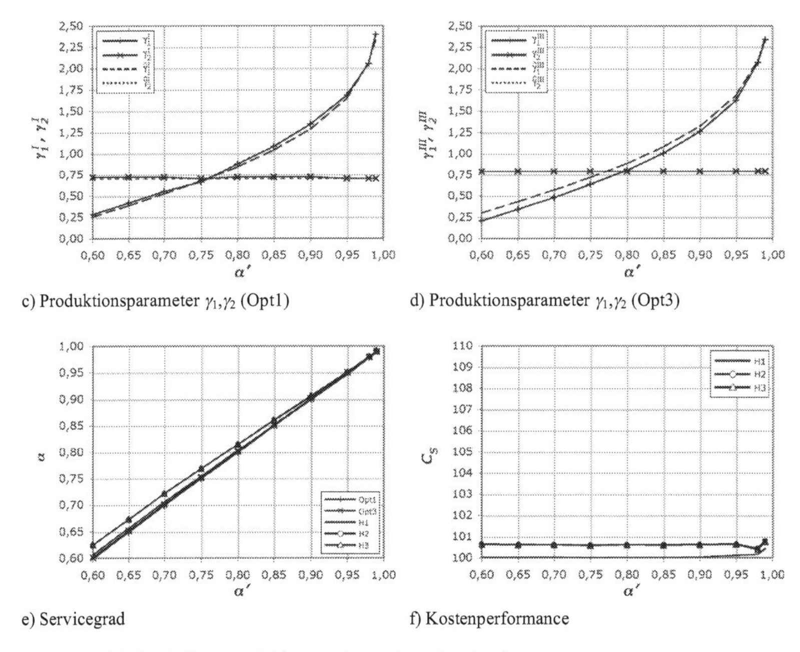

c) Produktionsparameter γ_1,γ_2 (Opt1)

d) Produktionsparameter γ_1,γ_2 (Opt3)

e) Servicegrad

f) Kostenperformance

Abb. 4.23 c) bis f): Einfluss von Fehlmengenkosten bzw. Serviceniveau

Die Kosten sind einem weiten Bereich von α' nahezu unabhängig, wobei eine messbare Abweichung gegenüber dem Benchmark im Fall von Heuristik I nur für α'>0,9 festzustellen ist, während sie in den anderen Fällen ein mittleres Niveau von 0,6% aufweist.

Lagerkostenkoeffizient

Schließlich bleibt zu klären, welcher Einfluss von der relativen Höhe der Lagerkostensätze ausgeht. Die für Lagerkostenkoeffizienten $\varsigma = h_R/h_S$ im Intervall [0,1;0,9] ermittelten Ergebnisse sind in Abb. 4.24 dargestellt. Im gesamten Intervall sind die FT-Bestände beider Referenzlösungen und der heuristischen Lösung I konstant und ohne signifikante Abweichung. Die Ergebnisse für die Heuristiken II und III zeigen eine nur leichte Abweichung von diesem Niveau. Teilgraphik d) zeigt, dass die produktionsbezogenen Parameter γ_1^I und γ_2^I von ς unabhängig sind.

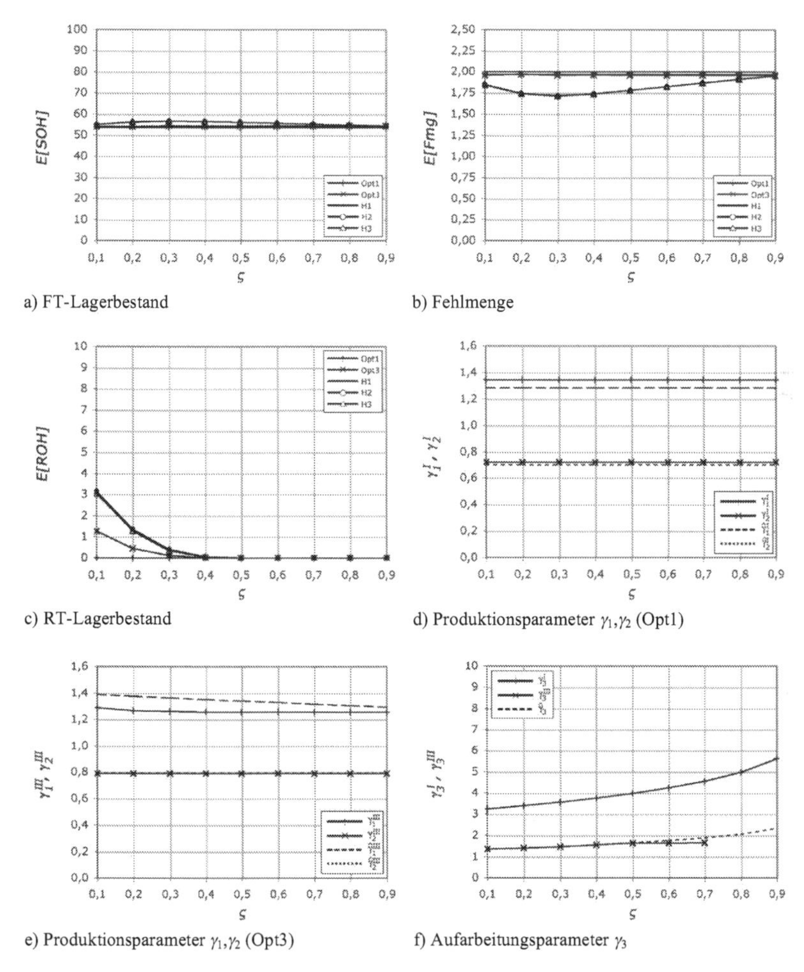

a) FT-Lagerbestand

b) Fehlmenge

c) RT-Lagerbestand

d) Produktionsparameter γ_1, γ_2 (Opt1)

e) Produktionsparameter γ_1, γ_2 (Opt3)

f) Aufarbeitungsparameter γ_3

Abb. 4.24 a) bis f): Einfluss des Lagerkostenkoeffizienten

In Graphik e) wird sichtbar, dass Heuristik III mit der Festlegung von $\hat{\gamma}_1^{\mathrm{III}}$ das produktionsbezogene Risiko überschätzt. Die Referenzlösung III und die Heuristiken II und III zeigen für geringe ς ansatzweise eine Verlagerung von Beständen in das RT-Lager. Bei veränderter Durchlaufzeitrelation bzw. bei höherer Verfügbarkeit von

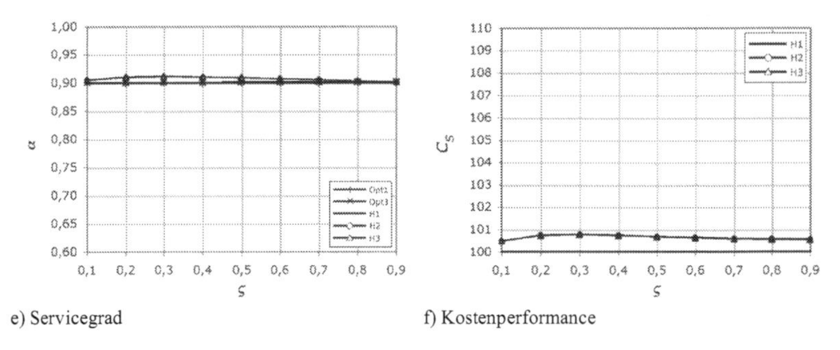

e) Servicegrad f) Kostenperformance

Abb. 4.24 g) bis h): Einfluss des Lagerkostenkoeffizienten

Rückflüssen tritt dieser Effekt deutlicher hervor. In dem hier betrachteten Szenario ist die Konstellation der Bestandskostenparameter jedoch von untergeordneter Bedeutung. Im Fall von Heuristik I sind die Kostenwerte mit dem Benchmark identisch. Für die Heuristiken II und III ergeben sich Abweichungen zwischen 0,5% und 0,8% zu diesem Ergebnis.

Zwischenergebnis

Im Ergebnis dieser Einzelbetrachtungen sind zwei für die Performance der Heuristiken kritische Faktoren festzuhalten. Einerseits ist festzustellen, dass die inflationierende Produktionsregel der Heuristik I im Fall eines geringen Ausbeuteniveaus versagt. Insbesondere führen für $\mu_z \leq 0{,}5$ die Eigenschaften dieser Entscheidungsregel zu einer zyklischen Produktionscharakteristik mit erheblichen Bestandskosteneffekten, die auch bei bestmöglicher Anpassung der Dispositionsparameter nicht gänzlich vermieden werden können. Dagegen sind im Fall höherer Ausbeutekoeffizienten die Ergebnisse sehr nahe dem Benchmark zu finden. Die Heuristiken II und III haben im Fall hoher Ausbeute eine nur geringfügig schlechtere Performance, liefern aber selbst im Fall sehr geringer Ausbeutekoeffizienten gute Ergebnisse. Als problematisch erweist sich jedoch eine Konstellation, in der die Durchlaufzeit des Aufarbeitungsprozesses wesentlich größer ist als die Produktionsdurchlaufzeit.

Aus diesem Grund sollen die Heuristiken hinsichtlich beider kritischer Einflussfaktoren bewertet werden. Ausgehend von dem bisher verwendeten Basisfall wurde dazu die Produktionsdurchlaufzeit λ_P im Intervall [0;10] variiert, während zusätzlich die mittlere

Ausbeute im Bereich [0,05;0,95] bei konstantem Variationskoeffizienten ρ_z=0,1 variiert wurde. Die Ergebnisse sind in Anhang D.3.1 tabellarisch dargestellt.

Heuristik I liefert für μ_z>0,5 keine bzw. nur sehr geringe Abweichungen vom Benchmark (maximal 1%). Bei Unterschreiten des mittleren Ausbeuteniveaus von 50% steigt für $\mu_z \to 0{,}05$ die Kostenabweichung extrem stark an. Diese Entwicklung ist für λ_P<3 und λ_P>5 zu beobachten, während innerhalb des genannten Bereiches der Kostenbenchmark um 11% bis 23% überschritten wird.

Die Heuristiken II und III liefern für μ_z<0,5 Ergebnisse die mit dem Benchmark quasi-identisch sind oder diesen um maximal 1% überschreiten. Mit dem Erreichen eines Ausbeuteniveaus von 50% steigt die Abweichung sprungartig auf bis zu 58% an, wenn zugleich die Durchlaufzeitdifferenz $\lambda_R-\lambda_P$ sehr groß ist. Für $\lambda_R-\lambda_P \to 0$ und $\mu_z \to 0{,}95$ erreichen die Kosten das Niveau des Benchmark. Diese Ergebnisse zeigen den kritischen Einfluss der Größen μ_z und $\lambda_R-\lambda_P$. In Tab. 4.14 ist die bei bestmöglicher Wahl der Heuristiken erzielbare Kostenperformance dargestellt.

$\mu_z \backslash \lambda_P$	0	1	2	3	4	5	6	7	8	9	10
0,05	100	100	100	100	100	100	100	100	100	100	100
0,10	100	100	100	100	100	100	100	100	100	100	100
0,15	100	100	100	100	100	100	100	100	100	100	100
0,20	100	100	100	100	100	100	100	100	100	100	100
0,25	101	101	100	100	100	100	100	100	100	100	100
0,30	101	100	100	100	100	100	100	100	100	100	100
0,35	100	101	100	100	100	100	100	100	100	100	100
0,40	100	100	100	100	100	100	100	100	100	100	100
0,45	100	100	100	100	100	100	100	100	100	100	100
0,50	107	104	104	100	100	100	101	100	100	100	100
0,55	100	100	100	100	100	100	100	100	100	101	100
0,60	100	100	100	100	100	100	100	100	100	100	100
0,65	100	100	100	100	100	100	100	100	100	100	100
0,70	100	100	100	100	100	100	100	100	100	100	100
0,75	100	100	100	100	100	100	100	100	100	100	100
0,80	100	100	100	100	100	100	100	100	100	100	100
0,85	100	100	100	100	100	100	100	100	100	100	100
0,90	100	100	100	100	100	100	100	100	100	100	100
0,95	100	100	100	100	100	100	100	100	100	100	100

Tab. 4.14: Erzielbare Kostenperformance bei bestmöglicher Wahl der Heuristiken für verschiedene Ausbeutekoeffizienten μ_z (bei ρ_z=0,1) und Produktionsdurchlaufzeiten unter den sonstigen Festlegungen des Basisfalls

Weitere Ergebnisse

Im Anschluss an die ceteris paribus-Betrachtung einzelner Einflussfaktoren werden nun die Ergebnisse der gesamten Simulationsuntersuchung zusammengefasst. Es werden 7 Faktoren betrachtet, die zu einer Gesamtheit von 1080 Untersuchungsinstanzen führen:

Faktor	Definition	Ausprägungen	Bemerkungen
Variabilität Bedarf	$\rho_D = \sigma_D / \mu_D$	0,1; 0,5	gammaverteilt
Variabilität Ausbeuteanteil	$\rho_z = \sigma_z / \mu_z$	0,1; 0,5 (0,3)[172]	betaverteilt
Erwarteter Ausbeuteanteil	μ_z	0,1; 0,3; 0,5; 0,7; 0,9	
‚Servicegrad'	$\alpha' = v/(v + h_S)$	0,8; 0,9; 0,95	
Relative Lagerkosten	$\varsigma = h_R/h_S$	0,33; 0,67	
Durchlaufzeit Produktion	λ_P	0; 5; 10	deterministisch
Durchlaufzeit Aufarbeitung	λ_R	0; 5; 10	deterministisch

Tab. 4.15: Faktordesign

Der Erwartungswert des Bedarfs ist mit μ_D=100 und der Lagerkostensatz für Fertigteile mit h_S=3 festgelegt. Im Anhang D.3.2 sind die für alle Instanzen ermittelten Kostenergebnisse der heuristischen Lösungen dem Kostenbenchmark gegenübergestellt.

Heuristik I

Wie bereits aus den bisher vorgestellten Ergebnissen zu ersehen war, stellt das Ausbeuteniveau einen für die Performance dieser Heuristik kritischen Einflussfaktor dar. Die Ergebnisse lassen sich hinsichtlich dieses Faktors drei Bereiche staffeln.

[172] Um für μ_z=0,9 den Fall hoher Variabilität mit dem Beta-Verteilungsmodell wiedergeben zu können, wird der Variationskoeffizient auf den zulässigen Wert ρ_z=0,3 angepasst.

a) Geringes Ausbeuteniveau: μ_z<0,5

Im Falle eines sehr geringen Ausbeuteniveaus erweist sich die Heuristik als unbrauchbar. Die erzielbaren Kosten steigen für $\mu_z \rightarrow 0,1$ durch den übermäßigen Aufbau von RT-Beständen[173] extrem an und erreichen dabei Werte, die den Benchmark teilweise um ein Vielfaches übersteigen. Das Ausmaß des Kosteneffekts wird durch den für die Bewertung dieser Bestände relevanten Lagerkostensatz h_R bestimmt. Kostenabweichungen zum Benchmark von ΔC_I<16% werden nur für λ_R=0 erreicht. In diesem Spezialfall ist die Produktionsregel als nicht-inflationierende Entscheidungsregel definiert.

b) Mittleres Ausbeuteniveau: μ_z=0,5

Für das mittlere Ausbeuteniveau liefert die Heuristik eine mittlere Kostenabweichung von 12,7% gegenüber dem Benchmark. Sofern das Ausbeuterisiko relevant ist (für λ_R>0), bewirkt ein hohes Ausbeuterisiko eine schlechtere Kostenperformance. Dies tritt besonders stark hervor, wenn das Ausbeuterisiko die dominierende Risikokomponente ist. Besteht zugleich ein hohes Bedarfsrisiko, so mildert dies den Kosteneffekt.
In Fällen mit sowohl geringer Bedarfs- und Ausbeutevariabilität beträgt die mittlere Kostenabweichung 6% und maximal 14%. Bei hoher Ausprägung beider Risikokomponenten wird eine mittlere Kostenabweichung von 10% und maximal 25% erreicht. Bei geringem Bedarfsrisiko aber hohem Ausbeuterisiko werden höhere Abweichungen realisiert, die ein Maximum von 84% erreichen.

c) Hohes Ausbeuteniveau: μ_z>0,5

In den Fällen mit hohem Ausbeuteniveau beträgt die mittlere Kostenabweichung gegenüber dem Benchmark 2,5%.
Bei geringem Bedarfs- und Ausbeuterisiko beträgt die Kostenabweichung durchschnittlich 1,2%, bei einer maximalen Abweichung von 10,4%. Dabei treten Abweichungen von mehr als 3,1% nur in Fällen mit geringem Lagerkostenkoeffizienten (ς=0,33) bei Durchlaufzeiten $\lambda_P \geq 5$ und λ_R=0 auf. Die beste Performance ist in Fällen mit identischen

[173] Die hierfür ursächlichen Zusammenhänge werden in Abschnitt 4.2.2.1.5 ausführlich besprochen.

Durchlaufzeiten $\lambda_R=\lambda_P$ zu ermitteln. Hier beträgt die Kostenabweichung durchschnittlich 0,2% und maximal 1,6%.
Bei hoher Ausprägung beider Risiken beträgt die Abweichung durchschnittlich 3% und maximal 10,2%. Darunter sind Fälle mit identischen Durchlaufzeiten mit einer durchschnittlichen Abweichung von 1,9% und maximal 4,3% zu finden.

Heuristik II

Weiter oben wurde bereits gezeigt, dass die Konstellation der Durchlaufzeiten einen kritischen Einfluss auf das Kostenergebnis haben kann. Die Darstellung der Ergebnisse soll daher in die verschiedenen Konstellationen der beiden Durchlaufzeiten gegliedert werden.

a) Identische Durchlaufzeiten: $\lambda_R=\lambda_P$

Die Instanzen mit identischer Durchlaufzeit beider Prozesse liefern das beste Ergebnis. Durchschnittlich weichen hier die Kosten um 0,6% vom Benchmark ab. Die maximale Abweichung beträgt 3,4%.

b) Nicht-identische Durchlaufzeiten: $\lambda_R<\lambda_P$

Instanzen mit dieser Konstellation der Durchlaufzeiten liefern eine mittlere Kostenabweichung von 2,7% bei einem Maximum von 11,4%. Abweichungen von mehr 5,1% treten nur in Fällen mit $\lambda_R=0$ auf.

c) Nicht-identische Durchlaufzeiten: $\lambda_R>\lambda_P$

Im Fall $\lambda_R>\lambda_P$ wird eine mittlere Kostenabweichung von 5% realisiert. Hier tritt jedoch ein deutlicher Einfluss des Ausbeuteniveaus hervor. Instanzen mit $\mu_z<0,5$ liefern Kostenabweichungen von durchschnittlich 0,5% und maximal 2% vom Benchmark. Kritische Instanzen mit Abweichungen von bis zu 53% sind im Bereich $\mu_z\geq 0,5$ zu finden.

Instanzen mit μ_z=0,5 liefern eine durchschnittliche Kostenabweichung von 10,4% und maximal 53,2%. Die schlechtesten Ergebnisse liegen dabei für die Bedingungen geringer Ausbeuteunsicherheit vor. Für Instanzen mit hoher Ausbeuteunsicherheit liegen die Kosten durchschnittlich 3,3% und maximal 13,7% über dem Benchmark.

Heuristik III

Die Ergebnisse für Heuristik III weisen hinsichtlich der Einflussfaktoren keine systematischen Abweichungen gegenüber der Heuristik II aus. Die durchschnittliche Kostenabweichung über alle Instanzen fällt gegenüber Heuristik II jedoch um 0,1% geringer aus.

Zusammenfassung der Ergebnisse

Die Ergebnisse zeigen, dass zum Erreichen einer guten Kostenperformance über das gesamte Spektrum der untersuchten Instanzen die Auswahl der geeigneten Heuristik anhand der Ausprägung kritischer Einflussgrößen getroffen werden muss.
Kritisch für die Heuristik I ist der Bereich geringer Ausbeuteniveaus mit μ_z<0,5. Eine besonders schlechte Performance liefern die Heuristiken II und III für die Durchlaufzeitkonstellation $\lambda_R > \lambda_P$, insbesondere bei großer Differenz der Durchlaufzeiten.
Bei dieser Konstellation der Durchlaufzeiten und einer mittleren Ausbeutefraktion μ_z=0,5 wurde weiterhin ein kritischer Einfluss des Ausbeuterisikos sichtbar. Bei geringem Ausbeuterisiko führt der Gebrauch von Heuristik I zu besseren Ergebnissen, während die Heuristiken II und III im Fall hoher Ausbeuteunsicherheit eine bessere Performance ermöglichen.

Die Untersuchungsergebnisse legen den Einsatz von Heuristik I für höhere Ausbeuteniveaus bei relativ langer Aufarbeitungszeit nahe. Außerdem erzielt diese Heuristik das beste Ergebnis im Fall eines Ausbeuteniveaus von 50% bei hohem Ausbeuterisiko und der Durchlaufzeitkonstellation $\lambda_P < \lambda_R$. In allen anderen Fällen spricht das durchschnittlich erzielbare Kostenergebnis für den Gebrauch der Heuristiken II und III. Diese Ergebnisse sind in Tab. 4.16 zusammengefasst, wobei für jede Heuristik die durchschnittliche und maximale Abweichung zum Kostenbenchmark angegeben ist. Die grau hinterlegten Felder kennzeichnen Fälle, in denen die Heuristiken II und III eine bessere mittlere Kostenperformance besitzen. In den übrigen Fällen dominiert Heuristik I. Insgesamt wird nach dieser Empfehlung eine mittlere Kostenabweichung über alle untersuchten Instanzen von 1,9% (maximal 16,2%) gegenüber dem Benchmark erzielt.

Fall	$\lambda_R<\lambda_P$	$\lambda_R=\lambda_P$	$\lambda_R>\lambda_P$
$\mu_z<0{,}5$	HI (271%; 2431%) HII (3,4%; 11,4%) HIII (3,4%; 11,4%)	HI (590%; 4160%) HII (0,7%; 3,4%) HIII (0,6%; 3,4%)	HI (1004%;5286%) HII (0,5%; 2,0%) HIII (0,4%; 2,0%)
$\mu_z=0{,}5$	HI (9,0%; 71,8%) HII (2,4%; 8,7%) HIII (2,4%; 8,7%)	HI (13,3%; 84,5%) HII (0,4%; 1,4%) HIII (0,3%; 1,2%)	für $\rho_z=0{,}5$: HI (25,4%; 74,2%) HII (3,3%; 13,7%) HIII (3,2%; 13,5%) für $\rho_z=0{,}1$: HI (6,1%; 13,9%) HII (17,5%; 53,2%) HIII (16,6%; 51,9%)
$\mu_z>0{,}5$	HI (3,1%; 10,4%) HII (2,2%; 7,8%) HIII (2,2%; 7,8%)	HI (0,9%;15,0%) HII (0,6%; 2,9%) HIII (0,5%; 2,8%)	HI (3,4%; 16,2%) HII (7,1%; 37,4%) HIII (6,7%; 35,6%)

Tab. 4.16: Auswahl der Heuristiken anhand der kritischen Einflussgrößen λ_R/λ_P, μ_z und ρ_z

5 Schlussbetrachtung

5.1 Zusammenfassung der Ergebnisse

Die Entwicklung der Kreislaufwirtschaft stellt eine Fülle von Aufgaben an die Gestaltung und das Management von Materialkreisläufen. Im Bereich des operativen Recyclingmanagements muss die Produktionsplanung die Koordination von Materialien mit traditioneller und rückwärtiger Flussrichtung übernehmen. Die vorliegende Arbeit befasst sich mit der Problemstellung der Materialplanung bei kreislaufgeführter Produktion. Es werden zwei elementare Formen von Kreislaufprozessen betrachtet, wobei aus Sicht des Produktionssystems zwischen einem externen und einem internen Ursprung der Materialrückflüsse unterschieden wird. Während der externe Fall bei der Rücknahme von Altprodukten vom Markt vorliegt, wobei das Rückflussaufkommen nicht vom Produktionssystem aus beeinflussbar ist, bezieht sich der interne Fall auf eine Situation, in der Rückflüsse im Produktionssystem selbst entstehen, etwa als Ausbeuteverlust unzuverlässiger Produktionsprozesse. Für beide Typen des Materialkreislaufs werden Planungsansätze auf der Grundlage der Erweiterung des traditionellen MRP-Konzepts entwickelt.

Mit der Integration von Materialrückflüssen, für die vielfach ein ökonomischer Anreiz besteht, sind zugleich spezifische Risiken verbunden. Besonders die schlechte Prognostizierbarkeit von Rücklaufmengen und –zeitpunkten und die qualitative Inhomogenität von Altprodukten oder unsichere Produktionsausbeuten stellen Herausforderungen dar, denen mit geeigneten Absicherungsstrategien begegnet werden muss. Ein Schwerpunkt dieser Arbeit liegt daher auf der Optimierung von Sicherheitsstrategien gegen die verschiedenen Risiken kreislaufgeführter Produktion.

Nach der Diskussion traditioneller Konzepte der Materialplanung in Kapitel 2 wird im dritten Kapitel eine MRP-Erweiterung für die Mengenplanung bei Neuproduktion und Aufarbeitung extern vom Markt zurückgeführter Produkte vorgestellt, wobei auch die Möglichkeit einer Beseitigung solcher Produkte berücksichtigt wird. Eine Planungslogik wird für die verschiedenen Konstellationen der Durchlaufzeiten beider Prozesse entwickelt. Die Analyse der MRP-Entscheidungsregeln unter den Bedingungen rollierender Planung führt zur Formulierung einer einfachen stochastischen Lagerhaltungspolitik mit zwei Kontrollparametern. Diese (S,M)-Kontrollpolitik wird im Fall der Beseitigungsoption um eine zusätzliche Teilregel und einen weiteren Parameter zu einer (S,M,U)-Politikstruktur ergänzt. In einem weiteren Schritt wird die heuristische Gewinnung der Kontrollparameter der MRP- und SIC-Politik besprochen.

Da die Gewinnung von Optimallösungen im Fall nicht-identischer Durchlaufzeiten beider Prozesse aufgrund der Komplexität des Entscheidungsproblems derzeit nicht in Aussicht steht, stützt sich die Untersuchung der heuristischen Lösungsqualität auf Referenzlösungen, die auf Basis der heuristischen Entscheidungsregel bei numerischer Optimierung der Kontrollparameter gewonnen werden. Auf dieser Grundlage werden die Einflüsse verschiedener Größen, wie Kostenparameter, Bedarfs- und Rückflussrisiko und Durchlaufzeiten untersucht und eine Einschätzung der heuristischen Kostenperformance vorgenommen. So zeigt sich, dass insbesondere die Konstellation der Durchlaufzeiten und Lagerkosten sowie das Rückflussrisiko für die Frage nach einer Sicherheitsbevorratung mit Rücklaufteilen relevant sind. Hinsichtlich der Kostenperformance sind vielversprechende Ergebnisse zu ermitteln. Als performancekritisch erweisen sich lediglich solche Fälle, in denen der Anteil der Produktrückführung an der Bedarfsdeckung sehr hoch und die Aufarbeitung mit einer relativ langen Durchlaufzeit verbunden ist.

Als weiterer Problemkreis wird in der vorliegenden Arbeit die Planungsaufgabe bei internen Produktrückflüssen besprochen. Der Ursprung solcher Rückflüsse liegt in dem praktisch bedeutsamen Problem stochastischer Produktionsausbeute. In Kapitel 4 wird daher zunächst dieses Teilproblem näher untersucht. Ein Ansatz zur heuristischen Behandlung des komplexen Produktionsausbeuteproblems ist die lineare Approxiation der allgemein nichtlinearen Beschaffungsfunktion. Bei Anwendung dieses Konzepts auf das Produktionsausbeuteproblem mit Durchlaufzeit wird eine inflationierende Bestellgrenzenpolitik formuliert und die Bestimmung des Kontrollparameters besprochen. Es zeigt sich, dass der so gewonnene Bestellgrenzenparameter bzw. Sicherheitsbestand keine statische Größe, sondern von der Höhe aller offenen Produktionsaufträge abhängig ist. Ergänzend wird daher ein Ansatz zur Bestimmung eines statischen Sicherheitsbestandes gezeigt. Die Ergebnisse einer Simulationsuntersuchung lassen eine gute Performance beider Heuristiken erkennen. Der Gebrauch des statischen Dispositionsparameters wirkt sich gegenüber der dynamischen Festlegung erst im Bereich sehr hoher Ausbeutevariabilität nachteilig aus.

Erweitert man das Ausbeuteproblem um die Möglichkeit der Aufarbeitung des Ausbeuteverlusts, so liegt ein im Vergleich zum externen Fall nochmals komplexeres

Entscheidungsproblem vor. Es wird zunächst eine MRP-Erweiterung als Planungsansatz bei allgemeiner Konstellation der Durchlaufzeiten entwickelt. Auch hier können durch Analyse der Entscheidungsregeln Beziehungen zu einfachen stochastischen Lagerdispositionsregeln hergestellt werden. Die gewonnene Politikstruktur ist eine (S,M)-Politik mit inflationierender Produktionsregel.

Da die sinnvolle Anwendung dieser Form der Produktionsregel auf den Fall relativ hoher Ausbeute (oberhalb 50%) beschränkt ist, werden weitere Heuristiken entwickelt, die auch den Bereich sehr geringer Ausbeute abdecken sollen. Es wird deutlich, dass der Ausbeutekoeffizient den kontinuierlichen Übergang zwischen zwei Problemtypen beschreibt. Im Fall perfekter Ausbeute liegt ein einstufiges Produktionsproblem vor, während der Fall vollständigen Ausbeuteverlusts als serielles zweistufiges Produktionsproblem zu charakterisieren ist. Letzterer Fall ist dadurch gekennzeichnet, dass das Ausbeuterisiko zwar nicht mehr relevant ist, jedoch ein vergrößerter Risikozeitraum vorliegt. Diese Betrachtungsweise wird als Grundlage für die Entwicklung zweier Heuristiken genutzt. Dabei werden die Grenzfälle des ein- und zweistufigen Problems mit dem jeweils relevanten Risikozeitraum zunächst separat betrachtet. Anschließend werden die Komponenten beider Entscheidungsregeln zu einer Produktionsregel verknüpft, wobei ein im Ausbeutekoeffizienten linearer Übergang zwischen den Grenzfällen zugrunde gelegt wird. Entsprechend wird auch der Risikobeitrag der Grenzfälle berücksichtigt. Mit diesem Vorgehen werden zwei Varianten einer (S,M)-Kontrollpolitik entwickelt. In Gegenwart stochastischer Produktionsausbeute liegen auch hier zeitabhängige Kontrollparameter vor.

Die Simulationsergebnisse zur Anwendung der vorgestellten Heuristiken geben Hinweise auf die heuristische Lösungsqualität und zeigen die Grenzen des jeweiligen Ansatzes. Kritische Einflüsse gehen vom Ausbeuteniveau und der Konstellation beider Durchlaufzeiten aus. Vor dem Hintergrund dieser Ergebnisse werden Vorschläge zum Einsatz der verschiedenen Heuristiken gemacht. Unter Berücksichtigung dieser Zusammenhänge ist eine gute heuristische Performance erzielbar.

5.2 Ausblick

Die im Rahmen dieser Arbeit besprochenen Dispositionsprobleme wurden unter verschiedenen einschränkenden Annahmen modelliert, die bei einer weiterführenden Betrachtung noch zu relaxieren sind. Dazu gehört die Berücksichtigung von Fixkosten, die als Rüstkosten des Produktions- und Aufarbeitungsprozesses auftreten und das Problem um die Zusammenfassung von Produktions- bzw. Aufarbeitungsmengen zu wirtschaftlichen Losgrößen erweitern. Weiterhin sind die bisherigen Untersuchungen auf die Situation stationärer Bedarfe und Rückflüsse beschränkt. Die vorgestellten MRP-Verfahren sind jedoch auch im dynamischen Fall uneingeschränkt anwendbar, so dass bei Berücksichtigung dynamischer Risikogrößen in der Festlegung der Dispositionsparameter die Performance der Heuristiken auch unter diesen Bedingungen zu untersuchen ist. In diesem Zusammenhang ist auch zu klären, welche Relevanz die Verfügbarkeit einer Beseitigungsoption unter dynamischen Bedingungen hat.
Vor dem Hintergrund der Ergebnisse zum stochastischen Produktionsausbeuteproblem erscheint der Gebrauch statischer Dispositionsparameter für die (S,M)-Politik im Ausbeutefall mit Aufarbeitung als eine vielversprechende Möglichkeit, um den praktischen Gebrauch dieser Regel zu vereinfachen. Es bleibt zu untersuchen, welche Performanceeinbußen hieraus resultieren.
Weiterhin wurde die vollständige Aufarbeitungsfähigkeit der Rückflüsse vorausgesetzt. Als Erweiterung insbesondere des Koordinationsproblems bei internen Materialkreisläufen ist die Beseitigung nicht qualitätsgerechter bzw. aufarbeitungsfähiger Rückflüsse denkbar. Schließlich kann auch die Annahme des vollständig zuverlässigen Aufarbeitungsprozesses gelockert werden, um damit die qualitätsbedingten Risiken der Aufarbeitung realistischer abzubilden.

Literatur

Abramowitz, M., Stegun, I.A. (1972) Handbook of mathematical functions. United States Department of Commerce, Washington, D.C.

Ahrens, J.H., Dieter, U. (1974) Computer methods for sampling from gamma, beta, poison, and binomial distributions. Computing 12(3), S. 223-246

Boehme, C. (2007) MRP-Anwendung bei Unsicherheit von Bedarf und Produktionsausbeute. Diplomarbeit, Otto-von-Guericke-Universität Magdeburg

Bollapragada, S., Morton, T. E. (1999) Myopic heuristics for the random yield problem. Operations Research 47(5), S. 713-722

Buzacott, J.A., Shanthikumar, J.G. (1994) Safety stock versus safety time in MRP controlled production systems. Management Science 40(12), S. 1678-1689

Chen, C.-C., McCarl, B.A., Schimmelpfennig, D.E. (2004) Yield variability as influenced by climate: a statistical investigation. Climatic Change 66(1-2), S. 239-261

Cheng, R.C.H., Feast, G.M. (1979) Some simple gamma variate generators. Applied Statistics 28(3), S. 290-295

Clark, A.J., Scarf, H. (1960) Optimal policies for a multi-echelon inventory problem. Management Science 6(4), S. 475-490

Czaplicki, B. (2003) Automating 0201 Rework. Circuits assembly 14(4), S. 30-33

Dasappa, V., Maggioni, C. (1993) Reuse and recycling – reverse logistics opportunities, Council of Logistics Management, Oak Brook.

de Brito, M.P., Dekker, R. (2004) A framework for reverse logistics. in: Dekker, R., Fleischmann, M., Inderfurth, K., van Wassenhove, L.N., Hrsg., Reverse Logistics: Quantitative Models for Closed-Loop Supply Chains. Springer, Berlin, S. 3-27

Dekker, R., Fleischmann, M., Inderfurth, K., van Wassenhove, L.N. (2004) Reverse logistics: quantitative models for closed-loop supply chains. Springer, Berlin.

Driesch, H.-M., van Oyen, H.E., Flapper, S.D.P. (2005) Recovery of car engines: the Mercedes-Benz case. in: Flapper, S.D.P., van Nunen, J.A.E.E., van Wassenhove, L.N., Hrsg., Managing Closed-Loop Supply Chains. Springer, Berlin, S. 157-166

Ehrhardt, R. (1984) (s,S) policies for a dynamic inventory model with stochastic lead times. Operations Research 32(1), S. 121-132

Ehrhardt, R., Taube, L. (1987) An inventory model with random replenishment quantities. International Journal of Production Research 25(12), S. 1795-1803

Eppen, G.G., Martin, R.K. (1988) Determinig safety stock in the presence of stochastic lead time and demand. Management Science 34(11), S. 1380-1390

Ferrer, G., Whybark, D.C. (2001) Material planning for a remanufacturing facility. Production and Operations Management 10(2), S. 112-124

Fildes, R, Kingsman, B. (1997) Demand uncertainty and lot sizing in manufacturing systems: the effect of forecasting errors and mis-specification. Working Paper 2005/005, Lancaster University Management School

Fishman, G.S. (2001) Discrete-event simulation – modeling, programming and analysis, Springer, Berlin.

Flapper, S.D.P., van Nunen, J.A.E.E., van Wassenhove, L.N. (2005): Managing closed-loop supply chains. Springer, Berlin.

Fleischmann, M., Bloemhof-Ruwaard, J.M., Dekker, R., van der Laan, E., van Nunen, J.A.E.E., van Wassenhove, L.N. (1997) Quantitative models for reverse logistics: a review. European Journal of Operational Research 103(1), S. 1-17

Franke, C., Basdere, B., Ciupek, M., Seliger, S. (2006) Remanufacturing of mobile phones – capacity, program and facility adaptation planning. Omega 34(6), S. 562-570

Gerchak, Y., Vickson, R., Parlar, M. (1988) Periodic review production models with variable yield and uncertain demand. IIE Transactions 20(2), S. 144-150

Grasso, E.T., Taylor, B.W. (1984) A simulation-based experimental investigation of supply/timing uncertainty in MRP systems. International Journal of Production Research 22(3), S. 485-497

Guide, V.D.R., Srivastava, R. (1997) Buffering from material recovery uncertainty in a recoverable manufacturing environment. Journal of the Operational Research Society 48(5), S 519-529

Guide, V.D.R., Srivastava, R. (2000) A review of techniques for buffering against uncertainty with MRP systems. Production Planning & Control 11(3), S. 223-233

Günther, H.-O., Tempelmeier, H. (1995) Produktion und Logistik, 2. Aufl., Springer, Berlin.

Gupta, S.M., Brennan, L. (1995) MRP systems under supply and process uncertainty in an integrated shop floor control environment. International Journal of Production Research 33(1), S. 205-220

Henig, M., Gerchak, Y. (1990) The structure of periodic review policies in the presence of random yield. Operations Research 38(4), S. 634-643

Hilty, L.M., Rautenstrauch, C. (1997) Konzepte betrieblicher Umweltinformationssysteme für Produktion und Recycling. Wirtschaftsinformatik 39(4), S. 385-393

Ho, C.J., Ireland, T.C. (1998) Correlating MRP system nervousness with forecast errors. International Journal of Production Research 36(8), S. 2285-2299

Ho, C.J., Lau, H.S. (1994) Evaluating the impact of lead time uncertainty in material requirements planning systems. European Journal of Operational Research 75(1), S. 89-99

Inderfurth, K. (1982) Starre und flexible Investitionsplanung. Gabler, Wiesbaden.

Inderfurth, K. (1991) Safety stock optimization in multi-stage inventory systems. International Journal of Production Economics 24(1-2), S. 103-113

Inderfurth, K. (1992) Mehrstufige Sicherheitsbestandsplanung mit dynamischer Programmierung. OR Spektrum 14(1), S. 19-32

Inderfurth, K. (1997) Simple optimal replenishment and disposal policies for a product recovery system with leadtimes. OR Spektrum 19(2), S. 111-122

Inderfurth, K. (2004) Analytical solution for a single-period production-inventory problem with uniformly distributed yield and demand. Central European Journal of Operations Research 12(2), S. 117-127

Inderfurth, K. (2009) How to protect against demand and yield risks in MRP systems. International Journal of Production Economics, 121(2), S. 474-481

Inderfurth, K., Flapper, S.D.P., Lambert, A.J.D., Pappis, C.P., Voutsinas, T.G. (2004) Production planning for product recovery management. in: Dekker, R., Fleischmann, M., Inderfurth, K., van Wassenhove, L.N., Hrsg., Reverse Logistics: Quantitative Models for Closed-Loop Supply Chains. Springer, Berlin, S. 249-274

Inderfurth, K., Jensen, T. (1999) Analysis of MRP with recovery options, in: Leopold-Wildburger, U. u.a., Hrsg., Modelling and Decisions in Economics, Heidelberg, S. 189-228

Inderfurth, K., Minner, S. (1998) Safety stocks in multi-stage inventory systems under different service measures. European Journal of Operational Research 106(1), S. 57-73

Inderfurth, K., Transchel, S. (2007) Note on "Myopic heuristics for the random yield problem". Operations Research 55(6), S. 1183-1186

Kaplan, R. (1970) A dynamic inventory model with stochastic lead times. Management Science 16(7), S. 491-507

Kiesmüller, G.P., Minner, S. (2003) Simple expressions for finding recovery system inventory control parameters. Journal of the Operational Research Society 54(1), S. 83-88

Kiesmüller, G.P., Scherer, C.W. (2003) Computational issues in a stochastic finite horizon one product recovery inventory model. European Journal of Operational Research 146(3), S. 553-579

Kinderman, A.J., Monahan, J.F. (1977) Computer generation of random variables using the ratio of uniform deviates. ACM Transactions on Mathematical Software 3(3), S. 257-260

Koh, S.C.L., Saad, S.M., Jones, M.H. (2002) Uncertainty under MRP-planned manufacture: review and categorization. International Journal of Production Research 40(10), S. 2399-2421

Law, A.M., Kelton, W.D. (2000) Simulation modeling and analysis. 3. Auflage, McGraw-Hill, Boston.

Leachman, R.C., Hodges, A.H. (1996) Benchmarking semiconductor manufacturing. IEEE Transactions on Semiconductor Manufacturing 9(2), S.158-169

Li, J., Blumenfeld, D.E., Marin, S.P. (2007) Manufacturing system design to improve quality buy rate: an automotive paint shop application study. IEEE Transactions on automation science and engineering, 4(1), S. 75-79

Magee, J. (1958) Production planning and inventory control. McGraw-Hill, New York.

Marse, K., Roberts, S.D. (1983) Implementing a portable FORTRAN Uniform (0,1) generator. Simulation 41(4), S. 135-139

Melnyk, S.A., Piper, C.J. (1981) Implementation of Material Requirements Planning: safety lead times. International Journal of Production and Operations Management 2(1), S. 52-61

Miller, J.G. (1979) Hedging the master schedule, in: Ritzman, J.G. u.a., Hrsg., Disaggregation, Martinus Nijhoff, Boston, S. 237-256

Minner, S. (1997) Dynamic programming algorithms for multi-stage safety stock optimization. OR Spektrum 19(4), S. 261-271

Minner, S. (2000) Strategic safety stocks in supply chains, Springer, Berlin.

Minner, S., Lindner, G. (2004) Lot sizing decisions in product recovery management. in: Dekker, R., Fleischmann, M., Inderfurth, K., van Wassenhove, L., Hrsg., Reverse logistics: quantitative models for closed-loop supply chains, Springer, Berlin, S. 157-179

Molinder, A. (1997) Joint optimization of lot-sizes, safety stocks and safety lead times in an MRP system. International Journal of Production Research 35(4), S. 983-994

Nahmias, S. (1979) Simple approximations for a variety of dynamic leadtime lost-sales inventory models. Operations Research 27(5), S. 904-924

Nahmias, S. (2005) Production and operations analysis. 4.Aufl., McGraw-Hill, Boston.

New, C. (1975) Safety stocks for requirements planning. Production and Inventory Management 16(2), S. 1-18

Orlicky, J. (1975) Material requirements planning. McGraw Hill, New York.

Plenert, G. (1999) Focusing material requirements planning (MRP) towards performance. European Journal of Operational Research 119(1), S. 91-99

Plossl, G. (1995) Orlicky's material requirements planning. McGraw Hill, New York.

Porteus, E.L. (1990) Stochastic inventory theory. in: Heyman, D.P., Sobel, M.J., Hrsg., Handbooks in Operations Research and Management Science: Stochastic Models, Elsevier Science Publishers BV, North Holland, S. 605-652

Rautenstrauch, C. (1997) Fachkonzept für ein integriertes Produktions-Recyclingplanungs- und Steuerungssystem (PRPS-System), De Gruyter, Berlin.

Schneeweiß, Ch. (1981) Modellierung industrieller Lagerhaltungssysteme. Springer, Berlin.

Schneeweiß, Ch. (1992) Planung – Konzepte der Prozeß- und Modellgestaltung. Springer, Berlin.

Schultmann, F. (2003) Stoffstrombasiertes Produktionsmanagement. Betriebswirtschaftliche Planung und Steuerung industrieller Kreislaufwirtschaftssysteme, Erich Schmidt Verlag, Berlin.

Segerstedt, A. (1995) Cover-time planning, a method for calculation of material requirements. International Journal of Production Economics 41(1), S. 355-368

Simpson, K.F. (1958) In-process inventories. Operations Research 6(6), S. 863-873

Simpson, V.P. (1978) Optimum solution structure for a repairable inventory problem. Operations Research 26(2), S. 270-281

Spearman, M.L., Zazanis, M.L. (1992) Push and pull production systems: issues and comparisons. Operations Research 40(3), S. 521-532

Tempelmeier, H. (2003) Material-Logistik: Modelle und Algorithmen für die Produktionsplanung und –steuerung und das Supply Chain Management. 5. Auflage, Springer, Berlin.

Tempelmeier, H. (2005) Bestandsmanagement in Supply Chains. Books on Demand, Norderstedt.

Tersine, R. J. (1994) Principles of inventory and materials management. Prentice-Hall, Englewood Cliffs.

Teunter, R. H., Inderfurth, K., Minner S., Kleber, R. (2005) Reverse logistics in a pharmaceutical company: the Schering case. in: Flapper, S. D. P., van Nunen, J. A. E. E., van Wassenhove, L. N., Hrsg., Managing closed-loop supply chains, Springer, Berlin, S. 21-31

Teunter, R. H., Vlachos, D. (2002) On the necessity of a disposal option for returned items that can be remanufactured. International Journal of Production Economics 75(3) S. 257-266

Thierry, M.C. (1997) An analysis of the impact of product recovery management on manufacturing companies. PhD thesis, Erasmus University Rotterdam

Thierry, M.C., Salomon, M., van Nunen, J., van Wassenhove, L. (1995) Strategic issues in product recovery management. California Management Review 37(2), S. 114-135

Toktay, L.B., Wein, L.M., Zenios, S.A. (2000) Inventory management of remanufacturable products. Management Science 46(11), S. 1412-1426

van der Laan, E.A., Kiesmüller, G., Kuik, R., Vlachos, D., Dekker, R. (2004) Stochastic inventory control for product recovery management. in: Dekker, R., Fleischmann, M., Inderfurth, K., van Wassenhove, L.N., Hrsg., Reverse Logistics: Quantitative Models for Closed-Loop Supply Chains. Springer, Berlin, S. 181-220 van Donselaar, K. H. (1989) Material coordination under uncertainty. Dissertation, University of Eindhoven.

Whybark, D.C., Williams, J.G. (1976) Material requirements planning under uncertainty. Decision Sciences 7(4), S. 595-606

Wijngaard, J., Wortmann, J.C. (1985) MRP and inventories. European Journal of Operational Research 20(3), S. 281-293

Yano, C.A., Lee, H.L. (1995) Lot sizing with random yields: a review. Operations Research 43(2), S. 311-334

Zipkin, P.H. (2000) Foundations of inventory management. McGraw-Hill, Boston.

Anhang A: Grundlagen der Simulationsuntersuchung

In diesem Anhang werden die technischen Grundlagen der Simulationsuntersuchung zusammenfassend dargestellt. Problemspezifische Festlegungen wie etwa die Auswahl von Einflussfaktoren oder die Definition von Szenarien und des verwendeten Performancekriteriums sind jeweils in Kapitel 3 und 4 der Darstellung der Untersuchungsergebnisse vorangestellt.

A.1 Grundlagen der Simulation

Ein wesentliches Charakteristikum der im Rahmen dieser Arbeit betrachteten Modelle besteht in der Unsicherheit, die von verschiedenen Einflussgrößen ausgeht und zugleich die Komplexität der Dispositionsprobleme prägt. Solche Risikogrößen, zu denen der Bedarf, die Rückflussmenge, die Produktionsausbeute oder die Durchlaufzeiten zählen, müssen im Ablauf der Simulation durch geeignete Realisationen beschrieben werden. Der systematischen Erzeugung von Pseudozufallszahlen kommt dabei eine große Bedeutung zu. Insbesondere entscheidet die Güte der Zufallszahlen über die Qualität der Untersuchungsergebnisse. Die für die Simulationsuntersuchung genutzte Zufallszahlenbasis soll daher nachfolgend näher besprochen werden.

A.1.1 Erzeugung U(0,1)-verteilter Pseudozufallszahlen

Für die Zwecke der Simulationsuntersuchung werden Realisationen gammaverteilter und betaverteilter Zufallsvariablen sowie diskrete Realisationen binomialverteilter Zufallsgrößen verwendet. Ausgangspunkt für die Erzeugung von Zufallszahlen für verschiedenste Verteilungsmodelle sind im Intervall [0,1] unabhängig gleichverteilte Pseudozufallszahlen[174]. Diese werden auf Grundlage eines linearen Kongruenzgenerators (LCG) der allgemeinen Form

$$z_i = \left(a \cdot z_{i-1} + c\right) \bmod m . \qquad \text{(A.1)}$$

[174] Die Grundlagen der Erzeugung von U(0,1)-verteilten Pseudozufallszahlen werden bei Law und Kelton (2000), S. 402-417 ausführlich beschrieben.

erzeugt. Dabei wird der i-ten Zufallszahl z_i ein Wert zugewiesen, indem der Vorgänger z_{i-1} mit einem Parameter a multipliziert, um ein Inkrement c ergänzt und eine Modulodivision dieses Ausdrucks mit einem weiteren Parameter m (Modulus) ausgeführt wird. Für $c=0$ liegt ein multiplikativer Generator vor, der die am weitesten verbreitete und untersuchte Form des LCG darstellt[175]. Eine U(0,1)-verteilte Pseudozufallszahl u_i erhält man nun aus $u_i=z_i/m$.

Mit der Wahl der Parameter in Gleichung (A.1) lässt sich die statistische Qualität der erzeugten Zufallszahlen beeinflussen. Zum Erreichen der maximalen Periodenlänge des Zufallszahlenstroms wird der Typ des multiplikativen Kongruenzgenerators mit Prim-Modulus (PMMLCG) eingesetzt. Grundlage für die Erzeugung U(0,1)-verteilter Pseudozufallszahlen im Rahmen dieser Arbeit ist der von MARSE UND ROBERTS vorgeschlagene PMMLCG[176] mit den Parametern $m=2^{31}-1$, $a=630.360.016$ und $c=0$.

A.1.2 Erzeugung von Zufallszahlen für andere Verteilungsmodelle

In der Simulationsuntersuchung zur vorliegenden Arbeit wurden kontinuierliche Zufallszahlen entsprechend den Verteilungsmodellen der Gamma– und Betaverteilung sowie diskrete binomialverteilte Zufallszahlen verwendet. Diese Zufallszahlen wurden auf der Basis U(0,1)-verteilter Zufallszahlen generiert. Es soll hier kurz auf die verschiedenen Verteilungen eingegangen werden.

Gammaverteilung

Die Gammaverteilung wird zur Beschreibung unsicherer Bedarfs- und Rückflussmengen verwendet. Gegenüber der Normalverteilung bietet sie den Vorteil der linksseitigen Beschränkung auf einen positiven Wertebereich. Die Gammaverteilung besitzt die Dichtefunktion

$$f(x)=\begin{cases}\dfrac{\beta^{-\alpha}x^{\alpha-1}e^{-\frac{x}{\beta}}}{\Gamma(\alpha)} & \text{für} \quad x>0\\ 0 & \text{sonst}\end{cases} \tag{A.2}$$

[175] Vgl. Law und Kelton (2000), S. 410
[176] Vgl. Marse und Roberts (1983)

mit dem Formparameter α>0 und dem Skalenparameter β>0. $\Gamma(\alpha)$ bezeichnet die Gammafunktion, eine kontinuierliche Verallgemeinerung der Fakultät. Sofern α ganzzahlig ist, gilt für die Verteilungsfunktion der Ausdruck

$$F(x) = \begin{cases} 1 - e^{-\frac{x}{\beta}} \cdot \sum_{j=0}^{\alpha-1} \frac{(x/\beta)^j}{j!} & \text{für} \quad x > 0 \\ 0 & \text{sonst} \end{cases} \tag{A.3}$$

Allgemein existiert jedoch keine geschlossene Form. Für die Gewinnung gammaverteilter Zufallszahlen scheidet damit die Methode der Inversen-Transformation[177] aus. Ausnahme ist der spezielle Fall α=1, der die Exponentialverteilung wiedergibt. In diesem Fall wird eine exponentialverteilte Zufallsvariable als Logarithmus einer U(0,1)-verteilten Zufallszahl generiert. Für α<1 wurde der auf einer Akzeptanz-Verwerfungsmethode[178] basierende GS-Algorithmus von AHRENS UND DIETER implementiert[179].
Für den Fall α>1 wurden in Voruntersuchungen verschiedene Algorithmen getestet. Die Anwendung des zunächst getesteten GB-Algorithmus von CHENG wurde verworfen, da für größere α die realisierte Dichte vom Gammaverteilungsmodell abwich. Stattdessen wurde der GKM3-Algorithmus von CHENG UND FEAST implementiert[180]. Dieser differenziert nach dem Parameter α und wählt für $1<\alpha\leq 2{,}5$ den GKM1-Algorithmus und für α>2,5 den GKM2-Algorithmus (nach einer Methode von KINDERMAN UND MONAHAN). Dieses Vorgehen erreicht über einen weiten Bereich des Formparameters eine gute Anpassung der Realisationen an das Gammaverteilungsmodell.

Betaverteilung

Die Betaverteilung ist aufgrund ihrer Beschränkung auf das endliche Intervall [0,1] zur Darstellung eines zufälligen Anteils an einer Größe geeignet[181]. Im Rahmen der Simulationsuntersuchung wird sie eingesetzt, um die unsichere Ausbeute eines Produktionsloses zu beschreiben. Die Dichtefunktion der Betaverteilung ist

---

[177] Vgl. Law und Kelton (2000), S. 440-448 oder Fishman (2001), S. 329-334.
[178] Vgl. Law und Kelton (2000), S.452-458 oder Fishman (2001), S. 345-352.
[179] Vgl. Ahrens und Dieter (1974)
[180] Vgl. Cheng und Feast (1979) sowie Kinderman und Monahan (1977).
[181] Weiterhin ist eine Verschiebung und Skalierung der Verteilung auf einfachem Wege möglich. So lässt sich eine im Intervall [*a*,*b*] betaverteilte Zufallsvariable durch Transformation der Form $a+(b-a)\cdot x$ darstellen, wobei die Zufallsgröße x im Intervall [0,1] betaverteilt ist.

$$f(x)=\begin{cases}\dfrac{x^{\alpha_1-1}\cdot(1-x)^{\alpha_2-1}}{\mathrm{B}(\alpha_1,\alpha_2)} & \text{für} \quad 0<x<1\\ 0 & \text{sonst}\end{cases} \tag{A.4}$$

mit den Formparametern $\alpha_1>0$ und $\alpha_2>0$ und der Betafunktion

$$\mathrm{B}(\alpha_1,\alpha_2)=\int_0^1 t^{\alpha_1-1}\cdot(1-t)^{\alpha_2-1}\cdot dt\,. \tag{A.5}$$

Die Verteilungsfunktion besitzt allgemein keine geschlossene Form. Zur Gewinnung betaverteilter Zufallszahlen wird eine Beziehung zur Gammaverteilung ausgenutzt[182]: Sei z_1 eine Gamma(α_1,1)-verteilte Zufallsvariable und z_2 Gamma(α_2,1)-verteilt und unabhängig von z_1, so folgt $z_1/(z_1+z_2)$ einer Betaverteilung mit den Parametern α_1 und α_2. Dieser Zusammenhang beschreibt unmittelbar das Vorgehen zur Erzeugung einer betaverteilten Realisation aus zwei gammaverteilten Zufallszahlen.

Binomialverteilung

Für die diskreten Realisationen stochastischer Durchlaufzeiten werden binomialverteilte Zufallszahlen verwendet. Die Binomialverteilung wird durch die Massenfunktion

$$p(x)=\begin{cases}\binom{t}{x}\cdot p^x\cdot(1-p)^{t-x} & \text{für} \quad x\in\{0,1,\ldots,t\}\\ 0 & \text{sonst}\end{cases} \tag{A.6}$$

und die Verteilungsfunktion

$$F(x)=\begin{cases}0 & \text{für} \quad x<0\\ \sum_{i=0}^{\lfloor x\rfloor}\binom{t}{i}\cdot p^i\cdot(1-p)^{t-i} & \text{für} \quad 0\le x\le t\\ 1 & \text{für} \quad t<x\end{cases} \tag{A.7}$$

[182] Vgl. Law und Kelton (2000), S.467

beschrieben. Der Wertebereich erstreckt sich über das diskrete Intervall $\{0,1,...,t\}$. Zur Erzeugung binomialverteilter Zufallszahlen findet die Methode der diskreten Inversen-Transformation Anwendung[183]. Dazu können für die gewählten Parameter p und t die Verteilungsfunktion (A.7) tabelliert und diskrete Bin(t,p)-Realisationen mit Hilfe U(0,1)-verteilter Zufallszahlen generiert werden. Die Erzeugung stochastischer Realisationen der Durchlaufzeit soll jedoch unter der Voraussetzung erfolgen, dass ein zeitliches „Überholen" von Aufträgen unzulässig ist, so dass ein in Periode i ausgelöster Auftrag nicht zu einem früheren Zeitpunkt zu einem Lagerzugang führt als ein Auftrag, der in Periode i+1 ausgelöst wird. Der gleichzeitige Lagerzugang dieser Aufträge ist jedoch möglich. Diese Voraussetzung fordert, dass für eine Folge von Durchlaufzeiten λ gilt $\lambda_i \geq \lambda_{i-1}-1$ bzw. $\lambda_i \leq \lambda_{i-1}+1$. Die Unabhängigkeit der Durchlaufzeiten wird dabei aufgegeben. Um einen solchen Prozess zu generieren, wird folgendes Vorgehen gewählt. Aus der Verteilungsfunktion der Durchlaufzeit mit einer maximalen Ausprägung von m Perioden lassen sich die Wahrscheinlichkeiten p_i für den Bestandszugang einer vor i Perioden ausgelösten Auftragsgröße bestimmen als[184]

$$p_i = \begin{cases} P(\lambda = 0) & \text{für} \quad i = 0 \\ \dfrac{1 - P(\lambda > i)}{P(\lambda > i - 1)} & \text{für} \quad i = 1,\dots,m-1 \\ 1 - (p_0 + \dots + p_{m-1}) & \text{für} \quad i = m \end{cases} \tag{A.8}$$

Hieraus kann die transformierte Verteilungsfunktion $F(\Lambda) = \sum_{\Lambda_i \leq \Lambda} p(\Lambda_i)$ gewonnen werden, auf welche dann das Prinzip der diskreten Inversen-Transformation angewendet wird. Mit Hilfe einer u~U(0,1)-verteilten Zufallszahl wird eine diskrete Realisation Λ=I generiert, welche die Bedingung

$$\sum_{i=0}^{I-1} p(i) \leq u < \sum_{i=0}^{I} p(i) \tag{A.9}$$

erfüllt. Diejenigen Aufträge, für deren Verweildauer i in einem periodenweise aktualisierten Auftragsstapel gilt $i \geq \Lambda$, werden aus dem Stapel entfernt und als Bestandszugang realisiert. Unter Anwendung des Bin(t,p)-Verteilungsmodells werden auf diese

[183] Zur Inversen-Transformation im Fall diskreter Zufallsvariablen vgl. Law und Kelton (2000), S.444 f.
[184] Vgl. Kaplan (1970)

Weise diskrete Durchlaufzeiten generiert, die ein Überholen von Aufträgen ausschließen.

A.1.3 Güte der erzeugten Zufallszahlen

Um die statistische Qualität der erzeugten Zufallszahlen zu überprüfen, wurden verschiedene empirische Tests durchgeführt.

Zunächst wurden die U(0,1)-verteilten Zufallszahlen mittels X^2-Test auf ihre Gleichverteilung im Intervall [0,1] untersucht. Zu diesem Zweck wurde das Intervall in k=200 Teilintervalle gegliedert und n=7000 Realisationen der verwendeten Zufallszahlenströme erzeugt. Mit Hilfe der Häufigkeiten f_j der auf die Teilintervalle j=1,...,k entfallenden Realisationen wurde die Testgröße der Form

$$X^2 = \frac{k}{n} \cdot \sum_{j=1}^{k} \left(f_j - \frac{n}{k} \right)^2 \qquad \text{(A.10)}$$

bestimmt. Unter der U(0,1)-Verteilungshypothese ist diese Größe für hinreichend große n approximativ X^2-verteilt mit k-1 Freiheitsgraden. Diese Methodik wurde als X^2-Anpassungstest auch auf die in der Simulationsuntersuchung gebrauchten Verteilungsmodelle der Gamma(α,β), Beta(α_1,α_2) und Bin(t,p)-Verteilungen angewendet. Hierbei wurde die Anpassungsgüte der empirisch ermittelten Verteilung von n=7000 erzeugten Realisationen an das jeweilige Verteilungsmodell untersucht, wobei wiederum k=200 Teilintervalle (k=t+1 im Fall der Binomialverteilung) gebildet wurden. Die Testgröße

$$X^2 = \sum_{j=1}^{k} \left(\frac{f_j - n \cdot p_j}{n \cdot p_j} \right)^2 \qquad \text{(A.11)}$$

bewertet die Abweichungen zwischen den empirisch ermittelten Häufigkeiten f_j und den Häufigkeiten $n \cdot p_j$, die unter Zugrundelegung des jeweiligen Verteilungsmodells auf die Intervalle j entfallen[185]. Die Wahrscheinlichkeiten p_j wurden für die Gamma- und Betaverteilung durch numerische Integration der jeweiligen Dichtefunktion (A.2) bzw. (A.4) über die Teilintervallgrenzen j=1,...,k gewonnen. Dabei wurden Werte für $\Gamma(\alpha)$

[185] Vgl. Law und Kelton (2000), S.357-362

und $B(\alpha_1,\alpha_2)=\Gamma(\alpha_1)\cdot\Gamma(\alpha_2)/\Gamma(\alpha_1+\alpha_2)$ auf Grundlage der polynomiellen Stirling-Approximation der Gammafunktion gewonnen[186].

Außerdem wurden zur Prüfung der Unabhängigkeit der Zufallszahlen jeweils n=7000 Realisationen der verwendeten U(0,1)-Zufallszahlenströme einem *Runs*(-*up*)-Test unterzogen. Dieser Test ermittelt die maximale Länge von ununterbrochenen Sequenzen innerhalb des Zufallszahlenstroms, in denen die Realisationen monoton ansteigen. Die Häufigkeiten r_l der zu beobachtenden Sequenzlängen

$$r_l = \begin{cases} \text{Anzahl von Sequenzen mit Länge } l & \text{für} \quad l = 1,\dots,5 \\ \text{Anzahl von Sequenzen mit Länge } l \geq 6 & \text{für} \quad l = 6 \end{cases} \qquad \text{(A.12)}$$

werden empirisch ermittelt und durch eine Teststatistik der Form

$$R_{(n)} = \frac{1}{n} \cdot \sum_{i=1}^{6} \sum_{j=1}^{6} a_{ij} \cdot \left(r_i - n \cdot b_i\right) \cdot \left(r_j - n \cdot b_j\right) \qquad \text{(A.13)}$$

ausgewertet. Hierbei bezeichnet a eine Konstantenmatrix und b einen Konstantenvektor[187]. Die Teststatistik ist unter der Nullhypothese unabhängig identisch verteilter Zufallsvariablen bei hinreichend großem n ($n \geq 4000$) approximativ X^2-verteilt mit 6 Freiheitsgraden.

Alle Tests wurden bei einem Vertrauensniveau von $1-\alpha_K=0{,}9$ durchgeführt.

[186] Vgl. Abramowitz und Stegun (1972), S. 257

[187] Einzelheiten hierzu finden sich bei Law, A.M., Kelton, W.D. (2000), S.419-421.

A.2 Aufbau eines Simulationslaufs

Ein Simulationslauf umfasst eine Anzahl von n_g=10400 Perioden, in denen jeweils zufällige Realisationen von Einflussgrößen generiert und die Anwendung von Entscheidungsregeln im Rahmen eines rollierenden Planungsschemas simuliert werden. Für die Simulation eines Szenarios werden mehrere Simulationsläufe durchgeführt, die Anzahl dieser Replikationen orientiert sich dabei an der statistischen Güte einer Kostenzielgröße als Performancemaß[188].

Initialisierung und Anlaufphase

Aus diesem Simulationslauf werden n_a=10000 Perioden zur Auswertung des Performancekriteriums genutzt. Die ersten n_e=400 Perioden eines Laufs sind als Anlaufphase von der Auswertung ausgeschlossen.

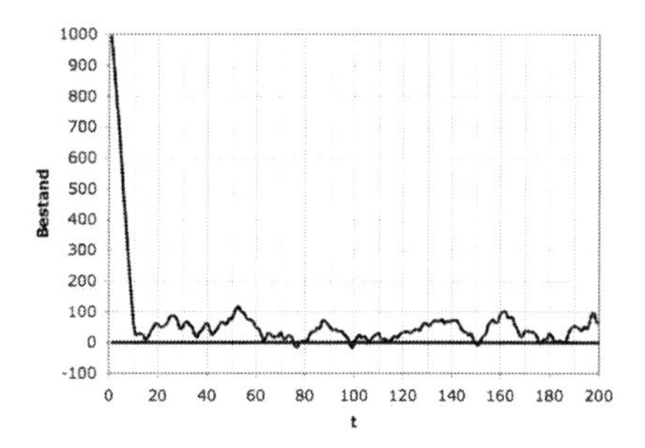

Abb. A.1: Initialisierungsverhalten: Lagerbestand bei Simulation der Heuristik A zum Produktionsausbeuteproblem bei einer Durchlaufzeit von λ=10 Perioden (Basisfall)

Diese Anlaufphase wurde implementiert, um den Zustand des Systems von den Ausgangsbedingungen zu entkoppeln. Die Dimensionierung von n_e wurde in Voruntersuchungen vorgenommen und anhand graphischer Auswertungen für verschiedene der untersuchten Szenarien getestet. Als Beispiel zeigt Abb. A.1 die Entwicklung des

---

[188]Die Größe n_g legt fest, nach wie vielen Perioden die statistische Güte des Performancemaßes nach dem weiter unten näher beschriebenen Verfahren getestet wird. Im Sinne der Schonung von Rechenressourcen sollte n_g einerseits groß genug sein, um eine allzu häufige Auswertung der Teststatistik zu vermeiden, andererseits aber nicht zu groß gewählt werden, damit die Zahl der insgesamt simulierten Perioden und damit die Laufzeit der Simulation das erforderliche Maß nicht unnötig stark übersteigt. Die Festlegung von n_g=10400 hat sich bei der Konfiguration des Simulators als praktikabel erwiesen.

Bestands während der Startphase für das in Kapitel 4.1 besprochene Produktionsausbeuteproblem.

Für den Beginn eines Simulationslaufs müssen Ausgangsbedingungen definiert werden, die den Initialzustand der Modellvariablen und der verwendeten Zufallszahlenbasis beschreiben. Dabei wird der verfügbare Anfangsbestand an Fertigteilen als erwarteter Bedarf während der Dauer der Durchlaufzeit zuzüglich der Kontrollperiode initialisiert[189]. Weiterhin sollen keine bereits offenen Aufträge vorliegen.

Zu Beginn einer Simulation, d.h. mit der ersten Replikation wird jeder stochastischen Einflussgröße ein definierter separater Zufallszahlenstrom zugeordnet. Mit jeder weiteren Replikation werden die Generatoren mit jeweils neuen Startwerten initialisiert, wobei Überschneidungen von Zahlenströmen durch hinreichende Distanz der Startwerte vorgebeugt wird. Die Wahl identischer Zufallszahlenströme für jede Simulation wird als grundlegende Technik der Varianzreduktion verwendet, um gleiche Ausgangsbedingungen für die Simulation unterschiedlicher Modellkonfigurationen (Instanzen) zu schaffen[190].

Umfang und Terminierung eines Simulationslaufs

Das in der Simulationsuntersuchung verwendete Performancemaß ist eine Kostengröße, welche die mittleren Lager- und Fehlmengenkosten einer Periode beschreibt und im Zusammenhang mit den verschiedenen betrachteten Modellen näher spezifiziert wird. Aus m_a durchgeführten Replikationen mit je n_a ausgewerteten Perioden werden in einer Simulation insgesamt $m_a \cdot n_a$ Realisationen des Performancemaßes x berücksichtigt. Als Schätzer für den Erwartungswert des Performancemaßes $\mu_x = \underline{E}[x]$ wird der Mittelwert $\bar{X}(m_a)$ der in m_a Replikationen ermittelten Werte X_j mit $j=1,\ldots,m_a$ bestimmt als

$$\bar{X}(m_a) = \frac{1}{m_a} \cdot \sum_{j=1}^{m_a} X_j \quad \text{mit} \quad X_j = \frac{1}{n_a} \cdot \sum_{i=1}^{n_a} x_{i,j} \quad \text{für} \quad j=1,\ldots,m_a. \tag{A.14}$$

Die Werte X_j bezeichnen dabei selbst jeweils eine Zufallsvariable, die als Mittelwert der Realisationen x des Performancemaßes in einem Simulationslauf der Länge von n_a

[189] Ist in dem betrachteten Modell darüber hinaus ein Bestand an Rücklaufteilen zulässig, so wird dieser mit Null initialisiert.

[190] Verschiedene Techniken der Varianzreduktion in der Simulation sind bei Law und Kelton (2000), S.581-621 ausführlich dargestellt.

Perioden ermittelt wird. Sind die X_j annahmegemäß unabhängig und identisch verteilt (i.i.d.), so ist $\bar{X}(m_a)$ ein unverzerrter Punktschätzer für μ_X mit dem Konfidenzintervall

$$\bar{X}(m_a) = t_{m_a-1,1-\frac{\alpha_K}{2}} \cdot \sqrt{\frac{S^2(m_a)}{m_a}} \quad \text{mit} \quad S^2(m_a) = \frac{\sum_{j=1}^{m_a}\left[X_j - \bar{X}(m_a)\right]^2}{m_a - 1} \tag{A.15}$$

bei einem Vertrauensniveau von 1-α_K. Die Varianz $\sigma_x^2 = V[x]$ wird durch die Stichprobenvarianz $S^2(m_a)$ als unverzerrtem Schätzer approximiert[191].

Die Schätzung von μ_X auf der Basis eines festen Stichprobenumfangs (d.h. einer zuvor festgelegten Anzahl von Replikationen m_a) hat den Nachteil, dass für den Schätzer $\bar{X}(m_a)$ in verschiedenen Simulationen u.U. unterschiedliche Konfidenzintervalle vorliegen. Daher wird für die Untersuchung ein Vorgehen gewählt, das die statistische Qualität der Simulationsergebnisse an einer vorgegebenen Genauigkeit orientiert, so dass die Interpretation und Vergleichbarkeit der Ergebnisse unterschiedlicher Untersuchungsinstanzen verbessert wird[192].

Die Genauigkeit kann anhand des relativen Fehlers $\gamma = |\bar{X} - \mu_X| / |\mu_X|$ für den Schätzer $\bar{X}$ bestimmt werden. Zur Auswertung der Qualität des Schätzers aus den Replikationen einer Simulation kann der Quotient des halben Konfidenzintervalls aus (A.15) und $|\bar{X}|$ mit γ verglichen werden. Aufgrund der Schätzung von $|\mu_X|$ durch $|\bar{X}|$ ist zum Erreichen des relativen Fehlers γ ein korrigierter relativer Fehler $\hat{\gamma} = \gamma/(1-\gamma)$ zu berücksichtigen. Unter der Annahme, dass sich Mittelwert und Varianz des Schätzers bei einer steigenden Anzahl von Replikationen nur geringfügig ändern, kann die zum Erreichen eines relativen Fehlers γ notwendige Anzahl von Replikationen auf der Grundlage bereits durchlaufener m_a Replikationen durch den Ausdruck

$$m_a^*(\gamma) = \min\left\{ j \geq m_a \left| \frac{t_{j-1,1-\frac{\alpha_K}{2}} \cdot \sqrt{S^2(m_a)/j}}{\left|\bar{X}(m_a)\right|} \leq \hat{\gamma} = \frac{\gamma}{1+\gamma} \right.\right\} \tag{A.16}$$

---

[191] Neben dem Kostenkriterium werden bei der Darstellung der Untersuchungsergebnisse auch weitere Größen (Lagerbestände, Fehlmengen) angegeben. Es wurde darauf verzichtet, die statistische Güte der Schätzer dieser Größen mit separaten Konfidenzintervallen zu beschreiben, da sie bereits in die Berechnung des Performancemaßes einfließen.

[192] Vgl. Law und Kelton (2000), S.511-515

approximativ bestimmt werden. Als kritisch für die Anwendung von (A.16) kann sich jedoch die Qualität der Schätzer $\bar{X}(m_a)$ und $S^2(m_a)$ erweisen, so dass durch die Gefahr einer Fehleinschätzung von m_a^* das Erreichen der geforderten Genauigkeit nicht sichergestellt werden kann. Aus diesem Grund wurde eine bei LAW UND KELTON angegebene iterative Prozedur gewählt, die nach Simulation einer Anzahl von m_0 Basisreplikationen das Erreichen der Fehlervorgabe prüft, worauf die Simulation abgebrochen oder gegebenenfalls weitere Replikationen durchgeführt werden[193]. Für jede Replikation $j \geq m_0$ wird daher das halbe Konfidenzintervall

$$\delta(m_a,\alpha) = t_{m_a-1,1-\frac{\alpha_K}{2}} \cdot \sqrt{\frac{S^2(m_a)}{m_a}}. \tag{A.17}$$

zur Berechnung des relativen Fehlers neu bestimmt. Der Algorithmus lässt sich wie folgt zusammenfassen:

1) Simuliere m_0 Replikationen mit je n_a ausgewerteten Perioden; Setze $m_a:=m_0$
2) Bestimme $\bar{X}(m_a)$ und $\delta(\alpha,m_a)$ aus $X_1,\ldots,X_{m_a}$
3) Falls $\delta(\alpha,m_a)/\left|\bar{X}(m_a)\right| \leq \hat{\gamma}$:

   Das Konfidenzintervall $\Delta(\alpha,m_a) = \left[\bar{X}(m_a) - \delta(\alpha,m_a), \bar{X}(m_a) + \delta(\alpha,m_a)\right]$ entspricht der geforderten Genauigkeit. Verwende $\bar{X}(m_a)$ als Punktschätzer für μ_X. Stopp!

   Sonst:

   $m_a:=m_a+1$
   Simuliere eine weitere Replikation
   Gehe zu 2)

Es wird deutlich, dass bei diesem Vorgehen die Anzahl der benötigten Replikationen m_a eine Zufallsvariable ist.

Für die Anwendung des Verfahrens wurde eine Anzahl von m_0=15 Basisreplikationen gewählt, so dass in jeder Simulation das Performancekriterium für mindestens 150.000 Perioden ausgewertet wird. Die Untersuchungen wurden bei Vorgabe einer Vertrauens-

[193] Die Prozedur setzt für X_j identisch unabhängig verteilte Zufallsvariablen, jedoch keine Normalverteilung voraus.

wahrscheinlichkeit von $1\text{-}\alpha_K$=0,99 und einer Obergrenze für den relativen Fehler von γ=0,01 durchgeführt.

A.3 Referenzlösungen

Aufgrund der Einschränkungen[194] zur Gewinnung gesamtoptimaler Lösungen für die in dieser Arbeit betrachteten Entscheidungsprobleme werden Vergleichslösungen benötigt, die eine Beurteilung der heuristischen Performance ermöglichen. Daher wird für jede Untersuchungsinstanz neben der im Simulationslauf ermittelten Größe der mittleren Periodenkosten eine Vergleichslösung generiert.

Beide Lösungen werden auf Grundlage der Simulation einer vorgegebenen linearen Entscheidungsregel ermittelt. Ausgehend vom Simulationsergebnis der heuristischen Lösung wird nun versucht, die Lösung hinsichtlich des verwendeten Kostenkriteriums zu verbessern. Dazu werden die Entscheidungsregeln der verschiedenen im Rahmen dieser Arbeit entwickelten Heuristiken parametrisiert und die bei Variation der Parameter ermittelte kostenminimale Lösung als Benchmark verwendet.

In den Untersuchungen zu den verschiedenen Modellen wird eine Anzahl von zwei bis drei Kontrollparametern der heuristischen Entscheidungsregeln in den Optimierungslauf einbezogen. Die Parametrisierung wird jeweils den Erfordernissen der problemspezifischen Informationsstruktur angepasst. Eine direkte Parametrisierung von Dispositionsparametern (im Sinne von Bestellgrenzen oder Sicherheitsbeständen) erfolgt in solchen Fällen, in denen diese als stationäre Größen zu betrachten sind. Dies betrifft die Untersuchungen zum Fall externer Materialkreisläufe in Kapitel 3. Im Rahmen der Untersuchungen zu internen Materialkreisläufen in Kapitel 4 werden stationäre Komponenten von Dispositionsparametern herausgegriffen, die mit einer dynamischen Komponente verknüpft sind[195]. Ein weiterer Parametertyp dient in der Anpassung des Nettobedarfs im Fall unvollkommener Produktionsausbeute.

Den Ausgangspunkt eines Optimierungslaufs bildet die heuristische Startlösung $K^0(\gamma_1^0,...,\gamma_n^0)$, $n \in \{2,3\}$. Die Parameter werden nun sequentiell variiert[196], wobei die

[194] Details hierzu werden im Zusammenhang mit der Modellierung des jeweiligen Entscheidungsproblems besprochen.

[195] Dieses Vorgehen berücksichtigt die problemspezifische Dynamik bei der Festlegung der Sicherheitsbestände bzw. Kontrollparameter. Auf die Einzelheiten der Parametrisierung wird in Kapitel 4 näher eingegangen.

[196] Der Gedanke einer simultanen Optimierung aller Parameter wurde angesichts des hierfür nötigen Rechenaufwandes verworfen.

Reihenfolge der Variation derart festgelegt ist, dass zuerst die produktionsbezogenen Parameter optimiert werden, da diese einen besonders starken Einfluss auf die Lösung haben. Im Fall des Modells mit externen Produktrückflüssen (in Kapitel 3) betrifft dies die Produktionsgrenze *S*. In den Fällen des Ausbeuteproblems liegen zwei produktionsrelevante Parameter vor. Hier wird zunächst der optimale Wert des Sicherheitsfaktors k_P ermittelt und anschließend der Inflationsparameter β optimiert.

Liegen nun die numerisch verbesserten Produktionsparameter vor, wird im nächsten Schritt eine Verbesserung des Ergebnisses bei Variation des aufarbeitungsbezogenen Parameters gesucht. Für das Problem mit externen Rückflüssen ist dies die Aufarbeitungsgrenze *M*, während für das Ausbeuteproblem mit Aufarbeitung der aufarbeitungsbezogene Sicherheitsfaktor k_R als Parameter gewählt wurde.

Bei der Optimierung der Parameter wird zunächst ein Intervall $\underline{\gamma}_1^0 < \gamma_1^0 < \overline{\gamma}_1^0$ um den Startwert des Parameters γ_1 gebildet. Hierbei wird $\underline{\gamma}_1^0 := \gamma_1^0 - 0{,}05 \cdot \gamma_1^0$ und $\overline{\gamma}_1^0 := \gamma_1^0 + 0{,}05 \cdot \gamma_1^0$ gesetzt und nach Prüfung des Anstiegs der Kostenfunktion in diesen Punkten ggf. die bereffende Intervallgrenze wiederholt um einen Betrag von 5% des Startwertes erweitert. Mit den derart festgelegten Intervallgrenzen wird nun das Kostenminimum auf dem Wege der Intervallteilung ermittelt, worauf diese Prozedur auch auf den bzw. die weiteren Parameter angewendet wird, so dass im Ergebnis der ersten Optimierungsiteration die vorläufige Lösung $K^1(\gamma_1^1,...,\gamma_n^1)$ vorliegt. Diese Teillösung ist die Startlösung einer weiteren Iteration über alle betrachteten Parameter. Im Optimierungslauf wird eine Mindestzahl von drei Iterationen durchgeführt. Erhält man in der *i*-ten Iteration eine absolute Kostendifferenz mit $\Delta K^i = K^i(\gamma_1^i,...,\gamma_n^i) - K^{i-1}(\gamma_1^{i-1},...,\gamma_n^{i-1}) \geq 10^{-4}$, so wird jeweils eine weitere Iteration ausgeführt, ansonsten wird der Lauf abgebrochen und $K^* = K^i(\gamma_1^i,...,\gamma_n^i)$ als Referenzlösung akzeptiert. Abb. A.2 zeigt die Entwicklung der gewonnenen Teillösungen mit den Parametern $(\gamma_1^i,\gamma_2^i,\gamma_3^i)$ und der Kostengröße K^i über der Anzahl der Iterationen für eine Untersuchungsinstanz des in Kapitel 4 untersuchten Produktionsausbeuteproblems mit Aufarbeitung.

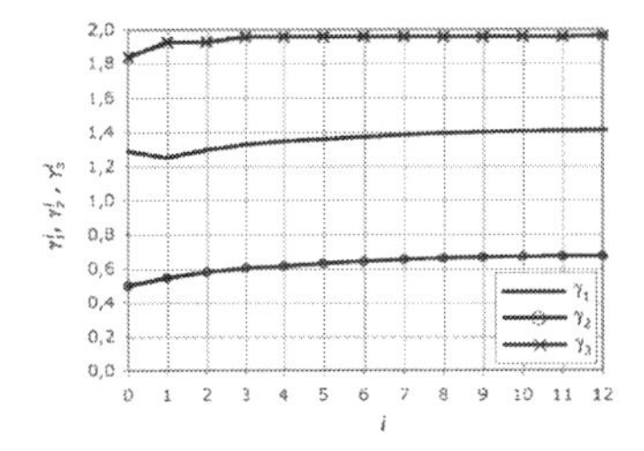

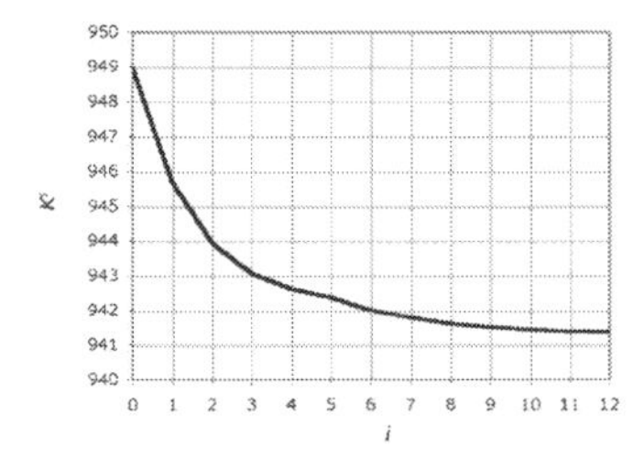

Abb. A.2: Beispiel für die in einem Optimierungslauf gewonnenen Teillösungen der Referenzlösung I für das in Abschnitt 4.2 untersuchte Produktionsausbeute- und Aufarbeitungsproblem bei einer Datenkonstellation mit μ_D=100, σ_D=10, μ_z=0,5, σ_z=0,25, λ_P=10, λ_R=5, h_S=3, h_R=2, v=27

Im Beispiel wird die Referenzlösung nach I=12 Iterationen gewonnen. Es zeigt sich, dass hierbei die Startlösung in allen Parametern korrigiert wird. Die Kostenperformance der heuristischen Lösung kann nun relativ zur gewonnenen Referenzlösung mit $\Delta C = K^0/K^I - 1 = 0{,}8\%$ angegeben werden. Der heuristischen (Start-) Lösung und der im Ablauf des numerischen Verbesserungsverfahrens gewonnenen Referenzlösung liegt ein einheitliches Signifikanzniveau zugrunde.

Gesamtoptimale Lösungen sind mit dem beschriebenen Verfahren grundsätzlich nur dann zu gewinnen, wenn die zugrunde liegenden heuristischen Entscheidungsregeln mit den optimalen Dispositionsregeln übereinstimmen. Dies gilt für das in Kapitel 3 betrachtete Problem (externe Rückflüsse), sofern die Durchlaufzeiten von Produktions- und Aufarbeitungsprozess identisch und deterministisch sind. In diesem Fall sowie für den Fall des in Kapitel 4.1 behandelten Produktionsausbeuteproblems (hier jedoch beschränkt auf die Situation ohne Durchlaufzeit) wurden die gewonnenen Referenzlösungen mit auf der Grundlage von DP-Verfahren gewonnenen Ergebnissen bestätigt. In allen anderen Fällen ist die gewonnene Lösung als beste bekannte Vergleichslösung anzusehen. Das Erreichen einer nur lokal optimalen Parameterkombination kann dabei nicht ausgeschlossen werden.

Anhang B: Analyse der MRP-Politik bei externen Rückflüssen

In diesem Anhang wird die Struktur der MRP-generierten Dispositionspolitik für den Fall externer Produktrückflüsse analysiert.

B.1 Identische Durchlaufzeiten $\lambda=\lambda_R=\lambda_P$

Zunächst wird die Entscheidung über die Aufarbeitung abgeleitet. Ausgangspunkt ist Gleichung (3.3.2)

$$POR_t = \min\left\{ROH_{t-1}, NR^R_{t+\lambda}\right\} \qquad \text{für } t\geq 1 \tag{B1.1}$$

Für $NR^R_{t+\lambda}$ erhält man aus (3.3.5) und unter Berücksichtigung von $SRP_t=SRR_t=0$ für $t>\lambda$:

$$NR^R_{t+\lambda} = \max\left\{GR_{t+\lambda} + SST_R - SOH_{t+\lambda-1}, 0\right\} \tag{B1.2}$$

Iteratives Einsetzen der Lagerbilanzgleichung (3.3.7) unter Beachtung von (3.3.8) und (3.3.9) sowie mit $POP_t=SRP_{t+\lambda}$ und $POR_t=SRR_{t+\lambda}$ für $t\leq 0$ liefert für $SOH_{t+\lambda-1}$

$$SOH_{t+\lambda-1} = SOH_{t-1} + \sum_{i=1}^{\lambda} POP_{t-i} + \sum_{i=1}^{\lambda} POR_{t-i} - \sum_{i=0}^{\lambda-1} GR_{t+i}\,. \tag{B1.3}$$

Einsetzen in (B1.2) führt zu

$$NR^R_{t+\lambda} = \max\left\{\sum_{i=0}^{\lambda} GR_{t+i} + SST_R - \left(SOH_{t-1} + \sum_{i=1}^{\lambda} POP_{t-i} + \sum_{i=1}^{\lambda} POR_{t-i}\right), 0\right\}. \tag{B1.4}$$

Unter Gebrauch der Definition von M_t in (3.3.16) und

$x^R_{S,t} = SOH_{t-1} + \sum_{i=1}^{\lambda} POP_{t-i} + \sum_{i=1}^{\lambda} POR_{t-i}$ mit $POP_j=SRP_{j+\lambda}$ und $POR_j=SRR_{j+\lambda}$ für $j\leq 0$ lässt sich der Ausdruck formulieren als

$$NR^R_{t+\lambda} = \max\left\{M_t - x^R_{S,t}, 0\right\}. \tag{B1.5}$$

Nach Einsetzen in (B1.1) und mit $x_{R,t}$=ROH_{t-1} erhält man die Entscheidungsregel

$$POR_t = \min\left\{x_{R,t}, \max\left\{M_t - x^R_{S,t}, 0\right\}\right\}. \tag{B1.6}$$

Die Beseitigungsregel ist gegeben durch

$$POD_t = \max\left\{ROH_{t-1} - RMAX_t, 0\right\} \tag{B1.7}$$

mit

$$RMAX_t = \max\left\{DST^\tau_t + GR_{t+\lambda} + SST_R - SOH_{t+\lambda-1}, 0\right\}. \tag{B1.8}$$

Einsetzen von $SOH_{t+\lambda-1}$ aus (B1.3) in (B1.8) liefert

$$RMAX_t = \max\left\{\sum_{i=0}^{\lambda} GR_{t+i} + SST_R + DST^\tau_t - \left(SOH_{t-1} + \sum_{i=1}^{\lambda} POP_{t-i} + \sum_{i=1}^{\lambda} POR_{t-i}\right), 0\right\}. \tag{B1.9}$$

Substitution unter Verwendung der oben definierten Variable $x^R_{S,t}$ sowie der Definitionen (3.3.16) und (3.3.17) führt zu

$$RMAX_t = \max\left\{U_t - x^R_{S,t}, 0\right\}, \tag{B1.10}$$

so dass man nach Einsetzen in (B1.7) und mit $x_{R,t}$=ROH_{t-1} als Entscheidungsregel erhält

$$POD_t = \max\left\{x_{R,t} - \max\left\{U_t - x^R_{S,t}, 0\right\}, 0\right\}. \tag{B1.11}$$

Für die Produktionsentscheidung gilt

$$POP_t = NR^P_{t+\lambda}. \tag{B1.12}$$

Aus (3.3.3) und (3.3.6) sowie unter Berücksichtigung von $SRP_t=SRR_t=0$ für $t>\lambda$ ergibt sich für POP_t

$$POP_t = \max\left\{GR_{t+\lambda} + SST_P - SOH_{t+\lambda-1} - POR_t, 0\right\} \tag{B1.13}$$

und nach Einsetzen von (B1.3) für $SOH_{t+\lambda-1}$

$$POP_t = \max\left\{\sum_{i=0}^{\lambda} GR_{t+i} + SST_P - \left(SOH_{t-1} + \sum_{i=1}^{\lambda} POP_{t-i} + \sum_{i=1}^{\lambda} POR_{t-i}\right) - POR_t, 0\right\}. \tag{B1.14}$$

Substitution mit (3.3.15) und Ersetzen des Ausdrucks in der runden Klammer durch $x^R_{S,t}$, sowie Einsetzen von (B1.6) für POR_t liefert

$$POP_t = \max\left\{S_t - x^R_{S,t} - \min\left\{x_{R,t}, \max\left\{M_t - x^R_{S,t}, 0\right\}\right\}, 0\right\}. \tag{B1.15}$$

Es sind hier zwei Fälle zu unterscheiden:

a) $x_{R,t} \geq M_t - x^R_{S,t}$

Aus $x_{R,t} \geq 0$ folgt $x_{R,t} \geq \max\left\{M_t - x^R_{S,t}, 0\right\}$, so dass

$$POP_t = \max\left\{S_t - x^R_{S,t} - \max\left\{M_t - x^R_{S,t}, 0\right\}, 0\right\}$$

Damit sind zwei Unterfälle zu betrachten:

a1) $x^R_{S,t} \geq S_t$

Die Auswertung des obigen Ausdrucks führt zu $POP_t=0$.

a2) $x^R_{S,t} < S_t$

Wegen $M_t \geq S_t$ folgt $M_t - x^R_{S,t} \geq S_t - x^R_{S,t}$ und $POP_t = \max\left\{S_t - M_t, 0\right\} = 0$.

b) $x_{R,t} < M_t - x^R_{S,t}$

In diesem Fall erhält man $POP_t = \max\left\{S_t - x^R_{S,t} - x_{R,t}, 0\right\}$

Die Zusammenfassung der Fälle führt unter Gebrauch der Definition $x^P_{S,t} = x^R_{S,t} + x_{R,t}$ zu der in (3.3.18) angegebenen Entscheidungsregel

$$POP_t = \max\left\{S_t - x^P_{S,t}, 0\right\}. \qquad \text{(B1.16)}$$

B.2 Nichtidentische Durchlaufzeiten $\lambda_R<\lambda_P$ (mit Entsorgungsoption)

Zunächst wird die Entscheidung über die Aufarbeitung betrachtet. Ausgangspunkt ist Gleichung (3.3.21):

$$POR_t = \min\left\{ROH_{t-1}, NR^R_{t+\lambda_R}\right\} \tag{B2.1}$$

Aus (3.3.22) mit $SRR_t=0$ für $t>\lambda_R$ bestimmt man $NR^R_{t+\lambda_R}$ als

$$NR^R_{t+\lambda_R} = \max\left\{GR_{t+\lambda_R} + SST_R - SOH_{t+\lambda_R-1} - SRP_{t+\lambda_R}, 0\right\}. \tag{B2.2}$$

Für $SOH_{t+\lambda_R-1}$ erhält man aus (3.3.28) unter Beachtung von (3.3.29) und (3.3.30)

$$SOH_{t+\lambda_R-1} = SOH_{t-1} + \sum_{i=0}^{\lambda_R-1} POP_{t-\lambda_P+i} + \sum_{i=1}^{\lambda_R} POR_{t-i} - \sum_{i=0}^{\lambda_R-1} GR_{t+i}, \tag{B2.3}$$

so dass (B2.2) formuliert werden kann als

$$NR^R_{t+\lambda_R} = \max\left\{\sum_{i=0}^{\lambda_R} GR_{t+i} + SST_R - \left(SOH_{t-1} + \sum_{i=0}^{\lambda_R} POP_{t-\lambda_P+i} + \sum_{i=1}^{\lambda_R} POR_{t-i}\right), 0\right\}. \tag{B2.4}$$

Einsetzen dieses Ausdrucks in (B2.1) unter Verwendung der Definitionen

$M_t = SST_R + \sum_{i=0}^{\lambda_R} GR_{t+i}$ und $x_{R,t}=ROH_{t-1}$ sowie

$$x^R_{S,t} = SOH_{t-1} + \sum_{i=0}^{\lambda_R} POP_{t-\lambda_P+i} + \sum_{i=1}^{\lambda_R} POR_{t-i} \tag{B2.5}$$

liefert

$$POR_t = \min\left\{x_{R,t}, \max\left\{M_t - x^R_{S,t}, 0\right\}\right\}. \tag{B2.6}$$

Im nächsten Schritt wird die Entscheidung (3.3.25) betrachtet:

$$POD_t = \max\left\{ROH_{t-1} - RMAX_t, 0\right\} \qquad \text{(B2.7)}$$

Sofern $\sum_{i=1}^{j} GR_{t+\lambda_R+i} > \sum_{i=1}^{j} PR_{t+i-1}$, vereinfacht sich (3.3.27) zu

$$DST_t^{\tau} = \sum_{i=1}^{\tau} GR_{t+\lambda_R+i} - \sum_{i=1}^{\tau} PR_{t+i-1}, \qquad \text{(B2.8)}$$

so dass Einsetzen von (B2.8) sowie (B2.3) in (3.3.26) zu folgendem Ausdruck für $RMAX_t$ führt:

$$\begin{aligned} RMAX_t = \max\Bigg\{ & DST_t^{\tau} + GR_{t+\lambda_R} + SST_R - \\ & - \left(SOH_{t-1} + \sum_{i=0}^{\lambda_R} POP_{t-\lambda_P+i} + \sum_{i=1}^{\lambda_R} POR_{t-i} - \sum_{i=0}^{\lambda_R-1} GR_{t+i} \right), 0 \Bigg\}, \end{aligned} \qquad \text{(B2.9)}$$

Mit den Definitionen für M_t und $x_{S,t}^{R}$ in (3.3.33) und (3.3.32) erhält man

$$RMAX_t = \max\left\{M_t + DST_t^{\tau} - x_{S,t}^{R}, 0\right\}, \qquad \text{(B2.10)}$$

so dass nach Einsetzen in (B2.7) mit $U_t = M_t + DST_t^{\tau}$ folgt

$$POD_t = \max\left\{x_{R,t} - \max\left\{U_t - x_{S,t}^{R}, 0\right\}, 0\right\}. \qquad \text{(B2.11)}$$

Weiterhin ist die Produktionsentscheidung in (3.3.23) zu betrachten. Für den Nettobedarf $NR_{t+\lambda_P}^{P}$ erhält man aus (3.3.24)

$$NR_{t+\lambda_P}^{P} = \max\left\{GR_{t+\lambda_P} + SST_P - SOH_{t+\lambda_P-1} + PRR_{t+\lambda_P}, 0\right\} \qquad \text{(B2.12)}$$

mit $PRR_{t+\lambda_P} = POR_{t+\lambda_P-\lambda_R}$. Für $SOH_{t+\lambda_P-1}$ erhält man durch iteratives Einsetzen von (3.3.28) mit (3.3.29) und (3.3.30)

$$SOH_{t+\lambda_R-1} = SOH_{t-1} + \sum_{i=1}^{\lambda_P} POP_{t-i} + \sum_{i=1}^{\lambda_R} POR_{t-i} + \sum_{i=0}^{\lambda_P-\lambda_R-1} POR_{t+i} - \sum_{i=0}^{\lambda_P-1} GR_{t+i}. \qquad \text{(B2.13)}$$

Einsetzen dieses Ausdrucks in (B2.12) führt zu

$$NR^P_{t+\lambda_P} = \max\left\{\sum_{i=0}^{\lambda_P} GR_{t+i} + SST_P - \left(SOH_{t-1} + \sum_{i=1}^{\lambda_P} POP_{t-i} + \right.\right.$$
$$\left.\left. + \sum_{i=1}^{\lambda_R} POR_{t-i} + \sum_{i=0}^{\lambda_P-\lambda_R} POR_{t+i}\right), 0\right\}. \qquad \text{(B2.14)}$$

Unter Verwendung der Definitionen $S'_t = SST_P + \sum_{i=0}^{\lambda_P} GR_{t+i}$ sowie

$$x'_{S,t} = SOH_{t-1} + \sum_{i=1}^{\lambda_P} POP_{t-i} + \sum_{i=1}^{\lambda_R} POR_{t-i} \qquad \text{(B2.15)}$$

erhält man nun den Ausdruck

$$POP_t = \max\left\{S'_t - x'_{S,t} - \sum_{i=0}^{\lambda_P-\lambda_R-1} POR_{t+i} - POR_{t+\lambda_P-\lambda_R}, 0\right\}. \qquad \text{(B2.16)}$$

Weiterhin erhält man für $POR_{t+\lambda_P-\lambda_R}$ aus (3.3.21) und (3.3.22)

$$POR_{t+\lambda_P-\lambda_R} = \min\left\{ROH_{t+\lambda_P-\lambda_R-1}, \max\left\{\sum_{i=0}^{\lambda_P} GR_{t+i} + SST_P\right.\right.$$
$$\left.\left. - \left(SOH_{t-1} + \sum_{i=1}^{\lambda_P} POP_{t-i} + \sum_{i=1}^{\lambda_R} POR_{t-i} + \sum_{i=0}^{\lambda_P-\lambda_R-1} POR_{t+i}\right), 0\right\}\right\}. \qquad \text{(B2.17)}$$

Nach iterativem Einsetzen von (3.3.31) lässt sich $ROH_{t+\lambda_P-\lambda_R-1}$ ausdrücken als

$$ROH_{t+\lambda_P-\lambda_R-1} = ROH_{t-1} + \sum_{i=0}^{\lambda_P-\lambda_R-1} PR_{t+i} - \sum_{i=0}^{\lambda_P-\lambda_R-1} POR_{t+i} - \sum_{i=0}^{\lambda_P-\lambda_R-1} POD_{t+i}\,. \tag{B2.18}$$

Mittels der Definitionen für S'_t, $x_{R,t}$ und $x'_{S,t}$ kann man (B2.17) nun formulieren als

$$\begin{aligned} POR_{t+\lambda_P-\lambda_R} = \min\Bigg\{ & x_{R,t} + \sum_{i=0}^{\lambda_P-\lambda_R-1} PR_{t+i} - \sum_{i=0}^{\lambda_P-\lambda_R-1} POR_{t+i} - \sum_{i=0}^{\lambda_P-\lambda_R-1} POD_{t+i}, \\ & \max\Bigg\{ S'_t - x'_{S,t} - \sum_{i=0}^{\lambda_P-\lambda_R-1} POR_{t+i}, 0\Bigg\}\Bigg\}, \end{aligned} \tag{B2.19}$$

worauf Einsetzen dieses Ausdrucks in (B2.16) ergibt

$$\begin{aligned} POP_t = \max\Bigg\{ & \max\Bigg\{ S'_t - x'_{S,t} - \sum_{i=0}^{\lambda_P-\lambda_R-1} POR_{t+i}, 0\Bigg\} - \min\Bigg\{ x_{R,t} + \sum_{i=0}^{\lambda_P-\lambda_R-1} PR_{t+i} \\ & - \sum_{i=0}^{\lambda_P-\lambda_R-1} POR_{t+i} - \sum_{i=0}^{\lambda_P-\lambda_R-1} POD_{t+i}, \max\Bigg\{ S'_t - x'_{S,t} - \sum_{i=0}^{\lambda_P-\lambda_R-1} POR_{t+i}, 0\Bigg\}\Bigg\}, 0\Bigg\}. \end{aligned} \tag{B2.20}$$

Es sind hierbei zwei Fälle zu unterscheiden:

a) $\quad S'_t - x'_{S,t} > \sum_{i=0}^{\lambda_P-\lambda_R-1} POR_{t+i}$

Hier gilt

$$POP_t = \max\Bigg\{ S_t - x'_{S,t} - \min\Bigg\{ x_{R,t} + \sum_{i=0}^{\lambda_P-\lambda_R-1} PR_{t+i} - \sum_{i=0}^{\lambda_P-\lambda_R-1} POD_{t+i}, S_t - x'_{S,t}\Bigg\}, 0\Bigg\}$$

Im Unterfall a1)

$$S'_t - x'_{S,t} < x_{R,t} + \sum_{i=0}^{\lambda_P-\lambda_R-1} PR_{t+i} - \sum_{i=0}^{\lambda_P-\lambda_R-1} POD_{t+i}$$

gilt POP_t=0,

während im zweiten Unterfall a2)

$$S'_t - x'_{S,t} \geq x_{R,t} + \sum_{i=0}^{\lambda_P-\lambda_R-1} PR_{t+i} - \sum_{i=0}^{\lambda_P-\lambda_R-1} POD_{t+i}$$

folgt $POP_t = \max\left\{S'_t - x'_{S,t} - x_{R,t} - \sum_{i=0}^{\lambda_P-\lambda_R-1} PR_{t+i} + \sum_{i=0}^{\lambda_P-\lambda_R-1} POD_{t+i}, 0\right\}$.

b) $S'_t - x'_{S,t} \leq \sum_{i=0}^{\lambda_P-\lambda_R-1} POR_{t+i}$

Hier gilt POP_t=0.

Die Zusammenfassung dieser Fälle unter Gebrauch der Definitionen

$x^P_{S,t} = x'_{S,t} + x_{R,t} - POD_t$ sowie

$S_t = SST_P + \sum_{i=0}^{\lambda_P} GR_{t+i} - \sum_{i=0}^{\lambda_P-\lambda_R-1} PR_{t+i} + \Delta S$ mit $\Delta S = \sum_{i=1}^{\lambda_P-\lambda_R-1} POD_{t+i}$ führt zu

$$POP_t = \max\left\{S_t - x^P_{S,t}, 0\right\}. \tag{B2.21}$$

B.3 Nichtidentische Durchlaufzeiten $\lambda_R > \lambda_P$ (mit Entsorgungsoption)

Für die Produktionsentscheidung gilt (3.3.23):

$$POP_t = NR^P_{t+\lambda_P} \tag{B3.1}$$

Aus (3.3.37) erhält man für $NR^P_{t+\lambda_P}$

$$NR^P_{t+\lambda_P} = \max\left\{GR_{t+\lambda_P} + SST_P - SOH_{t+\lambda_P-1} - SRR_t, 0\right\}. \tag{B3.2}$$

Einsetzen von $SOH_{t+\lambda_R-1}$ aus (3.3.28) bis (3.3.30)

$$SOH_{t+\lambda_P-1} = SOH_{t-1} + \sum_{i=1}^{\lambda_P} POP_{t-i} + \sum_{i=0}^{\lambda_P-1} POR_{t-\lambda_R+i} - \sum_{i=0}^{\lambda_P-1} GR_{t+i} \tag{B3.3}$$

in (B3.2) liefert

$$NR^P_{t+\lambda_P} = \max\left\{\sum_{i=0}^{\lambda_R-1} GR_{t+i} + SST_P - \left(SOH_{t-1} + \sum_{i=1}^{\lambda_P} POP_{t-i} + \sum_{i=0}^{\lambda_P} POR_{t-\lambda_R+i}\right), 0\right\}. \tag{B3.4}$$

Unter Gebrauch der Definitionen $S_t = SST_P + \sum_{i=0}^{\lambda_P} GR_{t+i}$ und

$$x^P_{S,t} = SOH_{t-1} + \sum_{i=1}^{\lambda_P} POP_{t-i} + \sum_{i=0}^{\lambda_P} POR_{t-\lambda_R+i} \tag{B3.5}$$

erhält man für (B3.1) mit (B3.4)

$$POP_t = \max\left\{S_t - x^P_{S,t}, 0\right\}. \tag{B3.6}$$

Die Entscheidungsregel für die Aufarbeitung aus (3.3.21) lautet

$$POR_t = \min\left\{ROH_{t-1}, NR^R_{t+\lambda_R}\right\}. \tag{B3.7}$$

Aus (3.3.38) erhält man für $NR^R_{t+\lambda_R}$

$$NR^R_{t+\lambda_R} = \max\left\{GR_{t+\lambda_R} + SST_R - SOH_{t+\lambda_R-1}, 0\right\} \tag{B3.8}$$

mit

$$SOH_{t+\lambda_R-1} = SOH_{t-1} + \sum_{i=1}^{\lambda_P} POP_{t-i} + \sum_{i=0}^{\lambda_R-\lambda_P-1} POP_{t+i} + \sum_{i=1}^{\lambda_R} POR_{t-i} - \sum_{i=0}^{\lambda_R-1} GR_{t+i}. \tag{B3.9}$$

Einsetzen dieses Ausdrucks in (B3.8) unter Verwendung der Definitionen

$M_t = SST_R + \sum_{i=0}^{\lambda_R} GR_{t+i}$ und $x^R_{S,t} = SOH_{t-1} + \sum_{i=0}^{\lambda_P} POP_{t-i} + \sum_{i=1}^{\lambda_R} POR_{t-i} + \Delta x$ mit

$\Delta x = \sum_{i=1}^{\lambda_R-\lambda_P-1} POP_{t+i}$ ergibt

$$NR^R_{t+\lambda_R} = \max\left\{M_t - x^R_{S,t}, 0\right\}. \tag{B3.10}$$

Einsetzen in (B3.7) mit $x_{R,t}=ROH_{t-1}$ liefert nun

$$POR_t = \min\left\{x_{R,t}, \max\left\{M_t - x^R_{S,t}, 0\right\}\right\}. \tag{B3.11}$$

Eine einfache Entscheidungsregel ist aufgrund der Struktur der Summe Δx mit

$\Delta x = \sum_{i=\lambda_R+1}^{\lambda_P-1} \max\left\{GR_{t+i} + SST_P - SOH_{t+i-1} - SRR_{t+i}, 0\right\}$ nicht gegeben.

Schließlich wird der Ausdruck für $RMAX_t$ in (3.3.39) betrachtet:

$$RMAX_t = \max\left\{DST_t^\tau + GR_{t+\lambda_R} + SST_R - SOH_{t+\lambda_R-1}, 0\right\} \tag{B3.12}$$

Für DST_t^τ in (3.3.40) gilt, falls $\sum_{i=1}^{j} GR_{t+\lambda_R+i} - \sum_{i=1}^{j} PR_{t+i-1}$,

$$DST_t^\tau = \sum_{i=1}^{\tau} GR_{t+\lambda_R+i} - \sum_{i=1}^{\tau} PR_{t+i-1}. \tag{B3.13}$$

Einsetzen von $SOH_{t+\lambda_R-1}$ aus (B3.9) in (B3.12) und Verwendung der Definitionen von M_t und $x_{S,t}^R$ führt zu

$$RMAX_t = \max\left\{DST_t^\tau + M_t - x_{S,t}^R, 0\right\}. \tag{B3.14}$$

Nach Einsetzen in (3.3.4) und mit $U_t = M_t + DST_t^\tau$ ergibt sich die Entscheidungsregel

$$POD_t = \max\left\{x_{R,t} - \max\left\{U_t - x_{S,t}^R, 0\right\}\right\}. \tag{B3.15}$$

B.4 Nichtidentische Durchlaufzeiten $\lambda_R<\lambda_P$ (ohne Entsorgungsoption)

Die Entscheidungsregel über die Aufarbeitung (3.3.21) lautet:

$$POR_t = \min\left\{ROH_{t-1}, NR^R_{t+\lambda_R}\right\} \tag{B4.1}$$

Dem Vorgehen in Anhang B.2 folgend, ergibt sich unter Verwendung von (3.3.22) für $NR^R_{t+\lambda_R}$ und der Beziehungen (3.3.28) bis (3.3.30) für POR_t

$$POR_t = \min\left\{x_{R,t}, \max\left\{M_t - x^R_{S,t}, 0\right\}\right\} \tag{B4.2}$$

mit $M_t = SST_R + \sum_{i=0}^{\lambda_R} GR_{t+i}$, $x_{R,t}=ROH_{t-1}$ und $x^R_{S,t} = SOH_{t-1} + \sum_{i=0}^{\lambda_R} POP_{t-\lambda_P+i} + \sum_{i=1}^{\lambda_R} POR_{t-i}$.

Die Betrachtung der Produktionsentscheidung folgt den Rechenschritten (B2.12) bis (B2.16), für POP_t ergibt sich dabei der Ausdruck

$$POP_t = \max\left\{S'_t - x^P_{S,t} - \sum_{i=0}^{\lambda_P-\lambda_R-1} POR_{t+i} - POR_{t+\lambda_P-\lambda_R}, 0\right\} \tag{B4.3}$$

mit $S'_t = SST_P + \sum_{i=0}^{\lambda_P} GR_{t+i}$ und $x'_{S,t} = SOH_{t-1} + \sum_{i=1}^{\lambda_P} POP_{t-i} + \sum_{i=1}^{\lambda_R} POR_{t-i}$.

Für $POR_{t+\lambda_P-\lambda_R}$ gilt entsprechend (B2.17)

$$\begin{aligned} POR_{t+\lambda_P-\lambda_R} = \min\Bigg\{ & ROH_{t+\lambda_P-\lambda_R-1}, \max\Bigg\{\sum_{i=0}^{\lambda_P} GR_{t+i} + SST_P \\ & -\left(SOH_{t-1} + \sum_{i=1}^{\lambda_P} POP_{t-i} + \sum_{i=1}^{\lambda_R} POR_{t-i} + \sum_{i=0}^{\lambda_P-\lambda_R-1} POR_{t+i}\right), 0\Bigg\}\Bigg\}. \end{aligned} \tag{B4.4}$$

Für $ROH_{t+\lambda_P-\lambda_R-1}$ erhält man durch wiederholtes Einsetzen von (3.3.41)

$$ROH_{t+\lambda_P-\lambda_R-1} = ROH_{t-1} + \sum_{i=0}^{\lambda_P-\lambda_R-1} PR_{t+i} - \sum_{i=0}^{\lambda_P-\lambda_R-1} POR_{t+i}\,. \tag{B4.5}$$

Einsetzen in (B4.4) liefert nun

$$\begin{aligned} POR_{t+\lambda_P-\lambda_R} = \min\Bigg\{ & ROH_{t-1} + \sum_{i=0}^{\lambda_P-\lambda_R-1} PR_{t+i} - \sum_{i=0}^{\lambda_P-\lambda_R-1} POR_{t+i}, \max\Bigg\{\sum_{i=0}^{\lambda_P} GR_{t+i} + \\ & + SST_P - \left(SOH_{t-1} + \sum_{i=1}^{\lambda_P} POP_{t-i} + \sum_{i=1}^{\lambda_R} POR_{t-i} + \sum_{i=0}^{\lambda_P-\lambda_R-1} POR_{t+i} \right), 0\Bigg\}\Bigg\}. \end{aligned} \tag{B4.6}$$

Mit $x_{R,t}=ROH_{t-1}$ und nach Substitution mit $x'_{S,t}$ erhält man für (B4.6)

$$\begin{aligned} POR_{t+\lambda_P-\lambda_R} = \min\Bigg\{ & x_{R,t} + \sum_{i=0}^{\lambda_P-\lambda_R-1} PR_{t+i} - \sum_{i=0}^{\lambda_P-\lambda_R-1} POR_{t+i}, \\ & \max\Bigg\{ S' - x'_{S,t} - \sum_{i=0}^{\lambda_P-\lambda_R-1} POR_{t+i}, 0\Bigg\}\Bigg\}. \end{aligned} \tag{B4.7}$$

Einsetzen von (B4.7) in (B4.3) führt daraufhin zu

$$\begin{aligned} POP_t = \max\Bigg\{ & \max\Bigg\{ S'_t - x'_{S,t} - \sum_{i=0}^{\lambda_P-\lambda_R-1} POR_{t+i}, 0\Bigg\} - \min\Bigg\{ x_{R,t} + \sum_{i=0}^{\lambda_P-\lambda_R-1} PR_{t+i} \\ & - \sum_{i=0}^{\lambda_P-\lambda_R-1} POR_{t+i}, \max\Bigg\{ S'_t - x'_{S,t} - \sum_{i=0}^{\lambda_P-\lambda_R-1} POR_{t+i}, 0\Bigg\}\Bigg\}, 0\Bigg\}. \end{aligned} \tag{B4.8}$$

Es sind nun als Fälle zu unterscheiden:

a) $\quad S'_t - x'_{S,t} > \sum_{i=0}^{\lambda_P-\lambda_R-1} POR_{t+i}$

Hier gilt

$$POP_t = \max\left\{S_t - x'_{S,t} - \min\left\{x_{R,t} + \sum_{i=0}^{\lambda_P-\lambda_R-1} PR_{t+i}, S_t - x'_{S,t}\right\}, 0\right\}.$$

Im Unterfall a1)

$$S'_t - x'_{S,t} < x_{R,t} + \sum_{i=0}^{\lambda_P-\lambda_R-1} PR_{t+i}$$

gilt POP_t=0, während man im zweiten Unterfall a2)

$$S'_t - x'_{S,t} \geq x_{R,t} + \sum_{i=0}^{\lambda_P-\lambda_R-1} PR_{t+i}$$

erhält $POP_t = \max\left\{S'_t - x^P_{S,t} - x_{R,t} - \sum_{i=0}^{\lambda_P-\lambda_R-1} PR_{t+i}, 0\right\}$.

b) $\quad S'_t - x'_{S,t} \leq \sum_{i=0}^{\lambda_P-\lambda_R-1} POR_{t+i}$

Hier führt die Auswertung von (B4.8) zu POP_t=0.

Die Zusammenfassung dieser Fälle unter Gebrauch der Definitionen $x^P_{S,t} = x'_{S,t} + x_{R,t}$ sowie

$S_t = SST_P + \sum_{i=0}^{\lambda_P} GR_{t+i} - \sum_{i=0}^{\lambda_P-\lambda_R-1} PR_{t+i} = S'_t - \sum_{i=0}^{\lambda_P-\lambda_R-1} PR_{t+i}$ führt zu

$$POP_t = \max\left\{S_t - x^P_{S,t}, 0\right\}. \tag{B4.9}$$

Anhang C: Analyse der MRP-Politik bei internen Rückflüssen

Dieser Anhang enthält die Analyse der Struktur der MRP-basierten Dispositionspolitik für den Fall interner Produktrückflüsse.

C.1 Identische Durchlaufzeiten $\lambda=\lambda_R=\lambda_P$

Zunächst wird die Entscheidung über die Aufarbeitung abgeleitet. Ausgangspunkt ist die MRP-Gleichung (4.2.9):

$$POR_t = \min\left\{ROH_{t-1} + R_t, NR^R_{t+\lambda}\right\} \qquad \text{für } t=1 \tag{C1.1}$$

Für den Nettobedarf $NR^R_{t+\lambda}$ gilt entsprechend (4.2.12)

$$NR^R_{t+\lambda} = \max\left\{GR_{t+\lambda} + SST_R - SOH_{t+\lambda-1}, 0\right\}. \tag{C1.2}$$

Durch iteratives Einsetzen der Lagerbilanzgleichung (4.2.14) unter Beachtung der Bedingungen (4.2.15) und (4.2.16) erhält man für $SOH_{t+\lambda-1}$ in (C1.2)

$$SOH_{t+\lambda-1} = x_{S,t} + z\cdot\sum_{i=1}^{\lambda-1} POP_{t-i} + \sum_{i=1}^{\lambda-1} POR_{t-i} - \sum_{i=0}^{\lambda-1} GR_{t+i} \tag{C1.3}$$

mit $POP_t = \frac{1}{z}\cdot SRP_{t+\lambda}$, $POR_t = SRR_{t+\lambda}$ für $t\leq 0$ und $x_{S,t} = SOH_{t-1} + RP_t + POR_{t-\lambda}$.

Einsetzen in (C1.2) führt zu

$$NR^R_{t+\lambda} = \max\left\{\sum_{i=0}^{\lambda} GR_{t+i} + SST_R - (x_{S,t} + z\cdot\sum_{i=1}^{\lambda-1} POP_{t-i} + \sum_{i=1}^{\lambda-1} POR_{t-i}), 0\right\}. \tag{C1.4}$$

Für diesen Ausdruck erhält man unter Verwendung der Definitionen von $x^R_{S,t}$ und M_t in (4.2.18) und (4.2.20)

$$NR^R_{t+\lambda} = \max\left\{M_t - x^R_{S,t}, 0\right\}. \tag{C1.5}$$

Schließlich liefert Einsetzen in (C1.1) mit $x_{R,t} = ROH_{t-1} + R_t$

$$POR_t = \min\left\{x_{R,t}, \max\left\{M_t - x^R_{S,t}, 0\right\}\right\}. \tag{C1.6}$$

Für die Produktionsentscheidung in (4.2.10)

$$POP_t = \frac{NR^P_{t+\lambda}}{z} \tag{C1.7}$$

ist der Nettobedarf $NR^P_{t+\lambda}$ aus (4.2.13) zu bestimmen als

$$NR^P_{t+\lambda} = \max\left\{GR_t + SST_P - SOH_{t+\lambda-1} - POR_t, 0\right\}. \tag{C1.8}$$

Einsetzen von $SOH_{t+\lambda-1}$ aus (C1.3) liefert

$$NR^P_{t+\lambda} = \max\left\{\sum_{i=0}^{\lambda} GR_{t+i} + SST_P - \left(x_{S,t} + z\cdot\sum_{i=1}^{\lambda-1} POP_{t-i} + \sum_{i=1}^{\lambda-1} POR_{t-i}\right) - POR_t, 0\right\}, \tag{C1.9}$$

worauf die Anwendung der Definitionen (4.2.19) und (4.2.21) zu dem Ausdruck

$$NR^P_{t+\lambda} = \max\left\{S_t - x^R_{S,t} - POR_t, 0\right\} \tag{C1.10}$$

führt. Einsetzen von (C1.6) für POR_t ergibt nun

$$NR^P_{t+\lambda} = \max\left\{S_t - x^R_{S,t} - \min\left\{x_{R,t}, \max\left\{M_t - x^R_{S,t}, 0\right\}\right\}, 0\right\}. \tag{C1.11}$$

An dieser Stelle müssen zwei Fälle unterschieden werden.

a) $x_{R,t} \geq M_t - x_{S,t}^R$

Wegen $x_{R,t} \geq 0$ gilt $x_{R,t} \geq \max\left\{ M_t - x_{S,t}^R, 0 \right\}$ und damit

$NR_{t+\lambda}^P = \max\left\{ S_t - x_{S,t}^R - \max\left\{ M_t - x_{S,t}^R, 0 \right\}, 0 \right\}$, so dass zwei Unterfälle zu unterscheiden sind.

a1) $x_{S,t}^R \geq S_t$

Hier führt die Auswertung des Ausdruckes für den Nettobedarf zu $NR_{t+\lambda}^P = 0$.

a2) $x_{S,t}^R < S_t$

Hieraus folgt $NR_{t+\lambda}^P = \max\left\{ S_t - M_t, 0 \right\}$. Unter der Annahme $M_t \geq S_t$ gilt auch in diesem Fall $NR_{t+\lambda}^P = 0$.

b) $x_{R,t} < M_t - x_{S,t}^R$

Die Auswertung von (C1.11) liefert hier den Ausdruck $NR_{t+\lambda}^P = \max\left\{ S_t - x_{S,t}^R - x_{R,t}, 0 \right\}$, der sich mit Hilfe der Beziehung $x_{S,t}^P = x_{S,t}^R + x_{R,t}$ (vgl. die Definitionen 4.2.18 und 4.2.19) beschreiben lässt als

$$NR_{t+\lambda}^P = \max\left\{ S_t - x_{S,t}^P, 0 \right\}. \tag{C1.12}$$

Zusammenfassend lässt sich durch Einsetzen des Nettobedarfes (C1.12) für den relevanten Fall b) in (C1.7) die Produktionsentscheidung formulieren als

$$POP_t = \max\left\{ \frac{S_t - x_{S,t}^P}{z}, 0 \right\}. \tag{C1.13}$$

C.2 Nichtidentische Durchlaufzeiten λ_R<λ_P

Ausgangspunkt ist die Entscheidungsregel für die Aufarbeitung (4.2.24):

$$POR_t = \min\left\{ROH_{t-1} + R_t, NR^R_{t+\lambda_R}\right\} \tag{C2.1}$$

Für den aufarbeitungsbezogenen Nettobedarf in Periode $t+\lambda_R$ erhält man aus (4.2.25)

$$NR^R_{t+\lambda_R} = \max\left\{GR_{t+\lambda_R} + SST_R - SOH_{t+\lambda_R-1} - SRP_{t+\lambda_R}, 0\right\}. \tag{C2.2}$$

Durch wiederholtes Einsetzen der Lagerbilanzgleichung (4.2.29) unter Berücksichtigung der Beziehungen (4.2.30) und (4.2.31) erhält man für $SOH_{t+\lambda_R-1}$

$$SOH_{t+\lambda_R-1} = SOH_{t-1} + RP_t + z \cdot \sum_{i=1}^{\lambda_R-1} POP_{t-\lambda_P+i} + \sum_{i=1}^{\lambda_R} POR_{t-i} - \sum_{i=0}^{\lambda_R-1} GR_{t+i}, \tag{C2.3}$$

mit $POP_t = \frac{1}{z} \cdot SRP_{t+\lambda_P}$ und $POR_t = SRR_{t+\lambda_R}$ für $t \leq 0$. Einsetzen dieses Ausdrucks in (C2.2) ergibt für den Nettobedarf

$$NR^R_{t+\lambda_R} = \max\left\{\sum_{i=0}^{\lambda_R} GR_{t+i} + SST_R - \left(SOH_{t-1} + RP_t + z \cdot \sum_{i=1}^{\lambda_R} POP_{t-\lambda_P+i} + \sum_{i=1}^{\lambda_R} POR_{t-i}\right), 0\right\}, \tag{C2.4}$$

wobei sich dieser Ausdruck unter Verwendung der Definitionen (4.2.33) und (4.2.35) als

$$NR^R_{t+\lambda_R} = \max\left\{M_t - x^R_{S,t}, 0\right\} \tag{C2.5}$$

formulieren lässt. Einsetzen in (C2.1) mit $x_{R,t} = ROH_{t-1} + R_t$ führt schließlich zu

$$POR_t = \min\left\{x_{R,t}, \max\left\{M_t - x^R_{S,t}, 0\right\}\right\}. \tag{C2.6}$$

Im nächsten Schritt wird die Produktionsentscheidung (4.2.26) betrachtet:

$$POP_t = \frac{NR^P_{t+\lambda_P}}{z} \tag{C2.7}$$

Für den Nettobedarf $NR^P_{t+\lambda_P}$ gilt entsprechend (4.2.27)

$$NR^P_{t+\lambda_P} = \max\left\{GR_{t+\lambda_P} + SST_P - SOH_{t+\lambda_P-1} - PRR_{t+\lambda_P}, 0\right\} \tag{C2.8}$$

mit $PRR_{t+\lambda_P} = POR_{t+\lambda_P-\lambda_R}$. Aus (4.2.29) bis (4.2.31) erhält man für $SOH_{t+\lambda_P-1}$

$$SOH_{t+\lambda_P-1} = SOH_{t-1} + RP_t + z\cdot\sum_{i=1}^{\lambda_P-1} POP_{t-i} + \sum_{i=1}^{\lambda_R} POR_{t-i} + \sum_{i=0}^{\lambda_P-\lambda_R-1} POR_{t+i} - \sum_{i=0}^{\lambda_P-1} GR_{t+i}, \tag{C2.9}$$

worauf Einsetzen in (C2.8) mit $PRR_{t+\lambda_P} = POR_{t+\lambda_P-\lambda_R}$ den Ausdruck

$$\begin{aligned} NR^P_{t+\lambda_P} = \max\Bigg\{ & \sum_{i=0}^{\lambda_P} GR_{t+i} + SST_P - \left(SOH_{t-1} + RP_t + z\cdot\sum_{i=1}^{\lambda_P-1} POP_{t-i} + \sum_{i=1}^{\lambda_R} POR_{t-i} \right) \\ & - \sum_{i=0}^{\lambda_P-\lambda_R-1} POR_{t+i} - POR_{t+\lambda_P-\lambda_R}, 0 \Bigg\} \end{aligned} \tag{C2.10}$$

liefert, der sich unter Gebrauch der Definitionen $S_t = \sum_{i=0}^{\lambda_P} GR_{t+i} + SST_P$ sowie

$x'_{S,t} = x_{S,t} + z\cdot\sum_{i=1}^{\lambda_P-1} POP_{t-i} + \sum_{i=1}^{\lambda_R-1} POR_{t-i}$ mit $x_{S,t} = SOH_{t-1} + RP_t + POR_{t-\lambda_R}$ formulieren lässt als

$$NR^P_{t+\lambda_P} = \max\left\{ S_t - x'_{S,t} - \sum_{i=0}^{\lambda_P-\lambda_R-1} POR_{t+i} - POR_{t+\lambda_P-\lambda_R}, 0 \right\}. \tag{C2.11}$$

Für $POR_{t+\lambda_P-\lambda_R}$ erhält man nach (4.2.24)

$$POR_{t+\lambda_P-\lambda_R} = \min\left\{ROH_{t+\lambda_P-\lambda_R-1} + PR_{t+\lambda_P-\lambda_R}, NR^R_{t+\lambda_P}\right\}. \tag{C2.12}$$

Entsprechend (4.2.25) gilt für den aufarbeitungsbezogenen Nettobedarf in Periode $t+\lambda_P$ $NR^R_{t+\lambda_P} = \max\left\{GR_{t+\lambda_P} + SST_P - SOH_{t+\lambda_P-1}, 0\right\}$. Einsetzen von (C2.9) für $SOH_{t+\lambda_P-1}$ liefert nun

$$\begin{aligned} NR^R_{t+\lambda_P} = \max\Bigg\{ & \sum_{i=0}^{\lambda_P} GR_{t+i} + SST_P - \left(SOH_{t-1} + RP_t + z \cdot \sum_{i=1}^{\lambda_P-1} POP_{t-i} + \sum_{i=1}^{\lambda_R} POR_{t-i} \right) \\ & - \sum_{i=0}^{\lambda_P-\lambda_R-1} POR_{t+i}, 0 \Bigg\} \end{aligned} \tag{C2.13}$$

bzw.

$$NR^R_{t+\lambda_P} = \max\left\{S_t - x'_{S,t} - \sum_{i=0}^{\lambda_P-\lambda_R-1} POR_{t+i}, 0\right\}. \tag{C2.14}$$

Der Bestand $ROH_{t+\lambda_P-\lambda_R-1}$ lässt sich durch iteratives Einsetzen der Lagerbilanzgleichung (4.2.32) bestimmen als

$$ROH_{t+\lambda_P-\lambda_R-1} = ROH_{t-1} + R_t - \sum_{i=0}^{\lambda_P-\lambda_R-1} POR_{t+i} + \sum_{i=1}^{\lambda_P-\lambda_R-1} PR_{t+i} \tag{C2.15}$$

und unter Beachtung des Zusammenhangs $PR_t = (1-z) \cdot POP_{t-\lambda}$ sowie mit $x_{R,t} = ROH_{t-1} + R_t$ angeben als

$$ROH_{t+\lambda_P-\lambda_R-1} = x_{R,t} - \sum_{i=0}^{\lambda_P-\lambda_R-1} POR_{t+i} + (1-z) \cdot \sum_{i=\lambda_R+1}^{\lambda_P-1} POP_{t-i}. \tag{C2.16}$$

Einsetzen von (C2.16) und (C2.14) in (C2.12) unter Beachtung von $PR_{t+\lambda_P-\lambda_R} = (1-z) \cdot POP_{t-\lambda_R}$ führt zu dem Ausdruck

$$POR_{t+\lambda_P-\lambda_R} = \min\left\{x_{R,t} - \sum_{i=0}^{\lambda_P-\lambda_R-1} POR_{t+i} + (1-z)\cdot\sum_{i=\lambda_R}^{\lambda_P-1} POP_{t-i},\right.$$
$$\left.\max\left\{S_t - x'_{S,t} - \sum_{i=0}^{\lambda_P-\lambda_R-1} POR_{t+i}, 0\right\}\right\}. \qquad \text{(C2.17)}$$

Weiterhin liefert Einsetzen von (C2.17) in (C2.11) den produktionsbezogenen Nettobedarf

$$NR^P_{t+\lambda_P} = \max\left\{S_t - x'_{S,t} - \sum_{i=0}^{\lambda_P-\lambda_R-1} POR_{t+i} - \min\left\{x_{R,t} - \sum_{i=0}^{\lambda_P-\lambda_R-1} POR_{t+i}\right.\right.$$
$$\left.\left. +(1-z)\cdot\sum_{i=\lambda_R}^{\lambda_P-1} POP_{t-i}, \max\left\{S_t - x'_{S,t} - \sum_{i=0}^{\lambda_P-\lambda_R-1} POR_{t+i}, 0\right\}\right\}, 0\right\}. \qquad \text{(C2.18)}$$

Zur Auswertung dieses Ausdrucks sind zwei Fälle zu unterscheiden:

a) $S_t - x'_{S,t} > \sum_{i=0}^{\lambda_P-\lambda_R-1} POR_{t+i}$

Wegen $S_t - x'_{S,t} - \sum_{i=0}^{\lambda_P-\lambda_R-1} POR_{t+i} > 0$ vereinfacht sich (C2.18) zu

$$NR^P_{t+\lambda_P} = \max\left\{S_t - x'_{S,t} - \min\left\{x_{R,t} + (1-z)\cdot\sum_{i=\lambda_R}^{\lambda_P-1} POP_{t-i}, S_t - x'_{S,t}\right\}, 0\right\}. \qquad \text{(C2.19)}$$

Im Unterfall

a1) $S_t - x'_{S,t} > x_{R,t} + (1-z)\cdot\sum_{i=\lambda_R}^{\lambda_P-1} POP_{t-i}$

gilt $NR^P_{t+\lambda_P} = \max\left\{S_t - x'_{S,t} - x_{R,t} - (1-z)\cdot\sum_{i=\lambda_R}^{\lambda_P-1} POP_{t-i}, 0\right\}$,

während man im zweiten Unterfall

a2) $S_t - x'_{S,t} \leq x_{R,t} + (1-z) \cdot \sum_{i=\lambda_R}^{\lambda_P - 1} POP_{t-i}$

erhält $NR^P_{t+\lambda_P} = 0$.

Im Fall

b) $S_t - x'_{S,t} \leq \sum_{i=0}^{\lambda_P - \lambda_R - 1} POR_{t+i}$

folgt wegen $S_t - x'_{S,t} - \sum_{i=0}^{\lambda_P - \lambda_R - 1} POR_{t+i} \leq 0$ für den Nettobedarf $NR^P_{t+\lambda_P} = 0$.

Die ausgewerteten Fälle lassen sich nun zu einer Entscheidungsregel zusammenfassen. Definiert man $x^P_{S,t} = x'_{S,t} + x_{R,t} + (1-z) \cdot \sum_{i=\lambda_R}^{\lambda_P - 1} POP_{t-i}$ bzw.

$x^P_{S,t} = x_{S,t} + x_{R,t} + \sum_{i=\lambda_R}^{\lambda_P - 1} POP_{t-i} + z \cdot \sum_{i=1}^{\lambda_R - 1} POP_{t-i} + \sum_{i=1}^{\lambda_R} POR_{t-i}$ als produktionsbezogenen disponiblen Bestand, so lässt sich die Produktionsentscheidung entsprechend (C2.7) ausdrücken durch

$$POP_t = \max\left\{\frac{S_t - x^P_{S,t}}{z}, 0\right\}. \quad \text{(C2.20)}$$

C.3 Nichtidentische Durchlaufzeiten $\lambda_R > \lambda_P$

Für die Produktionsentscheidung gilt der Ausdruck

$$POP_t = \frac{NR^P_{t+\lambda_P}}{z}, \tag{C3.1}$$

wobei der Nettobedarf $NR^P_{t+\lambda_P}$ entsprechend (4.2.39) zu ermitteln ist als

$$NR^P_{t+\lambda_P} = \max\left\{GR_{t+\lambda_P} + SST_P - SOH_{t+\lambda_P-1} - SRR_{t+\lambda_P}, 0\right\}. \tag{C3.2}$$

Aus (4.2.29) bis (4.2.31) erhält man für $SOH_{t+\lambda_P-1}$ den Ausdruck

$$SOH_{t+\lambda_P-1} = SOH_{t-1} + RP_t + z \cdot \sum_{i=1}^{\lambda_P-1} POP_{t-i} + \sum_{i=0}^{\lambda_P-1} POR_{t-\lambda_R+i} - \sum_{i=0}^{\lambda_P-1} GR_{t+i}, \tag{C3.3}$$

bzw. unter Verwendung der Definition des FT-Bestandes am Periodenanfang $x_{S,t} = SOH_{t-1} + RP_t + POR_{t-\lambda_R}$

$$SOH_{t+\lambda_P-1} = x_{S,t} + z \cdot \sum_{i=1}^{\lambda_P-1} POP_{t-i} + \sum_{i=1}^{\lambda_P-1} POR_{t-\lambda_R+i} - \sum_{i=0}^{\lambda_P-1} GR_{t+i}. \tag{C3.4}$$

Einsetzen dieses Ausdrucks in (C3.2) mit $SRR_{t+\lambda_P} = POR_{t-\lambda_R+\lambda_P}$ liefert

$$NR^P_{t+\lambda_P} = \max\left\{\sum_{i=0}^{\lambda_P} GR_{t+i} + SST_P - \left(x_{S,t} + z \cdot \sum_{i=1}^{\lambda_P-1} POP_{t-i} + \sum_{i=1}^{\lambda_P} POR_{t-\lambda_R+i}\right), 0\right\} \tag{C3.5}$$

und unter Gebrauch der Definitionen (4.2.41) und (4.2.43)

$$NR^P_{t+\lambda_P} = \max\left\{S_t - x^P_{S,t}, 0\right\}. \tag{C3.6}$$

Einsetzen in (C3.1) führt nun zu

$$POP_t = \max\left\{\frac{S_t - x^P_{S,t}}{z}, 0\right\}. \tag{C3.7}$$

Für die Aufarbeitung gilt die Entscheidungsregel (4.2.24):

$$POR_t = \min\left\{ROH_{t-1} + R_t, NR^R_{t+\lambda_R}\right\} \tag{C3.8}$$

Der Nettobedarf $NR^R_{t+\lambda_R}$ lässt sich entsprechend (4.2.40) mit SRP_t=0 für t>λ_P und SRR_t=0 für t=λ_R ausdrücken als

$$NR^R_{t+\lambda_R} = \max\left\{GR_{t+\lambda_R} + SST_R - SOH_{t+\lambda_R-1}, 0\right\}. \tag{C3.9}$$

Für den Bestand $SOH_{t+\lambda_R-1}$ erhält man aus der Lagerbilanzgleichung (4.2.29) unter Beachtung der Ausdrücke für die Vorlaufverschiebungen (4.2.30) und (4.2.31)

$$SOH_{t+\lambda_R-1} = SOH_{t-1} + RP_t + z \cdot \sum_{i=1}^{\lambda_P-1} POP_{t-i} + z \cdot \sum_{i=0}^{\lambda_R-\lambda_P-1} POP_{t+i} + \sum_{i=1}^{\lambda_R} POR_{t-i} - \sum_{i=0}^{\lambda_R-1} GR_{t+i} \tag{C3.10}$$

bzw. mit der Definition $x_{S,t} = SOH_{t-1} + RP_t + POR_{t-\lambda_R}$:

$$SOH_{t+\lambda_R-1} = x_{S,t} + z \cdot \sum_{i=1}^{\lambda_P-1} POP_{t-i} + z \cdot \sum_{i=0}^{\lambda_R-\lambda_P-1} POP_{t+i} + \sum_{i=1}^{\lambda_R-1} POR_{t-i} - \sum_{i=0}^{\lambda_R-1} GR_{t+i} \tag{C3.11}$$

Einsetzen in (C3.9) liefert nun für den Nettobedarf

$$NR^R_{t+\lambda_R} = \max\left\{\sum_{i=0}^{\lambda_R} GR_{t+i} + SST_R - \left(x_{S,t} + z \cdot \sum_{i=0}^{\lambda_P-1} POP_{t-i} + z \cdot \sum_{i=1}^{\lambda_R-\lambda_P-1} POP_{t+i} + \sum_{i=1}^{\lambda_R-1} POR_{t-i}\right), 0\right\}, \tag{C3.12}$$

wobei sich dieser Ausdruck unter Verwendung der Definitionen (4.2.42) und (4.2.44) darstellen lässt als

$$NR^R_{t+\lambda_R} = \max\left\{M_t - x^R_{S,t} - \Delta x, 0\right\} \tag{C3.13}$$

$$\text{mit } \Delta x = z \cdot \sum_{i=1}^{\lambda_R - \lambda_P - 1} POP_{t+i} = z \cdot \sum_{i=1}^{\lambda_R - \lambda_P - 1} \max\left(\frac{GR_{t+i} + SST_P - SOH_{t+i-1} - SRR_{t+i}}{\mu_z}, 0\right).$$

Einsetzen in (C3.8) mit $x_{R,t} = ROH_{t-1} + R_t$ liefert schließlich

$$POR_t = \min\left\{x_{R,t}, \max\left\{M_t - x^R_{S,t} - \Delta x, 0\right\}\right\}. \tag{C3.14}$$

Anhang D: Ergebnisse der numerischen Untersuchungen

D.1 Ergebnisse zur Disposition bei externen Rückflüssen

Simulationsergebnisse: Kosten der Referenzlösung K(*) und der heuristischen Lösung H für alle Kombinationen der untersuchten Einflussfaktoren

								Absolute Kosten		Stand. Kosten
i	ρ_D	ρ_R	ς	λ_P	λ_R	α	κ	K(*)	K(H)	C(H)
1	0,1	0,1	0,33	0	0	0,80	0,5	43,1	43,1	100,0
2	0,1	0,1	0,33	0	0	0,80	0,7	43,1	43,1	100,0
3	0,1	0,1	0,33	0	0	0,80	0,9	46,0	46,0	100,1
4	0,1	0,1	0,33	0	0	0,90	0,5	54,7	54,8	100,0
5	0,1	0,1	0,33	0	0	0,90	0,7	54,8	54,8	100,0
6	0,1	0,1	0,33	0	0	0,90	0,9	57,8	57,8	100,0
7	0,1	0,1	0,33	0	0	0,95	0,5	65,1	65,2	100,1
8	0,1	0,1	0,33	0	0	0,95	0,7	65,1	65,2	100,1
9	0,1	0,1	0,33	0	0	0,95	0,9	68,2	68,2	100,0
10	0,1	0,1	0,33	0	5	0,80	0,5	43,1	43,1	100,0
11	0,1	0,1	0,33	0	5	0,80	0,7	43,1	43,1	100,0
12	0,1	0,1	0,33	0	5	0,80	0,9	48,7	49,0	100,8
13	0,1	0,1	0,33	0	5	0,90	0,5	54,7	54,8	100,0
14	0,1	0,1	0,33	0	5	0,90	0,7	54,8	54,8	100,0
15	0,1	0,1	0,33	0	5	0,90	0,9	60,7	61,0	100,4
16	0,1	0,1	0,33	0	5	0,95	0,5	65,1	65,2	100,1
17	0,1	0,1	0,33	0	5	0,95	0,7	65,1	65,2	100,1
18	0,1	0,1	0,33	0	5	0,95	0,9	71,4	71,6	100,2
19	0,1	0,1	0,33	0	10	0,80	0,5	43,1	43,1	100,0
20	0,1	0,1	0,33	0	10	0,80	0,7	43,1	43,1	100,0
21	0,1	0,1	0,33	0	10	0,80	0,9	48,8	49,1	100,7
22	0,1	0,1	0,33	0	10	0,90	0,5	54,7	54,8	100,0
23	0,1	0,1	0,33	0	10	0,90	0,7	54,8	54,8	100,0
24	0,1	0,1	0,33	0	10	0,90	0,9	60,9	61,1	100,3
25	0,1	0,1	0,33	0	10	0,95	0,5	65,1	65,2	100,1
26	0,1	0,1	0,33	0	10	0,95	0,7	65,1	65,2	100,1
27	0,1	0,1	0,33	0	10	0,95	0,9	71,4	71,6	100,3
28	0,1	0,1	0,33	5	0	0,80	0,5	80,2	80,7	100,6
29	0,1	0,1	0,33	5	0	0,80	0,7	84,2	84,5	100,4
30	0,1	0,1	0,33	5	0	0,80	0,9	90,1	91,0	101,0
31	0,1	0,1	0,33	5	0	0,90	0,5	97,9	98,0	100,1
32	0,1	0,1	0,33	5	0	0,90	0,7	102,4	102,5	100,1
33	0,1	0,1	0,33	5	0	0,90	0,9	109,2	110,8	101,5
34	0,1	0,1	0,33	5	0	0,95	0,5	113,2	113,4	100,1
35	0,1	0,1	0,33	5	0	0,95	0,7	118,2	118,4	100,1
36	0,1	0,1	0,33	5	0	0,95	0,9	125,9	127,5	101,3
37	0,1	0,1	0,33	5	5	0,80	0,5	103,8	103,8	100,0
38	0,1	0,1	0,33	5	5	0,80	0,7	103,8	103,8	100,0
39	0,1	0,1	0,33	5	5	0,80	0,9	106,1	106,2	100,0
40	0,1	0,1	0,33	5	5	0,90	0,5	131,1	131,1	100,0
41	0,1	0,1	0,33	5	5	0,90	0,7	131,1	131,1	100,0
42	0,1	0,1	0,33	5	5	0,90	0,9	133,6	133,6	100,0

Tab. D.1: Simulationsergebnisse zum Modell mit externen Rückflüssen
(Fortsetzung auf der folgenden Seite)

i	ρ_D	ρ_R	ς	λ_P	λ_R	α	κ	Absolute Kosten K(*)	K(H)	Stand. Kosten C(H)
43	0,1	0,1	0,33	5	5	0,95	0,5	155,2	155,3	100,0
44	0,1	0,1	0,33	5	5	0,95	0,7	155,2	155,3	100,0
45	0,1	0,1	0,33	5	5	0,95	0,9	157,8	157,9	100,0
46	0,1	0,1	0,33	5	10	0,80	0,5	103,8	103,8	100,0
47	0,1	0,1	0,33	5	10	0,80	0,7	103,8	103,9	100,0
48	0,1	0,1	0,33	5	10	0,80	0,9	107,2	107,4	100,2
49	0,1	0,1	0,33	5	10	0,90	0,5	131,1	131,1	100,0
50	0,1	0,1	0,33	5	10	0,90	0,7	131,1	131,1	100,0
51	0,1	0,1	0,33	5	10	0,90	0,9	135,0	135,1	100,1
52	0,1	0,1	0,33	5	10	0,95	0,5	155,2	155,3	100,0
53	0,1	0,1	0,33	5	10	0,95	0,7	155,2	155,3	100,0
54	0,1	0,1	0,33	5	10	0,95	0,9	159,3	159,5	100,1
55	0,1	0,1	0,33	10	0	0,80	0,5	99,2	99,6	100,4
56	0,1	0,1	0,33	10	0	0,80	0,7	104,9	105,2	100,3
57	0,1	0,1	0,33	10	0	0,80	0,9	112,9	115,5	102,2
58	0,1	0,1	0,33	10	0	0,90	0,5	120,1	120,2	100,0
59	0,1	0,1	0,33	10	0	0,90	0,7	126,8	126,9	100,1
60	0,1	0,1	0,33	10	0	0,90	0,9	136,3	138,5	101,6
61	0,1	0,1	0,33	10	0	0,95	0,5	138,5	138,6	100,1
62	0,1	0,1	0,33	10	0	0,95	0,7	145,5	146,0	100,3
63	0,1	0,1	0,33	10	0	0,95	0,9	155,7	158,5	101,8
64	0,1	0,1	0,33	10	5	0,80	0,5	132,4	135,7	102,5
65	0,1	0,1	0,33	10	5	0,80	0,7	135,8	138,7	102,1
66	0,1	0,1	0,33	10	5	0,80	0,9	141,3	141,3	100,0
67	0,1	0,1	0,33	10	5	0,90	0,5	164,2	166,1	101,2
68	0,1	0,1	0,33	10	5	0,90	0,7	168,2	169,9	101,0
69	0,1	0,1	0,33	10	5	0,90	0,9	174,4	174,8	100,2
70	0,1	0,1	0,33	10	5	0,95	0,5	192,4	192,9	100,3
71	0,1	0,1	0,33	10	5	0,95	0,7	196,8	197,2	100,2
72	0,1	0,1	0,33	10	5	0,95	0,9	203,6	204,2	100,3
73	0,1	0,1	0,33	10	10	0,80	0,5	140,4	140,5	100,0
74	0,1	0,1	0,33	10	10	0,80	0,7	140,4	140,5	100,0
75	0,1	0,1	0,33	10	10	0,80	0,9	142,6	142,9	100,2
76	0,1	0,1	0,33	10	10	0,90	0,5	177,2	177,8	100,3
77	0,1	0,1	0,33	10	10	0,90	0,7	177,2	177,8	100,3
78	0,1	0,1	0,33	10	10	0,90	0,9	179,7	180,2	100,3
79	0,1	0,1	0,33	10	10	0,95	0,5	209,7	210,1	100,2
80	0,1	0,1	0,33	10	10	0,95	0,7	209,7	210,1	100,2
81	0,1	0,1	0,33	10	10	0,95	0,9	212,3	212,5	100,1
82	0,1	0,1	0,67	0	0	0,80	0,5	43,1	43,1	100,0
83	0,1	0,1	0,67	0	0	0,80	0,7	43,1	43,1	100,0
84	0,1	0,1	0,67	0	0	0,80	0,9	48,0	48,0	100,1
85	0,1	0,1	0,67	0	0	0,90	0,5	54,7	54,8	100,0
86	0,1	0,1	0,67	0	0	0,90	0,7	54,8	54,8	100,0
87	0,1	0,1	0,67	0	0	0,90	0,9	59,9	59,9	100,0
88	0,1	0,1	0,67	0	0	0,95	0,5	65,1	65,2	100,1
89	0,1	0,1	0,67	0	0	0,95	0,7	65,1	65,2	100,1
90	0,1	0,1	0,67	0	0	0,95	0,9	70,4	70,4	100,0
91	0,1	0,1	0,67	0	5	0,80	0,5	43,1	43,1	100,0
92	0,1	0,1	0,67	0	5	0,80	0,7	43,1	43,1	100,0
93	0,1	0,1	0,67	0	5	0,80	0,9	48,8	48,9	100,2
94	0,1	0,1	0,67	0	5	0,90	0,5	54,7	54,8	100,0
95	0,1	0,1	0,67	0	5	0,90	0,7	54,8	54,8	100,0
96	0,1	0,1	0,67	0	5	0,90	0,9	60,8	60,9	100,1

Tab. D.1: Simulationsergebnisse zum Modell mit externen Rückflüssen
(Fortsetzung auf der folgenden Seite)

								Absolute Kosten		Stand. Kosten
i	ρ_D	ρ_R	ς	λ_P	λ_R	α	κ	K(*)	K(H)	C(H)
97	0,1	0,1	0,67	0	5	0,95	0,5	65,1	65,2	100,1
98	0,1	0,1	0,67	0	5	0,95	0,7	65,1	65,2	100,1
99	0,1	0,1	0,67	0	5	0,95	0,9	71,5	71,5	100,0
100	0,1	0,1	0,67	0	10	0,80	0,5	43,1	43,1	100,0
101	0,1	0,1	0,67	0	10	0,80	0,7	43,1	43,1	100,0
102	0,1	0,1	0,67	0	10	0,80	0,9	48,8	48,9	100,2
103	0,1	0,1	0,67	0	10	0,90	0,5	54,7	54,8	100,0
104	0,1	0,1	0,67	0	10	0,90	0,7	54,8	54,8	100,0
105	0,1	0,1	0,67	0	10	0,90	0,9	60,9	61,0	100,1
106	0,1	0,1	0,67	0	10	0,95	0,5	65,1	65,2	100,1
107	0,1	0,1	0,67	0	10	0,95	0,7	65,1	65,2	100,1
108	0,1	0,1	0,67	0	10	0,95	0,9	71,4	71,5	100,2
109	0,1	0,1	0,67	5	0	0,80	0,5	101,2	101,4	100,2
110	0,1	0,1	0,67	5	0	0,80	0,7	107,8	108,0	100,2
111	0,1	0,1	0,67	5	0	0,80	0,9	118,0	118,9	100,8
112	0,1	0,1	0,67	5	0	0,90	0,5	125,3	125,3	100,0
113	0,1	0,1	0,67	5	0	0,90	0,7	133,2	133,2	100,0
114	0,1	0,1	0,67	5	0	0,90	0,9	145,2	147,0	101,2
115	0,1	0,1	0,67	5	0	0,95	0,5	146,2	146,7	100,3
116	0,1	0,1	0,67	5	0	0,95	0,7	155,4	155,7	100,2
117	0,1	0,1	0,67	5	0	0,95	0,9	169,2	170,4	100,7
118	0,1	0,1	0,67	5	5	0,80	0,5	103,8	103,8	100,0
119	0,1	0,1	0,67	5	5	0,80	0,7	103,8	103,8	100,0
120	0,1	0,1	0,67	5	5	0,80	0,9	107,1	107,1	100,0
121	0,1	0,1	0,67	5	5	0,90	0,5	131,1	131,1	100,0
122	0,1	0,1	0,67	5	5	0,90	0,7	131,1	131,1	100,0
123	0,1	0,1	0,67	5	5	0,90	0,9	134,7	134,8	100,0
124	0,1	0,1	0,67	5	5	0,95	0,5	155,2	155,3	100,0
125	0,1	0,1	0,67	5	5	0,95	0,7	155,2	155,3	100,0
126	0,1	0,1	0,67	5	5	0,95	0,9	159,0	159,1	100,1
127	0,1	0,1	0,67	5	10	0,80	0,5	103,8	103,8	100,0
128	0,1	0,1	0,67	5	10	0,80	0,7	103,8	103,9	100,0
129	0,1	0,1	0,67	5	10	0,80	0,9	107,3	107,3	100,0
130	0,1	0,1	0,67	5	10	0,90	0,5	131,1	131,1	100,0
131	0,1	0,1	0,67	5	10	0,90	0,7	131,1	131,1	100,0
132	0,1	0,1	0,67	5	10	0,90	0,9	135,0	135,0	100,0
133	0,1	0,1	0,67	5	10	0,95	0,5	155,2	155,3	100,0
134	0,1	0,1	0,67	5	10	0,95	0,7	155,2	155,3	100,0
135	0,1	0,1	0,67	5	10	0,95	0,9	159,4	159,4	100,0
136	0,1	0,1	0,67	10	0	0,80	0,5	132,9	133,1	100,2
137	0,1	0,1	0,67	10	0	0,80	0,7	142,5	142,5	100,0
138	0,1	0,1	0,67	10	0	0,80	0,9	156,1	158,6	101,6
139	0,1	0,1	0,67	10	0	0,90	0,5	163,9	164,0	100,0
140	0,1	0,1	0,67	10	0	0,90	0,7	175,7	176,2	100,3
141	0,1	0,1	0,67	10	0	0,90	0,9	192,2	194,8	101,4
142	0,1	0,1	0,67	10	0	0,95	0,5	191,1	191,2	100,1
143	0,1	0,1	0,67	10	0	0,95	0,7	203,8	204,5	100,4
144	0,1	0,1	0,67	10	0	0,95	0,9	221,9	225,3	101,5
145	0,1	0,1	0,67	10	5	0,80	0,5	144,1	145,7	101,1
146	0,1	0,1	0,67	10	5	0,80	0,7	149,6	151,0	100,9
147	0,1	0,1	0,67	10	5	0,80	0,9	158,6	159,0	100,2
148	0,1	0,1	0,67	10	5	0,90	0,5	180,3	181,2	100,5
149	0,1	0,1	0,67	10	5	0,90	0,7	187,0	187,8	100,4
150	0,1	0,1	0,67	10	5	0,90	0,9	197,6	198,7	100,6

Tab. D.1: Simulationsergebnisse zum Modell mit externen Rückflüssen
(Fortsetzung auf der folgenden Seite)

								Absolute Kosten		Stand. Kosten
i	ρ_D	ρ_R	ς	λ_P	λ_R	α	κ	K(*)	K(H)	C(H)
151	0,1	0,1	0,67	10	5	0,95	0,5	212,0	212,2	100,1
152	0,1	0,1	0,67	10	5	0,95	0,7	219,6	220,2	100,3
153	0,1	0,1	0,67	10	5	0,95	0,9	231,5	232,4	100,4
154	0,1	0,1	0,67	10	10	0,80	0,5	140,4	140,5	100,0
155	0,1	0,1	0,67	10	10	0,80	0,7	140,4	140,5	100,0
156	0,1	0,1	0,67	10	10	0,80	0,9	143,4	143,7	100,2
157	0,1	0,1	0,67	10	10	0,90	0,5	177,2	177,8	100,3
158	0,1	0,1	0,67	10	10	0,90	0,7	177,2	177,8	100,3
159	0,1	0,1	0,67	10	10	0,90	0,9	180,7	181,1	100,3
160	0,1	0,1	0,67	10	10	0,95	0,5	209,7	210,1	100,2
161	0,1	0,1	0,67	10	10	0,95	0,7	209,8	210,1	100,2
162	0,1	0,1	0,67	10	10	0,95	0,9	213,1	213,4	100,1
163	0,1	0,5	0,33	0	0	0,80	0,5	44,0	44,0	100,0
164	0,1	0,5	0,33	0	0	0,80	0,7	52,6	52,6	100,1
165	0,1	0,5	0,33	0	0	0,80	0,9	127,9	128,9	100,8
166	0,1	0,5	0,33	0	0	0,90	0,5	55,7	55,7	100,0
167	0,1	0,5	0,33	0	0	0,90	0,7	64,4	64,4	100,0
168	0,1	0,5	0,33	0	0	0,90	0,9	140,1	140,8	100,5
169	0,1	0,5	0,33	0	0	0,95	0,5	66,1	66,1	100,1
170	0,1	0,5	0,33	0	0	0,95	0,7	74,8	74,8	100,0
171	0,1	0,5	0,33	0	0	0,95	0,9	150,8	151,2	100,3
172	0,1	0,5	0,33	0	5	0,80	0,5	45,3	45,4	100,1
173	0,1	0,5	0,33	0	5	0,80	0,7	63,5	65,5	103,1
174	0,1	0,5	0,33	0	5	0,80	0,9	163,3	169,3	103,6
175	0,1	0,5	0,33	0	5	0,90	0,5	57,1	57,1	100,0
176	0,1	0,5	0,33	0	5	0,90	0,7	75,7	77,9	102,8
177	0,1	0,5	0,33	0	5	0,90	0,9	177,8	183,3	103,1
178	0,1	0,5	0,33	0	5	0,95	0,5	67,5	67,6	100,1
179	0,1	0,5	0,33	0	5	0,95	0,7	86,4	88,7	102,6
180	0,1	0,5	0,33	0	5	0,95	0,9	190,1	195,9	103,1
181	0,1	0,5	0,33	0	10	0,80	0,5	45,3	45,3	100,1
182	0,1	0,5	0,33	0	10	0,80	0,7	66,4	68,0	102,4
183	0,1	0,5	0,33	0	10	0,80	0,9	181,4	190,8	105,2
184	0,1	0,5	0,33	0	10	0,90	0,5	57,1	57,1	100,0
185	0,1	0,5	0,33	0	10	0,90	0,7	78,6	80,2	102,0
186	0,1	0,5	0,33	0	10	0,90	0,9	195,9	206,8	105,6
187	0,1	0,5	0,33	0	10	0,95	0,5	67,5	67,5	100,0
188	0,1	0,5	0,33	0	10	0,95	0,7	89,4	90,9	101,6
189	0,1	0,5	0,33	0	10	0,95	0,9	208,2	220,6	105,9
190	0,1	0,5	0,33	5	0	0,80	0,5	135,4	135,8	100,3
191	0,1	0,5	0,33	5	0	0,80	0,7	174,0	175,7	101,0
192	0,1	0,5	0,33	5	0	0,80	0,9	262,2	263,2	100,4
193	0,1	0,5	0,33	5	0	0,90	0,5	159,6	161,0	100,9
194	0,1	0,5	0,33	5	0	0,90	0,7	202,9	203,1	100,1
195	0,1	0,5	0,33	5	0	0,90	0,9	299,5	299,7	100,0
196	0,1	0,5	0,33	5	0	0,95	0,5	179,9	182,9	101,7
197	0,1	0,5	0,33	5	0	0,95	0,7	227,0	227,5	100,2
198	0,1	0,5	0,33	5	0	0,95	0,9	330,3	330,9	100,2
199	0,1	0,5	0,33	5	5	0,80	0,5	104,7	104,7	100,0
200	0,1	0,5	0,33	5	5	0,80	0,7	112,8	112,8	100,0
201	0,1	0,5	0,33	5	5	0,80	0,9	185,5	187,5	101,1
202	0,1	0,5	0,33	5	5	0,90	0,5	132,0	132,0	100,0
203	0,1	0,5	0,33	5	5	0,90	0,7	140,1	140,2	100,0
204	0,1	0,5	0,33	5	5	0,90	0,9	213,6	215,0	100,6

Tab. D.1: Simulationsergebnisse zum Modell mit externen Rückflüssen
(Fortsetzung auf der folgenden Seite)

								Absolute Kosten		Stand. Kosten
i	ρ_D	ρ_R	ς	λ_P	λ_R	α	κ	K(*)	K(H)	C(H)
205	0,1	0,5	0,33	5	5	0,95	0,5	156,1	156,2	100,0
206	0,1	0,5	0,33	5	5	0,95	0,7	164,3	164,4	100,0
207	0,1	0,5	0,33	5	5	0,95	0,9	237,9	238,8	100,4
208	0,1	0,5	0,33	5	10	0,80	0,5	105,5	105,5	100,1
209	0,1	0,5	0,33	5	10	0,80	0,7	120,4	121,8	101,1
210	0,1	0,5	0,33	5	10	0,80	0,9	208,4	217,2	104,2
211	0,1	0,5	0,33	5	10	0,90	0,5	132,9	132,9	100,0
212	0,1	0,5	0,33	5	10	0,90	0,7	148,5	149,9	100,9
213	0,1	0,5	0,33	5	10	0,90	0,9	239,1	246,0	102,9
214	0,1	0,5	0,33	5	10	0,95	0,5	157,0	157,1	100,0
215	0,1	0,5	0,33	5	10	0,95	0,7	173,1	174,5	100,8
216	0,1	0,5	0,33	5	10	0,95	0,9	265,8	271,1	102,0
217	0,1	0,5	0,33	10	0	0,80	0,5	181,2	181,2	100,0
218	0,1	0,5	0,33	10	0	0,80	0,7	234,8	241,8	103,0
219	0,1	0,5	0,33	10	0	0,80	0,9	333,8	339,1	101,6
220	0,1	0,5	0,33	10	0	0,90	0,5	212,8	213,7	100,4
221	0,1	0,5	0,33	10	0	0,90	0,7	274,2	278,6	101,6
222	0,1	0,5	0,33	10	0	0,90	0,9	384,7	387,0	100,6
223	0,1	0,5	0,33	10	0	0,95	0,5	239,1	241,6	101,0
224	0,1	0,5	0,33	10	0	0,95	0,7	306,7	310,3	101,1
225	0,1	0,5	0,33	10	0	0,95	0,9	425,9	426,3	100,1
226	0,1	0,5	0,33	10	5	0,80	0,5	183,8	185,6	101,0
227	0,1	0,5	0,33	10	5	0,80	0,7	221,3	222,2	100,4
228	0,1	0,5	0,33	10	5	0,80	0,9	308,6	309,4	100,3
229	0,1	0,5	0,33	10	5	0,90	0,5	221,2	223,5	101,1
230	0,1	0,5	0,33	10	5	0,90	0,7	263,2	263,2	100,0
231	0,1	0,5	0,33	10	5	0,90	0,9	358,6	358,6	100,0
232	0,1	0,5	0,33	10	5	0,95	0,5	252,9	256,3	101,4
233	0,1	0,5	0,33	10	5	0,95	0,7	297,9	298,6	100,2
234	0,1	0,5	0,33	10	5	0,95	0,9	399,3	400,1	100,2
235	0,1	0,5	0,33	10	10	0,80	0,5	141,2	141,3	100,1
236	0,1	0,5	0,33	10	10	0,80	0,7	149,1	149,2	100,1
237	0,1	0,5	0,33	10	10	0,80	0,9	219,5	222,4	101,3
238	0,1	0,5	0,33	10	10	0,90	0,5	178,0	178,6	100,3
239	0,1	0,5	0,33	10	10	0,90	0,7	186,0	186,1	100,0
240	0,1	0,5	0,33	10	10	0,90	0,9	258,0	259,5	100,6
241	0,1	0,5	0,33	10	10	0,95	0,5	210,6	210,9	100,2
242	0,1	0,5	0,33	10	10	0,95	0,7	218,2	219,2	100,5
243	0,1	0,5	0,33	10	10	0,95	0,9	291,4	292,5	100,4
244	0,1	0,5	0,67	0	0	0,80	0,5	44,8	44,8	100,0
245	0,1	0,5	0,67	0	0	0,80	0,7	61,2	61,3	100,2
246	0,1	0,5	0,67	0	0	0,80	0,9	208,0	211,3	101,6
247	0,1	0,5	0,67	0	0	0,90	0,5	56,5	56,5	100,0
248	0,1	0,5	0,67	0	0	0,90	0,7	73,1	73,1	100,0
249	0,1	0,5	0,67	0	0	0,90	0,9	221,6	223,7	101,0
250	0,1	0,5	0,67	0	0	0,95	0,5	66,9	66,9	100,1
251	0,1	0,5	0,67	0	0	0,95	0,7	83,6	83,7	100,0
252	0,1	0,5	0,67	0	0	0,95	0,9	232,9	234,3	100,6
253	0,1	0,5	0,67	0	5	0,80	0,5	45,4	45,4	100,0
254	0,1	0,5	0,67	0	5	0,80	0,7	66,6	67,2	100,8
255	0,1	0,5	0,67	0	5	0,80	0,9	228,4	235,3	103,0
256	0,1	0,5	0,67	0	5	0,90	0,5	57,1	57,1	100,0
257	0,1	0,5	0,67	0	5	0,90	0,7	78,9	79,4	100,6
258	0,1	0,5	0,67	0	5	0,90	0,9	243,4	247,9	101,8

Tab. D.1: Simulationsergebnisse zum Modell mit externen Rückflüssen
(Fortsetzung auf der folgenden Seite)

								Absolute Kosten		Stand. Kosten
i	ρ_D	ρ_R	ς	λ_P	λ_R	α	κ	K(*)	K(H)	C(H)
259	0,1	0,5	0,67	0	5	0,95	0,5	67,6	67,6	100,1
260	0,1	0,5	0,67	0	5	0,95	0,7	89,6	90,1	100,5
261	0,1	0,5	0,67	0	5	0,95	0,9	256,2	259,2	101,2
262	0,1	0,5	0,67	0	10	0,80	0,5	45,3	45,3	100,0
263	0,1	0,5	0,67	0	10	0,80	0,7	67,7	68,2	100,7
264	0,1	0,5	0,67	0	10	0,80	0,9	238,5	245,2	102,8
265	0,1	0,5	0,67	0	10	0,90	0,5	57,1	57,1	100,0
266	0,1	0,5	0,67	0	10	0,90	0,7	79,9	80,3	100,4
267	0,1	0,5	0,67	0	10	0,90	0,9	253,5	258,9	102,1
268	0,1	0,5	0,67	0	10	0,95	0,5	67,5	67,5	100,1
269	0,1	0,5	0,67	0	10	0,95	0,7	90,7	91,0	100,3
270	0,1	0,5	0,67	0	10	0,95	0,9	266,4	270,5	101,5
271	0,1	0,5	0,67	5	0	0,80	0,5	197,4	197,5	100,0
272	0,1	0,5	0,67	5	0	0,80	0,7	264,8	267,1	100,9
273	0,1	0,5	0,67	5	0	0,80	0,9	421,0	421,2	100,1
274	0,1	0,5	0,67	5	0	0,90	0,5	236,6	237,4	100,4
275	0,1	0,5	0,67	5	0	0,90	0,7	315,1	315,5	100,1
276	0,1	0,5	0,67	5	0	0,90	0,9	493,6	493,7	100,0
277	0,1	0,5	0,67	5	0	0,95	0,5	269,1	272,1	101,1
278	0,1	0,5	0,67	5	0	0,95	0,7	356,3	356,8	100,1
279	0,1	0,5	0,67	5	0	0,95	0,9	549,8	552,2	100,4
280	0,1	0,5	0,67	5	5	0,80	0,5	105,2	105,2	100,0
281	0,1	0,5	0,67	5	5	0,80	0,7	119,6	119,7	100,1
282	0,1	0,5	0,67	5	5	0,80	0,9	257,1	262,9	102,3
283	0,1	0,5	0,67	5	5	0,90	0,5	132,6	132,6	100,0
284	0,1	0,5	0,67	5	5	0,90	0,7	147,4	147,5	100,0
285	0,1	0,5	0,67	5	5	0,90	0,9	288,3	292,4	101,4
286	0,1	0,5	0,67	5	5	0,95	0,5	156,7	156,8	100,0
287	0,1	0,5	0,67	5	5	0,95	0,7	171,9	172,0	100,1
288	0,1	0,5	0,67	5	5	0,95	0,9	314,9	317,7	100,9
289	0,1	0,5	0,67	5	10	0,80	0,5	105,5	105,5	100,0
290	0,1	0,5	0,67	5	10	0,80	0,7	122,9	123,2	100,3
291	0,1	0,5	0,67	5	10	0,80	0,9	268,5	278,2	103,6
292	0,1	0,5	0,67	5	10	0,90	0,5	132,9	132,9	100,0
293	0,1	0,5	0,67	5	10	0,90	0,7	151,1	151,4	100,2
294	0,1	0,5	0,67	5	10	0,90	0,9	301,9	308,9	102,3
295	0,1	0,5	0,67	5	10	0,95	0,5	157,0	157,1	100,0
296	0,1	0,5	0,67	5	10	0,95	0,7	175,7	176,0	100,1
297	0,1	0,5	0,67	5	10	0,95	0,9	329,9	335,3	101,6
298	0,1	0,5	0,67	10	0	0,80	0,5	274,7	274,7	100,0
299	0,1	0,5	0,67	10	0	0,80	0,7	367,9	374,6	101,8
300	0,1	0,5	0,67	10	0	0,80	0,9	542,1	545,1	100,6
301	0,1	0,5	0,67	10	0	0,90	0,5	329,9	330,5	100,2
302	0,1	0,5	0,67	10	0	0,90	0,7	440,2	447,1	101,6
303	0,1	0,5	0,67	10	0	0,90	0,9	641,5	642,1	100,1
304	0,1	0,5	0,67	10	0	0,95	0,5	375,9	378,5	100,7
305	0,1	0,5	0,67	10	0	0,95	0,7	500,0	500,2	100,1
306	0,1	0,5	0,67	10	0	0,95	0,9	722,1	722,3	100,0
307	0,1	0,5	0,67	10	5	0,80	0,5	231,8	232,5	100,3
308	0,1	0,5	0,67	10	5	0,80	0,7	296,9	298,8	100,6
309	0,1	0,5	0,67	10	5	0,80	0,9	451,1	453,0	100,4
310	0,1	0,5	0,67	10	5	0,90	0,5	281,2	282,8	100,5
311	0,1	0,5	0,67	10	5	0,90	0,7	356,7	356,9	100,1
312	0,1	0,5	0,67	10	5	0,90	0,9	532,3	533,1	100,1

Tab. D.1: Simulationsergebnisse zum Modell mit externen Rückflüssen
(Fortsetzung auf der folgenden Seite)

								Absolute Kosten		Stand. Kosten
i	ρ_D	ρ_R	ς	λ_P	λ_R	α	κ	K(*)	K(H)	C(H)
313	0,1	0,5	0,67	10	5	0,95	0,5	322,7	325,1	100,7
314	0,1	0,5	0,67	10	5	0,95	0,7	405,3	405,9	100,2
315	0,1	0,5	0,67	10	5	0,95	0,9	596,0	598,4	100,4
316	0,1	0,5	0,67	10	10	0,80	0,5	141,7	141,8	100,1
317	0,1	0,5	0,67	10	10	0,80	0,7	155,1	155,3	100,1
318	0,1	0,5	0,67	10	10	0,80	0,9	287,9	294,5	102,3
319	0,1	0,5	0,67	10	10	0,90	0,5	178,5	179,3	100,4
320	0,1	0,5	0,67	10	10	0,90	0,7	192,6	192,6	100,0
321	0,1	0,5	0,67	10	10	0,90	0,9	329,4	333,7	101,3
322	0,1	0,5	0,67	10	10	0,95	0,5	211,0	211,5	100,2
323	0,1	0,5	0,67	10	10	0,95	0,7	225,0	225,0	100,0
324	0,1	0,5	0,67	10	10	0,95	0,9	363,9	367,8	101,1
325	0,5	0,1	0,33	0	0	0,80	0,5	235,2	235,8	100,2
326	0,5	0,1	0,33	0	0	0,80	0,7	243,4	244,9	100,6
327	0,5	0,1	0,33	0	0	0,80	0,9	309,9	319,0	102,9
328	0,5	0,1	0,33	0	0	0,90	0,5	315,3	315,8	100,2
329	0,5	0,1	0,33	0	0	0,90	0,7	323,8	324,3	100,1
330	0,5	0,1	0,33	0	0	0,90	0,9	391,1	396,8	101,5
331	0,5	0,1	0,33	0	0	0,95	0,5	391,6	397,9	101,6
332	0,5	0,1	0,33	0	0	0,95	0,7	400,1	405,5	101,3
333	0,5	0,1	0,33	0	0	0,95	0,9	467,6	475,4	101,7
334	0,5	0,1	0,33	0	5	0,80	0,5	235,5	236,1	100,3
335	0,5	0,1	0,33	0	5	0,80	0,7	248,1	251,5	101,4
336	0,5	0,1	0,33	0	5	0,80	0,9	378,8	425,9	112,4
337	0,5	0,1	0,33	0	5	0,90	0,5	315,6	315,9	100,1
338	0,5	0,1	0,33	0	5	0,90	0,7	329,1	329,4	100,1
339	0,5	0,1	0,33	0	5	0,90	0,9	465,6	491,1	105,5
340	0,5	0,1	0,33	0	5	0,95	0,5	391,9	397,3	101,4
341	0,5	0,1	0,33	0	5	0,95	0,7	405,4	407,3	100,5
342	0,5	0,1	0,33	0	5	0,95	0,9	544,6	556,9	102,3
343	0,5	0,1	0,33	0	10	0,80	0,5	235,5	236,2	100,3
344	0,5	0,1	0,33	0	10	0,80	0,7	248,2	251,6	101,4
345	0,5	0,1	0,33	0	10	0,80	0,9	389,9	429,8	110,3
346	0,5	0,1	0,33	0	10	0,90	0,5	315,6	315,8	100,1
347	0,5	0,1	0,33	0	10	0,90	0,7	329,2	329,5	100,1
348	0,5	0,1	0,33	0	10	0,90	0,9	476,2	501,5	105,3
349	0,5	0,1	0,33	0	10	0,95	0,5	391,9	397,3	101,4
350	0,5	0,1	0,33	0	10	0,95	0,7	405,3	407,0	100,4
351	0,5	0,1	0,33	0	10	0,95	0,9	555,0	569,0	102,5
352	0,5	0,1	0,33	5	0	0,80	0,5	424,4	425,9	100,4
353	0,5	0,1	0,33	5	0	0,80	0,7	422,5	427,5	101,2
354	0,5	0,1	0,33	5	0	0,80	0,9	459,9	460,0	100,0
355	0,5	0,1	0,33	5	0	0,90	0,5	538,1	541,9	100,7
356	0,5	0,1	0,33	5	0	0,90	0,7	534,8	544,5	101,8
357	0,5	0,1	0,33	5	0	0,90	0,9	572,4	574,8	100,4
358	0,5	0,1	0,33	5	0	0,95	0,5	638,5	653,0	102,3
359	0,5	0,1	0,33	5	0	0,95	0,7	633,7	658,3	103,9
360	0,5	0,1	0,33	5	0	0,95	0,9	673,2	684,4	101,7
361	0,5	0,1	0,33	5	5	0,80	0,5	544,6	544,7	100,0
362	0,5	0,1	0,33	5	5	0,80	0,7	551,2	551,4	100,0
363	0,5	0,1	0,33	5	5	0,80	0,9	607,2	616,2	101,5
364	0,5	0,1	0,33	5	5	0,90	0,5	703,3	704,3	100,1
365	0,5	0,1	0,33	5	5	0,90	0,7	710,0	710,4	100,1
366	0,5	0,1	0,33	5	5	0,90	0,9	768,0	773,8	100,8

Tab. D.1: Simulationsergebnisse zum Modell mit externen Rückflüssen
(Fortsetzung auf der folgenden Seite)

i	ρ_D	ρ_R	ς	λ_P	λ_R	α	κ	Absolute Kosten K(*)	Absolute Kosten K(H)	Stand. Kosten C(H)
367	0,5	0,1	0,33	5	5	0,95	0,5	845,6	849,0	100,4
368	0,5	0,1	0,33	5	5	0,95	0,7	853,2	854,4	100,1
369	0,5	0,1	0,33	5	5	0,95	0,9	911,6	918,1	100,7
370	0,5	0,1	0,33	5	10	0,80	0,5	544,6	544,7	100,0
371	0,5	0,1	0,33	5	10	0,80	0,7	552,9	553,2	100,1
372	0,5	0,1	0,33	5	10	0,80	0,9	640,9	680,8	106,2
373	0,5	0,1	0,33	5	10	0,90	0,5	703,3	704,2	100,1
374	0,5	0,1	0,33	5	10	0,90	0,7	711,3	712,0	100,1
375	0,5	0,1	0,33	5	10	0,90	0,9	807,6	835,4	103,5
376	0,5	0,1	0,33	5	10	0,95	0,5	845,7	848,9	100,4
377	0,5	0,1	0,33	5	10	0,95	0,7	854,6	855,0	100,0
378	0,5	0,1	0,33	5	10	0,95	0,9	957,1	973,9	101,8
379	0,5	0,1	0,33	10	0	0,80	0,5	514,6	518,5	100,8
380	0,5	0,1	0,33	10	0	0,80	0,7	510,1	519,3	101,8
381	0,5	0,1	0,33	10	0	0,80	0,9	540,1	542,7	100,5
382	0,5	0,1	0,33	10	0	0,90	0,5	639,4	647,5	101,3
383	0,5	0,1	0,33	10	0	0,90	0,7	633,6	653,2	103,1
384	0,5	0,1	0,33	10	0	0,90	0,9	664,7	674,8	101,5
385	0,5	0,1	0,33	10	0	0,95	0,5	749,8	771,3	102,9
386	0,5	0,1	0,33	10	0	0,95	0,7	743,1	778,7	104,8
387	0,5	0,1	0,33	10	0	0,95	0,9	777,4	798,2	102,7
388	0,5	0,1	0,33	10	5	0,80	0,5	681,0	684,3	100,5
389	0,5	0,1	0,33	10	5	0,80	0,7	681,7	682,1	100,1
390	0,5	0,1	0,33	10	5	0,80	0,9	716,4	719,5	100,4
391	0,5	0,1	0,33	10	5	0,90	0,5	859,0	860,4	100,2
392	0,5	0,1	0,33	10	5	0,90	0,7	859,0	860,7	100,2
393	0,5	0,1	0,33	10	5	0,90	0,9	897,0	898,0	100,1
394	0,5	0,1	0,33	10	5	0,95	0,5	1019,7	1024,2	100,4
395	0,5	0,1	0,33	10	5	0,95	0,7	1019,3	1028,1	100,9
396	0,5	0,1	0,33	10	5	0,95	0,9	1058,9	1065,5	100,6
397	0,5	0,1	0,33	10	10	0,80	0,5	727,8	727,9	100,0
398	0,5	0,1	0,33	10	10	0,80	0,7	732,6	732,9	100,0
399	0,5	0,1	0,33	10	10	0,80	0,9	783,7	791,3	101,0
400	0,5	0,1	0,33	10	10	0,90	0,5	930,2	931,4	100,1
401	0,5	0,1	0,33	10	10	0,90	0,7	935,7	936,5	100,1
402	0,5	0,1	0,33	10	10	0,90	0,9	991,4	995,4	100,4
403	0,5	0,1	0,33	10	10	0,95	0,5	1112,9	1119,3	100,6
404	0,5	0,1	0,33	10	10	0,95	0,7	1118,9	1121,7	100,3
405	0,5	0,1	0,33	10	10	0,95	0,9	1174,5	1181,2	100,6
406	0,5	0,1	0,67	0	0	0,80	0,5	235,4	235,7	100,1
407	0,5	0,1	0,67	0	0	0,80	0,7	247,3	248,9	100,6
408	0,5	0,1	0,67	0	0	0,80	0,9	364,0	383,5	105,3
409	0,5	0,1	0,67	0	0	0,90	0,5	315,5	316,3	100,2
410	0,5	0,1	0,67	0	0	0,90	0,7	328,0	328,8	100,2
411	0,5	0,1	0,67	0	0	0,90	0,9	447,8	461,2	103,0
412	0,5	0,1	0,67	0	0	0,95	0,5	391,8	399,0	101,8
413	0,5	0,1	0,67	0	0	0,95	0,7	404,4	410,0	101,4
414	0,5	0,1	0,67	0	0	0,95	0,9	524,8	537,3	102,4
415	0,5	0,1	0,67	0	5	0,80	0,5	235,5	235,7	100,1
416	0,5	0,1	0,67	0	5	0,80	0,7	248,1	249,9	100,7
417	0,5	0,1	0,67	0	5	0,80	0,9	392,4	427,4	108,9
418	0,5	0,1	0,67	0	5	0,90	0,5	315,6	316,3	100,2
419	0,5	0,1	0,67	0	5	0,90	0,7	329,1	329,1	100,0
420	0,5	0,1	0,67	0	5	0,90	0,9	478,3	498,7	104,3

Tab. D.1: Simulationsergebnisse zum Modell mit externen Rückflüssen
(Fortsetzung auf der folgenden Seite)

								Absolute Kosten		Stand. Kosten
i	ρ_D	ρ_R	ς	λ_P	λ_R	α	κ	K(*)	K(H)	C(H)
421	0,5	0,1	0,67	0	5	0,95	0,5	391,9	398,8	101,7
422	0,5	0,1	0,67	0	5	0,95	0,7	405,4	408,6	100,8
423	0,5	0,1	0,67	0	5	0,95	0,9	557,8	566,1	101,5
424	0,5	0,1	0,67	0	10	0,80	0,5	235,5	235,8	100,1
425	0,5	0,1	0,67	0	10	0,80	0,7	248,2	249,9	100,7
426	0,5	0,1	0,67	0	10	0,80	0,9	396,6	427,5	107,8
427	0,5	0,1	0,67	0	10	0,90	0,5	315,6	316,3	100,2
428	0,5	0,1	0,67	0	10	0,90	0,7	329,2	329,2	100,0
429	0,5	0,1	0,67	0	10	0,90	0,9	482,0	500,8	103,9
430	0,5	0,1	0,67	0	10	0,95	0,5	391,9	398,7	101,7
431	0,5	0,1	0,67	0	10	0,95	0,7	405,3	408,9	100,9
432	0,5	0,1	0,67	0	10	0,95	0,9	561,7	569,7	101,4
433	0,5	0,1	0,67	5	0	0,80	0,5	507,8	509,4	100,3
434	0,5	0,1	0,67	5	0	0,80	0,7	513,3	518,3	101,0
435	0,5	0,1	0,67	5	0	0,80	0,9	586,7	587,9	100,2
436	0,5	0,1	0,67	5	0	0,90	0,5	648,0	653,7	100,9
437	0,5	0,1	0,67	5	0	0,90	0,7	653,2	663,8	101,6
438	0,5	0,1	0,67	5	0	0,90	0,9	730,0	734,7	100,6
439	0,5	0,1	0,67	5	0	0,95	0,5	771,7	790,2	102,4
440	0,5	0,1	0,67	5	0	0,95	0,7	776,6	802,7	103,4
441	0,5	0,1	0,67	5	0	0,95	0,9	857,1	870,7	101,6
442	0,5	0,1	0,67	5	5	0,80	0,5	544,6	545,1	100,1
443	0,5	0,1	0,67	5	5	0,80	0,7	552,7	553,3	100,1
444	0,5	0,1	0,67	5	5	0,80	0,9	641,2	652,2	101,7
445	0,5	0,1	0,67	5	5	0,90	0,5	703,4	704,6	100,2
446	0,5	0,1	0,67	5	5	0,90	0,7	711,4	711,9	100,1
447	0,5	0,1	0,67	5	5	0,90	0,9	805,4	812,4	100,9
448	0,5	0,1	0,67	5	5	0,95	0,5	845,7	850,9	100,6
449	0,5	0,1	0,67	5	5	0,95	0,7	854,4	858,7	100,5
450	0,5	0,1	0,67	5	5	0,95	0,9	952,8	958,3	100,6
451	0,5	0,1	0,67	5	10	0,80	0,5	544,6	545,1	100,1
452	0,5	0,1	0,67	5	10	0,80	0,7	552,9	553,5	100,1
453	0,5	0,1	0,67	5	10	0,80	0,9	651,2	670,0	102,9
454	0,5	0,1	0,67	5	10	0,90	0,5	703,3	704,5	100,2
455	0,5	0,1	0,67	5	10	0,90	0,7	711,3	711,7	100,1
456	0,5	0,1	0,67	5	10	0,90	0,9	819,7	831,4	101,4
457	0,5	0,1	0,67	5	10	0,95	0,5	845,7	850,9	100,6
458	0,5	0,1	0,67	5	10	0,95	0,7	854,8	858,1	100,4
459	0,5	0,1	0,67	5	10	0,95	0,9	969,3	976,1	100,7
460	0,5	0,1	0,67	10	0	0,80	0,5	654,0	656,1	100,3
461	0,5	0,1	0,67	10	0	0,80	0,7	656,9	664,8	101,2
462	0,5	0,1	0,67	10	0	0,80	0,9	719,7	720,9	100,2
463	0,5	0,1	0,67	10	0	0,90	0,5	820,4	830,9	101,3
464	0,5	0,1	0,67	10	0	0,90	0,7	823,3	844,4	102,6
465	0,5	0,1	0,67	10	0	0,90	0,9	893,7	898,1	100,5
466	0,5	0,1	0,67	10	0	0,95	0,5	969,2	993,5	102,5
467	0,5	0,1	0,67	10	0	0,95	0,7	972,4	1009,3	103,8
468	0,5	0,1	0,67	10	0	0,95	0,9	1043,9	1063,8	101,9
469	0,5	0,1	0,67	10	5	0,80	0,5	720,8	721,3	100,1
470	0,5	0,1	0,67	10	5	0,80	0,7	726,3	727,1	100,1
471	0,5	0,1	0,67	10	5	0,80	0,9	793,8	796,4	100,3
472	0,5	0,1	0,67	10	5	0,90	0,5	915,9	917,9	100,2
473	0,5	0,1	0,67	10	5	0,90	0,7	921,7	928,1	100,7
474	0,5	0,1	0,67	10	5	0,90	0,9	995,9	999,7	100,4

Tab. D.1: Simulationsergebnisse zum Modell mit externen Rückflüssen
(Fortsetzung auf der folgenden Seite)

								Absolute Kosten		Stand. Kosten
i	ρ_D	ρ_R	ς	λ_P	λ_R	α	κ	K(*)	K(H)	C(H)
475	0,5	0,1	0,67	10	5	0,95	0,5	1091,2	1098,2	100,6
476	0,5	0,1	0,67	10	5	0,95	0,7	1097,3	1112,9	101,4
477	0,5	0,1	0,67	10	5	0,95	0,9	1172,8	1181,0	100,7
478	0,5	0,1	0,67	10	10	0,80	0,5	727,8	728,3	100,1
479	0,5	0,1	0,67	10	10	0,80	0,7	732,9	733,6	100,1
480	0,5	0,1	0,67	10	10	0,80	0,9	811,0	817,6	100,8
481	0,5	0,1	0,67	10	10	0,90	0,5	930,2	932,9	100,3
482	0,5	0,1	0,67	10	10	0,90	0,7	936,6	940,0	100,4
483	0,5	0,1	0,67	10	10	0,90	0,9	1021,6	1028,7	100,7
484	0,5	0,1	0,67	10	10	0,95	0,5	1112,9	1118,8	100,5
485	0,5	0,1	0,67	10	10	0,95	0,7	1120,0	1125,8	100,5
486	0,5	0,1	0,67	10	10	0,95	0,9	1208,4	1211,6	100,3
487	0,5	0,5	0,33	0	0	0,80	0,5	238,4	239,1	100,3
488	0,5	0,5	0,33	0	0	0,80	0,7	258,4	260,6	100,8
489	0,5	0,5	0,33	0	0	0,80	0,9	397,9	410,4	103,1
490	0,5	0,5	0,33	0	0	0,90	0,5	318,6	319,0	100,1
491	0,5	0,5	0,33	0	0	0,90	0,7	339,3	339,9	100,2
492	0,5	0,5	0,33	0	0	0,90	0,9	478,4	486,7	101,7
493	0,5	0,5	0,33	0	0	0,95	0,5	394,9	400,9	101,5
494	0,5	0,5	0,33	0	0	0,95	0,7	415,2	420,6	101,3
495	0,5	0,5	0,33	0	0	0,95	0,9	553,9	563,3	101,7
496	0,5	0,5	0,33	0	5	0,80	0,5	240,5	241,9	100,6
497	0,5	0,5	0,33	0	5	0,80	0,7	276,9	285,5	103,1
498	0,5	0,5	0,33	0	5	0,80	0,9	522,7	629,2	120,4
499	0,5	0,5	0,33	0	5	0,90	0,5	320,9	320,9	100,0
500	0,5	0,5	0,33	0	5	0,90	0,7	358,8	362,3	101,0
501	0,5	0,5	0,33	0	5	0,90	0,9	612,1	668,0	109,1
502	0,5	0,5	0,33	0	5	0,95	0,5	397,1	400,9	100,9
503	0,5	0,5	0,33	0	5	0,95	0,7	435,9	437,4	100,3
504	0,5	0,5	0,33	0	5	0,95	0,9	692,4	720,8	104,1
505	0,5	0,5	0,33	0	10	0,80	0,5	240,8	242,1	100,5
506	0,5	0,5	0,33	0	10	0,80	0,7	278,9	286,8	102,8
507	0,5	0,5	0,33	0	10	0,80	0,9	556,4	627,0	112,7
508	0,5	0,5	0,33	0	10	0,90	0,5	321,2	321,2	100,0
509	0,5	0,5	0,33	0	10	0,90	0,7	361,6	363,9	100,6
510	0,5	0,5	0,33	0	10	0,90	0,9	645,8	689,5	106,8
511	0,5	0,5	0,33	0	10	0,95	0,5	397,9	401,6	100,9
512	0,5	0,5	0,33	0	10	0,95	0,7	438,6	439,7	100,3
513	0,5	0,5	0,33	0	10	0,95	0,9	726,8	755,0	103,9
514	0,5	0,5	0,33	5	0	0,80	0,5	445,4	448,2	100,6
515	0,5	0,5	0,33	5	0	0,80	0,7	464,9	469,8	101,1
516	0,5	0,5	0,33	5	0	0,80	0,9	574,8	575,2	100,1
517	0,5	0,5	0,33	5	0	0,90	0,5	560,0	564,6	100,8
518	0,5	0,5	0,33	5	0	0,90	0,7	580,5	587,3	101,2
519	0,5	0,5	0,33	5	0	0,90	0,9	693,3	695,4	100,3
520	0,5	0,5	0,33	5	0	0,95	0,5	662,6	673,7	101,7
521	0,5	0,5	0,33	5	0	0,95	0,7	681,6	698,2	102,4
522	0,5	0,5	0,33	5	0	0,95	0,9	799,6	808,4	101,1
523	0,5	0,5	0,33	5	5	0,80	0,5	547,3	547,4	100,0
524	0,5	0,5	0,33	5	5	0,80	0,7	564,7	565,1	100,1
525	0,5	0,5	0,33	5	5	0,80	0,9	688,0	703,3	102,2
526	0,5	0,5	0,33	5	5	0,90	0,5	706,0	706,7	100,1
527	0,5	0,5	0,33	5	5	0,90	0,7	724,0	724,5	100,1
528	0,5	0,5	0,33	5	5	0,90	0,9	850,4	861,6	101,3

Tab. D.1: Simulationsergebnisse zum Modell mit externen Rückflüssen
(Fortsetzung auf der folgenden Seite)

i	ρ_D	ρ_R	ς	λ_P	λ_R	α	κ	Absolute Kosten K(*)	K(H)	Stand. Kosten C(H)
529	0,5	0,5	0,33	5	5	0,95	0,5	848,7	851,4	100,3
530	0,5	0,5	0,33	5	5	0,95	0,7	866,0	868,2	100,3
531	0,5	0,5	0,33	5	5	0,95	0,9	996,4	1006,7	101,0
532	0,5	0,5	0,33	5	10	0,80	0,5	547,7	547,7	100,0
533	0,5	0,5	0,33	5	10	0,80	0,7	572,3	574,8	100,4
534	0,5	0,5	0,33	5	10	0,80	0,9	753,7	876,1	116,2
535	0,5	0,5	0,33	5	10	0,90	0,5	706,6	707,2	100,1
536	0,5	0,5	0,33	5	10	0,90	0,7	731,7	734,0	100,3
537	0,5	0,5	0,33	5	10	0,90	0,9	925,7	1013,1	109,4
538	0,5	0,5	0,33	5	10	0,95	0,5	849,5	851,3	100,2
539	0,5	0,5	0,33	5	10	0,95	0,7	876,8	878,0	100,1
540	0,5	0,5	0,33	5	10	0,95	0,9	1078,6	1139,6	105,7
541	0,5	0,5	0,33	10	0	0,80	0,5	544,0	549,0	100,9
542	0,5	0,5	0,33	10	0	0,80	0,7	566,9	578,6	102,1
543	0,5	0,5	0,33	10	0	0,80	0,9	675,1	676,0	100,1
544	0,5	0,5	0,33	10	0	0,90	0,5	671,4	680,9	101,4
545	0,5	0,5	0,33	10	0	0,90	0,7	695,6	712,8	102,5
546	0,5	0,5	0,33	10	0	0,90	0,9	811,5	815,5	100,5
547	0,5	0,5	0,33	10	0	0,95	0,5	783,1	804,5	102,7
548	0,5	0,5	0,33	10	0	0,95	0,7	810,0	838,4	103,5
549	0,5	0,5	0,33	10	0	0,95	0,9	931,8	944,5	101,4
550	0,5	0,5	0,33	10	5	0,80	0,5	698,7	701,5	100,4
551	0,5	0,5	0,33	10	5	0,80	0,7	719,5	720,2	100,1
552	0,5	0,5	0,33	10	5	0,80	0,9	826,2	831,5	100,7
553	0,5	0,5	0,33	10	5	0,90	0,5	879,5	879,9	100,0
554	0,5	0,5	0,33	10	5	0,90	0,7	901,8	902,7	100,1
555	0,5	0,5	0,33	10	5	0,90	0,9	1014,4	1018,4	100,4
556	0,5	0,5	0,33	10	5	0,95	0,5	1038,8	1042,8	100,4
557	0,5	0,5	0,33	10	5	0,95	0,7	1060,6	1070,4	100,9
558	0,5	0,5	0,33	10	5	0,95	0,9	1179,3	1184,8	100,5
559	0,5	0,5	0,33	10	10	0,80	0,5	730,1	730,1	100,0
560	0,5	0,5	0,33	10	10	0,80	0,7	745,1	746,4	100,2
561	0,5	0,5	0,33	10	10	0,80	0,9	860,8	878,6	102,1
562	0,5	0,5	0,33	10	10	0,90	0,5	932,6	933,6	100,1
563	0,5	0,5	0,33	10	10	0,90	0,7	948,4	948,8	100,0
564	0,5	0,5	0,33	10	10	0,90	0,9	1070,9	1083,1	101,1
565	0,5	0,5	0,33	10	10	0,95	0,5	1115,6	1121,2	100,5
566	0,5	0,5	0,33	10	10	0,95	0,7	1132,1	1136,1	100,4
567	0,5	0,5	0,33	10	10	0,95	0,9	1254,3	1267,8	101,1
568	0,5	0,5	0,67	0	0	0,80	0,5	240,4	241,0	100,3
569	0,5	0,5	0,67	0	0	0,80	0,7	273,9	277,7	101,4
570	0,5	0,5	0,67	0	0	0,80	0,9	534,8	565,3	105,7
571	0,5	0,5	0,67	0	0	0,90	0,5	320,7	321,4	100,2
572	0,5	0,5	0,67	0	0	0,90	0,7	355,5	357,1	100,5
573	0,5	0,5	0,67	0	0	0,90	0,9	619,8	641,6	103,5
574	0,5	0,5	0,67	0	0	0,95	0,5	397,3	403,6	101,6
575	0,5	0,5	0,67	0	0	0,95	0,7	431,8	437,1	101,2
576	0,5	0,5	0,67	0	0	0,95	0,9	698,0	716,2	102,6
577	0,5	0,5	0,67	0	5	0,80	0,5	240,5	241,2	100,3
578	0,5	0,5	0,67	0	5	0,80	0,7	279,0	284,2	101,9
579	0,5	0,5	0,67	0	5	0,80	0,9	596,0	679,9	114,1
580	0,5	0,5	0,67	0	5	0,90	0,5	320,9	321,2	100,1
581	0,5	0,5	0,67	0	5	0,90	0,7	361,0	361,9	100,3
582	0,5	0,5	0,67	0	5	0,90	0,9	684,5	739,1	108,0

Tab. D.1: Simulationsergebnisse zum Modell mit externen Rückflüssen
(Fortsetzung auf der folgenden Seite)

								Absolute Kosten		Stand. Kosten
i	ρ_D	ρ_R	ς	λ_P	λ_R	α	κ	K(*)	K(H)	C(H)
583	0,5	0,5	0,67	0	5	0,95	0,5	397,1	402,3	101,3
584	0,5	0,5	0,67	0	5	0,95	0,7	437,8	439,2	100,3
585	0,5	0,5	0,67	0	5	0,95	0,9	766,2	795,3	103,8
586	0,5	0,5	0,67	0	10	0,80	0,5	240,8	241,4	100,3
587	0,5	0,5	0,67	0	10	0,80	0,7	279,3	284,0	101,7
588	0,5	0,5	0,67	0	10	0,80	0,9	611,1	673,9	110,3
589	0,5	0,5	0,67	0	10	0,90	0,5	321,2	321,4	100,1
590	0,5	0,5	0,67	0	10	0,90	0,7	361,6	362,4	100,2
591	0,5	0,5	0,67	0	10	0,90	0,9	700,2	740,3	105,7
592	0,5	0,5	0,67	0	10	0,95	0,5	397,9	403,1	101,3
593	0,5	0,5	0,67	0	10	0,95	0,7	439,1	440,4	100,3
594	0,5	0,5	0,67	0	10	0,95	0,9	781,4	802,0	102,6
595	0,5	0,5	0,67	5	0	0,80	0,5	542,4	544,8	100,4
596	0,5	0,5	0,67	5	0	0,80	0,7	587,2	591,8	100,8
597	0,5	0,5	0,67	5	0	0,80	0,9	804,7	810,8	100,8
598	0,5	0,5	0,67	5	0	0,90	0,5	687,4	692,9	100,8
599	0,5	0,5	0,67	5	0	0,90	0,7	736,5	744,1	101,0
600	0,5	0,5	0,67	5	0	0,90	0,9	963,8	971,0	100,7
601	0,5	0,5	0,67	5	0	0,95	0,5	814,0	828,8	101,8
602	0,5	0,5	0,67	5	0	0,95	0,7	865,4	883,4	102,1
603	0,5	0,5	0,67	5	0	0,95	0,9	1102,5	1116,6	101,3
604	0,5	0,5	0,67	5	5	0,80	0,5	548,0	548,3	100,1
605	0,5	0,5	0,67	5	5	0,80	0,7	572,9	573,7	100,1
606	0,5	0,5	0,67	5	5	0,80	0,9	791,0	821,5	103,9
607	0,5	0,5	0,67	5	5	0,90	0,5	706,8	707,9	100,2
608	0,5	0,5	0,67	5	5	0,90	0,7	732,9	733,7	100,1
609	0,5	0,5	0,67	5	5	0,90	0,9	959,8	981,2	102,2
610	0,5	0,5	0,67	5	5	0,95	0,5	849,7	854,1	100,5
611	0,5	0,5	0,67	5	5	0,95	0,7	876,3	879,1	100,3
612	0,5	0,5	0,67	5	5	0,95	0,9	1107,0	1123,2	101,5
613	0,5	0,5	0,67	5	10	0,80	0,5	547,7	548,1	100,1
614	0,5	0,5	0,67	5	10	0,80	0,7	573,2	573,5	100,0
615	0,5	0,5	0,67	5	10	0,80	0,9	818,2	883,4	108,0
616	0,5	0,5	0,67	5	10	0,90	0,5	706,7	707,0	100,0
617	0,5	0,5	0,67	5	10	0,90	0,7	733,1	733,4	100,0
618	0,5	0,5	0,67	5	10	0,90	0,9	993,7	1045,7	105,2
619	0,5	0,5	0,67	5	10	0,95	0,5	849,5	853,7	100,5
620	0,5	0,5	0,67	5	10	0,95	0,7	878,8	879,1	100,0
621	0,5	0,5	0,67	5	10	0,95	0,9	1147,3	1187,7	103,5
622	0,5	0,5	0,67	10	0	0,80	0,5	702,9	706,9	100,6
623	0,5	0,5	0,67	10	0	0,80	0,7	756,4	766,8	101,4
624	0,5	0,5	0,67	10	0	0,80	0,9	965,6	967,6	100,2
625	0,5	0,5	0,67	10	0	0,90	0,5	876,6	888,5	101,4
626	0,5	0,5	0,67	10	0	0,90	0,7	936,7	955,3	102,0
627	0,5	0,5	0,67	10	0	0,90	0,9	1166,5	1170,4	100,3
628	0,5	0,5	0,67	10	0	0,95	0,5	1029,7	1053,9	102,4
629	0,5	0,5	0,67	10	0	0,95	0,7	1096,2	1126,8	102,8
630	0,5	0,5	0,67	10	0	0,95	0,9	1340,3	1352,2	100,9
631	0,5	0,5	0,67	10	5	0,80	0,5	749,9	750,6	100,1
632	0,5	0,5	0,67	10	5	0,80	0,7	790,0	792,0	100,2
633	0,5	0,5	0,67	10	5	0,80	0,9	990,8	999,3	100,9
634	0,5	0,5	0,67	10	5	0,90	0,5	950,2	951,5	100,1
635	0,5	0,5	0,67	10	5	0,90	0,7	995,1	999,8	100,5
636	0,5	0,5	0,67	10	5	0,90	0,9	1210,2	1216,7	100,5

Tab. D.1: Simulationsergebnisse zum Modell mit externen Rückflüssen
(Fortsetzung auf der folgenden Seite)

i	ρ_D	ρ_R	ς	λ_P	λ_R	α	κ	Absolute Kosten K(*)	K(H)	Stand. Kosten C(H)
637	0,5	0,5	0,67	10	5	0,95	0,5	1125,3	1135,7	100,9
638	0,5	0,5	0,67	10	5	0,95	0,7	1172,7	1184,7	101,0
639	0,5	0,5	0,67	10	5	0,95	0,9	1400,7	1409,0	100,6
640	0,5	0,5	0,67	10	10	0,80	0,5	730,4	730,8	100,1
641	0,5	0,5	0,67	10	10	0,80	0,7	750,7	750,7	100,0
642	0,5	0,5	0,67	10	10	0,80	0,9	951,5	978,2	102,8
643	0,5	0,5	0,67	10	10	0,90	0,5	933,0	935,3	100,2
644	0,5	0,5	0,67	10	10	0,90	0,7	955,5	956,2	100,1
645	0,5	0,5	0,67	10	10	0,90	0,9	1167,9	1184,9	101,5
646	0,5	0,5	0,67	10	10	0,95	0,5	1116,3	1121,0	100,4
647	0,5	0,5	0,67	10	10	0,95	0,7	1140,3	1142,0	100,1
648	0,5	0,5	0,67	10	10	0,95	0,9	1356,5	1370,3	101,0

Tab. D.1: Simulationsergebnisse zum Modell mit externen Rückflüssen

D.2 Ergebnisse zum Produktionsausbeuteproblem

Simulationsergebnisse: Kosten der Referenzlösung K(*) und der heuristischen Lösungen A, B und C für alle Kombinationen der untersuchten Einflussfaktoren

						Absolute Kosten				Stand. Kosten		
i	ρ_D	ρ_z	λ	μ_z	α'	K(*)	K(A)	K(B)	K(C)	C(A)	C(B)	C(C)
1	0,1	0,1	0	0,5	0,80	60,2	60,2	60,2	62,0	100,1	100,1	103,0
2	0,1	0,1	0	0,5	0,90	76,0	76,1	76,1	82,4	100,1	100,1	108,4
3	0,1	0,1	0	0,5	0,95	89,8	90,0	90,0	103,9	100,3	100,3	115,8
4	0,1	0,1	0	0,7	0,80	61,1	61,2	61,2	62,8	100,1	100,1	102,8
5	0,1	0,1	0	0,7	0,90	77,6	77,7	77,7	84,0	100,2	100,2	108,3
6	0,1	0,1	0	0,7	0,95	92,1	92,4	92,4	107,4	100,3	100,3	116,5
7	0,1	0,1	0	0,9	0,80	63,3	63,4	63,4	64,2	100,2	100,2	101,4
8	0,1	0,1	0	0,9	0,90	83,5	83,5	83,5	88,9	100,1	100,1	106,5
9	0,1	0,1	0	0,9	0,95	102,2	103,1	103,1	119,2	100,9	100,9	116,7
10	0,1	0,1	5	0,5	0,80	140,2	140,2	140,3	143,9	100,0	100,0	102,7
11	0,1	0,1	5	0,5	0,90	176,2	176,2	176,2	188,8	100,0	100,0	107,2
12	0,1	0,1	5	0,5	0,95	208,2	208,2	208,4	234,4	100,0	100,1	112,6
13	0,1	0,1	5	0,7	0,80	142,1	142,1	142,1	145,4	100,0	100,0	102,3
14	0,1	0,1	5	0,7	0,90	179,2	179,2	179,3	191,6	100,0	100,1	106,9
15	0,1	0,1	5	0,7	0,95	211,8	211,9	212,2	238,7	100,0	100,2	112,7
16	0,1	0,1	5	0,9	0,80	143,9	144,0	144,0	146,7	100,0	100,0	101,9
17	0,1	0,1	5	0,9	0,90	179,2	183,6	183,8	196,0	102,5	102,6	109,4
18	0,1	0,1	5	0,9	0,95	219,7	220,2	220,4	249,0	100,2	100,4	113,4
19	0,1	0,1	10	0,5	0,80	194,2	194,2	194,3	200,4	100,0	100,0	103,2
20	0,1	0,1	10	0,5	0,90	244,0	244,6	244,6	262,8	100,2	100,2	107,7
21	0,1	0,1	10	0,5	0,95	288,2	288,3	288,5	326,9	100,0	100,1	113,4
22	0,1	0,1	10	0,7	0,80	196,4	196,4	196,7	201,9	100,0	100,1	102,8
23	0,1	0,1	10	0,7	0,90	247,8	247,8	248,0	265,7	100,0	100,1	107,2
24	0,1	0,1	10	0,7	0,95	291,1	291,2	291,5	331,9	100,1	100,2	114,0
25	0,1	0,1	10	0,9	0,80	198,1	198,1	198,2	203,5	100,0	100,0	102,8
26	0,1	0,1	10	0,9	0,90	251,1	252,0	251,9	270,1	100,4	100,3	107,6
27	0,1	0,1	10	0,9	0,95	299,0	299,2	299,4	342,8	100,1	100,1	114,6
28	0,1	0,5	0	0,5	0,80	246,2	246,8	246,8	298,4	100,2	100,2	121,2
29	0,1	0,5	0	0,5	0,90	316,6	321,8	321,8	528,1	101,6	101,6	166,8
30	0,1	0,5	0	0,5	0,95	380,7	394,7	394,7	943,8	103,7	103,7	247,9
31	0,1	0,5	0	0,7	0,80	279,8	280,6	280,6	314,4	100,3	100,3	112,4
32	0,1	0,5	0	0,7	0,90	380,4	387,0	387,0	573,4	101,7	101,7	150,7
33	0,1	0,5	0	0,7	0,95	477,8	508,5	508,5	1050,0	106,4	106,4	219,8
34	0,1	0,3	0	0,9	0,80	149,8	171,5	171,5	151,2	114,5	114,5	100,9
35	0,1	0,3	0	0,9	0,90	261,6	261,9	261,9	271,4	100,1	100,1	103,8
36	0,1	0,3	0	0,9	0,95	331,0	372,1	372,1	487,4	112,4	112,4	147,3
37	0,1	0,5	5	0,5	0,80	520,4	536,5	543,8	686,2	103,1	104,5	131,9
38	0,1	0,5	5	0,5	0,90	657,1	669,7	686,7	1205,5	101,9	104,5	183,5
39	0,1	0,5	5	0,5	0,95	780,6	790,3	815,0	2135,3	101,2	104,4	273,5
40	0,1	0,5	5	0,7	0,80	550,0	578,7	588,1	710,4	105,2	106,9	129,2
41	0,1	0,5	5	0,7	0,90	712,8	744,8	767,9	1266,1	104,5	107,7	177,6
42	0,1	0,5	5	0,7	0,95	864,5	898,7	939,2	2270,0	104,0	108,6	262,6
43	0,1	0,3	5	0,9	0,80	350,1	355,3	356,2	391,0	101,5	101,7	111,7
44	0,1	0,3	5	0,9	0,90	468,1	479,5	486,4	649,8	102,4	103,9	138,8
45	0,1	0,3	5	0,9	0,95	578,2	606,5	619,6	1081,6	104,9	107,1	187,0
46	0,1	0,5	10	0,5	0,80	724,2	761,8	768,0	977,8	105,2	106,1	135,0
47	0,1	0,5	10	0,5	0,90	910,1	952,6	965,2	1729,3	104,7	106,1	190,0

Tab. D.2: Simulationsergebnisse zum Produktionsausbeuteproblem (Fortsetzung auf der folgenden Seite)

						Absolute Kosten				Stand. Kosten		
i	ρ_D	ρ_Z	λ	μ_Z	α'	K(*)	K(A)	K(B)	K(C)	C(A)	C(B)	C(C)
48	0,1	0,5	10	0,5	0,95	1082,8	1119,6	1142,3	3079,7	103,4	105,5	284,4
49	0,1	0,5	10	0,7	0,80	754,9	812,0	824,4	1009,2	107,6	109,2	133,7
50	0,1	0,5	10	0,7	0,90	968,7	1038,8	1062,2	1798,4	107,2	109,7	185,6
51	0,1	0,5	10	0,7	0,95	1159,7	1241,6	1285,8	3227,0	107,1	110,9	278,3
52	0,1	0,3	10	0,9	0,80	480,2	489,6	490,8	544,4	101,9	102,2	113,4
53	0,1	0,3	10	0,9	0,90	627,6	646,0	650,4	903,5	102,9	103,6	143,9
54	0,1	0,3	10	0,9	0,95	764,0	795,9	807,5	1519,1	104,2	105,7	198,8
55	0,5	0,1	0	0,5	0,80	238,1	238,6	238,6	238,4	100,2	100,2	100,1
56	0,5	0,1	0	0,5	0,90	318,8	319,2	319,2	319,6	100,1	100,1	100,2
57	0,5	0,1	0	0,5	0,95	395,3	401,6	401,6	403,5	101,6	101,6	102,1
58	0,5	0,1	0	0,7	0,80	238,1	238,6	238,6	238,4	100,2	100,2	100,1
59	0,5	0,1	0	0,7	0,90	318,9	319,2	319,2	319,6	100,1	100,1	100,2
60	0,5	0,1	0	0,7	0,95	395,2	401,3	401,3	403,2	101,5	101,5	102,0
61	0,5	0,1	0	0,9	0,80	238,7	239,2	239,2	239,0	100,2	100,2	100,1
62	0,5	0,1	0	0,9	0,90	319,8	320,2	320,2	320,6	100,1	100,1	100,3
63	0,5	0,1	0	0,9	0,95	396,6	403,1	403,1	405,0	101,6	101,6	102,1
64	0,5	0,1	5	0,5	0,80	553,7	554,2	554,1	554,0	100,1	100,1	100,0
65	0,5	0,1	5	0,5	0,90	715,4	716,7	716,7	717,8	100,2	100,2	100,3
66	0,5	0,1	5	0,5	0,95	862,3	863,7	863,7	865,3	100,2	100,2	100,3
67	0,5	0,1	5	0,7	0,80	553,5	553,7	553,7	553,6	100,0	100,0	100,0
68	0,5	0,1	5	0,7	0,90	714,0	715,0	715,0	715,6	100,1	100,1	100,2
69	0,5	0,1	5	0,7	0,95	857,5	859,9	860,0	862,7	100,3	100,3	100,6
70	0,5	0,1	5	0,9	0,80	553,7	553,9	553,9	554,0	100,0	100,0	100,0
71	0,5	0,1	5	0,9	0,90	715,4	715,9	715,9	716,5	100,1	100,1	100,2
72	0,5	0,1	5	0,9	0,95	859,0	860,6	860,8	863,6	100,2	100,2	100,5
73	0,5	0,1	10	0,5	0,80	743,6	744,5	744,4	744,2	100,1	100,1	100,1
74	0,5	0,1	10	0,5	0,90	949,3	949,7	949,3	950,4	100,0	100,0	100,1
75	0,5	0,1	10	0,5	0,95	1134,5	1137,7	1138,6	1141,9	100,3	100,4	100,6
76	0,5	0,1	10	0,7	0,80	742,2	742,9	742,9	742,5	100,1	100,1	100,0
77	0,5	0,1	10	0,7	0,90	948,1	948,2	948,2	949,3	100,0	100,0	100,1
78	0,5	0,1	10	0,7	0,95	1131,8	1137,0	1136,7	1138,0	100,5	100,4	100,6
79	0,5	0,1	10	0,9	0,80	742,8	744,4	744,4	743,7	100,2	100,2	100,1
80	0,5	0,1	10	0,9	0,90	948,7	949,8	949,1	949,7	100,1	100,0	100,1
81	0,5	0,1	10	0,9	0,95	1134,6	1139,5	1139,2	1143,1	100,4	100,4	100,8
82	0,5	0,5	0	0,5	0,80	353,0	353,3	353,3	360,0	100,1	100,1	102,0
83	0,5	0,5	0	0,5	0,90	463,2	465,2	465,2	502,2	100,4	100,4	108,4
84	0,5	0,5	0	0,5	0,95	564,5	579,4	579,4	683,8	102,6	102,6	121,1
85	0,5	0,5	0	0,7	0,80	372,9	374,9	374,9	380,1	100,5	100,5	101,9
86	0,5	0,5	0	0,7	0,90	508,0	512,8	512,8	553,0	100,9	100,9	108,9
87	0,5	0,5	0	0,7	0,95	636,6	664,6	664,6	782,2	104,4	104,4	122,9
88	0,5	0,3	0	0,9	0,80	285,3	286,9	286,9	285,9	100,6	100,6	100,2
89	0,5	0,3	0	0,9	0,90	392,8	394,0	394,0	401,0	100,3	100,3	102,1
90	0,5	0,3	0	0,9	0,95	498,0	511,3	511,3	542,4	102,7	102,7	108,9
91	0,5	0,5	5	0,5	0,80	770,2	790,9	796,0	817,2	102,7	103,3	106,1
92	0,5	0,5	5	0,5	0,90	982,3	1001,4	1009,4	1101,8	101,9	102,8	112,2
93	0,5	0,5	5	0,5	0,95	1167,3	1187,1	1202,8	1429,3	101,7	103,0	122,4
94	0,5	0,5	5	0,7	0,80	783,2	817,7	826,4	854,1	104,4	105,5	109,1
95	0,5	0,5	5	0,7	0,90	1009,2	1049,8	1069,2	1178,5	104,0	105,9	116,8
96	0,5	0,5	5	0,7	0,95	1214,1	1259,0	1299,2	1577,2	103,7	107,0	129,9
97	0,5	0,3	5	0,9	0,80	644,5	652,6	652,8	654,6	101,3	101,3	101,6
98	0,5	0,3	5	0,9	0,90	834,5	847,9	850,3	869,1	101,6	101,9	104,2
99	0,5	0,3	5	0,9	0,95	1009,2	1029,8	1037,9	1094,7	102,0	102,8	108,5

Tab. D.2: Simulationsergebnisse zum Produktionsausbeuteproblem (Fortsetzung auf der folgenden Seite)

						Absolute Kosten				Stand. Kosten		
i	ρ_D	ρ_z	λ	μ_z	α'	K(*)	K(A)	K(B)	K(C)	C(A)	C(B)	C(C)
100	0,5	0,5	10	0,5	0,80	1042,3	1086,6	1092,5	1131,9	104,3	104,8	108,6
101	0,5	0,5	10	0,5	0,90	1321,0	1369,2	1381,9	1530,0	103,6	104,6	115,8
102	0,5	0,5	10	0,5	0,95	1569,7	1619,4	1637,4	1988,7	103,2	104,3	126,7
103	0,5	0,5	10	0,7	0,80	1066,6	1133,2	1142,7	1181,3	106,2	107,1	110,8
104	0,5	0,5	10	0,7	0,90	1356,1	1438,2	1461,1	1636,0	106,0	107,7	120,6
105	0,5	0,5	10	0,7	0,95	1611,6	1708,8	1755,7	2171,9	106,0	108,9	134,8
106	0,5	0,3	10	0,9	0,80	865,3	884,8	884,5	888,5	102,3	102,2	102,7
107	0,5	0,3	10	0,9	0,90	1107,6	1137,7	1140,4	1170,8	102,7	103,0	105,7
108	0,5	0,3	10	0,9	0,95	1328,3	1371,3	1377,9	1456,7	103,2	103,7	109,7

Tab. D.2: Simulationsergebnisse zum Produktionsausbeuteproblem

D.3 Ergebnisse zum Produktionsausbeute- und Aufarbeitungsproblem

D.3.1 Ergebnisse zur Kostenperformance der Heuristiken unter dem Einfluss der Produktionsdurchlaufzeit λ_P im Fall $\lambda_P<\lambda_R$ und des Ausbeuteniveaus μ_z

$\mu_z \backslash \lambda_P$	0	1	2	3	4	5	6	7	8	9	10
0,05	169	177	185	193	200	206	212	218	223	228	233
0,10	161	170	178	186	193	200	206	212	218	224	229
0,15	153	162	171	179	186	193	200	207	213	219	225
0,20	145	155	164	172	180	187	195	202	208	214	221
0,25	138	148	157	166	174	182	189	197	203	210	216
0,30	130	141	151	160	168	177	184	192	199	206	213
0,35	123	134	145	154	163	172	180	188	196	203	210
0,40	116	128	139	149	159	168	176	184	193	200	207
0,45	109	122	134	145	155	165	174	183	191	199	207
0,50	71	91	113	132	145	159	170	180	189	197	205
0,55	63	83	104	120	135	148	160	172	183	194	203
0,60	64	84	105	122	137	150	163	174	185	196	206
0,65	65	84	106	124	139	153	166	178	189	201	210
0,70	67	86	108	127	142	157	170	183	194	205	215
0,75	69	87	110	129	145	159	173	186	197	208	218
0,80	71	89	113	133	150	165	179	191	203	214	224
0,85	74	91	116	136	153	168	183	196	208	219	230
0,90	79	94	120	141	159	175	190	203	216	228	238
0,95	86	100	128	151	169	187	202	217	230	242	253

Tab. D.3.1: Kostenbenchmark als Minimum der Kosten der Referenzlösungen $C^* = \min\{C_I^*, C_{III}^*\}$

$\mu_z \backslash \lambda_P$	0	1	2	3	4	5	6	7	8	9	10
0,05	9410	9006	8552	112	111	111	7437	7326	7179	7224	7167
0,10	4247	4009	3846	113	112	112	3313	3248	3188	3163	3120
0,15	2494	2358	2245	115	114	114	1936	1889	1848	1821	1787
0,20	1639	1534	1460	117	116	115	1244	1212	1182	1161	1136
0,25	1123	1043	991	121	119	118	838	813	792	775	757
0,30	787	726	687	120	120	118	574	554	541	528	514
0,35	540	494	467	123	121	119	391	378	368	360	352
0,40	355	324	309	122	118	117	264	255	248	245	239
0,45	205	191	188	118	119	117	172	168	165	163	160
0,50	107	104	104	100	100	100	107	108	108	109	109
0,55	100	100	100	100	100	100	100	100	100	101	100
0,60	100	100	100	100	100	100	100	100	100	100	100
0,65	100	100	100	100	100	100	100	100	100	100	100
0,70	100	100	100	100	100	100	100	100	100	100	100
0,75	100	100	100	100	100	100	100	100	100	100	100
0,80	100	100	100	100	100	100	100	100	100	100	100
0,85	100	100	100	100	100	100	100	100	100	100	100
0,90	100	100	100	100	100	100	100	100	100	100	100
0,95	100	100	100	100	100	100	100	100	100	100	100

Tab. D.3.2: Kostenperformance für Heuristik I

$\mu_z\backslash\lambda_P$	0	1	2	3	4	5	6	7	8	9	10
0,05	100	100	100	100	100	100	100	100	100	100	100
0,10	100	100	100	100	100	100	100	100	100	100	100
0,15	100	100	100	100	100	100	100	100	100	100	100
0,20	100	100	100	100	100	100	100	100	100	100	100
0,25	101	101	100	100	100	100	100	100	100	100	100
0,30	101	101	101	100	100	100	100	100	100	100	100
0,35	101	101	100	100	100	100	100	100	100	100	100
0,40	101	101	100	100	100	100	100	101	100	100	100
0,45	101	101	101	101	101	101	101	100	100	100	100
0,50	147	130	115	107	105	103	102	101	100	100	100
0,55	158	137	123	117	112	109	107	106	105	103	102
0,60	150	132	120	114	110	108	106	104	103	102	102
0,65	141	126	116	111	108	106	104	103	102	101	101
0,70	134	122	113	109	106	104	103	102	101	101	101
0,75	126	117	110	106	104	103	102	101	101	100	100
0,80	120	113	108	105	103	102	101	101	100	100	100
0,85	114	110	106	104	103	102	101	101	100	100	100
0,90	109	108	105	103	103	102	101	101	100	100	100
0,95	105	107	105	104	103	102	101	101	101	100	100

Tab. D.3.3: Kostenperformance für Heuristik II

$\mu_z\backslash\lambda_P$	0	1	2	3	4	5	6	7	8	9	10
0,05	100	100	100	100	100	100	100	100	100	100	100
0,10	100	100	100	100	100	100	100	100	100	100	100
0,15	100	100	100	100	100	100	100	100	100	100	100
0,20	100	100	100	100	100	100	100	100	100	100	100
0,25	101	101	100	100	100	100	100	100	100	100	100
0,30	101	100	100	100	100	100	100	100	100	100	100
0,35	100	101	100	100	100	100	100	100	100	100	100
0,40	100	100	100	100	100	100	100	100	100	100	100
0,45	100	100	100	100	100	100	100	100	100	100	100
0,50	145	129	115	107	105	102	101	100	100	100	100
0,55	156	136	123	116	112	109	107	105	104	103	102
0,60	148	130	119	113	110	107	105	104	103	102	102
0,65	139	125	115	110	107	105	104	103	102	101	101
0,70	132	121	112	108	106	104	103	102	101	101	101
0,75	124	116	109	106	104	102	102	101	101	100	100
0,80	118	112	107	105	103	102	101	101	100	100	100
0,85	113	109	106	104	102	101	101	100	100	100	100
0,90	108	107	105	103	103	102	101	101	100	100	100
0,95	100	100	100	100	100	100	100	100	100	100	100

Tab. D.3.4: Kostenperformance für Heuristik III

D.3.2 Kosten der Referenzlösung K(*) und der heuristischen Lösungen I bis III für alle Kombinationen der untersuchten Einflussfaktoren

								Absolute Kosten				Stand. Kosten		
i	ρ_D	ρ_Z	ς	λ_P	λ_R	α	μ_Z	K(*)	K(I)	K(II)	K(III)	C(I)	C(II)	C(III)
1	0,1	0,1	0,33	0	0	0,80	0,1	43,1	43,1	43,1	43,1	100,0	100,1	100,1
2	0,1	0,1	0,33	0	0	0,80	0,3	43,1	43,1	43,3	43,3	100,0	100,4	100,4
3	0,1	0,1	0,33	0	0	0,80	0,5	43,1	43,1	43,3	43,3	100,0	100,5	100,5
4	0,1	0,1	0,33	0	0	0,80	0,7	43,1	43,1	43,3	43,3	100,0	100,4	100,4
5	0,1	0,1	0,33	0	0	0,80	0,9	43,1	43,1	43,1	43,1	100,0	100,1	100,1
6	0,1	0,1	0,33	0	0	0,90	0,1	54,7	54,8	54,8	54,8	100,1	100,1	100,1
7	0,1	0,1	0,33	0	0	0,90	0,3	54,7	54,8	54,8	54,8	100,1	100,2	100,2
8	0,1	0,1	0,33	0	0	0,90	0,5	54,7	54,8	54,9	54,9	100,1	100,3	100,3
9	0,1	0,1	0,33	0	0	0,90	0,7	54,7	54,8	54,8	54,8	100,1	100,2	100,2
10	0,1	0,1	0,33	0	0	0,90	0,9	54,7	54,8	54,8	54,8	100,1	100,1	100,1
11	0,1	0,1	0,33	0	0	0,95	0,1	65,1	65,2	65,1	65,1	100,1	100,0	100,0
12	0,1	0,1	0,33	0	0	0,95	0,3	65,1	65,2	65,1	65,1	100,1	100,0	100,0
13	0,1	0,1	0,33	0	0	0,95	0,5	65,1	65,2	65,1	65,1	100,1	100,0	100,0
14	0,1	0,1	0,33	0	0	0,95	0,7	65,1	65,2	65,1	65,1	100,1	100,0	100,0
15	0,1	0,1	0,33	0	0	0,95	0,9	65,1	65,2	65,1	65,1	100,1	100,0	100,0
16	0,1	0,1	0,33	0	5	0,80	0,1	127,8	3408,1	127,9	127,9	2666,7	100,1	100,1
17	0,1	0,1	0,33	0	5	0,80	0,3	103,1	656,1	103,4	103,2	636,3	100,3	100,1
18	0,1	0,1	0,33	0	5	0,80	0,5	54,5	62,1	83,5	82,8	113,9	153,2	151,9
19	0,1	0,1	0,33	0	5	0,80	0,7	52,8	52,9	72,6	71,6	100,1	137,4	135,7
20	0,1	0,1	0,33	0	5	0,80	0,9	60,0	60,1	68,1	67,7	100,1	113,5	112,8
21	0,1	0,1	0,33	0	5	0,90	0,1	161,2	3508,0	161,2	161,2	2176,2	100,0	100,0
22	0,1	0,1	0,33	0	5	0,90	0,3	130,1	683,8	130,9	130,6	525,6	100,6	100,4
23	0,1	0,1	0,33	0	5	0,90	0,5	68,6	76,3	104,5	103,5	111,2	152,3	150,9
24	0,1	0,1	0,33	0	5	0,90	0,7	67,0	67,2	90,2	89,0	100,3	134,7	132,9
25	0,1	0,1	0,33	0	5	0,90	0,9	78,7	78,8	85,9	85,4	100,2	109,1	108,5
26	0,1	0,1	0,33	0	5	0,95	0,1	190,4	3538,1	191,4	191,4	1858,2	100,5	100,5
27	0,1	0,1	0,33	0	5	0,95	0,3	153,5	708,1	154,9	154,6	461,3	100,9	100,7
28	0,1	0,1	0,33	0	5	0,95	0,5	80,7	89,5	122,9	121,7	110,9	152,3	150,8
29	0,1	0,1	0,33	0	5	0,95	0,7	79,6	80,0	105,8	104,4	100,5	132,9	131,2
30	0,1	0,1	0,33	0	5	0,95	0,9	96,3	97,0	102,5	101,8	100,8	106,5	105,7
31	0,1	0,1	0,33	0	10	0,80	0,1	95,3	1652,1	95,3	95,3	1733,6	100,0	100,0
32	0,1	0,1	0,33	0	10	0,80	0,3	79,1	331,7	79,5	79,3	419,3	100,5	100,2
33	0,1	0,1	0,33	0	10	0,80	0,5	52,7	57,7	68,2	67,3	109,5	129,4	127,7
34	0,1	0,1	0,33	0	10	0,80	0,7	52,8	52,8	64,0	63,1	100,1	121,3	119,4
35	0,1	0,1	0,33	0	10	0,80	0,9	60,0	60,1	65,0	64,7	100,2	108,4	107,8
36	0,1	0,1	0,33	0	10	0,90	0,1	120,2	1686,3	120,3	120,3	1402,9	100,1	100,1
37	0,1	0,1	0,33	0	10	0,90	0,3	100,0	353,1	100,5	100,1	353,1	100,5	100,1
38	0,1	0,1	0,33	0	10	0,90	0,5	66,4	72,0	85,7	84,4	108,5	129,1	127,2
39	0,1	0,1	0,33	0	10	0,90	0,7	67,1	67,2	80,0	78,7	100,2	119,3	117,3
40	0,1	0,1	0,33	0	10	0,90	0,9	78,7	78,9	83,3	82,7	100,2	105,8	105,1
41	0,1	0,1	0,33	0	10	0,95	0,1	142,4	1725,4	142,5	142,5	1211,7	100,1	100,1
42	0,1	0,1	0,33	0	10	0,95	0,3	118,5	372,3	119,1	118,7	314,2	100,5	100,2
43	0,1	0,1	0,33	0	10	0,95	0,5	78,4	85,1	101,1	99,6	108,5	128,9	127,1
44	0,1	0,1	0,33	0	10	0,95	0,7	79,7	80,0	94,2	92,5	100,4	118,1	116,1
45	0,1	0,1	0,33	0	10	0,95	0,9	96,2	97,0	100,5	99,8	100,8	104,5	103,7
46	0,1	0,1	0,33	5	0	0,80	0,1	75,9	81,5	80,3	80,3	107,4	105,8	105,8
47	0,1	0,1	0,33	5	0	0,80	0,3	75,9	81,5	79,2	79,2	107,4	104,3	104,3
48	0,1	0,1	0,33	5	0	0,80	0,5	75,9	81,5	78,8	78,8	107,4	103,9	103,9
49	0,1	0,1	0,33	5	0	0,80	0,7	76,0	81,6	79,2	79,2	107,3	104,2	104,2
50	0,1	0,1	0,33	5	0	0,80	0,9	80,2	84,6	83,7	83,7	105,5	104,4	104,4
51	0,1	0,1	0,33	5	0	0,90	0,1	92,8	99,9	98,9	98,9	107,6	106,5	106,5

Tab. D.3.5: Simulationsergebnisse zum Modell mit internen Rückflüssen
(Fortsetzung auf der folgenden Seite)

								Absolute Kosten				Stand. Kosten		
i	ρ_D	ρ_Z	ς	λ_P	λ_R	α	μ_Z	K(*)	K(I)	K(II)	K(III)	C(I)	C(II)	C(III)
52	0,1	0,1	0,33	5	0	0,90	0,3	92,8	99,9	97,5	97,5	107,6	105,0	105,0
53	0,1	0,1	0,33	5	0	0,90	0,5	92,8	99,9	97,1	97,1	107,6	104,6	104,6
54	0,1	0,1	0,33	5	0	0,90	0,7	92,9	99,9	97,5	97,5	107,5	105,0	105,0
55	0,1	0,1	0,33	5	0	0,90	0,9	98,1	104,1	103,1	103,1	106,1	105,1	105,1
56	0,1	0,1	0,33	5	0	0,95	0,1	107,6	116,1	114,9	114,9	107,9	106,8	106,8
57	0,1	0,1	0,33	5	0	0,95	0,3	107,6	116,1	113,6	113,6	107,9	105,5	105,5
58	0,1	0,1	0,33	5	0	0,95	0,5	107,6	116,1	113,0	113,0	107,9	105,0	105,0
59	0,1	0,1	0,33	5	0	0,95	0,7	107,6	116,1	113,5	113,5	107,9	105,5	105,5
60	0,1	0,1	0,33	5	0	0,95	0,9	113,5	120,9	119,9	119,9	106,5	105,6	105,6
61	0,1	0,1	0,33	5	5	0,80	0,1	125,0	1751,8	126,8	126,8	1401,4	101,5	101,4
62	0,1	0,1	0,33	5	5	0,80	0,3	120,1	323,4	120,3	120,2	269,3	100,1	100,1
63	0,1	0,1	0,33	5	5	0,80	0,5	118,5	123,0	119,0	118,8	103,8	100,4	100,3
64	0,1	0,1	0,33	5	5	0,80	0,7	124,2	124,2	125,3	125,2	100,0	100,9	100,8
65	0,1	0,1	0,33	5	5	0,80	0,9	136,9	136,9	137,1	137,1	100,0	100,1	100,1
66	0,1	0,1	0,33	5	5	0,90	0,1	155,8	1788,9	158,8	158,8	1148,2	101,9	101,9
67	0,1	0,1	0,33	5	5	0,90	0,3	150,5	357,3	151,5	151,4	237,4	100,7	100,6
68	0,1	0,1	0,33	5	5	0,90	0,5	149,3	156,8	149,7	149,5	105,0	100,3	100,1
69	0,1	0,1	0,33	5	5	0,90	0,7	156,6	156,6	157,8	157,7	100,0	100,7	100,7
70	0,1	0,1	0,33	5	5	0,90	0,9	174,3	174,3	174,4	174,3	100,0	100,0	100,0
71	0,1	0,1	0,33	5	5	0,95	0,1	182,6	1828,4	186,8	186,8	1001,3	102,3	102,3
72	0,1	0,1	0,33	5	5	0,95	0,3	177,1	388,3	178,5	178,5	219,3	100,8	100,8
73	0,1	0,1	0,33	5	5	0,95	0,5	176,6	186,2	176,9	176,6	105,5	100,2	100,0
74	0,1	0,1	0,33	5	5	0,95	0,7	184,9	184,9	186,0	185,9	100,0	100,6	100,5
75	0,1	0,1	0,33	5	5	0,95	0,9	207,9	208,2	208,1	208,1	100,1	100,1	100,1
76	0,1	0,1	0,33	5	10	0,80	0,1	153,3	3309,6	154,1	154,1	2158,9	100,5	100,5
77	0,1	0,1	0,33	5	10	0,80	0,3	137,7	586,6	137,8	137,7	426,0	100,1	100,0
78	0,1	0,1	0,33	5	10	0,80	0,5	121,4	130,2	129,5	129,0	107,2	106,6	106,3
79	0,1	0,1	0,33	5	10	0,80	0,7	124,5	124,5	131,9	131,6	100,0	106,0	105,7
80	0,1	0,1	0,33	5	10	0,80	0,9	137,4	137,4	143,0	143,1	100,0	104,1	104,1
81	0,1	0,1	0,33	5	10	0,90	0,1	192,0	3385,6	193,3	193,3	1763,3	100,7	100,7
82	0,1	0,1	0,33	5	10	0,90	0,3	172,8	628,2	173,2	173,0	363,5	100,2	100,1
83	0,1	0,1	0,33	5	10	0,90	0,5	152,1	165,5	162,9	162,3	108,8	107,1	106,7
84	0,1	0,1	0,33	5	10	0,90	0,7	157,0	157,0	165,7	165,2	100,0	105,5	105,2
85	0,1	0,1	0,33	5	10	0,90	0,9	175,0	175,0	180,3	180,4	100,0	103,0	103,1
86	0,1	0,1	0,33	5	10	0,95	0,1	224,9	3452,9	226,1	226,1	1535,3	100,5	100,5
87	0,1	0,1	0,33	5	10	0,95	0,3	203,2	662,3	204,0	203,8	325,9	100,4	100,3
88	0,1	0,1	0,33	5	10	0,95	0,5	180,1	197,9	191,9	191,3	109,9	106,6	106,2
89	0,1	0,1	0,33	5	10	0,95	0,7	185,3	185,6	195,2	194,5	100,1	105,3	105,0
90	0,1	0,1	0,33	5	10	0,95	0,9	209,0	209,4	214,1	214,0	100,2	102,4	102,4
91	0,1	0,1	0,33	10	0	0,80	0,1	92,7	102,4	100,9	100,9	110,4	108,9	108,9
92	0,1	0,1	0,33	10	0	0,80	0,3	92,7	102,4	99,2	99,2	110,4	107,0	107,0
93	0,1	0,1	0,33	10	0	0,80	0,5	92,7	102,4	98,6	98,6	110,4	106,4	106,4
94	0,1	0,1	0,33	10	0	0,80	0,7	92,7	102,4	99,2	99,2	110,5	107,1	107,1
95	0,1	0,1	0,33	10	0	0,80	0,9	97,9	106,6	105,2	105,2	108,9	107,5	107,5
96	0,1	0,1	0,33	10	0	0,90	0,1	112,4	123,7	121,9	121,9	110,0	108,4	108,4
97	0,1	0,1	0,33	10	0	0,90	0,3	112,4	123,7	119,9	119,9	110,0	106,7	106,7
98	0,1	0,1	0,33	10	0	0,90	0,5	112,4	123,7	119,3	119,3	110,0	106,1	106,1
99	0,1	0,1	0,33	10	0	0,90	0,7	112,5	123,7	120,0	120,0	110,0	106,6	106,6
100	0,1	0,1	0,33	10	0	0,90	0,9	118,6	128,7	127,2	127,2	108,5	107,2	107,2

Tab. D.3.5: Simulationsergebnisse zum Modell mit internen Rückflüssen
(Fortsetzung auf der folgenden Seite)

								Absolute Kosten				Stand. Kosten		
l	ρ_D	ρ_Z	ς	λ_P	λ_R	α	μ_Z	K(*)	K(I)	K(II)	K(III)	C(I)	C(II)	C(III)
101	0,1	0,1	0,33	10	0	0,95	0,1	129,3	141,9	140,3	140,3	109,7	108,5	108,5
102	0,1	0,1	0,33	10	0	0,95	0,3	129,3	141,9	138,4	138,4	109,7	107,0	107,0
103	0,1	0,1	0,33	10	0	0,95	0,5	129,3	141,9	137,7	137,7	109,7	106,5	106,5
104	0,1	0,1	0,33	10	0	0,95	0,7	129,4	141,9	138,4	138,4	109,7	107,0	107,0
105	0,1	0,1	0,33	10	0	0,95	0,9	136,1	147,9	146,4	146,4	108,7	107,5	107,5
106	0,1	0,1	0,33	10	5	0,80	0,1	141,4	1748,3	145,6	145,6	1236,4	102,9	102,9
107	0,1	0,1	0,33	10	5	0,80	0,3	138,4	335,9	140,5	140,4	242,7	101,5	101,5
108	0,1	0,1	0,33	10	5	0,80	0,5	139,5	145,6	140,7	140,5	104,4	100,8	100,7
109	0,1	0,1	0,33	10	5	0,80	0,7	146,7	148,2	147,4	147,3	101,0	100,4	100,4
110	0,1	0,1	0,33	10	5	0,80	0,9	159,3	160,2	159,9	159,9	100,6	100,4	100,4
111	0,1	0,1	0,33	10	5	0,90	0,1	174,6	1792,7	180,6	180,6	1026,8	103,4	103,4
112	0,1	0,1	0,33	10	5	0,90	0,3	171,4	373,8	175,1	175,0	218,1	102,1	102,1
113	0,1	0,1	0,33	10	5	0,90	0,5	173,4	183,2	175,5	175,3	105,7	101,2	101,1
114	0,1	0,1	0,33	10	5	0,90	0,7	182,7	185,2	184,0	184,0	101,4	100,7	100,7
115	0,1	0,1	0,33	10	5	0,90	0,9	200,3	202,1	201,6	201,6	100,9	100,6	100,6
116	0,1	0,1	0,33	10	5	0,95	0,1	203,1	1829,8	211,0	211,1	900,9	103,9	103,9
117	0,1	0,1	0,33	10	5	0,95	0,3	199,8	405,5	204,2	204,0	202,9	102,2	102,1
118	0,1	0,1	0,33	10	5	0,95	0,5	202,6	215,8	205,9	205,6	106,5	101,6	101,5
119	0,1	0,1	0,33	10	5	0,95	0,7	213,3	218,2	216,2	216,1	102,3	101,4	101,3
120	0,1	0,1	0,33	10	5	0,95	0,9	236,7	240,7	239,8	239,8	101,7	101,3	101,3
121	0,1	0,1	0,33	10	10	0,80	0,1	172,0	3607,2	174,1	174,1	2097,2	101,2	101,2
122	0,1	0,1	0,33	10	10	0,80	0,3	164,4	602,8	164,9	164,9	366,6	100,3	100,3
123	0,1	0,1	0,33	10	10	0,80	0,5	162,3	170,3	162,8	162,7	105,0	100,3	100,2
124	0,1	0,1	0,33	10	10	0,80	0,7	170,4	170,4	172,0	171,9	100,0	100,9	100,9
125	0,1	0,1	0,33	10	10	0,80	0,9	188,0	188,1	188,3	188,3	100,1	100,2	100,2
126	0,1	0,1	0,33	10	10	0,90	0,1	214,0	3664,7	216,4	216,4	1712,5	101,1	101,1
127	0,1	0,1	0,33	10	10	0,90	0,3	205,6	650,3	206,6	206,5	316,3	100,5	100,4
128	0,1	0,1	0,33	10	10	0,90	0,5	203,7	217,2	203,9	203,7	106,6	100,1	100,0
129	0,1	0,1	0,33	10	10	0,90	0,7	214,6	214,7	216,3	216,3	100,0	100,8	100,8
130	0,1	0,1	0,33	10	10	0,90	0,9	238,0	238,1	238,3	238,3	100,1	100,1	100,1
131	0,1	0,1	0,33	10	10	0,95	0,1	248,1	3724,3	254,4	254,4	1501,1	102,5	102,5
132	0,1	0,1	0,33	10	10	0,95	0,3	240,7	692,2	241,5	241,5	287,6	100,3	100,3
133	0,1	0,1	0,33	10	10	0,95	0,5	240,2	258,8	240,7	240,9	107,7	100,2	100,3
134	0,1	0,1	0,33	10	10	0,95	0,7	252,3	252,6	254,1	254,0	100,1	100,7	100,7
135	0,1	0,1	0,33	10	10	0,95	0,9	282,8	283,1	282,9	282,9	100,1	100,1	100,0
136	0,1	0,1	0,67	0	0	0,80	0,1	43,1	43,1	43,1	43,1	100,0	100,0	100,0
137	0,1	0,1	0,67	0	0	0,80	0,3	43,1	43,1	43,1	43,1	100,0	100,1	100,1
138	0,1	0,1	0,67	0	0	0,80	0,5	43,1	43,1	43,2	43,2	100,0	100,1	100,1
139	0,1	0,1	0,67	0	0	0,80	0,7	43,1	43,1	43,1	43,1	100,0	100,1	100,1
140	0,1	0,1	0,67	0	0	0,80	0,9	43,1	43,1	43,1	43,1	100,0	100,0	100,0
141	0,1	0,1	0,67	0	0	0,90	0,1	54,7	54,8	54,7	54,7	100,1	100,1	100,1
142	0,1	0,1	0,67	0	0	0,90	0,3	54,7	54,8	54,8	54,8	100,1	100,1	100,1
143	0,1	0,1	0,67	0	0	0,90	0,5	54,7	54,8	54,8	54,8	100,1	100,1	100,1
144	0,1	0,1	0,67	0	0	0,90	0,7	54,7	54,8	54,8	54,8	100,1	100,1	100,1
145	0,1	0,1	0,67	0	0	0,90	0,9	54,7	54,8	54,7	54,7	100,1	100,1	100,1
146	0,1	0,1	0,67	0	0	0,95	0,1	65,1	65,2	65,1	65,1	100,1	100,0	100,0
147	0,1	0,1	0,67	0	0	0,95	0,3	65,1	65,2	65,1	65,1	100,1	100,0	100,0
148	0,1	0,1	0,67	0	0	0,95	0,5	65,1	65,2	65,1	65,1	100,1	100,0	100,0
149	0,1	0,1	0,67	0	0	0,95	0,7	65,1	65,2	65,1	65,1	100,1	100,0	100,0
150	0,1	0,1	0,67	0	0	0,95	0,9	65,1	65,2	65,1	65,1	100,1	100,0	100,0

Tab. D.3.5: Simulationsergebnisse zum Modell mit internen Rückflüssen
(Fortsetzung auf der folgenden Seite)

								Absolute Kosten				Stand. Kosten		
i	ρ_D	ρ_Z	ς	λ_P	λ_R	α	μ_Z	K(*)	K(I)	K(II)	K(III)	C(I)	C(II)	C(III)
151	0,1	0,1	0,67	0	5	0,80	0,1	95,3	3217,2	95,3	95,3	3375,8	100,0	100,0
152	0,1	0,1	0,67	0	5	0,80	0,3	79,2	491,6	79,5	79,3	620,7	100,4	100,1
153	0,1	0,1	0,67	0	5	0,80	0,5	54,5	57,8	67,7	66,8	106,1	124,3	122,6
154	0,1	0,1	0,67	0	5	0,80	0,7	52,8	52,8	62,8	61,8	100,1	119,0	117,0
155	0,1	0,1	0,67	0	5	0,80	0,9	60,0	60,1	64,3	64,0	100,2	107,2	106,7
156	0,1	0,1	0,67	0	5	0,90	0,1	120,2	3265,7	120,3	120,3	2716,9	100,1	100,1
157	0,1	0,1	0,67	0	5	0,90	0,3	100,2	509,2	100,7	100,4	508,1	100,5	100,2
158	0,1	0,1	0,67	0	5	0,90	0,5	68,7	72,1	85,6	84,3	105,0	124,6	122,7
159	0,1	0,1	0,67	0	5	0,90	0,7	67,1	67,2	79,3	77,9	100,2	118,2	116,1
160	0,1	0,1	0,67	0	5	0,90	0,9	78,7	78,9	83,0	82,6	100,2	105,5	104,9
161	0,1	0,1	0,67	0	5	0,95	0,1	142,4	3287,9	142,6	142,6	2308,9	100,2	100,2
162	0,1	0,1	0,67	0	5	0,95	0,3	118,8	526,5	119,6	119,2	443,2	100,7	100,3
163	0,1	0,1	0,67	0	5	0,95	0,5	80,8	85,2	101,3	99,8	105,4	125,4	123,5
164	0,1	0,1	0,67	0	5	0,95	0,7	79,7	80,0	93,7	92,0	100,4	117,6	115,5
165	0,1	0,1	0,67	0	5	0,95	0,9	96,2	97,0	100,7	99,9	100,8	104,6	103,9
166	0,1	0,1	0,67	0	10	0,80	0,1	127,8	6756,9	127,9	127,9	5287,1	100,0	100,0
167	0,1	0,1	0,67	0	10	0,80	0,3	103,1	1000,9	103,4	103,2	970,8	100,2	100,1
168	0,1	0,1	0,67	0	10	0,80	0,5	56,8	62,4	83,0	82,3	109,8	146,1	144,8
169	0,1	0,1	0,67	0	10	0,80	0,7	52,8	52,9	71,2	70,3	100,1	134,9	133,1
170	0,1	0,1	0,67	0	10	0,80	0,9	60,0	60,1	67,2	66,9	100,1	112,0	111,4
171	0,1	0,1	0,67	0	10	0,90	0,1	161,2	6846,0	161,9	161,9	4246,9	100,4	100,4
172	0,1	0,1	0,67	0	10	0,90	0,3	130,3	1023,4	131,2	131,0	785,4	100,7	100,5
173	0,1	0,1	0,67	0	10	0,90	0,5	71,3	76,4	104,5	103,6	107,1	146,6	145,2
174	0,1	0,1	0,67	0	10	0,90	0,7	67,0	67,2	89,5	88,3	100,3	133,6	131,9
175	0,1	0,1	0,67	0	10	0,90	0,9	78,7	78,8	85,6	85,2	100,2	108,8	108,2
176	0,1	0,1	0,67	0	10	0,95	0,1	190,4	6890,8	191,4	191,4	3619,1	100,5	100,5
177	0,1	0,1	0,67	0	10	0,95	0,3	153,9	1047,0	155,9	155,4	680,3	101,3	101,0
178	0,1	0,1	0,67	0	10	0,95	0,5	83,7	89,5	123,3	122,1	107,0	147,3	145,9
179	0,1	0,1	0,67	0	10	0,95	0,7	79,6	80,0	105,5	104,2	100,5	132,5	130,9
180	0,1	0,1	0,67	0	10	0,95	0,9	96,3	97,0	102,6	102,1	100,8	106,6	106,0
181	0,1	0,1	0,67	5	0	0,80	0,1	93,7	94,6	94,3	94,3	100,9	100,7	100,7
182	0,1	0,1	0,67	5	0	0,80	0,3	93,7	94,6	94,1	94,1	100,9	100,4	100,4
183	0,1	0,1	0,67	5	0	0,80	0,5	93,7	94,6	94,0	94,0	100,9	100,4	100,4
184	0,1	0,1	0,67	5	0	0,80	0,7	93,7	94,6	94,1	94,1	100,9	100,4	100,4
185	0,1	0,1	0,67	5	0	0,80	0,9	95,3	96,0	95,8	95,8	100,7	100,6	100,6
186	0,1	0,1	0,67	5	0	0,90	0,1	116,3	117,5	117,2	117,2	101,0	100,8	100,8
187	0,1	0,1	0,67	5	0	0,90	0,3	116,3	117,5	116,9	116,9	101,0	100,5	100,5
188	0,1	0,1	0,67	5	0	0,90	0,5	116,3	117,5	116,9	116,9	101,0	100,5	100,5
189	0,1	0,1	0,67	5	0	0,90	0,7	116,3	117,4	117,0	117,0	101,0	100,6	100,6
190	0,1	0,1	0,67	5	0	0,90	0,9	118,4	119,4	119,1	119,1	100,8	100,6	100,6
191	0,1	0,1	0,67	5	0	0,95	0,1	135,9	138,1	137,8	137,8	101,6	101,4	101,4
192	0,1	0,1	0,67	5	0	0,95	0,3	135,9	138,1	137,4	137,4	101,6	101,1	101,1
193	0,1	0,1	0,67	5	0	0,95	0,5	135,9	138,1	137,3	137,3	101,6	101,0	101,0
194	0,1	0,1	0,67	5	0	0,95	0,7	135,9	138,1	137,4	137,4	101,6	101,1	101,1
195	0,1	0,1	0,67	5	0	0,95	0,9	138,5	140,3	140,0	140,0	101,3	101,1	101,1
196	0,1	0,1	0,67	5	5	0,80	0,1	132,4	3369,9	132,4	132,4	2545,2	100,0	100,0
197	0,1	0,1	0,67	5	5	0,80	0,3	123,2	526,9	123,4	123,3	427,7	100,2	100,1
198	0,1	0,1	0,67	5	5	0,80	0,5	118,8	124,8	119,5	119,2	105,0	100,6	100,3
199	0,1	0,1	0,67	5	5	0,80	0,7	124,2	124,2	124,9	124,8	100,0	100,6	100,5
200	0,1	0,1	0,67	5	5	0,80	0,9	136,9	136,9	137,0	137,0	100,0	100,1	100,1

Tab. D.3.5: Simulationsergebnisse zum Modell mit internen Rückflüssen
(Fortsetzung auf der folgenden Seite)

								Absolute Kosten				Stand. Kosten		
i	ρ_D	ρ_Z	ς	λ_P	λ_R	α	μ_Z	K(*)	K(I)	K(II)	K(III)	C(I)	C(II)	C(III)
201	0,1	0,1	0,67	5	5	0,90	0,1	166,0	3421,5	167,0	166,9	2061,1	100,6	100,6
202	0,1	0,1	0,67	5	5	0,90	0,3	155,2	565,2	155,5	155,4	364,2	100,2	100,1
203	0,1	0,1	0,67	5	5	0,90	0,5	150,0	159,8	150,6	150,3	106,5	100,4	100,2
204	0,1	0,1	0,67	5	5	0,90	0,7	156,6	156,6	157,5	157,4	100,0	100,6	100,5
205	0,1	0,1	0,67	5	5	0,90	0,9	174,3	174,3	174,3	174,3	100,0	100,0	100,0
206	0,1	0,1	0,67	5	5	0,95	0,1	195,2	3479,3	196,5	196,5	1782,4	100,7	100,6
207	0,1	0,1	0,67	5	5	0,95	0,3	183,0	599,0	183,8	183,7	327,3	100,4	100,4
208	0,1	0,1	0,67	5	5	0,95	0,5	177,6	190,2	178,1	177,7	107,1	100,3	100,1
209	0,1	0,1	0,67	5	5	0,95	0,7	184,9	184,9	185,9	185,7	100,0	100,5	100,4
210	0,1	0,1	0,67	5	5	0,95	0,9	207,9	208,2	208,2	208,0	100,1	100,1	100,1
211	0,1	0,1	0,67	5	10	0,80	0,1	158,4	6743,2	158,7	158,7	4257,1	100,2	100,2
212	0,1	0,1	0,67	5	10	0,80	0,3	140,2	1008,4	140,3	140,2	719,3	100,1	100,0
213	0,1	0,1	0,67	5	10	0,80	0,5	128,2	131,7	129,2	128,7	102,8	100,8	100,4
214	0,1	0,1	0,67	5	10	0,80	0,7	124,5	124,5	129,7	129,2	100,0	104,2	103,7
215	0,1	0,1	0,67	5	10	0,80	0,9	137,4	137,4	139,8	139,9	100,0	101,8	101,8
216	0,1	0,1	0,67	5	10	0,90	0,1	199,6	6847,6	199,8	199,8	3430,7	100,1	100,1
217	0,1	0,1	0,67	5	10	0,90	0,3	176,6	1050,7	176,9	176,8	594,9	100,2	100,1
218	0,1	0,1	0,67	5	10	0,90	0,5	158,6	167,7	162,8	162,2	105,8	102,7	102,3
219	0,1	0,1	0,67	5	10	0,90	0,7	157,0	157,0	163,6	162,9	100,0	104,2	103,8
220	0,1	0,1	0,67	5	10	0,90	0,9	175,0	175,0	177,9	177,9	100,0	101,7	101,7
221	0,1	0,1	0,67	5	10	0,95	0,1	233,9	6910,4	234,9	234,9	2954,4	100,4	100,4
222	0,1	0,1	0,67	5	10	0,95	0,3	208,3	1087,9	208,8	208,5	522,3	100,3	100,1
223	0,1	0,1	0,67	5	10	0,95	0,5	186,0	201,5	192,6	191,5	108,4	103,5	103,0
224	0,1	0,1	0,67	5	10	0,95	0,7	185,3	185,6	193,5	192,7	100,1	104,4	104,0
225	0,1	0,1	0,67	5	10	0,95	0,9	209,0	209,4	212,2	212,2	100,2	101,5	101,5
226	0,1	0,1	0,67	10	0	0,80	0,1	121,9	123,9	123,6	123,6	101,7	101,4	101,4
227	0,1	0,1	0,67	10	0	0,80	0,3	121,9	123,9	123,3	123,3	101,7	101,1	101,1
228	0,1	0,1	0,67	10	0	0,80	0,5	121,9	123,9	123,2	123,2	101,7	101,0	101,0
229	0,1	0,1	0,67	10	0	0,80	0,7	122,0	124,0	123,3	123,3	101,6	101,1	101,1
230	0,1	0,1	0,67	10	0	0,80	0,9	124,1	125,9	125,6	125,6	101,5	101,2	101,2
231	0,1	0,1	0,67	10	0	0,90	0,1	150,5	153,2	152,9	152,9	101,8	101,6	101,6
232	0,1	0,1	0,67	10	0	0,90	0,3	150,5	153,2	152,5	152,5	101,8	101,3	101,3
233	0,1	0,1	0,67	10	0	0,90	0,5	150,5	153,2	152,2	152,2	101,8	101,1	101,1
234	0,1	0,1	0,67	10	0	0,90	0,7	150,5	153,2	152,5	152,5	101,8	101,3	101,3
235	0,1	0,1	0,67	10	0	0,90	0,9	153,2	155,7	155,4	155,4	101,6	101,4	101,4
236	0,1	0,1	0,67	10	0	0,95	0,1	175,2	177,9	177,5	177,5	101,5	101,3	101,3
237	0,1	0,1	0,67	10	0	0,95	0,3	175,2	177,9	177,4	177,4	101,5	101,3	101,3
238	0,1	0,1	0,67	10	0	0,95	0,5	175,2	177,9	177,2	177,2	101,5	101,2	101,2
239	0,1	0,1	0,67	10	0	0,95	0,7	175,2	177,9	177,4	177,4	101,6	101,3	101,3
240	0,1	0,1	0,67	10	0	0,95	0,9	178,3	180,7	180,4	180,4	101,3	101,2	101,2
241	0,1	0,1	0,67	10	5	0,80	0,1	158,0	3378,7	158,7	158,7	2138,4	100,5	100,5
242	0,1	0,1	0,67	10	5	0,80	0,3	151,4	544,7	151,8	151,7	359,8	100,3	100,2
243	0,1	0,1	0,67	10	5	0,80	0,5	149,3	153,4	149,8	149,6	102,8	100,3	100,2
244	0,1	0,1	0,67	10	5	0,80	0,7	154,2	154,3	154,6	154,6	100,1	100,3	100,2
245	0,1	0,1	0,67	10	5	0,80	0,9	164,7	164,8	164,8	164,8	100,1	100,1	100,1
246	0,1	0,1	0,67	10	5	0,90	0,1	197,6	3430,7	198,3	198,3	1736,2	100,3	100,3
247	0,1	0,1	0,67	10	5	0,90	0,3	189,4	588,1	190,1	190,0	310,5	100,4	100,3
248	0,1	0,1	0,67	10	5	0,90	0,5	187,1	193,8	187,6	187,4	103,6	100,3	100,1
249	0,1	0,1	0,67	10	5	0,90	0,7	193,3	193,6	193,9	193,8	100,1	100,3	100,3
250	0,1	0,1	0,67	10	5	0,90	0,9	208,0	208,3	208,2	208,2	100,1	100,1	100,1

Tab. D.3.5: Simulationsergebnisse zum Modell mit internen Rückflüssen
(Fortsetzung auf der folgenden Seite)

								Absolute Kosten				Stand. Kosten		
i	ρ_D	ρ_Z	ς	λ_P	λ_R	α	μ_Z	K(*)	K(I)	K(II)	K(III)	C(I)	C(II)	C(III)
251	0,1	0,1	0,67	10	5	0,95	0,1	230,4	3493,2	231,4	231,4	1516,1	100,4	100,4
252	0,1	0,1	0,67	10	5	0,95	0,3	221,7	626,1	222,7	222,6	282,4	100,5	100,4
253	0,1	0,1	0,67	10	5	0,95	0,5	219,5	229,3	220,6	220,3	104,5	100,5	100,4
254	0,1	0,1	0,67	10	5	0,95	0,7	226,9	228,0	228,2	228,1	100,5	100,6	100,5
255	0,1	0,1	0,67	10	5	0,95	0,9	246,2	247,9	247,7	247,7	100,7	100,6	100,6
256	0,1	0,1	0,67	10	10	0,80	0,1	183,0	7045,5	183,3	183,3	3850,0	100,1	100,1
257	0,1	0,1	0,67	10	10	0,80	0,3	169,4	1041,7	169,6	169,5	614,9	100,1	100,1
258	0,1	0,1	0,67	10	10	0,80	0,5	162,8	173,1	163,4	163,2	106,3	100,4	100,2
259	0,1	0,1	0,67	10	10	0,80	0,7	170,4	170,4	171,5	171,4	100,0	100,6	100,6
260	0,1	0,1	0,67	10	10	0,80	0,9	188,0	188,1	188,2	188,2	100,1	100,1	100,1
261	0,1	0,1	0,67	10	10	0,90	0,1	229,2	7149,2	229,6	229,6	3119,2	100,2	100,2
262	0,1	0,1	0,67	10	10	0,90	0,3	212,9	1097,2	213,2	213,1	515,4	100,1	100,1
263	0,1	0,1	0,67	10	10	0,90	0,5	205,0	222,5	205,4	205,1	108,5	100,2	100,0
264	0,1	0,1	0,67	10	10	0,90	0,7	214,6	214,7	216,0	215,9	100,0	100,6	100,6
265	0,1	0,1	0,67	10	10	0,90	0,9	238,0	238,1	238,3	238,3	100,1	100,1	100,1
266	0,1	0,1	0,67	10	10	0,95	0,1	266,5	7219,7	269,0	269,0	2709,1	101,0	101,0
267	0,1	0,1	0,67	10	10	0,95	0,3	249,1	1145,7	249,5	249,4	459,9	100,1	100,1
268	0,1	0,1	0,67	10	10	0,95	0,5	241,5	265,8	242,8	242,6	110,1	100,6	100,4
269	0,1	0,1	0,67	10	10	0,95	0,7	252,3	252,6	254,0	253,9	100,1	100,7	100,6
270	0,1	0,1	0,67	10	10	0,95	0,9	282,8	283,1	283,0	283,0	100,1	100,1	100,1
271	0,1	0,5	0,33	0	0	0,80	0,1	43,1	43,1	43,1	43,1	100,0	100,1	100,1
272	0,1	0,5	0,33	0	0	0,80	0,3	43,1	43,1	43,3	43,3	100,0	100,4	100,4
273	0,1	0,5	0,33	0	0	0,80	0,5	43,1	43,1	43,3	43,3	100,0	100,5	100,5
274	0,1	0,5	0,33	0	0	0,80	0,7	43,1	43,1	43,3	43,3	100,0	100,4	100,4
275	0,1	0,5	0,33	0	0	0,80	0,9	43,1	43,1	43,1	43,1	100,0	100,1	100,1
276	0,1	0,5	0,33	0	0	0,90	0,1	54,7	54,8	54,8	54,8	100,1	100,1	100,1
277	0,1	0,5	0,33	0	0	0,90	0,3	54,7	54,8	54,8	54,8	100,1	100,2	100,2
278	0,1	0,5	0,33	0	0	0,90	0,5	54,7	54,8	54,9	54,9	100,1	100,3	100,3
279	0,1	0,5	0,33	0	0	0,90	0,7	54,7	54,8	54,8	54,8	100,1	100,2	100,2
280	0,1	0,5	0,33	0	0	0,90	0,9	54,7	54,8	54,8	54,8	100,1	100,1	100,1
281	0,1	0,5	0,33	0	0	0,95	0,1	65,1	65,2	65,1	65,1	100,1	100,0	100,0
282	0,1	0,5	0,33	0	0	0,95	0,3	65,1	65,2	65,1	65,1	100,1	100,0	100,0
283	0,1	0,5	0,33	0	0	0,95	0,5	65,1	65,2	65,1	65,1	100,1	100,0	100,0
284	0,1	0,5	0,33	0	0	0,95	0,7	65,1	65,2	65,1	65,1	100,1	100,0	100,0
285	0,1	0,5	0,33	0	0	0,95	0,9	65,1	65,2	65,1	65,1	100,1	100,0	100,0
286	0,1	0,5	0,33	0	5	0,80	0,1	106,3	1789,4	106,3	106,3	1683,3	100,0	100,0
287	0,1	0,5	0,33	0	5	0,80	0,3	152,4	457,8	153,2	152,4	300,4	100,5	100,0
288	0,1	0,5	0,33	0	5	0,80	0,5	206,7	255,0	211,3	209,5	123,4	102,2	101,3
289	0,1	0,5	0,33	0	5	0,80	0,7	244,5	262,9	256,9	255,9	107,5	105,1	104,7
290	0,1	0,5	0,33	0	5	0,80	0,9	140,6	163,0	171,0	171,1	116,0	121,6	121,7
291	0,1	0,5	0,33	0	5	0,90	0,1	134,3	1850,3	134,3	134,3	1377,7	100,0	100,0
292	0,1	0,5	0,33	0	5	0,90	0,3	191,6	523,4	192,7	192,4	273,1	100,6	100,4
293	0,1	0,5	0,33	0	5	0,90	0,5	265,5	324,4	269,3	266,4	122,2	101,4	100,3
294	0,1	0,5	0,33	0	5	0,90	0,7	330,5	359,7	340,2	337,2	108,8	102,9	102,0
295	0,1	0,5	0,33	0	5	0,90	0,9	246,0	249,1	250,9	250,9	101,2	102,0	102,0
296	0,1	0,5	0,33	0	5	0,95	0,1	158,9	1920,6	159,1	159,1	1208,7	100,1	100,1
297	0,1	0,5	0,33	0	5	0,95	0,3	225,6	604,6	227,0	226,7	268,0	100,6	100,5
298	0,1	0,5	0,33	0	5	0,95	0,5	317,3	409,1	322,8	318,9	128,9	101,7	100,5
299	0,1	0,5	0,33	0	5	0,95	0,7	412,7	475,9	425,3	418,2	115,3	103,1	101,3
300	0,1	0,5	0,33	0	5	0,95	0,9	319,3	358,7	340,7	339,8	112,3	106,7	106,4

Tab. D.3.5: Simulationsergebnisse zum Modell mit internen Rückflüssen
(Fortsetzung auf der folgenden Seite)

								Absolute Kosten				Stand. Kosten		
i	ρ_D	ρ_Z	ς	λ_P	λ_R	α	μ_Z	K(*)	K(I)	K(II)	K(III)	C(I)	C(II)	C(III)
301	0,1	0,5	0,33	0	10	0,80	0,1	144,4	3602,5	144,5	144,5	2494,8	100,1	100,1
302	0,1	0,5	0,33	0	10	0,80	0,3	209,3	796,4	209,4	209,4	380,5	100,1	100,0
303	0,1	0,5	0,33	0	10	0,80	0,5	245,6	305,6	277,5	277,5	124,4	113,0	113,0
304	0,1	0,5	0,33	0	10	0,80	0,7	252,5	268,0	306,8	309,8	106,1	121,5	122,7
305	0,1	0,5	0,33	0	10	0,80	0,9	140,5	162,5	182,1	182,4	115,6	129,6	129,8
306	0,1	0,5	0,33	0	10	0,90	0,1	182,5	3712,4	182,7	182,7	2034,2	100,1	100,1
307	0,1	0,5	0,33	0	10	0,90	0,3	262,2	863,5	262,7	262,6	329,3	100,2	100,2
308	0,1	0,5	0,33	0	10	0,90	0,5	313,5	375,7	352,3	351,8	119,8	112,4	112,2
309	0,1	0,5	0,33	0	10	0,90	0,7	341,2	364,9	396,3	398,4	107,0	116,1	116,8
310	0,1	0,5	0,33	0	10	0,90	0,9	246,3	247,9	257,1	257,0	100,7	104,4	104,3
311	0,1	0,5	0,33	0	10	0,95	0,1	215,1	3760,9	215,6	215,6	1748,5	100,3	100,3
312	0,1	0,5	0,33	0	10	0,95	0,3	308,6	959,1	311,3	311,3	310,8	100,9	100,9
313	0,1	0,5	0,33	0	10	0,95	0,5	372,5	464,6	422,2	421,3	124,7	113,3	113,1
314	0,1	0,5	0,33	0	10	0,95	0,7	428,3	481,8	483,4	485,0	112,5	112,9	113,2
315	0,1	0,5	0,33	0	10	0,95	0,9	320,5	357,1	332,6	331,8	111,4	103,8	103,5
316	0,1	0,5	0,33	5	0	0,80	0,1	75,9	81,5	80,3	80,3	107,4	105,8	105,8
317	0,1	0,5	0,33	5	0	0,80	0,3	75,9	81,5	79,2	79,2	107,4	104,3	104,3
318	0,1	0,5	0,33	5	0	0,80	0,5	76,1	81,7	79,0	79,0	107,4	103,8	103,8
319	0,1	0,5	0,33	5	0	0,80	0,7	79,6	84,6	82,4	82,4	106,2	103,5	103,5
320	0,1	0,5	0,33	5	0	0,80	0,9	90,9	93,4	92,9	92,9	102,8	102,2	102,2
321	0,1	0,5	0,33	5	0	0,90	0,1	92,8	99,9	98,9	98,9	107,6	106,5	106,5
322	0,1	0,5	0,33	5	0	0,90	0,3	92,8	99,9	97,5	97,5	107,6	105,0	105,0
323	0,1	0,5	0,33	5	0	0,90	0,5	93,1	100,1	97,3	97,3	107,5	104,5	104,5
324	0,1	0,5	0,33	5	0	0,90	0,7	97,2	103,6	101,4	101,4	106,6	104,3	104,3
325	0,1	0,5	0,33	5	0	0,90	0,9	111,4	115,5	114,6	114,6	103,6	102,8	102,8
326	0,1	0,5	0,33	5	0	0,95	0,1	107,6	116,1	114,9	114,9	107,9	106,8	106,8
327	0,1	0,5	0,33	5	0	0,95	0,3	107,6	116,1	113,6	113,6	107,9	105,5	105,5
328	0,1	0,5	0,33	5	0	0,95	0,5	107,8	116,3	113,3	113,3	107,9	105,1	105,1
329	0,1	0,5	0,33	5	0	0,95	0,7	112,5	120,3	117,6	117,6	106,9	104,6	104,6
330	0,1	0,5	0,33	5	0	0,95	0,9	128,5	134,1	133,3	133,3	104,4	103,8	103,8
331	0,1	0,5	0,33	5	5	0,80	0,1	133,8	2118,0	135,0	135,0	1583,0	100,9	100,9
332	0,1	0,5	0,33	5	5	0,80	0,3	181,6	532,6	181,9	182,0	293,3	100,2	100,2
333	0,1	0,5	0,33	5	5	0,80	0,5	261,0	366,1	261,9	262,0	140,3	100,3	100,4
334	0,1	0,5	0,33	5	5	0,80	0,7	364,6	366,8	366,0	365,9	100,6	100,4	100,4
335	0,1	0,5	0,33	5	5	0,80	0,9	307,6	307,7	308,4	308,0	100,0	100,3	100,1
336	0,1	0,5	0,33	5	5	0,90	0,1	166,8	2409,4	169,7	169,7	1444,5	101,8	101,8
337	0,1	0,5	0,33	5	5	0,90	0,3	225,6	670,5	226,2	226,2	297,2	100,3	100,3
338	0,1	0,5	0,33	5	5	0,90	0,5	327,1	490,5	327,3	327,4	149,9	100,1	100,1
339	0,1	0,5	0,33	5	5	0,90	0,7	463,6	471,5	464,0	463,8	101,7	100,1	100,0
340	0,1	0,5	0,33	5	5	0,90	0,9	409,6	411,0	410,2	409,6	100,3	100,1	100,0
341	0,1	0,5	0,33	5	5	0,95	0,1	195,3	2713,9	199,5	199,5	1389,6	102,2	102,2
342	0,1	0,5	0,33	5	5	0,95	0,3	264,4	811,2	264,8	264,8	306,8	100,1	100,2
343	0,1	0,5	0,33	5	5	0,95	0,5	383,4	616,3	383,3	383,4	160,7	100,0	100,0
344	0,1	0,5	0,33	5	5	0,95	0,7	549,9	632,1	550,9	550,5	114,9	100,2	100,1
345	0,1	0,5	0,33	5	5	0,95	0,9	502,8	513,7	511,8	510,9	102,2	101,8	101,6
346	0,1	0,5	0,33	5	10	0,80	0,1	167,6	3812,1	168,4	168,4	2274,5	100,5	100,5
347	0,1	0,5	0,33	5	10	0,80	0,3	232,8	872,5	232,8	232,9	374,8	100,0	100,0
348	0,1	0,5	0,33	5	10	0,80	0,5	325,0	464,5	326,0	326,7	142,9	100,3	100,5
349	0,1	0,5	0,33	5	10	0,80	0,7	435,3	478,3	436,5	445,0	109,9	100,3	102,2
350	0,1	0,5	0,33	5	10	0,80	0,9	333,1	338,4	345,9	349,0	101,6	103,9	104,8

Tab. D.3.5: Simulationsergebnisse zum Modell mit internen Rückflüssen
(Fortsetzung auf der folgenden Seite)

								Absolute Kosten				Stand. Kosten		
i	ρ_D	ρ_Z	ς	λ_P	λ_R	α	μ_Z	K(*)	K(I)	K(II)	K(III)	C(I)	C(II)	C(III)
351	0,1	0,5	0,33	5	10	0,90	0,1	210,1	4102,4	210,7	210,7	1952,6	100,3	100,3
352	0,1	0,5	0,33	5	10	0,90	0,3	290,5	1020,4	290,7	290,7	351,2	100,1	100,1
353	0,1	0,5	0,33	5	10	0,90	0,5	413,7	607,7	413,3	414,4	146,9	99,9	100,2
354	0,1	0,5	0,33	5	10	0,90	0,7	561,5	626,8	557,0	567,0	111,6	99,2	101,0
355	0,1	0,5	0,33	5	10	0,90	0,9	447,3	454,5	455,1	459,2	101,6	101,8	102,7
356	0,1	0,5	0,33	5	10	0,95	0,1	245,6	4376,7	247,9	247,8	1782,0	100,9	100,9
357	0,1	0,5	0,33	5	10	0,95	0,3	340,6	1159,2	342,0	342,1	340,3	100,4	100,4
358	0,1	0,5	0,33	5	10	0,95	0,5	488,8	746,2	487,9	489,2	152,7	99,8	100,1
359	0,1	0,5	0,33	5	10	0,95	0,7	673,8	776,9	668,3	679,8	115,3	99,2	100,9
360	0,1	0,5	0,33	5	10	0,95	0,9	550,3	575,8	567,3	571,5	104,6	103,1	103,9
361	0,1	0,5	0,33	10	0	0,80	0,1	92,7	102,4	100,9	100,9	110,4	108,9	108,9
362	0,1	0,5	0,33	10	0	0,80	0,3	92,7	102,4	99,2	99,2	110,4	107,0	107,0
363	0,1	0,5	0,33	10	0	0,80	0,5	92,9	102,5	98,8	98,8	110,4	106,4	106,4
364	0,1	0,5	0,33	10	0	0,80	0,7	96,8	105,8	102,9	102,9	109,3	106,3	106,3
365	0,1	0,5	0,33	10	0	0,80	0,9	112,3	118,8	117,7	117,7	105,8	104,8	104,8
366	0,1	0,5	0,33	10	0	0,90	0,1	112,4	123,7	121,9	121,9	110,0	108,4	108,4
367	0,1	0,5	0,33	10	0	0,90	0,3	112,4	123,7	119,9	119,9	110,0	106,7	106,7
368	0,1	0,5	0,33	10	0	0,90	0,5	112,7	123,9	119,5	119,5	109,9	106,0	106,0
369	0,1	0,5	0,33	10	0	0,90	0,7	117,2	127,6	124,3	124,3	108,9	106,1	106,1
370	0,1	0,5	0,33	10	0	0,90	0,9	135,6	144,0	143,0	143,0	106,2	105,4	105,4
371	0,1	0,5	0,33	10	0	0,95	0,1	129,3	141,9	140,3	140,3	109,7	108,5	108,5
372	0,1	0,5	0,33	10	0	0,95	0,3	129,3	141,9	138,4	138,4	109,7	107,0	107,0
373	0,1	0,5	0,33	10	0	0,95	0,5	129,6	142,2	138,0	138,0	109,7	106,5	106,5
374	0,1	0,5	0,33	10	0	0,95	0,7	134,6	146,6	143,1	143,1	108,9	106,3	106,3
375	0,1	0,5	0,33	10	0	0,95	0,9	154,8	164,9	163,1	163,1	106,5	105,4	105,4
376	0,1	0,5	0,33	10	5	0,80	0,1	149,6	2089,2	153,6	153,6	1396,5	102,7	102,7
377	0,1	0,5	0,33	10	5	0,80	0,3	197,4	533,0	198,1	198,1	270,0	100,3	100,4
378	0,1	0,5	0,33	10	5	0,80	0,5	274,1	372,1	274,2	274,3	135,8	100,0	100,1
379	0,1	0,5	0,33	10	5	0,80	0,7	375,1	377,5	375,4	375,6	100,6	100,1	100,1
380	0,1	0,5	0,33	10	5	0,80	0,9	321,4	321,9	322,4	322,1	100,2	100,3	100,2
381	0,1	0,5	0,33	10	5	0,90	0,1	184,9	2356,8	190,7	190,7	1274,6	103,2	103,2
382	0,1	0,5	0,33	10	5	0,90	0,3	244,1	666,3	245,2	245,3	273,0	100,5	100,5
383	0,1	0,5	0,33	10	5	0,90	0,5	341,7	491,6	342,0	342,0	143,9	100,1	100,1
384	0,1	0,5	0,33	10	5	0,90	0,7	476,0	483,4	476,8	476,6	101,5	100,2	100,1
385	0,1	0,5	0,33	10	5	0,90	0,9	424,0	425,6	425,6	425,0	100,4	100,4	100,2
386	0,1	0,5	0,33	10	5	0,95	0,1	215,6	2636,5	223,0	223,0	1222,9	103,4	103,4
387	0,1	0,5	0,33	10	5	0,95	0,3	283,8	793,9	285,8	285,8	279,8	100,7	100,7
388	0,1	0,5	0,33	10	5	0,95	0,5	399,8	610,4	400,1	400,3	152,7	100,1	100,1
389	0,1	0,5	0,33	10	5	0,95	0,7	564,8	620,6	565,2	564,8	109,9	100,1	100,0
390	0,1	0,5	0,33	10	5	0,95	0,9	517,4	527,7	526,3	525,4	102,0	101,7	101,5
391	0,1	0,5	0,33	10	10	0,80	0,1	184,9	4165,2	187,1	187,1	2252,7	101,2	101,2
392	0,1	0,5	0,33	10	10	0,80	0,3	254,9	919,9	255,0	255,1	360,9	100,0	100,1
393	0,1	0,5	0,33	10	10	0,80	0,5	366,5	522,3	367,6	367,9	142,5	100,3	100,4
394	0,1	0,5	0,33	10	10	0,80	0,7	506,4	509,3	507,8	507,8	100,6	100,3	100,3
395	0,1	0,5	0,33	10	10	0,80	0,9	423,3	424,1	424,8	424,6	100,2	100,4	100,3
396	0,1	0,5	0,33	10	10	0,90	0,1	229,6	4568,3	232,8	232,8	1989,7	101,4	101,4
397	0,1	0,5	0,33	10	10	0,90	0,3	316,8	1114,6	317,1	317,2	351,8	100,1	100,1
398	0,1	0,5	0,33	10	10	0,90	0,5	459,5	696,6	460,3	460,7	151,6	100,2	100,3
399	0,1	0,5	0,33	10	10	0,90	0,7	642,6	649,4	642,5	642,9	101,1	100,0	100,0
400	0,1	0,5	0,33	10	10	0,90	0,9	552,0	553,8	553,5	552,9	100,3	100,3	100,2

Tab. D.3.5: Simulationsergebnisse zum Modell mit internen Rückflüssen
(Fortsetzung auf der folgenden Seite)

								Absolute Kosten				Stand. Kosten		
i	ρ_D	ρ_Z	ς	λ_P	λ_R	α	μ_Z	K(*)	K(I)	K(II)	K(III)	C(I)	C(II)	C(III)
401	0,1	0,5	0,33	10	10	0,95	0,1	267,4	5015,7	273,2	273,2	1875,7	102,2	102,2
402	0,1	0,5	0,33	10	10	0,95	0,3	370,5	1298,2	371,0	371,1	350,4	100,1	100,2
403	0,1	0,5	0,33	10	10	0,95	0,5	538,9	857,3	540,5	540,8	159,1	100,3	100,4
404	0,1	0,5	0,33	10	10	0,95	0,7	759,8	774,8	760,4	760,9	102,0	100,1	100,2
405	0,1	0,5	0,33	10	10	0,95	0,9	669,0	677,6	676,6	675,6	101,3	101,1	101,0
406	0,1	0,5	0,67	0	0	0,80	0,1	43,1	43,1	43,1	43,1	100,0	100,0	100,0
407	0,1	0,5	0,67	0	0	0,80	0,3	43,1	43,1	43,1	43,1	100,0	100,1	100,1
408	0,1	0,5	0,67	0	0	0,80	0,5	43,1	43,1	43,2	43,2	100,0	100,1	100,1
409	0,1	0,5	0,67	0	0	0,80	0,7	43,1	43,1	43,1	43,1	100,0	100,1	100,1
410	0,1	0,5	0,67	0	0	0,80	0,9	43,1	43,1	43,1	43,1	100,0	100,0	100,0
411	0,1	0,5	0,67	0	0	0,90	0,1	54,7	54,8	54,7	54,7	100,1	100,1	100,1
412	0,1	0,5	0,67	0	0	0,90	0,3	54,7	54,8	54,8	54,8	100,1	100,1	100,1
413	0,1	0,5	0,67	0	0	0,90	0,5	54,7	54,8	54,8	54,8	100,1	100,1	100,1
414	0,1	0,5	0,67	0	0	0,90	0,7	54,7	54,8	54,8	54,8	100,1	100,1	100,1
415	0,1	0,5	0,67	0	0	0,90	0,9	54,7	54,8	54,7	54,7	100,1	100,1	100,1
416	0,1	0,5	0,67	0	0	0,95	0,1	65,1	65,2	65,1	65,1	100,1	100,0	100,0
417	0,1	0,5	0,67	0	0	0,95	0,3	65,1	65,2	65,1	65,1	100,1	100,0	100,0
418	0,1	0,5	0,67	0	0	0,95	0,5	65,1	65,2	65,1	65,1	100,1	100,0	100,0
419	0,1	0,5	0,67	0	0	0,95	0,7	65,1	65,2	65,1	65,1	100,1	100,0	100,0
420	0,1	0,5	0,67	0	0	0,95	0,9	65,1	65,2	65,1	65,1	100,1	100,0	100,0
421	0,1	0,5	0,67	0	5	0,80	0,1	106,3	3499,7	106,3	106,3	3292,3	100,0	100,0
422	0,1	0,5	0,67	0	5	0,80	0,3	152,8	661,6	153,5	153,3	433,0	100,4	100,4
423	0,1	0,5	0,67	0	5	0,80	0,5	207,4	274,7	211,2	209,4	132,4	101,8	100,9
424	0,1	0,5	0,67	0	5	0,80	0,7	244,8	266,6	257,2	256,8	108,9	105,1	104,9
425	0,1	0,5	0,67	0	5	0,80	0,9	141,0	163,0	171,1	171,4	115,6	121,3	121,6
426	0,1	0,5	0,67	0	5	0,90	0,1	134,3	3535,3	134,3	134,3	2632,4	100,0	100,0
427	0,1	0,5	0,67	0	5	0,90	0,3	192,4	718,4	193,4	193,2	373,4	100,5	100,4
428	0,1	0,5	0,67	0	5	0,90	0,5	267,2	343,9	271,3	268,5	128,7	101,5	100,5
429	0,1	0,5	0,67	0	5	0,90	0,7	331,2	363,2	342,4	339,5	109,7	103,4	102,5
430	0,1	0,5	0,67	0	5	0,90	0,9	245,2	249,2	252,3	252,1	101,6	102,9	102,8
431	0,1	0,5	0,67	0	5	0,95	0,1	158,9	3605,6	159,2	159,2	2269,1	100,2	100,2
432	0,1	0,5	0,67	0	5	0,95	0,3	226,9	806,1	228,4	228,4	355,3	100,7	100,6
433	0,1	0,5	0,67	0	5	0,95	0,5	320,3	427,0	326,8	323,0	133,3	102,0	100,8
434	0,1	0,5	0,67	0	5	0,95	0,7	416,9	478,8	429,5	423,1	114,8	103,0	101,5
435	0,1	0,5	0,67	0	5	0,95	0,9	320,4	358,7	343,6	342,7	112,0	107,2	107,0
436	0,1	0,5	0,67	0	10	0,80	0,1	144,4	7089,8	144,7	144,7	4909,8	100,2	100,2
437	0,1	0,5	0,67	0	10	0,80	0,3	209,9	1198,3	209,9	210,0	570,9	100,0	100,0
438	0,1	0,5	0,67	0	10	0,80	0,5	274,8	327,5	277,8	277,9	119,2	101,1	101,1
439	0,1	0,5	0,67	0	10	0,80	0,7	258,9	268,8	306,9	310,1	103,8	118,5	119,8
440	0,1	0,5	0,67	0	10	0,80	0,9	140,6	162,5	182,4	182,6	115,6	129,7	129,9
441	0,1	0,5	0,67	0	10	0,90	0,1	182,5	7173,9	182,8	182,8	3930,9	100,1	100,1
442	0,1	0,5	0,67	0	10	0,90	0,3	263,3	1252,7	264,2	264,0	475,8	100,3	100,3
443	0,1	0,5	0,67	0	10	0,90	0,5	344,5	398,1	354,9	355,1	115,5	103,0	103,1
444	0,1	0,5	0,67	0	10	0,90	0,7	347,5	365,5	398,4	400,8	105,2	114,6	115,3
445	0,1	0,5	0,67	0	10	0,90	0,9	246,5	247,9	258,9	258,9	100,6	105,0	105,0
446	0,1	0,5	0,67	0	10	0,95	0,1	215,1	7263,9	215,6	215,6	3377,0	100,2	100,2
447	0,1	0,5	0,67	0	10	0,95	0,3	310,3	1348,2	313,5	313,6	434,5	101,0	101,1
448	0,1	0,5	0,67	0	10	0,95	0,5	407,5	486,1	427,2	427,4	119,3	104,8	104,9
449	0,1	0,5	0,67	0	10	0,95	0,7	433,9	482,9	487,8	489,3	111,3	112,4	112,8
450	0,1	0,5	0,67	0	10	0,95	0,9	320,5	357,1	335,5	334,9	111,4	104,7	104,5

Tab. D.3.5: Simulationsergebnisse zum Modell mit internen Rückflüssen
(Fortsetzung auf der folgenden Seite)

								Absolute Kosten				Stand. Kosten		
i	ρ_D	ρ_Z	ς	λ_P	λ_R	α	μ_Z	K(*)	K(I)	K(II)	K(III)	C(I)	C(II)	C(III)
451	0,1	0,5	0,67	5	0	0,80	0,1	93,7	94,6	94,3	94,3	100,9	100,7	100,7
452	0,1	0,5	0,67	5	0	0,80	0,3	93,7	94,6	94,1	94,1	100,9	100,4	100,4
453	0,1	0,5	0,67	5	0	0,80	0,5	93,8	94,6	94,1	94,1	100,9	100,3	100,3
454	0,1	0,5	0,67	5	0	0,80	0,7	95,2	95,9	95,5	95,5	100,8	100,3	100,3
455	0,1	0,5	0,67	5	0	0,80	0,9	99,4	99,7	99,7	99,7	100,3	100,3	100,3
456	0,1	0,5	0,67	5	0	0,90	0,1	116,3	117,5	117,2	117,2	101,0	100,8	100,8
457	0,1	0,5	0,67	5	0	0,90	0,3	116,3	117,5	116,9	116,9	101,0	100,5	100,5
458	0,1	0,5	0,67	5	0	0,90	0,5	116,4	117,6	117,0	117,0	101,0	100,5	100,5
459	0,1	0,5	0,67	5	0	0,90	0,7	118,2	119,2	118,7	118,7	100,9	100,4	100,4
460	0,1	0,5	0,67	5	0	0,90	0,9	123,9	124,5	124,3	124,3	100,5	100,4	100,4
461	0,1	0,5	0,67	5	0	0,95	0,1	135,9	138,1	137,8	137,8	101,6	101,4	101,4
462	0,1	0,5	0,67	5	0	0,95	0,3	135,9	138,1	137,4	137,4	101,6	101,1	101,1
463	0,1	0,5	0,67	5	0	0,95	0,5	136,1	138,2	137,4	137,4	101,5	101,0	101,0
464	0,1	0,5	0,67	5	0	0,95	0,7	138,1	140,0	139,4	139,4	101,4	100,9	100,9
465	0,1	0,5	0,67	5	0	0,95	0,9	144,9	146,4	146,2	146,2	101,0	100,9	100,9
466	0,1	0,5	0,67	5	5	0,80	0,1	140,7	4075,1	140,8	140,7	2896,3	100,1	100,0
467	0,1	0,5	0,67	5	5	0,80	0,3	183,1	823,5	183,8	183,9	449,8	100,4	100,4
468	0,1	0,5	0,67	5	5	0,80	0,5	261,2	393,9	261,2	261,4	150,8	100,0	100,1
469	0,1	0,5	0,67	5	5	0,80	0,7	364,6	366,8	365,1	365,1	100,6	100,1	100,1
470	0,1	0,5	0,67	5	5	0,80	0,9	307,6	307,7	308,2	307,8	100,0	100,2	100,1
471	0,1	0,5	0,67	5	5	0,90	0,1	176,5	4628,3	177,6	177,6	2622,3	100,6	100,6
472	0,1	0,5	0,67	5	5	0,90	0,3	228,7	1036,3	229,6	229,6	453,1	100,4	100,4
473	0,1	0,5	0,67	5	5	0,90	0,5	327,6	549,2	327,9	327,7	167,6	100,1	100,0
474	0,1	0,5	0,67	5	5	0,90	0,7	463,6	471,5	464,0	463,8	101,7	100,1	100,0
475	0,1	0,5	0,67	5	5	0,90	0,9	409,6	411,0	410,3	409,7	100,3	100,2	100,0
476	0,1	0,5	0,67	5	5	0,95	0,1	207,7	5196,7	209,0	209,0	2502,0	100,6	100,6
477	0,1	0,5	0,67	5	5	0,95	0,3	269,4	1254,5	269,6	269,6	465,6	100,1	100,1
478	0,1	0,5	0,67	5	5	0,95	0,5	384,8	708,0	384,9	384,9	184,0	100,0	100,0
479	0,1	0,5	0,67	5	5	0,95	0,7	550,0	632,2	551,3	550,9	115,0	100,2	100,2
480	0,1	0,5	0,67	5	5	0,95	0,9	502,8	513,7	512,8	512,0	102,2	102,0	101,8
481	0,1	0,5	0,67	5	10	0,80	0,1	172,2	7741,5	172,2	172,2	4495,6	100,0	100,0
482	0,1	0,5	0,67	5	10	0,80	0,3	234,3	1430,5	234,2	234,3	610,5	100,0	100,0
483	0,1	0,5	0,67	5	10	0,80	0,5	325,3	513,2	324,8	325,9	157,8	99,8	100,2
484	0,1	0,5	0,67	5	10	0,80	0,7	435,8	479,6	432,5	441,4	110,0	99,2	101,3
485	0,1	0,5	0,67	5	10	0,80	0,9	333,2	338,4	341,9	344,9	101,6	102,6	103,5
486	0,1	0,5	0,67	5	10	0,90	0,1	216,8	8223,8	217,2	217,2	3793,3	100,2	100,2
487	0,1	0,5	0,67	5	10	0,90	0,3	293,1	1657,9	293,3	293,4	565,6	100,1	100,1
488	0,1	0,5	0,67	5	10	0,90	0,5	415,3	687,8	413,6	415,5	165,6	99,6	100,0
489	0,1	0,5	0,67	5	10	0,90	0,7	562,9	629,1	556,3	566,9	111,8	98,8	100,7
490	0,1	0,5	0,67	5	10	0,90	0,9	447,2	454,5	453,9	458,3	101,6	101,5	102,5
491	0,1	0,5	0,67	5	10	0,95	0,1	254,3	8669,1	254,9	254,9	3409,0	100,2	100,2
492	0,1	0,5	0,67	5	10	0,95	0,3	344,5	1855,2	345,7	345,9	538,5	100,3	100,4
493	0,1	0,5	0,67	5	10	0,95	0,5	491,0	855,5	490,0	491,8	174,2	99,8	100,2
494	0,1	0,5	0,67	5	10	0,95	0,7	673,6	782,6	671,0	682,4	116,2	99,6	101,3
495	0,1	0,5	0,67	5	10	0,95	0,9	550,2	575,8	568,4	572,7	104,7	103,3	104,1
496	0,1	0,5	0,67	10	0	0,80	0,1	121,9	123,9	123,6	123,6	101,7	101,4	101,4
497	0,1	0,5	0,67	10	0	0,80	0,3	121,9	123,9	123,3	123,3	101,7	101,1	101,1
498	0,1	0,5	0,67	10	0	0,80	0,5	122,1	124,0	123,3	123,3	101,6	101,0	101,0
499	0,1	0,5	0,67	10	0	0,80	0,7	123,7	125,6	125,0	125,0	101,5	101,0	101,0
500	0,1	0,5	0,67	10	0	0,80	0,9	129,9	131,4	131,2	131,2	101,1	101,0	101,0

Tab. D.3.5: Simulationsergebnisse zum Modell mit internen Rückflüssen
(Fortsetzung auf der folgenden Seite)

								Absolute Kosten				Stand. Kosten		
i	ρ_D	ρ_Z	ς	λ_P	λ_R	α	μ_Z	K(*)	K(I)	K(II)	K(III)	C(I)	C(II)	C(III)
501	0,1	0,5	0,67	10	0	0,90	0,1	150,5	153,2	152,9	152,9	101,8	101,6	101,6
502	0,1	0,5	0,67	10	0	0,90	0,3	150,5	153,2	152,5	152,5	101,8	101,3	101,3
503	0,1	0,5	0,67	10	0	0,90	0,5	150,6	153,3	152,3	152,3	101,8	101,2	101,2
504	0,1	0,5	0,67	10	0	0,90	0,7	152,7	155,3	154,4	154,4	101,7	101,1	101,1
505	0,1	0,5	0,67	10	0	0,90	0,9	160,6	162,9	162,7	162,7	101,4	101,3	101,3
506	0,1	0,5	0,67	10	0	0,95	0,1	175,2	177,9	177,5	177,5	101,5	101,3	101,3
507	0,1	0,5	0,67	10	0	0,95	0,3	175,2	177,9	177,4	177,4	101,5	101,3	101,3
508	0,1	0,5	0,67	10	0	0,95	0,5	175,3	178,0	177,4	177,4	101,6	101,2	101,2
509	0,1	0,5	0,67	10	0	0,95	0,7	177,7	180,1	179,7	179,7	101,4	101,1	101,1
510	0,1	0,5	0,67	10	0	0,95	0,9	186,9	189,5	189,1	189,1	101,4	101,2	101,2
511	0,1	0,5	0,67	10	5	0,80	0,1	165,4	4020,1	165,7	165,7	2430,5	100,2	100,2
512	0,1	0,5	0,67	10	5	0,80	0,3	205,7	815,8	205,7	205,7	396,6	100,0	100,0
513	0,1	0,5	0,67	10	5	0,80	0,5	277,0	400,1	277,0	277,1	144,4	100,0	100,0
514	0,1	0,5	0,67	10	5	0,80	0,7	375,8	378,0	376,0	376,0	100,6	100,0	100,0
515	0,1	0,5	0,67	10	5	0,80	0,9	322,0	322,3	322,8	322,5	100,1	100,2	100,2
516	0,1	0,5	0,67	10	5	0,90	0,1	206,7	4529,7	207,9	207,9	2191,4	100,6	100,6
517	0,1	0,5	0,67	10	5	0,90	0,3	256,1	1019,6	256,2	256,3	398,1	100,0	100,1
518	0,1	0,5	0,67	10	5	0,90	0,5	346,9	547,7	347,0	347,1	157,9	100,0	100,0
519	0,1	0,5	0,67	10	5	0,90	0,7	477,2	484,0	477,8	477,6	101,4	100,1	100,1
520	0,1	0,5	0,67	10	5	0,90	0,9	425,0	425,6	426,1	425,5	100,1	100,3	100,1
521	0,1	0,5	0,67	10	5	0,95	0,1	241,5	5052,5	242,7	242,7	2092,1	100,5	100,5
522	0,1	0,5	0,67	10	5	0,95	0,3	299,4	1225,7	299,5	299,5	409,4	100,0	100,0
523	0,1	0,5	0,67	10	5	0,95	0,5	407,4	700,1	407,5	407,6	171,8	100,0	100,0
524	0,1	0,5	0,67	10	5	0,95	0,7	566,1	621,7	566,9	566,6	109,8	100,1	100,1
525	0,1	0,5	0,67	10	5	0,95	0,9	518,1	526,7	526,6	525,7	101,7	101,6	101,5
526	0,1	0,5	0,67	10	10	0,80	0,1	195,1	8115,5	195,6	195,6	4159,7	100,3	100,3
527	0,1	0,5	0,67	10	10	0,80	0,3	256,9	1492,3	257,4	257,5	580,9	100,2	100,2
528	0,1	0,5	0,67	10	10	0,80	0,5	366,6	565,7	367,3	367,6	154,3	100,2	100,3
529	0,1	0,5	0,67	10	10	0,80	0,7	506,4	509,3	506,6	506,7	100,6	100,0	100,1
530	0,1	0,5	0,67	10	10	0,80	0,9	423,3	424,1	424,5	424,2	100,2	100,3	100,2
531	0,1	0,5	0,67	10	10	0,90	0,1	243,6	8890,2	244,1	244,2	3649,5	100,2	100,2
532	0,1	0,5	0,67	10	10	0,90	0,3	321,0	1803,8	321,4	321,5	561,9	100,1	100,2
533	0,1	0,5	0,67	10	10	0,90	0,5	459,7	786,7	460,5	460,6	171,1	100,2	100,2
534	0,1	0,5	0,67	10	10	0,90	0,7	642,6	649,4	643,1	643,1	101,1	100,1	100,1
535	0,1	0,5	0,67	10	10	0,90	0,9	552,0	553,8	553,9	553,3	100,3	100,3	100,2
536	0,1	0,5	0,67	10	10	0,95	0,1	285,3	9714,6	287,5	287,5	3405,0	100,8	100,8
537	0,1	0,5	0,67	10	10	0,95	0,3	376,9	2095,3	376,9	377,0	555,9	100,0	100,0
538	0,1	0,5	0,67	10	10	0,95	0,5	539,5	995,1	540,1	540,4	184,4	100,1	100,2
539	0,1	0,5	0,67	10	10	0,95	0,7	759,7	774,8	762,9	762,5	102,0	100,4	100,4
540	0,1	0,5	0,67	10	10	0,95	0,9	668,9	677,6	677,4	676,4	101,3	101,3	101,1
541	0,5	0,1	0,33	0	0	0,80	0,1	233,7	234,3	234,9	234,9	100,3	100,5	100,5
542	0,5	0,1	0,33	0	0	0,80	0,3	233,7	234,3	236,0	236,0	100,3	101,0	101,0
543	0,5	0,1	0,33	0	0	0,80	0,5	233,7	234,3	236,5	236,5	100,3	101,2	101,2
544	0,5	0,1	0,33	0	0	0,80	0,7	233,7	234,3	236,0	236,0	100,3	101,0	101,0
545	0,5	0,1	0,33	0	0	0,80	0,9	233,7	234,3	234,9	234,9	100,3	100,5	100,5
546	0,5	0,1	0,33	0	0	0,90	0,1	313,8	314,2	313,9	313,9	100,1	100,0	100,0
547	0,5	0,1	0,33	0	0	0,90	0,3	313,8	314,2	313,8	313,8	100,1	100,0	100,0
548	0,5	0,1	0,33	0	0	0,90	0,5	313,8	314,2	313,9	313,9	100,1	100,0	100,0
549	0,5	0,1	0,33	0	0	0,90	0,7	313,8	314,2	313,8	313,8	100,1	100,0	100,0
550	0,5	0,1	0,33	0	0	0,90	0,9	313,8	314,2	313,9	313,9	100,1	100,0	100,0

Tab. D.3.5: Simulationsergebnisse zum Modell mit internen Rückflüssen
(Fortsetzung auf der folgenden Seite)

								Absolute Kosten				Stand. Kosten		
i	ρ_D	ρ_Z	ς	λ_P	λ_R	α	μ_Z	K(*)	K(I)	K(II)	K(III)	C(I)	C(II)	C(III)
551	0,5	0,1	0,33	0	0	0,95	0,1	390,1	396,1	394,7	394,7	101,6	101,2	101,2
552	0,5	0,1	0,33	0	0	0,95	0,3	390,1	396,1	393,1	393,1	101,6	100,8	100,8
553	0,5	0,1	0,33	0	0	0,95	0,5	390,1	396,1	392,6	392,6	101,6	100,6	100,6
554	0,5	0,1	0,33	0	0	0,95	0,7	390,1	396,1	393,1	393,1	101,6	100,8	100,8
555	0,5	0,1	0,33	0	0	0,95	0,9	390,1	396,1	394,7	394,7	101,6	101,2	101,2
556	0,5	0,1	0,33	0	5	0,80	0,1	495,5	2500,3	495,8	495,8	504,6	100,1	100,1
557	0,5	0,1	0,33	0	5	0,80	0,3	387,8	613,7	391,1	390,1	158,3	100,9	100,6
558	0,5	0,1	0,33	0	5	0,80	0,5	277,9	298,2	300,0	298,0	107,3	108,0	107,2
559	0,5	0,1	0,33	0	5	0,80	0,7	239,0	240,1	255,4	255,0	100,4	106,9	106,7
560	0,5	0,1	0,33	0	5	0,80	0,9	238,2	238,7	243,6	243,4	100,2	102,3	102,2
561	0,5	0,1	0,33	0	5	0,90	0,1	641,1	2460,4	641,5	641,5	383,8	100,1	100,1
562	0,5	0,1	0,33	0	5	0,90	0,3	501,4	708,2	507,0	505,4	141,2	101,1	100,8
563	0,5	0,1	0,33	0	5	0,90	0,5	360,0	375,7	388,6	385,6	104,4	107,9	107,1
564	0,5	0,1	0,33	0	5	0,90	0,7	319,7	319,9	335,0	334,3	100,0	104,8	104,6
565	0,5	0,1	0,33	0	5	0,90	0,9	319,1	319,6	323,9	323,6	100,1	101,5	101,4
566	0,5	0,1	0,33	0	5	0,95	0,1	771,2	2472,1	775,3	775,8	320,6	100,5	100,6
567	0,5	0,1	0,33	0	5	0,95	0,3	605,4	789,0	614,3	612,0	130,3	101,5	101,1
568	0,5	0,1	0,33	0	5	0,95	0,5	437,2	451,2	474,5	469,9	103,2	108,5	107,5
569	0,5	0,1	0,33	0	5	0,95	0,7	396,0	400,8	413,1	412,0	101,2	104,3	104,0
570	0,5	0,1	0,33	0	5	0,95	0,9	395,9	402,3	405,0	404,9	101,6	102,3	102,3
571	0,5	0,1	0,33	0	10	0,80	0,1	659,2	4203,8	659,7	659,6	637,7	100,1	100,1
572	0,5	0,1	0,33	0	10	0,80	0,3	500,2	960,3	502,2	501,3	192,0	100,4	100,2
573	0,5	0,1	0,33	0	10	0,80	0,5	296,3	329,1	348,5	346,7	111,1	117,6	117,0
574	0,5	0,1	0,33	0	10	0,80	0,7	238,9	239,9	267,2	266,6	100,4	111,8	111,6
575	0,5	0,1	0,33	0	10	0,80	0,9	238,1	238,7	247,8	247,5	100,2	104,1	104,0
576	0,5	0,1	0,33	0	10	0,90	0,1	842,6	4241,1	843,7	843,6	503,3	100,1	100,1
577	0,5	0,1	0,33	0	10	0,90	0,3	637,8	1077,7	640,5	639,4	169,0	100,4	100,3
578	0,5	0,1	0,33	0	10	0,90	0,5	378,9	406,5	446,0	443,6	107,3	117,7	117,1
579	0,5	0,1	0,33	0	10	0,90	0,7	319,4	319,5	346,6	345,7	100,0	108,5	108,2
580	0,5	0,1	0,33	0	10	0,90	0,9	319,1	319,5	327,3	326,9	100,1	102,6	102,5
581	0,5	0,1	0,33	0	10	0,95	0,1	1006,0	4331,8	1014,5	1014,5	430,6	100,8	100,8
582	0,5	0,1	0,33	0	10	0,95	0,3	759,8	1180,6	769,9	768,1	155,4	101,3	101,1
583	0,5	0,1	0,33	0	10	0,95	0,5	456,3	481,5	537,7	533,7	105,5	117,8	117,0
584	0,5	0,1	0,33	0	10	0,95	0,7	395,8	400,5	422,5	421,1	101,2	106,7	106,4
585	0,5	0,1	0,33	0	10	0,95	0,9	395,8	402,2	407,1	406,9	101,6	102,9	102,8
586	0,5	0,1	0,33	5	0	0,80	0,1	413,4	440,3	436,1	436,1	106,5	105,5	105,5
587	0,5	0,1	0,33	5	0	0,80	0,3	413,7	440,4	431,1	431,1	106,5	104,2	104,2
588	0,5	0,1	0,33	5	0	0,80	0,5	416,1	442,2	431,4	431,4	106,3	103,7	103,7
589	0,5	0,1	0,33	5	0	0,80	0,7	428,4	451,5	443,2	443,2	105,4	103,5	103,5
590	0,5	0,1	0,33	5	0	0,80	0,9	475,8	489,8	488,5	488,5	102,9	102,7	102,7
591	0,5	0,1	0,33	5	0	0,90	0,1	523,9	564,3	558,8	558,8	107,7	106,7	106,7
592	0,5	0,1	0,33	5	0	0,90	0,3	524,2	564,4	552,0	552,0	107,7	105,3	105,3
593	0,5	0,1	0,33	5	0	0,90	0,5	527,4	565,8	551,3	551,3	107,3	104,5	104,5
594	0,5	0,1	0,33	5	0	0,90	0,7	543,0	576,2	564,5	564,5	106,1	104,0	104,0
595	0,5	0,1	0,33	5	0	0,90	0,9	601,8	624,3	620,9	620,9	103,7	103,2	103,2
596	0,5	0,1	0,33	5	0	0,95	0,1	623,2	689,3	683,5	683,5	110,6	109,7	109,7
597	0,5	0,1	0,33	5	0	0,95	0,3	623,6	689,1	674,9	674,9	110,5	108,2	108,2
598	0,5	0,1	0,33	5	0	0,95	0,5	627,4	689,4	673,3	673,3	109,9	107,3	107,3
599	0,5	0,1	0,33	5	0	0,95	0,7	644,2	697,6	685,2	685,2	108,3	106,4	106,4
600	0,5	0,1	0,33	5	0	0,95	0,9	712,2	750,0	744,8	744,8	105,3	104,6	104,6

Tab. D.3.5: Simulationsergebnisse zum Modell mit internen Rückflüssen
(Fortsetzung auf der folgenden Seite)

								Absolute Kosten				Stand. Kosten		
i	ρ_D	ρ_Z	ς	λ_P	λ_R	α	μ_Z	K(*)	K(I)	K(II)	K(III)	C(I)	C(II)	C(III)
601	0,5	0,1	0,33	5	5	0,80	0,1	655,8	2329,8	660,2	660,2	355,3	100,7	100,7
602	0,5	0,1	0,33	5	5	0,80	0,3	609,5	790,5	612,9	612,3	129,7	100,6	100,5
603	0,5	0,1	0,33	5	5	0,80	0,5	568,8	574,0	574,1	573,1	100,9	100,9	100,8
604	0,5	0,1	0,33	5	5	0,80	0,7	550,6	550,9	555,5	555,1	100,1	100,9	100,8
605	0,5	0,1	0,33	5	5	0,80	0,9	552,2	552,3	553,0	553,0	100,0	100,1	100,1
606	0,5	0,1	0,33	5	5	0,90	0,1	830,9	2487,4	844,8	844,8	299,4	101,7	101,7
607	0,5	0,1	0,33	5	5	0,90	0,3	779,0	949,0	782,7	781,9	121,8	100,5	100,4
608	0,5	0,1	0,33	5	5	0,90	0,5	730,0	734,5	736,5	735,1	100,6	100,9	100,7
609	0,5	0,1	0,33	5	5	0,90	0,7	710,4	710,8	714,0	713,4	100,1	100,5	100,4
610	0,5	0,1	0,33	5	5	0,90	0,9	713,2	713,9	713,3	713,2	100,1	100,0	100,0
611	0,5	0,1	0,33	5	5	0,95	0,1	985,1	2628,6	1018,8	1018,8	266,8	103,4	103,4
612	0,5	0,1	0,33	5	5	0,95	0,3	926,8	1096,5	943,7	942,7	118,3	101,8	101,7
613	0,5	0,1	0,33	5	5	0,95	0,5	877,6	878,9	884,1	881,6	100,2	100,7	100,5
614	0,5	0,1	0,33	5	5	0,95	0,7	853,2	855,2	857,2	856,3	100,2	100,5	100,4
615	0,5	0,1	0,33	5	5	0,95	0,9	856,0	858,3	856,8	856,8	100,3	100,1	100,1
616	0,5	0,1	0,33	5	10	0,80	0,1	788,0	4431,5	789,9	789,8	562,4	100,2	100,2
617	0,5	0,1	0,33	5	10	0,80	0,3	681,5	1068,0	685,5	684,8	156,7	100,6	100,5
618	0,5	0,1	0,33	5	10	0,80	0,5	591,7	605,7	605,2	603,7	102,4	102,3	102,0
619	0,5	0,1	0,33	5	10	0,80	0,7	551,8	551,9	564,8	564,2	100,0	102,4	102,3
620	0,5	0,1	0,33	5	10	0,80	0,9	552,4	552,4	555,7	555,7	100,0	100,6	100,6
621	0,5	0,1	0,33	5	10	0,90	0,1	997,2	4514,9	1007,5	1007,5	452,8	101,0	101,0
622	0,5	0,1	0,33	5	10	0,90	0,3	862,3	1244,0	870,6	869,6	144,3	101,0	100,9
623	0,5	0,1	0,33	5	10	0,90	0,5	755,6	766,9	770,0	768,8	101,5	101,9	101,7
624	0,5	0,1	0,33	5	10	0,90	0,7	711,0	711,6	724,9	724,0	100,1	102,0	101,8
625	0,5	0,1	0,33	5	10	0,90	0,9	713,4	714,0	717,1	717,1	100,1	100,5	100,5
626	0,5	0,1	0,33	5	10	0,95	0,1	1182,0	4606,5	1206,2	1206,2	389,7	102,0	102,0
627	0,5	0,1	0,33	5	10	0,95	0,3	1026,6	1387,8	1041,4	1040,4	135,2	101,4	101,3
628	0,5	0,1	0,33	5	10	0,95	0,5	901,1	912,2	920,5	918,6	101,2	102,2	101,9
629	0,5	0,1	0,33	5	10	0,95	0,7	853,7	855,5	867,4	866,8	100,2	101,6	101,5
630	0,5	0,1	0,33	5	10	0,95	0,9	856,2	858,5	861,4	861,5	100,3	100,6	100,6
631	0,5	0,1	0,33	10	0	0,80	0,1	500,1	544,4	537,4	537,4	108,9	107,5	107,5
632	0,5	0,1	0,33	10	0	0,80	0,3	500,4	544,6	529,5	529,5	108,8	105,8	105,8
633	0,5	0,1	0,33	10	0	0,80	0,5	503,5	547,1	528,9	528,9	108,7	105,1	105,1
634	0,5	0,1	0,33	10	0	0,80	0,7	520,1	560,2	546,1	546,1	107,7	105,0	105,0
635	0,5	0,1	0,33	10	0	0,80	0,9	597,2	622,8	618,6	618,6	104,3	103,6	103,6
636	0,5	0,1	0,33	10	0	0,90	0,1	621,4	685,3	677,8	677,8	110,3	109,1	109,1
637	0,5	0,1	0,33	10	0	0,90	0,3	622,0	685,4	667,4	667,4	110,2	107,3	107,3
638	0,5	0,1	0,33	10	0	0,90	0,5	625,6	687,5	665,5	665,5	109,9	106,4	106,4
639	0,5	0,1	0,33	10	0	0,90	0,7	645,9	702,9	684,4	684,4	108,8	106,0	106,0
640	0,5	0,1	0,33	10	0	0,90	0,9	740,4	782,0	776,3	776,3	105,6	104,8	104,8
641	0,5	0,1	0,33	10	0	0,95	0,1	729,7	821,5	813,2	813,2	112,6	111,4	111,4
642	0,5	0,1	0,33	10	0	0,95	0,3	730,2	821,3	801,0	801,0	112,5	109,7	109,7
643	0,5	0,1	0,33	10	0	0,95	0,5	734,5	822,1	798,1	798,1	111,9	108,7	108,7
644	0,5	0,1	0,33	10	0	0,95	0,7	757,8	836,2	816,6	816,6	110,3	107,8	107,8
645	0,5	0,1	0,33	10	0	0,95	0,9	863,0	923,5	915,1	915,1	107,0	106,0	106,0
646	0,5	0,1	0,33	10	5	0,80	0,1	736,7	2362,8	753,9	753,8	320,7	102,3	102,3
647	0,5	0,1	0,33	10	5	0,80	0,3	708,6	876,6	715,7	715,1	123,7	101,0	100,9
648	0,5	0,1	0,33	10	5	0,80	0,5	690,2	702,6	692,8	692,7	101,8	100,4	100,4
649	0,5	0,1	0,33	10	5	0,80	0,7	689,7	698,0	691,4	691,9	101,2	100,2	100,3
650	0,5	0,1	0,33	10	5	0,80	0,9	709,5	714,1	712,5	712,6	100,6	100,4	100,4

Tab. D.3.5: Simulationsergebnisse zum Modell mit internen Rückflüssen
(Fortsetzung auf der folgenden Seite)

								Absolute Kosten				Stand. Kosten		
i	ρ_D	ρ_z	ς	λ_P	λ_R	α	μ_z	K(*)	K(I)	K(II)	K(III)	C(I)	C(II)	C(III)
651	0,5	0,1	0,33	10	5	0,90	0,1	922,3	2544,2	956,7	956,6	275,8	103,7	103,7
652	0,5	0,1	0,33	10	5	0,90	0,3	889,2	1060,6	910,5	909,5	119,3	102,4	102,3
653	0,5	0,1	0,33	10	5	0,90	0,5	869,7	889,9	880,8	880,1	102,3	101,3	101,2
654	0,5	0,1	0,33	10	5	0,90	0,7	871,3	889,3	879,5	879,6	102,1	100,9	100,9
655	0,5	0,1	0,33	10	5	0,90	0,9	898,3	909,0	905,8	905,9	101,2	100,8	100,8
656	0,5	0,1	0,33	10	5	0,95	0,1	1089,1	2714,3	1144,3	1144,3	249,2	105,1	105,1
657	0,5	0,1	0,33	10	5	0,95	0,3	1052,3	1222,7	1090,8	1089,6	116,2	103,7	103,5
658	0,5	0,1	0,33	10	5	0,95	0,5	1030,4	1060,8	1054,4	1052,7	103,0	102,3	102,2
659	0,5	0,1	0,33	10	5	0,95	0,7	1034,3	1066,1	1051,8	1051,9	103,1	101,7	101,7
660	0,5	0,1	0,33	10	5	0,95	0,9	1068,4	1088,1	1084,3	1083,6	101,8	101,5	101,4
661	0,5	0,1	0,33	10	10	0,80	0,1	880,3	4289,5	890,6	890,6	487,3	101,2	101,2
662	0,5	0,1	0,33	10	10	0,80	0,3	817,0	1206,2	819,9	819,5	147,6	100,4	100,3
663	0,5	0,1	0,33	10	10	0,80	0,5	763,6	770,1	767,8	767,2	100,9	100,5	100,5
664	0,5	0,1	0,33	10	10	0,80	0,7	736,9	737,7	743,9	744,0	100,1	101,0	101,0
665	0,5	0,1	0,33	10	10	0,80	0,9	740,6	742,1	742,6	742,6	100,2	100,3	100,3
666	0,5	0,1	0,33	10	10	0,90	0,1	1107,5	4493,7	1131,7	1131,7	405,8	102,2	102,2
667	0,5	0,1	0,33	10	10	0,90	0,3	1034,2	1412,8	1043,2	1041,8	136,6	100,9	100,7
668	0,5	0,1	0,33	10	10	0,90	0,5	967,3	973,9	976,0	974,9	100,7	100,9	100,8
669	0,5	0,1	0,33	10	10	0,90	0,7	941,5	942,6	946,6	946,3	100,1	100,5	100,5
670	0,5	0,1	0,33	10	10	0,90	0,9	945,6	946,4	946,8	946,8	100,1	100,1	100,1
671	0,5	0,1	0,33	10	10	0,95	0,1	1308,4	4705,6	1348,8	1348,8	359,6	103,1	103,1
672	0,5	0,1	0,33	10	10	0,95	0,3	1227,3	1596,5	1247,9	1247,2	130,1	101,7	101,6
673	0,5	0,1	0,33	10	10	0,95	0,5	1154,5	1158,3	1165,1	1163,9	100,3	100,9	100,8
674	0,5	0,1	0,33	10	10	0,95	0,7	1124,6	1129,6	1130,6	1130,0	100,4	100,5	100,5
675	0,5	0,1	0,33	10	10	0,95	0,9	1131,0	1136,0	1133,9	1133,9	100,4	100,3	100,3
676	0,5	0,1	0,67	0	0	0,80	0,1	233,7	234,3	234,6	234,6	100,3	100,4	100,4
677	0,5	0,1	0,67	0	0	0,80	0,3	233,7	234,3	235,0	235,0	100,3	100,6	100,6
678	0,5	0,1	0,67	0	0	0,80	0,5	233,7	234,3	235,2	235,2	100,3	100,6	100,6
679	0,5	0,1	0,67	0	0	0,80	0,7	233,7	234,3	235,0	235,0	100,3	100,6	100,6
680	0,5	0,1	0,67	0	0	0,80	0,9	233,7	234,3	234,6	234,6	100,3	100,4	100,4
681	0,5	0,1	0,67	0	0	0,90	0,1	313,8	314,2	314,0	314,0	100,1	100,1	100,1
682	0,5	0,1	0,67	0	0	0,90	0,3	313,8	314,2	313,9	313,9	100,1	100,0	100,0
683	0,5	0,1	0,67	0	0	0,90	0,5	313,8	314,2	313,8	313,8	100,1	100,0	100,0
684	0,5	0,1	0,67	0	0	0,90	0,7	313,8	314,2	313,9	313,9	100,1	100,0	100,0
685	0,5	0,1	0,67	0	0	0,90	0,9	313,8	314,2	314,0	314,0	100,1	100,1	100,1
686	0,5	0,1	0,67	0	0	0,95	0,1	390,1	396,1	395,4	395,4	101,6	101,4	101,4
687	0,5	0,1	0,67	0	0	0,95	0,3	390,1	396,1	394,5	394,5	101,6	101,1	101,1
688	0,5	0,1	0,67	0	0	0,95	0,5	390,1	396,1	394,2	394,2	101,6	101,1	101,1
689	0,5	0,1	0,67	0	0	0,95	0,7	390,1	396,1	394,5	394,5	101,6	101,1	101,1
690	0,5	0,1	0,67	0	0	0,95	0,9	390,1	396,1	395,4	395,4	101,6	101,4	101,4
691	0,5	0,1	0,67	0	5	0,80	0,1	495,5	4090,7	495,6	495,6	825,6	100,0	100,0
692	0,5	0,1	0,67	0	5	0,80	0,3	388,5	781,8	390,6	389,6	201,2	100,6	100,3
693	0,5	0,1	0,67	0	5	0,80	0,5	285,4	300,9	298,1	295,4	105,4	104,4	103,5
694	0,5	0,1	0,67	0	5	0,80	0,7	239,0	240,1	251,3	250,6	100,4	105,1	104,8
695	0,5	0,1	0,67	0	5	0,80	0,9	238,2	238,7	241,2	241,1	100,2	101,3	101,2
696	0,5	0,1	0,67	0	5	0,90	0,1	641,1	4096,4	642,1	642,0	639,0	100,2	100,1
697	0,5	0,1	0,67	0	5	0,90	0,3	502,6	863,1	507,9	506,3	171,7	101,1	100,7
698	0,5	0,1	0,67	0	5	0,90	0,5	368,4	377,6	387,8	384,4	102,5	105,3	104,3
699	0,5	0,1	0,67	0	5	0,90	0,7	319,7	319,9	332,0	331,1	100,0	103,9	103,6
700	0,5	0,1	0,67	0	5	0,90	0,9	319,1	319,6	322,0	321,9	100,1	100,9	100,9

Tab. D.3.5: Simulationsergebnisse zum Modell mit internen Rückflüssen
(Fortsetzung auf der folgenden Seite)

								Absolute Kosten				Stand. Kosten		
I	ρ_D	ρ_Z	ς	λ_P	λ_R	α	μ_Z	K(*)	K(I)	K(II)	K(III)	C(I)	C(II)	C(III)
701	0,5	0,1	0,67	0	5	0,95	0,1	771,0	4119,4	776,6	776,5	534,3	100,7	100,7
702	0,5	0,1	0,67	0	5	0,95	0,3	608,7	935,8	616,8	614,0	153,7	101,3	100,9
703	0,5	0,1	0,67	0	5	0,95	0,5	445,9	452,8	475,1	470,1	101,6	106,5	105,4
704	0,5	0,1	0,67	0	5	0,95	0,7	396,0	400,8	411,6	410,2	101,2	103,9	103,6
705	0,5	0,1	0,67	0	5	0,95	0,9	395,9	402,3	403,8	403,9	101,6	102,0	102,0
706	0,5	0,1	0,67	0	10	0,80	0,1	659,2	7535,7	659,7	659,6	1143,2	100,1	100,1
707	0,5	0,1	0,67	0	10	0,80	0,3	499,4	1298,5	502,2	501,4	260,0	100,6	100,4
708	0,5	0,1	0,67	0	10	0,80	0,5	311,6	331,3	346,4	344,4	106,3	111,2	110,5
709	0,5	0,1	0,67	0	10	0,80	0,7	238,9	239,9	262,7	262,0	100,4	109,9	109,7
710	0,5	0,1	0,67	0	10	0,80	0,9	238,1	238,7	244,3	244,1	100,2	102,6	102,5
711	0,5	0,1	0,67	0	10	0,90	0,1	842,8	7610,9	842,9	842,9	903,1	100,0	100,0
712	0,5	0,1	0,67	0	10	0,90	0,3	640,1	1396,5	643,9	642,2	218,2	100,6	100,3
713	0,5	0,1	0,67	0	10	0,90	0,5	394,2	408,0	446,6	443,0	103,5	113,3	112,4
714	0,5	0,1	0,67	0	10	0,90	0,7	319,4	319,5	343,8	342,8	100,0	107,7	107,3
715	0,5	0,1	0,67	0	10	0,90	0,9	319,1	319,5	325,0	324,8	100,1	101,8	101,8
716	0,5	0,1	0,67	0	10	0,95	0,1	1006,0	7717,8	1016,0	1016,1	767,2	101,0	101,0
717	0,5	0,1	0,67	0	10	0,95	0,3	763,3	1474,0	774,3	772,4	193,1	101,4	101,2
718	0,5	0,1	0,67	0	10	0,95	0,5	472,2	482,5	539,5	535,3	102,2	114,3	113,4
719	0,5	0,1	0,67	0	10	0,95	0,7	395,8	400,5	421,4	419,9	101,2	106,5	106,1
720	0,5	0,1	0,67	0	10	0,95	0,9	395,8	402,2	405,9	405,9	101,6	102,6	102,5
721	0,5	0,1	0,67	5	0	0,80	0,1	502,4	506,9	506,1	506,1	100,9	100,7	100,7
722	0,5	0,1	0,67	5	0	0,80	0,3	502,5	506,9	505,0	505,0	100,9	100,5	100,5
723	0,5	0,1	0,67	5	0	0,80	0,5	503,2	507,8	505,1	505,1	100,9	100,4	100,4
724	0,5	0,1	0,67	5	0	0,80	0,7	507,1	510,8	508,6	508,6	100,7	100,3	100,3
725	0,5	0,1	0,67	5	0	0,80	0,9	522,2	524,2	523,8	523,8	100,4	100,3	100,3
726	0,5	0,1	0,67	5	0	0,90	0,1	640,9	651,7	650,3	650,3	101,7	101,5	101,5
727	0,5	0,1	0,67	5	0	0,90	0,3	641,0	651,6	648,5	648,5	101,7	101,2	101,2
728	0,5	0,1	0,67	5	0	0,90	0,5	642,0	651,5	647,9	647,9	101,5	100,9	100,9
729	0,5	0,1	0,67	5	0	0,90	0,7	648,1	654,5	651,5	651,5	101,0	100,5	100,5
730	0,5	0,1	0,67	5	0	0,90	0,9	668,5	672,0	671,3	671,3	100,5	100,4	100,4
731	0,5	0,1	0,67	5	0	0,95	0,1	763,4	791,6	789,6	789,6	103,7	103,4	103,4
732	0,5	0,1	0,67	5	0	0,95	0,3	763,5	791,4	787,7	787,7	103,6	103,2	103,2
733	0,5	0,1	0,67	5	0	0,95	0,5	764,9	790,4	785,9	785,9	103,3	102,7	102,7
734	0,5	0,1	0,67	5	0	0,95	0,7	771,9	791,5	787,7	787,7	102,5	102,1	102,1
735	0,5	0,1	0,67	5	0	0,95	0,9	797,7	809,5	807,6	807,6	101,5	101,2	101,2
736	0,5	0,1	0,67	5	5	0,80	0,1	689,1	4079,0	689,2	689,2	591,9	100,0	100,0
737	0,5	0,1	0,67	5	5	0,80	0,3	625,1	1005,0	627,4	626,3	160,8	100,4	100,2
738	0,5	0,1	0,67	5	5	0,80	0,5	569,9	588,5	576,0	574,7	103,3	101,1	100,8
739	0,5	0,1	0,67	5	5	0,80	0,7	550,8	551,1	554,3	553,8	100,0	100,6	100,5
740	0,5	0,1	0,67	5	5	0,80	0,9	552,2	552,3	552,6	552,6	100,0	100,1	100,1
741	0,5	0,1	0,67	5	5	0,90	0,1	876,5	4222,8	879,5	879,5	481,8	100,3	100,3
742	0,5	0,1	0,67	5	5	0,90	0,3	798,9	1167,8	801,3	800,4	146,2	100,3	100,2
743	0,5	0,1	0,67	5	5	0,90	0,5	730,0	749,2	739,9	738,1	102,6	101,4	101,1
744	0,5	0,1	0,67	5	5	0,90	0,7	710,6	710,9	713,8	712,8	100,0	100,5	100,3
745	0,5	0,1	0,67	5	5	0,90	0,9	713,2	713,9	713,4	713,4	100,1	100,0	100,0
746	0,5	0,1	0,67	5	5	0,95	0,1	1044,2	4356,2	1056,8	1057,5	417,2	101,2	101,3
747	0,5	0,1	0,67	5	5	0,95	0,3	949,1	1311,8	962,6	961,3	138,2	101,4	101,3
748	0,5	0,1	0,67	5	5	0,95	0,5	881,8	892,5	887,0	884,1	101,2	100,6	100,3
749	0,5	0,1	0,67	5	5	0,95	0,7	853,4	855,2	856,7	855,8	100,2	100,4	100,3
750	0,5	0,1	0,67	5	5	0,95	0,9	856,1	858,3	857,2	857,2	100,3	100,1	100,1

Tab. D.3.5: Simulationsergebnisse zum Modell mit internen Rückflüssen
(Fortsetzung auf der folgenden Seite)

								Absolute Kosten				Stand. Kosten		
i	ρ_D	ρ_z	ς	λ_P	λ_R	α	μ_z	K(*)	K(I)	K(II)	K(III)	C(I)	C(II)	C(III)
751	0,5	0,1	0,67	5	10	0,80	0,1	810,7	7629,2	812,0	812,0	941,1	100,2	100,2
752	0,5	0,1	0,67	5	10	0,80	0,3	695,0	1482,8	696,4	695,8	213,4	100,2	100,1
753	0,5	0,1	0,67	5	10	0,80	0,5	592,8	616,2	601,2	599,9	103,9	101,4	101,2
754	0,5	0,1	0,67	5	10	0,80	0,7	551,8	551,9	558,8	558,2	100,0	101,3	101,2
755	0,5	0,1	0,67	5	10	0,80	0,9	552,4	552,4	553,0	553,0	100,0	100,1	100,1
756	0,5	0,1	0,67	5	10	0,90	0,1	1031,6	7859,5	1035,9	1035,8	761,9	100,4	100,4
757	0,5	0,1	0,67	5	10	0,90	0,3	882,7	1645,5	887,2	886,3	186,4	100,5	100,4
758	0,5	0,1	0,67	5	10	0,90	0,5	762,0	776,6	769,5	767,6	101,9	101,0	100,7
759	0,5	0,1	0,67	5	10	0,90	0,7	711,0	711,6	719,0	718,2	100,1	101,1	101,0
760	0,5	0,1	0,67	5	10	0,90	0,9	713,4	714,0	714,1	714,1	100,1	100,1	100,1
761	0,5	0,1	0,67	5	10	0,95	0,1	1225,5	7943,5	1238,5	1238,5	648,2	101,1	101,1
762	0,5	0,1	0,67	5	10	0,95	0,3	1055,7	1786,2	1062,1	1060,7	169,2	100,6	100,5
763	0,5	0,1	0,67	5	10	0,95	0,5	910,3	920,7	922,5	920,4	101,1	101,3	101,1
764	0,5	0,1	0,67	5	10	0,95	0,7	853,7	855,5	862,5	861,9	100,2	101,0	101,0
765	0,5	0,1	0,67	5	10	0,95	0,9	856,2	858,5	858,1	858,1	100,3	100,2	100,2
766	0,5	0,1	0,67	10	0	0,80	0,1	646,2	652,1	650,7	650,7	100,9	100,7	100,7
767	0,5	0,1	0,67	10	0	0,80	0,3	646,3	652,1	649,4	649,4	100,9	100,5	100,5
768	0,5	0,1	0,67	10	0	0,80	0,5	647,4	652,9	649,8	649,8	100,8	100,4	100,4
769	0,5	0,1	0,67	10	0	0,80	0,7	653,4	658,0	655,5	655,5	100,7	100,3	100,3
770	0,5	0,1	0,67	10	0	0,80	0,9	680,8	684,3	683,6	683,6	100,5	100,4	100,4
771	0,5	0,1	0,67	10	0	0,90	0,1	811,3	828,5	826,8	826,8	102,1	101,9	101,9
772	0,5	0,1	0,67	10	0	0,90	0,3	811,4	828,4	824,1	824,1	102,1	101,6	101,6
773	0,5	0,1	0,67	10	0	0,90	0,5	813,0	828,7	823,2	823,2	101,9	101,3	101,3
774	0,5	0,1	0,67	10	0	0,90	0,7	821,0	833,7	829,2	829,2	101,5	101,0	101,0
775	0,5	0,1	0,67	10	0	0,90	0,9	858,1	866,2	864,5	864,5	100,9	100,8	100,8
776	0,5	0,1	0,67	10	0	0,95	0,1	957,8	994,8	992,1	992,1	103,9	103,6	103,6
777	0,5	0,1	0,67	10	0	0,95	0,3	958,0	994,4	989,0	989,0	103,8	103,2	103,2
778	0,5	0,1	0,67	10	0	0,95	0,5	959,8	993,6	987,1	987,1	103,5	102,8	102,8
779	0,5	0,1	0,67	10	0	0,95	0,7	969,3	996,7	991,6	991,6	102,8	102,3	102,3
780	0,5	0,1	0,67	10	0	0,95	0,9	1014,3	1032,4	1030,3	1030,3	101,8	101,6	101,6
781	0,5	0,1	0,67	10	5	0,80	0,1	815,2	4145,0	816,3	816,3	508,5	100,1	100,1
782	0,5	0,1	0,67	10	5	0,80	0,3	769,9	1126,3	771,1	771,1	146,3	100,2	100,2
783	0,5	0,1	0,67	10	5	0,80	0,5	734,0	751,3	738,0	737,3	102,4	100,5	100,4
784	0,5	0,1	0,67	10	5	0,80	0,7	725,2	725,7	725,9	726,6	100,1	100,1	100,2
785	0,5	0,1	0,67	10	5	0,80	0,9	729,7	730,2	730,1	730,1	100,1	100,1	100,1
786	0,5	0,1	0,67	10	5	0,90	0,1	1030,6	4335,9	1040,4	1040,4	420,7	101,0	100,9
787	0,5	0,1	0,67	10	5	0,90	0,3	972,8	1326,7	981,8	981,1	136,4	100,9	100,9
788	0,5	0,1	0,67	10	5	0,90	0,5	932,4	948,9	938,8	937,5	101,8	100,7	100,6
789	0,5	0,1	0,67	10	5	0,90	0,7	922,3	925,3	924,5	924,1	100,3	100,2	100,2
790	0,5	0,1	0,67	10	5	0,90	0,9	929,4	930,8	930,0	930,1	100,2	100,1	100,1
791	0,5	0,1	0,67	10	5	0,95	0,1	1218,5	4518,8	1241,2	1241,2	370,8	101,9	101,9
792	0,5	0,1	0,67	10	5	0,95	0,3	1155,6	1504,9	1171,5	1170,1	130,2	101,4	101,3
793	0,5	0,1	0,67	10	5	0,95	0,5	1108,5	1129,8	1122,4	1120,5	101,9	101,3	101,1
794	0,5	0,1	0,67	10	5	0,95	0,7	1099,1	1108,2	1104,6	1104,2	100,8	100,5	100,5
795	0,5	0,1	0,67	10	5	0,95	0,9	1109,8	1116,0	1116,4	1116,5	100,6	100,6	100,6
796	0,5	0,1	0,67	10	10	0,80	0,1	930,6	7790,0	932,0	931,9	837,1	100,1	100,1
797	0,5	0,1	0,67	10	10	0,80	0,3	840,5	1643,9	841,7	841,0	195,6	100,1	100,1
798	0,5	0,1	0,67	10	10	0,80	0,5	764,9	788,5	769,9	769,0	103,1	100,7	100,5
799	0,5	0,1	0,67	10	10	0,80	0,7	737,1	737,8	740,8	740,5	100,1	100,5	100,5
800	0,5	0,1	0,67	10	10	0,80	0,9	740,6	742,1	742,2	742,2	100,2	100,2	100,2

Tab. D.3.5: Simulationsergebnisse zum Modell mit internen Rückflüssen
(Fortsetzung auf der folgenden Seite)

								Absolute Kosten				Stand. Kosten		
i	ρ_D	ρ_Z	ς	λ_P	λ_R	α	μ_Z	K(*)	K(I)	K(II)	K(III)	C(I)	C(II)	C(III)
801	0,5	0,1	0,67	10	10	0,90	0,1	1176,7	8041,3	1183,8	1183,8	683,4	100,6	100,6
802	0,5	0,1	0,67	10	10	0,90	0,3	1068,5	1853,7	1069,4	1068,9	173,5	100,1	100,0
803	0,5	0,1	0,67	10	10	0,90	0,5	972,8	995,4	981,3	979,5	102,3	100,9	100,7
804	0,5	0,1	0,67	10	10	0,90	0,7	941,6	942,6	944,2	943,8	100,1	100,3	100,2
805	0,5	0,1	0,67	10	10	0,90	0,9	945,6	946,4	946,5	946,5	100,1	100,1	100,1
806	0,5	0,1	0,67	10	10	0,95	0,1	1395,6	8257,5	1412,8	1412,8	591,7	101,2	101,2
807	0,5	0,1	0,67	10	10	0,95	0,3	1268,1	2035,9	1279,5	1278,5	160,5	100,9	100,8
808	0,5	0,1	0,67	10	10	0,95	0,5	1162,2	1177,6	1170,6	1169,1	101,3	100,7	100,6
809	0,5	0,1	0,67	10	10	0,95	0,7	1124,7	1129,6	1130,7	1129,7	100,4	100,5	100,4
810	0,5	0,1	0,67	10	10	0,95	0,9	1131,0	1136,0	1134,9	1135,0	100,4	100,3	100,3
811	0,5	0,5	0,33	0	0	0,80	0,1	233,7	234,3	234,9	234,9	100,3	100,5	100,5
812	0,5	0,5	0,33	0	0	0,80	0,3	233,7	234,3	236,0	236,0	100,3	101,0	101,0
813	0,5	0,5	0,33	0	0	0,80	0,5	233,7	234,3	236,5	236,5	100,3	101,2	101,2
814	0,5	0,5	0,33	0	0	0,80	0,7	233,7	234,3	236,0	236,0	100,3	101,0	101,0
815	0,5	0,5	0,33	0	0	0,80	0,9	233,7	234,3	234,9	234,9	100,3	100,5	100,5
816	0,5	0,5	0,33	0	0	0,90	0,1	313,8	314,2	313,9	313,9	100,1	100,0	100,0
817	0,5	0,5	0,33	0	0	0,90	0,3	313,8	314,2	313,8	313,8	100,1	100,0	100,0
818	0,5	0,5	0,33	0	0	0,90	0,5	313,8	314,2	313,9	313,9	100,1	100,0	100,0
819	0,5	0,5	0,33	0	0	0,90	0,7	313,8	314,2	313,8	313,8	100,1	100,0	100,0
820	0,5	0,5	0,33	0	0	0,90	0,9	313,8	314,2	313,9	313,9	100,1	100,0	100,0
821	0,5	0,5	0,33	0	0	0,95	0,1	390,1	396,1	394,7	394,7	101,6	101,2	101,2
822	0,5	0,5	0,33	0	0	0,95	0,3	390,1	396,1	393,1	393,1	101,6	100,8	100,8
823	0,5	0,5	0,33	0	0	0,95	0,5	390,1	396,1	392,6	392,6	101,6	100,6	100,6
824	0,5	0,5	0,33	0	0	0,95	0,7	390,1	396,1	393,1	393,1	101,6	100,8	100,8
825	0,5	0,5	0,33	0	0	0,95	0,9	390,1	396,1	394,7	394,7	101,6	101,2	101,2
826	0,5	0,5	0,33	0	5	0,80	0,1	499,1	2779,3	499,7	499,7	556,9	100,1	100,1
827	0,5	0,5	0,33	0	5	0,80	0,3	425,7	733,1	426,9	426,6	172,2	100,3	100,2
828	0,5	0,5	0,33	0	5	0,80	0,5	377,1	446,2	384,5	383,9	118,3	102,0	101,8
829	0,5	0,5	0,33	0	5	0,80	0,7	366,8	400,4	388,0	383,7	109,2	105,8	104,6
830	0,5	0,5	0,33	0	5	0,80	0,9	286,0	290,6	296,5	294,0	101,6	103,7	102,8
831	0,5	0,5	0,33	0	5	0,90	0,1	645,8	2664,5	647,7	647,7	412,6	100,3	100,3
832	0,5	0,5	0,33	0	5	0,90	0,3	555,2	833,8	556,1	555,6	150,2	100,2	100,1
833	0,5	0,5	0,33	0	5	0,90	0,5	494,1	549,6	502,6	500,0	111,2	101,7	101,2
834	0,5	0,5	0,33	0	5	0,90	0,7	494,0	523,4	511,7	503,3	106,0	103,6	101,9
835	0,5	0,5	0,33	0	5	0,90	0,9	391,3	394,9	399,3	395,1	100,9	102,0	101,0
836	0,5	0,5	0,33	0	5	0,95	0,1	779,0	2675,9	784,5	784,5	343,5	100,7	100,7
837	0,5	0,5	0,33	0	5	0,95	0,3	670,2	937,8	677,2	676,2	139,9	101,0	100,9
838	0,5	0,5	0,33	0	5	0,95	0,5	599,1	653,5	614,6	610,4	109,1	102,6	101,9
839	0,5	0,5	0,33	0	5	0,95	0,7	612,8	658,2	636,2	623,3	107,4	103,8	101,7
840	0,5	0,5	0,33	0	5	0,95	0,9	494,5	509,8	507,7	502,5	103,1	102,7	101,6
841	0,5	0,5	0,33	0	10	0,80	0,1	664,8	4468,4	664,9	664,9	672,1	100,0	100,0
842	0,5	0,5	0,33	0	10	0,80	0,3	552,2	1096,1	553,2	553,5	198,5	100,2	100,2
843	0,5	0,5	0,33	0	10	0,80	0,5	434,0	517,5	474,1	474,7	119,2	109,2	109,4
844	0,5	0,5	0,33	0	10	0,80	0,7	381,1	408,9	442,7	440,2	107,3	116,2	115,5
845	0,5	0,5	0,33	0	10	0,80	0,9	287,2	290,6	305,1	302,6	101,2	106,2	105,4
846	0,5	0,5	0,33	0	10	0,90	0,1	850,6	4509,5	851,5	851,4	530,2	100,1	100,1
847	0,5	0,5	0,33	0	10	0,90	0,3	706,8	1225,1	710,5	710,9	173,3	100,5	100,6
848	0,5	0,5	0,33	0	10	0,90	0,5	546,7	625,1	612,2	611,6	114,3	112,0	111,9
849	0,5	0,5	0,33	0	10	0,90	0,7	508,1	532,7	574,2	568,3	104,8	113,0	111,9
850	0,5	0,5	0,33	0	10	0,90	0,9	392,5	394,8	406,4	402,1	100,6	103,5	102,4

Tab. D.3.5: Simulationsergebnisse zum Modell mit internen Rückflüssen
(Fortsetzung auf der folgenden Seite)

i	ρ_D	ρ_z	ς	λ_P	λ_R	α	μ_z	Absolute Kosten K(*)	K(I)	K(II)	K(III)	Stand. Kosten C(I)	C(II)	C(III)
851	0,5	0,5	0,33	0	10	0,95	0,1	1015,3	4577,7	1022,7	1022,7	450,9	100,7	100,7
852	0,5	0,5	0,33	0	10	0,95	0,3	848,9	1344,3	860,9	861,4	158,4	101,4	101,5
853	0,5	0,5	0,33	0	10	0,95	0,5	651,8	732,1	741,3	739,9	112,3	113,7	113,5
854	0,5	0,5	0,33	0	10	0,95	0,7	630,1	669,3	700,8	690,0	106,2	111,2	109,5
855	0,5	0,5	0,33	0	10	0,95	0,9	496,2	509,2	509,3	504,1	102,6	102,6	101,6
856	0,5	0,5	0,33	5	0	0,80	0,1	413,4	440,3	436,1	436,1	106,5	105,5	105,5
857	0,5	0,5	0,33	5	0	0,80	0,3	414,2	440,8	431,6	431,6	106,4	104,2	104,2
858	0,5	0,5	0,33	5	0	0,80	0,5	420,8	445,7	435,0	435,0	105,9	103,4	103,4
859	0,5	0,5	0,33	5	0	0,80	0,7	445,5	465,6	458,0	458,0	104,5	102,8	102,8
860	0,5	0,5	0,33	5	0	0,80	0,9	497,1	507,3	505,7	505,7	102,0	101,7	101,7
861	0,5	0,5	0,33	5	0	0,90	0,1	523,9	564,3	558,8	558,8	107,7	106,7	106,7
862	0,5	0,5	0,33	5	0	0,90	0,3	524,9	564,7	552,4	552,4	107,6	105,2	105,2
863	0,5	0,5	0,33	5	0	0,90	0,5	532,7	569,7	555,2	555,2	107,0	104,2	104,2
864	0,5	0,5	0,33	5	0	0,90	0,7	563,2	593,0	582,9	582,9	105,3	103,5	103,5
865	0,5	0,5	0,33	5	0	0,90	0,9	629,6	646,1	643,3	643,3	102,6	102,2	102,2
866	0,5	0,5	0,33	5	0	0,95	0,1	623,2	689,3	683,5	683,5	110,6	109,7	109,7
867	0,5	0,5	0,33	5	0	0,95	0,3	624,4	689,2	675,0	675,0	110,4	108,1	108,1
868	0,5	0,5	0,33	5	0	0,95	0,5	633,0	692,7	676,5	676,5	109,4	106,9	106,9
869	0,5	0,5	0,33	5	0	0,95	0,7	667,3	716,7	702,4	702,4	107,4	105,3	105,3
870	0,5	0,5	0,33	5	0	0,95	0,9	745,0	774,6	770,1	770,1	104,0	103,4	103,4
871	0,5	0,5	0,33	5	5	0,80	0,1	658,5	2526,8	663,9	663,9	383,7	100,8	100,8
872	0,5	0,5	0,33	5	5	0,80	0,3	634,9	902,5	634,9	635,0	142,2	100,0	100,0
873	0,5	0,5	0,33	5	5	0,80	0,5	638,2	691,7	639,1	640,2	108,4	100,1	100,3
874	0,5	0,5	0,33	5	5	0,80	0,7	675,1	693,4	686,3	686,3	102,7	101,7	101,7
875	0,5	0,5	0,33	5	5	0,80	0,9	620,9	626,5	628,6	627,1	100,9	101,2	101,0
876	0,5	0,5	0,33	5	5	0,90	0,1	834,1	2819,0	847,1	847,1	338,0	101,6	101,6
877	0,5	0,5	0,33	5	5	0,90	0,3	807,2	1110,9	811,1	811,2	137,6	100,5	100,5
878	0,5	0,5	0,33	5	5	0,90	0,5	817,2	890,6	817,1	818,6	109,0	100,0	100,2
879	0,5	0,5	0,33	5	5	0,90	0,7	871,4	895,5	878,9	876,6	102,8	100,9	100,6
880	0,5	0,5	0,33	5	5	0,90	0,9	806,2	814,0	816,1	812,8	101,0	101,2	100,8
881	0,5	0,5	0,33	5	5	0,95	0,1	988,9	3070,6	1022,6	1022,6	310,5	103,4	103,4
882	0,5	0,5	0,33	5	5	0,95	0,3	962,8	1304,4	978,9	979,1	135,5	101,7	101,7
883	0,5	0,5	0,33	5	5	0,95	0,5	975,3	1070,6	978,6	979,2	109,8	100,3	100,4
884	0,5	0,5	0,33	5	5	0,95	0,7	1051,4	1085,0	1056,9	1054,3	103,2	100,5	100,3
885	0,5	0,5	0,33	5	5	0,95	0,9	971,0	986,2	988,3	983,0	101,6	101,8	101,2
886	0,5	0,5	0,33	5	10	0,80	0,1	793,1	4949,1	795,3	795,3	624,0	100,3	100,3
887	0,5	0,5	0,33	5	10	0,80	0,3	722,5	1254,9	723,2	723,5	173,7	100,1	100,1
888	0,5	0,5	0,33	5	10	0,80	0,5	696,4	812,9	701,4	702,6	116,7	100,7	100,9
889	0,5	0,5	0,33	5	10	0,80	0,7	726,0	771,4	742,1	746,0	106,2	102,2	102,8
890	0,5	0,5	0,33	5	10	0,80	0,9	636,9	644,1	659,5	660,1	101,1	103,6	103,6
891	0,5	0,5	0,33	5	10	0,90	0,1	1003,5	5097,8	1014,6	1014,6	508,0	101,1	101,1
892	0,5	0,5	0,33	5	10	0,90	0,3	919,6	1479,5	923,2	923,4	160,9	100,4	100,4
893	0,5	0,5	0,33	5	10	0,90	0,5	891,2	1023,8	893,6	895,1	114,9	100,3	100,4
894	0,5	0,5	0,33	5	10	0,90	0,7	937,6	988,6	949,0	951,2	105,4	101,2	101,5
895	0,5	0,5	0,33	5	10	0,90	0,9	822,4	837,3	849,8	848,7	101,8	103,3	103,2
896	0,5	0,5	0,33	5	10	0,95	0,1	1189,4	5296,5	1212,8	1212,8	445,3	102,0	102,0
897	0,5	0,5	0,33	5	10	0,95	0,3	1093,6	1687,6	1104,0	1104,4	154,3	101,0	101,0
898	0,5	0,5	0,33	5	10	0,95	0,5	1068,9	1218,1	1069,1	1070,7	114,0	100,0	100,2
899	0,5	0,5	0,33	5	10	0,95	0,7	1126,0	1190,2	1136,8	1135,2	105,7	101,0	100,8
900	0,5	0,5	0,33	5	10	0,95	0,9	992,1	1013,1	1025,8	1022,4	102,1	103,4	103,1

Tab. D.3.5: Simulationsergebnisse zum Modell mit internen Rückflüssen
(Fortsetzung auf der folgenden Seite)

								Absolute Kosten				Stand. Kosten		
i	ρ_D	ρ_Z	ς	λ_P	λ_R	α	μ_Z	K(*)	K(I)	K(II)	K(III)	C(I)	C(II)	C(III)
901	0,5	0,5	0,33	10	0	0,80	0,1	500,1	544,4	537,4	537,4	108,9	107,5	107,5
902	0,5	0,5	0,33	10	0	0,80	0,3	501,1	545,2	530,1	530,1	108,8	105,8	105,8
903	0,5	0,5	0,33	10	0	0,80	0,5	508,7	551,3	533,5	533,5	108,4	104,9	104,9
904	0,5	0,5	0,33	10	0	0,80	0,7	542,9	578,5	565,4	565,4	106,6	104,2	104,2
905	0,5	0,5	0,33	10	0	0,80	0,9	626,1	645,7	643,5	643,5	103,1	102,8	102,8
906	0,5	0,5	0,33	10	0	0,90	0,1	621,6	685,3	677,8	677,8	110,3	109,0	109,0
907	0,5	0,5	0,33	10	0	0,90	0,3	622,7	685,9	668,2	668,2	110,1	107,3	107,3
908	0,5	0,5	0,33	10	0	0,90	0,5	631,8	692,2	670,3	670,3	109,6	106,1	106,1
909	0,5	0,5	0,33	10	0	0,90	0,7	671,3	723,9	708,4	708,4	107,8	105,5	105,5
910	0,5	0,5	0,33	10	0	0,90	0,9	776,4	810,6	804,9	804,9	104,4	103,7	103,7
911	0,5	0,5	0,33	10	0	0,95	0,1	729,7	821,5	813,2	813,2	112,6	111,4	111,4
912	0,5	0,5	0,33	10	0	0,95	0,3	731,0	821,5	801,2	801,2	112,4	109,6	109,6
913	0,5	0,5	0,33	10	0	0,95	0,5	741,3	826,7	802,4	802,4	111,5	108,2	108,2
914	0,5	0,5	0,33	10	0	0,95	0,7	784,5	858,4	838,5	838,5	109,4	106,9	106,9
915	0,5	0,5	0,33	10	0	0,95	0,9	902,2	955,8	949,0	949,0	105,9	105,2	105,2
916	0,5	0,5	0,33	10	5	0,80	0,1	738,8	2541,3	755,8	755,8	344,0	102,3	102,3
917	0,5	0,5	0,33	10	5	0,80	0,3	728,7	962,8	735,1	735,2	132,1	100,9	100,9
918	0,5	0,5	0,33	10	5	0,80	0,5	748,4	796,6	748,9	750,6	106,4	100,1	100,3
919	0,5	0,5	0,33	10	5	0,80	0,7	793,5	823,2	807,1	808,0	103,7	101,7	101,8
920	0,5	0,5	0,33	10	5	0,80	0,9	771,6	780,9	780,8	779,8	101,2	101,2	101,1
921	0,5	0,5	0,33	10	5	0,90	0,1	925,3	2823,1	959,4	959,2	305,1	103,7	103,7
922	0,5	0,5	0,33	10	5	0,90	0,3	914,5	1185,2	935,1	937,1	129,6	102,3	102,5
923	0,5	0,5	0,33	10	5	0,90	0,5	942,8	1009,7	951,5	952,6	107,1	100,9	101,0
924	0,5	0,5	0,33	10	5	0,90	0,7	1008,1	1054,2	1028,6	1028,6	104,6	102,0	102,0
925	0,5	0,5	0,33	10	5	0,90	0,9	981,8	998,6	998,6	995,8	101,7	101,7	101,4
926	0,5	0,5	0,33	10	5	0,95	0,1	1092,9	3050,1	1147,4	1147,4	279,1	105,0	105,0
927	0,5	0,5	0,33	10	5	0,95	0,3	1081,9	1382,6	1119,7	1119,8	127,8	103,5	103,5
928	0,5	0,5	0,33	10	5	0,95	0,5	1114,4	1206,4	1133,2	1135,0	108,3	101,7	101,8
929	0,5	0,5	0,33	10	5	0,95	0,7	1188,2	1256,7	1224,8	1223,6	105,8	103,1	103,0
930	0,5	0,5	0,33	10	5	0,95	0,9	1167,6	1200,8	1198,5	1194,7	102,8	102,6	102,3
931	0,5	0,5	0,33	10	10	0,80	0,1	883,7	4657,0	894,3	894,3	527,0	101,2	101,2
932	0,5	0,5	0,33	10	10	0,80	0,3	853,1	1373,1	853,7	854,3	161,0	100,1	100,1
933	0,5	0,5	0,33	10	10	0,80	0,5	862,3	942,8	862,6	865,1	109,3	100,0	100,3
934	0,5	0,5	0,33	10	10	0,80	0,7	912,1	951,6	935,6	937,4	104,3	102,6	102,8
935	0,5	0,5	0,33	10	10	0,80	0,9	837,6	848,3	850,3	848,7	101,3	101,5	101,3
936	0,5	0,5	0,33	10	10	0,90	0,1	1112,8	5045,4	1135,5	1135,1	453,4	102,0	102,0
937	0,5	0,5	0,33	10	10	0,90	0,3	1080,5	1659,5	1086,7	1087,4	153,6	100,6	100,6
938	0,5	0,5	0,33	10	10	0,90	0,5	1097,7	1204,6	1096,5	1099,1	109,7	99,9	100,1
939	0,5	0,5	0,33	10	10	0,90	0,7	1165,2	1210,7	1188,7	1188,8	103,9	102,0	102,0
940	0,5	0,5	0,33	10	10	0,90	0,9	1070,6	1089,8	1092,0	1088,5	101,8	102,0	101,7
941	0,5	0,5	0,33	10	10	0,95	0,1	1313,8	5390,8	1354,0	1353,9	410,3	103,1	103,1
942	0,5	0,5	0,33	10	10	0,95	0,3	1279,2	1905,5	1300,3	1301,2	149,0	101,7	101,7
943	0,5	0,5	0,33	10	10	0,95	0,5	1304,3	1443,0	1303,3	1306,0	110,6	99,9	100,1
944	0,5	0,5	0,33	10	10	0,95	0,7	1391,0	1445,2	1415,2	1413,5	103,9	101,7	101,6
945	0,5	0,5	0,33	10	10	0,95	0,9	1277,3	1311,7	1313,9	1307,7	102,7	102,9	102,4
946	0,5	0,5	0,67	0	0	0,80	0,1	233,7	234,3	234,6	234,6	100,3	100,4	100,4
947	0,5	0,5	0,67	0	0	0,80	0,3	233,7	234,3	235,0	235,0	100,3	100,6	100,6
948	0,5	0,5	0,67	0	0	0,80	0,5	233,7	234,3	235,2	235,2	100,3	100,6	100,6
949	0,5	0,5	0,67	0	0	0,80	0,7	233,7	234,3	235,0	235,0	100,3	100,6	100,6
950	0,5	0,5	0,67	0	0	0,80	0,9	233,7	234,3	234,6	234,6	100,3	100,4	100,4

Tab. D.3.5: Simulationsergebnisse zum Modell mit internen Rückflüssen
(Fortsetzung auf der folgenden Seite)

								Absolute Kosten				Stand. Kosten		
i	ρ_D	ρ_Z	ς	λ_P	λ_R	α	μ_Z	K(*)	K(I)	K(II)	K(III)	C(I)	C(II)	C(III)
951	0,5	0,5	0,67	0	0	0,90	0,1	313,8	314,2	314,0	314,0	100,1	100,1	100,1
952	0,5	0,5	0,67	0	0	0,90	0,3	313,8	314,2	313,9	313,9	100,1	100,0	100,0
953	0,5	0,5	0,67	0	0	0,90	0,5	313,8	314,2	313,8	313,8	100,1	100,0	100,0
954	0,5	0,5	0,67	0	0	0,90	0,7	313,8	314,2	313,9	313,9	100,1	100,0	100,0
955	0,5	0,5	0,67	0	0	0,90	0,9	313,8	314,2	314,0	314,0	100,1	100,1	100,1
956	0,5	0,5	0,67	0	0	0,95	0,1	390,1	396,1	395,4	395,4	101,6	101,4	101,4
957	0,5	0,5	0,67	0	0	0,95	0,3	390,1	396,1	394,5	394,5	101,6	101,1	101,1
958	0,5	0,5	0,67	0	0	0,95	0,5	390,1	396,1	394,2	394,2	101,6	101,1	101,1
959	0,5	0,5	0,67	0	0	0,95	0,7	390,1	396,1	394,5	394,5	101,6	101,1	101,1
960	0,5	0,5	0,67	0	0	0,95	0,9	390,1	396,1	395,4	395,4	101,6	101,4	101,4
961	0,5	0,5	0,67	0	5	0,80	0,1	499,1	4478,2	499,6	499,5	897,3	100,1	100,1
962	0,5	0,5	0,67	0	5	0,80	0,3	426,1	951,7	426,7	426,5	223,4	100,1	100,1
963	0,5	0,5	0,67	0	5	0,80	0,5	377,8	472,6	384,1	383,0	125,1	101,7	101,4
964	0,5	0,5	0,67	0	5	0,80	0,7	367,5	405,0	387,6	384,2	110,2	105,5	104,5
965	0,5	0,5	0,67	0	5	0,80	0,9	286,2	290,7	296,9	294,5	101,6	103,7	102,9
966	0,5	0,5	0,67	0	5	0,90	0,1	645,8	4459,8	648,3	648,3	690,6	100,4	100,4
967	0,5	0,5	0,67	0	5	0,90	0,3	555,1	1044,2	557,4	557,0	188,1	100,4	100,3
968	0,5	0,5	0,67	0	5	0,90	0,5	494,6	571,7	503,9	501,3	115,6	101,9	101,4
969	0,5	0,5	0,67	0	5	0,90	0,7	494,1	525,5	514,0	505,9	106,3	104,0	102,4
970	0,5	0,5	0,67	0	5	0,90	0,9	391,5	394,9	400,7	396,5	100,9	102,4	101,3
971	0,5	0,5	0,67	0	5	0,95	0,1	779,1	4476,9	785,5	785,5	574,6	100,8	100,8
972	0,5	0,5	0,67	0	5	0,95	0,3	671,0	1139,6	680,6	679,9	169,8	101,4	101,3
973	0,5	0,5	0,67	0	5	0,95	0,5	603,1	674,1	618,8	614,5	111,8	102,6	101,9
974	0,5	0,5	0,67	0	5	0,95	0,7	613,9	662,0	640,5	627,8	107,8	104,3	102,3
975	0,5	0,5	0,67	0	5	0,95	0,9	494,7	509,9	509,4	504,8	103,1	103,0	102,1
976	0,5	0,5	0,67	0	10	0,80	0,1	664,8	8035,6	664,9	664,9	1208,7	100,0	100,0
977	0,5	0,5	0,67	0	10	0,80	0,3	553,2	1508,8	554,0	554,7	272,7	100,1	100,3
978	0,5	0,5	0,67	0	10	0,80	0,5	466,0	547,4	474,5	475,6	117,5	101,8	102,1
979	0,5	0,5	0,67	0	10	0,80	0,7	385,1	411,5	442,9	441,3	106,9	115,0	114,6
980	0,5	0,5	0,67	0	10	0,80	0,9	287,2	290,6	305,6	303,2	101,2	106,4	105,6
981	0,5	0,5	0,67	0	10	0,90	0,1	850,7	8044,0	852,2	852,2	945,6	100,2	100,2
982	0,5	0,5	0,67	0	10	0,90	0,3	709,4	1610,0	713,5	714,4	226,9	100,6	100,7
983	0,5	0,5	0,67	0	10	0,90	0,5	589,2	649,7	614,0	614,7	110,3	104,2	104,3
984	0,5	0,5	0,67	0	10	0,90	0,7	513,6	534,8	577,4	572,1	104,1	112,4	111,4
985	0,5	0,5	0,67	0	10	0,90	0,9	392,5	394,8	407,9	403,7	100,6	103,9	102,9
986	0,5	0,5	0,67	0	10	0,95	0,1	1015,4	8108,2	1025,1	1025,1	798,5	101,0	101,0
987	0,5	0,5	0,67	0	10	0,95	0,3	850,7	1717,2	866,5	867,1	201,9	101,9	101,9
988	0,5	0,5	0,67	0	10	0,95	0,5	696,6	754,1	747,4	746,0	108,2	107,3	107,1
989	0,5	0,5	0,67	0	10	0,95	0,7	640,9	670,3	706,2	696,2	104,6	110,2	108,6
990	0,5	0,5	0,67	0	10	0,95	0,9	496,3	509,2	514,0	507,9	102,6	103,6	102,3
991	0,5	0,5	0,67	5	0	0,80	0,1	502,4	506,9	506,1	506,1	100,9	100,7	100,7
992	0,5	0,5	0,67	5	0	0,80	0,3	502,7	507,0	505,1	505,1	100,9	100,5	100,5
993	0,5	0,5	0,67	5	0	0,80	0,5	504,8	508,6	506,2	506,2	100,7	100,3	100,3
994	0,5	0,5	0,67	5	0	0,80	0,7	513,0	515,3	513,7	513,7	100,5	100,1	100,1
995	0,5	0,5	0,67	5	0	0,80	0,9	529,4	530,4	530,1	530,1	100,2	100,1	100,1
996	0,5	0,5	0,67	5	0	0,90	0,1	640,9	651,7	650,3	650,3	101,7	101,5	101,5
997	0,5	0,5	0,67	5	0	0,90	0,3	641,2	651,6	648,6	648,6	101,6	101,1	101,1
998	0,5	0,5	0,67	5	0	0,90	0,5	644,0	652,8	649,6	649,6	101,4	100,9	100,9
999	0,5	0,5	0,67	5	0	0,90	0,7	655,5	661,0	659,0	659,0	100,8	100,5	100,5
1000	0,5	0,5	0,67	5	0	0,90	0,9	678,8	682,2	681,3	681,3	100,5	100,4	100,4

Tab. D.3.5: Simulationsergebnisse zum Modell mit internen Rückflüssen
(Fortsetzung auf der folgenden Seite)

								Absolute Kosten				Stand. Kosten		
i	ρ_D	ρ_Z	ς	λ_P	λ_R	α	μ_Z	K(*)	K(I)	K(II)	K(III)	C(I)	C(II)	C(III)
1001	0,5	0,5	0,67	5	0	0,95	0,1	763,4	791,6	789,5	789,5	103,7	103,4	103,4
1002	0,5	0,5	0,67	5	0	0,95	0,3	763,9	791,2	787,6	787,6	103,6	103,1	103,1
1003	0,5	0,5	0,67	5	0	0,95	0,5	767,3	791,0	786,6	786,6	103,1	102,5	102,5
1004	0,5	0,5	0,67	5	0	0,95	0,7	781,3	798,4	793,9	793,9	102,2	101,6	101,6
1005	0,5	0,5	0,67	5	0	0,95	0,9	811,1	819,8	818,1	818,1	101,1	100,9	100,9
1006	0,5	0,5	0,67	5	5	0,80	0,1	691,7	4414,2	692,0	692,0	638,2	100,1	100,0
1007	0,5	0,5	0,67	5	5	0,80	0,3	648,9	1167,2	649,4	649,3	179,9	100,1	100,1
1008	0,5	0,5	0,67	5	5	0,80	0,5	640,7	720,1	641,4	642,3	112,4	100,1	100,3
1009	0,5	0,5	0,67	5	5	0,80	0,7	675,5	693,9	684,6	684,8	102,7	101,4	101,4
1010	0,5	0,5	0,67	5	5	0,80	0,9	620,9	626,5	628,1	626,6	100,9	101,2	100,9
1011	0,5	0,5	0,67	5	5	0,90	0,1	880,8	4883,2	882,7	882,7	554,4	100,2	100,2
1012	0,5	0,5	0,67	5	5	0,90	0,3	829,1	1415,1	830,6	830,5	170,7	100,2	100,2
1013	0,5	0,5	0,67	5	5	0,90	0,5	821,7	931,1	821,3	822,0	113,3	100,0	100,0
1014	0,5	0,5	0,67	5	5	0,90	0,7	872,1	896,8	878,2	877,0	102,8	100,7	100,6
1015	0,5	0,5	0,67	5	5	0,90	0,9	805,5	814,0	816,2	813,0	101,1	101,3	100,9
1016	0,5	0,5	0,67	5	5	0,95	0,1	1048,0	5234,9	1063,3	1063,2	499,5	101,5	101,5
1017	0,5	0,5	0,67	5	5	0,95	0,3	990,8	1642,4	1000,8	1000,7	165,8	101,0	101,0
1018	0,5	0,5	0,67	5	5	0,95	0,5	983,4	1124,7	985,6	985,9	114,4	100,2	100,3
1019	0,5	0,5	0,67	5	5	0,95	0,7	1053,2	1087,1	1058,3	1055,4	103,2	100,5	100,2
1020	0,5	0,5	0,67	5	5	0,95	0,9	971,5	986,2	989,2	984,0	101,5	101,8	101,3
1021	0,5	0,5	0,67	5	10	0,80	0,1	815,8	8355,1	816,0	816,0	1024,2	100,0	100,0
1022	0,5	0,5	0,67	5	10	0,80	0,3	734,0	1778,1	734,2	734,5	242,2	100,0	100,1
1023	0,5	0,5	0,67	5	10	0,80	0,5	698,5	860,9	699,3	701,2	123,2	100,1	100,4
1024	0,5	0,5	0,67	5	10	0,80	0,7	725,0	773,7	734,2	737,9	106,7	101,3	101,8
1025	0,5	0,5	0,67	5	10	0,80	0,9	636,9	644,1	650,8	650,9	101,1	102,2	102,2
1026	0,5	0,5	0,67	5	10	0,90	0,1	1037,3	8750,6	1040,4	1040,4	843,6	100,3	100,3
1027	0,5	0,5	0,67	5	10	0,90	0,3	938,0	2034,7	940,0	940,3	216,9	100,2	100,2
1028	0,5	0,5	0,67	5	10	0,90	0,5	895,0	1086,1	894,9	896,5	121,4	100,0	100,2
1029	0,5	0,5	0,67	5	10	0,90	0,7	937,2	992,2	943,1	945,5	105,9	100,6	100,9
1030	0,5	0,5	0,67	5	10	0,90	0,9	822,4	837,3	843,4	841,9	101,8	102,5	102,4
1031	0,5	0,5	0,67	5	10	0,95	0,1	1233,4	9216,1	1243,3	1243,3	747,2	100,8	100,8
1032	0,5	0,5	0,67	5	10	0,95	0,3	1117,4	2266,7	1125,4	1125,9	202,9	100,7	100,8
1033	0,5	0,5	0,67	5	10	0,95	0,5	1070,6	1290,8	1073,1	1077,0	120,6	100,2	100,6
1034	0,5	0,5	0,67	5	10	0,95	0,7	1123,4	1195,1	1134,0	1134,0	106,4	100,9	100,9
1035	0,5	0,5	0,67	5	10	0,95	0,9	992,4	1013,1	1020,5	1017,8	102,1	102,8	102,6
1036	0,5	0,5	0,67	10	0	0,80	0,1	646,2	652,1	650,7	650,7	100,9	100,7	100,7
1037	0,5	0,5	0,67	10	0	0,80	0,3	646,5	652,3	649,6	649,6	100,9	100,5	100,5
1038	0,5	0,5	0,67	10	0	0,80	0,5	649,6	654,6	651,5	651,5	100,8	100,3	100,3
1039	0,5	0,5	0,67	10	0	0,80	0,7	662,3	666,1	663,7	663,7	100,6	100,2	100,2
1040	0,5	0,5	0,67	10	0	0,80	0,9	692,4	694,6	694,3	694,3	100,3	100,3	100,3
1041	0,5	0,5	0,67	10	0	0,90	0,1	811,3	828,5	826,8	826,8	102,1	101,9	101,9
1042	0,5	0,5	0,67	10	0	0,90	0,3	811,7	828,5	824,1	824,1	102,1	101,5	101,5
1043	0,5	0,5	0,67	10	0	0,90	0,5	815,6	830,5	825,0	825,0	101,8	101,2	101,2
1044	0,5	0,5	0,67	10	0	0,90	0,7	832,1	843,7	838,4	838,4	101,4	100,8	100,8
1045	0,5	0,5	0,67	10	0	0,90	0,9	872,8	879,2	877,9	877,9	100,7	100,6	100,6
1046	0,5	0,5	0,67	10	0	0,95	0,1	957,9	994,8	992,1	992,1	103,8	103,6	103,6
1047	0,5	0,5	0,67	10	0	0,95	0,3	958,3	994,3	988,8	988,8	103,8	103,2	103,2
1048	0,5	0,5	0,67	10	0	0,95	0,5	962,7	994,9	988,4	988,4	103,3	102,7	102,7
1049	0,5	0,5	0,67	10	0	0,95	0,7	981,4	1005,7	1000,8	1000,8	102,5	102,0	102,0
1050	0,5	0,5	0,67	10	0	0,95	0,9	1030,7	1045,7	1044,7	1044,7	101,5	101,4	101,4

Tab. D.3.5: Simulationsergebnisse zum Modell mit internen Rückflüssen
(Fortsetzung auf der folgenden Seite)

i	ρ_D	ρ_Z	ς	λ_P	λ_R	α	μ_Z	Absolute Kosten K(*)	K(I)	K(II)	K(III)	Stand. Kosten C(I)	C(II)	C(III)
1051	0,5	0,5	0,67	10	5	0,80	0,1	817,3	4469,6	818,1	818,1	546,9	100,1	100,1
1052	0,5	0,5	0,67	10	5	0,80	0,3	788,9	1256,0	789,7	789,3	159,2	100,1	100,1
1053	0,5	0,5	0,67	10	5	0,80	0,5	790,6	850,7	789,8	791,2	107,6	99,9	100,1
1054	0,5	0,5	0,67	10	5	0,80	0,7	823,9	841,8	831,5	832,3	102,2	100,9	101,0
1055	0,5	0,5	0,67	10	5	0,80	0,9	785,2	790,3	790,7	789,8	100,7	100,7	100,6
1056	0,5	0,5	0,67	10	5	0,90	0,1	1033,2	4855,0	1042,7	1042,7	469,9	100,9	100,9
1057	0,5	0,5	0,67	10	5	0,90	0,3	999,4	1516,6	1006,0	1006,0	151,7	100,7	100,7
1058	0,5	0,5	0,67	10	5	0,90	0,5	1003,8	1084,2	1005,2	1006,3	108,0	100,1	100,3
1059	0,5	0,5	0,67	10	5	0,90	0,7	1053,5	1080,9	1063,1	1062,9	102,6	100,9	100,9
1060	0,5	0,5	0,67	10	5	0,90	0,9	1003,4	1012,6	1013,6	1011,6	100,9	101,0	100,8
1061	0,5	0,5	0,67	10	5	0,95	0,1	1222,0	5151,5	1244,3	1244,3	421,6	101,8	101,8
1062	0,5	0,5	0,67	10	5	0,95	0,3	1185,7	1743,1	1200,8	1200,8	147,0	101,3	101,3
1063	0,5	0,5	0,67	10	5	0,95	0,5	1193,6	1295,7	1199,7	1200,7	108,6	100,5	100,6
1064	0,5	0,5	0,67	10	5	0,95	0,7	1251,6	1289,4	1266,0	1266,0	103,0	101,2	101,2
1065	0,5	0,5	0,67	10	5	0,95	0,9	1198,3	1216,4	1217,3	1213,4	101,5	101,6	101,3
1066	0,5	0,5	0,67	10	10	0,80	0,1	933,7	8480,5	934,5	934,5	908,3	100,1	100,1
1067	0,5	0,5	0,67	10	10	0,80	0,3	874,8	1895,7	874,8	875,3	216,7	100,0	100,1
1068	0,5	0,5	0,67	10	10	0,80	0,5	865,5	980,4	865,2	867,7	113,3	100,0	100,3
1069	0,5	0,5	0,67	10	10	0,80	0,7	913,4	951,7	933,5	935,5	104,2	102,2	102,4
1070	0,5	0,5	0,67	10	10	0,80	0,9	837,6	848,3	849,3	847,8	101,3	101,4	101,2
1071	0,5	0,5	0,67	10	10	0,90	0,1	1181,8	9068,3	1188,4	1188,4	767,3	100,6	100,6
1072	0,5	0,5	0,67	10	10	0,90	0,3	1113,0	2238,6	1116,7	1117,4	201,1	100,3	100,4
1073	0,5	0,5	0,67	10	10	0,90	0,5	1104,3	1265,4	1103,0	1105,5	114,6	99,9	100,1
1074	0,5	0,5	0,67	10	10	0,90	0,7	1165,7	1211,1	1187,5	1186,6	103,9	101,9	101,8
1075	0,5	0,5	0,67	10	10	0,90	0,9	1070,6	1089,8	1091,9	1088,4	101,8	102,0	101,7
1076	0,5	0,5	0,67	10	10	0,95	0,1	1401,2	9599,2	1417,8	1417,8	685,1	101,2	101,2
1077	0,5	0,5	0,67	10	10	0,95	0,3	1321,6	2537,4	1334,3	1332,9	192,0	101,0	100,9
1078	0,5	0,5	0,67	10	10	0,95	0,5	1313,3	1522,1	1311,9	1314,7	115,9	99,9	100,1
1079	0,5	0,5	0,67	10	10	0,95	0,7	1389,4	1446,3	1416,4	1414,9	104,1	101,9	101,8
1080	0,5	0,5	0,67	10	10	0,95	0,9	1277,3	1311,7	1314,9	1308,8	102,7	102,9	102,5

Tab. D.3.5: Simulationsergebnisse zum Modell mit internen Rückflüssen